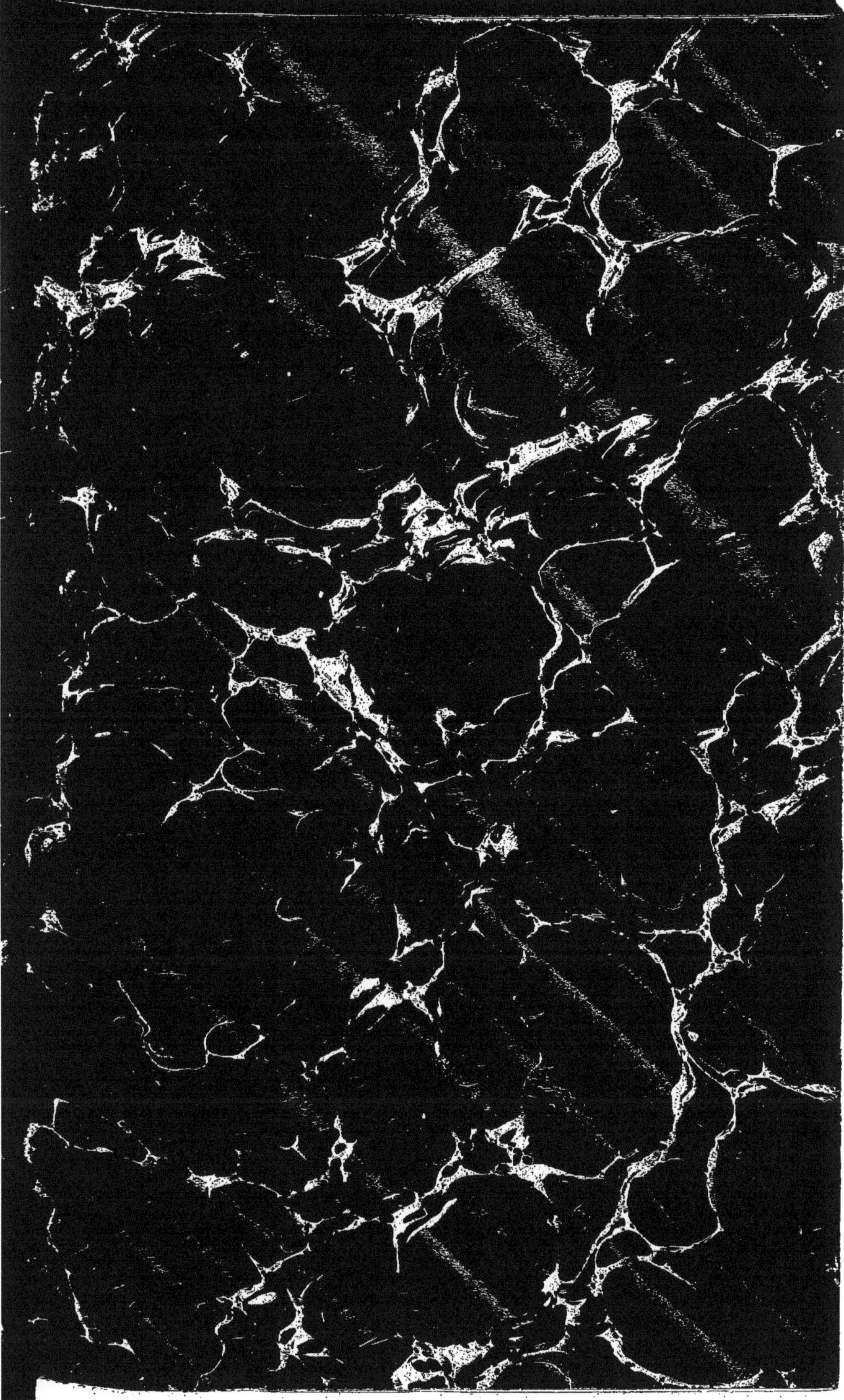

CODE CIVIL

PAR DEMANDES ET RÉPONSES

(C.)

Paris. — Imp. Viéville et Capiomont, rue des Poitevins, 6.

CODE CIVIL

PAR

DEMANDES ET RÉPONSES

PAR

PROSPER RAMBAUD

DOCTEUR EN DROIT. — RÉPÉTITEUR DE DROIT

DEUXIÈME ÉDITION

ENTIÈREMENT REFONDUE, MISE AU COURANT DES NOUVELLES DISPOSITIONS LÉGISLATIVES.

TOME PREMIER

COMPRENANT LES MATIÈRES DU PREMIER EXAMEN.

(Articles 1 à 710)

PARIS

MENARD ET DAVID, LIBRAIRES-ÉDITEURS

49, BOULEVARD SAINT-MICHEL, 49

1872

A M. VALETTE

PROFESSEUR A LA FACULTÉ DE DROIT DE PARIS

Vous avez bien voulu, mon honoré et savant maître, accepter l'hommage de ce travail; ce qui est pour lui une sorte de patronage. Cet encouragement que vous lui avez donné, vos conseils, vos critiques, votre bienveillance, ont été d'un grand prix pour moi. Je m'honore d'avoir à vous en remercier publiquement.

Ainsi que je vous l'ai exposé, ce livre n'est pas destiné à remplacer les cours; il doit servir, au contraire, à leur donner plus d'attrait et plus d'utilité en y préparant l'esprit des jeunes gens. Il facilite la connaissance du droit; mais il n'a pas été fait pour dispenser d'une étude plus complète et plus étendue. Je me suis inspiré de cette maxime de Bacon, « que les jeunes gens et les débutants doivent être préparés par des livres élémentaires, avant d'aborder l'étude approfondie du droit. » *Præparandi sunt juvenes et novitii ad scientiam et ardua juris altius et commodius haurienda et imbibenda, per institutiones.* — Ces livres élémentaires, ajoutait Bacon, doivent être clairs et faciles : ils doivent parcourir toutes les parties du droit; ne rien omettre

*

d'important, et observer sur tous les points une juste proportion.

C'est ainsi qu'un jurisconsulte remarquable, M. Le Sellyer, appréciait ce livre lorsqu'il parut, il y a deux ans, pour la première fois : « Le livre de M. Rambaud, écrivait-il *dans la Revue bibliographique de droit*, est l'application de la règle tracée par Bacon. Il est clair, il parcourt tout le droit civil, ne garde le silence sur aucune partie, ne s'étend pas trop sur d'autres, présente de toutes un choix succinct, et lorsque le *juvenis*, le *novitius*, ce sont les expressions de Bacon, qui se le sera assimilé, commencera l'étude approfondie du corps des lois, rien ne sera entièrement nouveau pour lui, tout lui aura été enseigné par avance dans une proportion exacte et mesurée. Ainsi préparé par ce livre substantiel et élémentaire, il pourra, plus à fond et avec plus de facilité, puiser la science du droit et se pénétrer de ses notions les plus ardues. »

Voué depuis plusieurs années à l'enseignement du droit, j'apprécie autant que personne le mérite des traités qui ont été déjà publiés sur le Code civil. Mais je sais par expérience combien est dangereuse pour les débutants la multiplicité des détails qu'on y rencontre. J'ai pu voir quelles difficultés ils éprouvaient à reconnaître, au milieu des développements donnés à la matière, les principes qui la dominent et qui forment un corps de doctrine. Alors j'ai eu la pensée de composer un livre vraiment élémentaire, aussi facile, aussi méthodique, aussi exact que possible ; suffisant pour la préparation aux examens, mais destiné surtout à la préparation des cours ; convaincu que la notion claire et bien ordonnée des éléments du droit est éminemment propre à éveiller dans l'intelligence une noble curiosité, à faire naître le goût et l'attrait d'une étude plus approfondie..

Voilà pourquoi, mon honoré et savant maître, j'ai recherché vos suffrages. Votre enseignement, que tant de générations ont recueilli avec empressement, votre autorité doctrinale, qui a tant contribué à maintenir l'antique renommée de la Faculté de Paris, me faisaient désirer d'autant plus de les obtenir que je suis attaché à cette Faculté par le double lien d'une profonde reconnaissance pour mes anciens maîtres et d'une collaboration modeste, mais dévouée. — Je suis heureux d'avoir ici l'occasion d'exprimer ces sentiments, et je vous prie, ainsi que vos éminents collègues, de vouloir bien en accepter l'hommage.

Il me reste maintenant à dire quelques mots sur la méthode que j'ai employée.

Suivant l'exemple de M. Pigeau, une des gloires de la Faculté de Paris, j'ai adopté la forme de demandes et réponses. M. Pigeau motivait ainsi l'adoption de cette forme : « J'ai préféré, dit-il, *dans son Introduction à la procédure civile*, la forme par demandes et par réponses à la forme ordinaire, conseillée par plusieurs personnes, parce qu'elle est plus propre à inculquer les principes dans la mémoire; que, d'ailleurs, la plupart des étudiants s'examinant entre eux pour se préparer à l'examen sur la procédure, cette forme est plus commode pour leur faciliter cet exercice. »

Je puis donc invoquer en faveur de ma méthode l'opinion de M. Pigeau, comme j'ai, sous d'autres rapports, celle de Bacon. Toutefois, j'ai cru devoir apporter quelques modifications à cette méthode, en évitant de multiplier les demandes et en ayant soin de les formuler, autant que possible, d'une façon brève et concise, de manière à ce qu'elles signalent à l'attention du lecteur les points importants de la matière, sans tomber dans des redites oiseuses et puériles.

J'ai suivi l'ordre et les divisions du Code. En tête de chaque titre, j'ai placé une exposition du sujet; mais je l'ai faite, à dessein, très-sommaire. J'ai indiqué, sous l'énoncé de chaque chapitre, les articles du Code qui s'y réfèrent; et j'ai ensuite cité successivement chacun des articles à la suite des réponses qui en forment le commentaire. Dans les questions controversées, j'ai exposé brièvement les systèmes les plus autorisés.

L'ouvrage forme trois volumes qui embrassent tout le droit civil, et qui comprennent chacun la matière d'un examen.

On trouvera, à la fin de ce volume, le décret du 5 novembre 1870, rédigé par M. Valette, qui modifie la promulgation et la publication des lois, ainsi que le relevé de quelques inexactitudes qui se sont glissées dans le texte, au cours de l'impression.

Paris, 31 mars 1872.

PROSPER RAMBAUD.

INTRODUCTION

Avant d'aborder l'étude de notre législation, nous devons présenter quelques notions préliminaires : 1° sur les lois et le droit, considérés d'une manière générale; 2° sur l'origine et les sources du droit français.

§ I. — *Des lois et du droit.*

Qu'est-ce que la loi?

La loi est une règle de conduite établie par une autorité supérieure à laquelle on est tenu d'obéir.

Les lois sont naturelles ou positives.

Les lois *naturelles* sont celles qui viennent de Dieu et qui se manifestent par les lumières de la raison. — Les lois naturelles sont générales et immuables, parce que la nature de l'homme est la même dans tous les temps et dans tous les lieux. — Elles se résument en ces trois préceptes : vivre honnêtement; ne nuire à personne; attribuer à chacun ce qui lui appartient.

Les lois *positives* sont celles que les hommes ont établies eux-mêmes, afin de régler d'une manière pratique et appropriée aux nécessités sociales leurs droits et leurs devoirs réciproques. — Elles sont variables suivant les temps et les lieux.

Quels rapports y a-t-il entre la loi naturelle et la morale?

La loi naturelle dérive de la morale; mais elle a une application moins étendue, et c'est ce qui l'en distingue. Ainsi, la morale enseigne à l'homme ses devoirs envers Dieu, envers lui-même et envers ses semblables, tandis que la loi naturelle se borne à lui faire connaître ses devoirs envers ses semblables.

Les lois positives peuvent-elles s'écarter de la loi naturelle ?

Autant que possible, les règles établies par les hommes doivent se conformer à la loi naturelle : cependant il arrive quelquefois que des considérations d'ordre public ou d'intérêt général obligent le législateur à s'en écarter. — Effectivement, les lois positives ont pour objet l'utilité avec la justice : il en résulte qu'elles doivent être appropriées à la situation locale, aux intérêts du commerce et du voisinage, au climat, aux productions naturelles du pays, au génie du peuple, à ses usages, et à mille autres circonstances ; en sorte qu'elles ne sauraient être égales pour toutes les nations et pour tous les temps, ni être assujetties à des règles invariables.

Comment divise-t-on les lois ?

Les lois sont impératives, prohibitives et facultatives.

Elles sont *impératives*, lorsqu'elles commandent une action : par exemple, lorsqu'elles font un devoir aux père et mère de nourrir, entretenir et élever leurs enfants.

Elles sont *prohibitives*, lorsqu'elles défendent une action : par exemple, lorsqu'elles s'opposent à ce qu'un époux puisse contracter un second mariage avant la dissolution du premier.

Elles sont *facultatives*, lorsqu'elles se bornent à reconnaître aux particuliers certains droits dont ils peuvent, à leur gré, user ou ne pas user : par exemple, lorsqu'elles leur reconnaissent le droit de tester, de faire une donation, de contracter mariage.

Qu'est-ce que la jurisprudence ?

La jurisprudence est la connaissance des lois et l'art de les appliquer. — Dans un autre sens, le mot *jurisprudence* sert à désigner l'interprétation que les tribunaux donnent à la loi. C'est ainsi que l'on dit : *la jurisprudence de tel tribunal ;* ou bien encore, pour exprimer une interprétation de la loi généralement admise dans la pratique : *la jurisprudence des tribunaux.*

Qu'est-ce que la justice ?

La justice est la volonté ferme et perpétuelle de rendre à chacun ce qui lui appartient. — Dans un autre sens, le mot *justice* sert à désigner les autorités qui sont chargées de l'application des lois.

Qu'est-ce que le droit ?

Considéré théoriquement, le droit est l'ensemble des règles

qui servent à distinguer le juste et l'injuste, qui font discerner ce qui est permis et ce qui est défendu.

Considéré par rapport à son application, le droit est l'ensemble des dispositions établies par le législateur dans le but de régler les rapports des hommes entre eux.

Comment se divise le droit?

Le droit se divise en trois classifications principales, savoir : — 1° en droit naturel et droit positif ; — 2° en droit écrit et droit non écrit ; — 3° en droit public et droit privé.

Nous avons déjà signalé les différences qui existent entre le droit *naturel* et le droit *positif*. — Au reste, la distinction établie sous ce rapport ne présente qu'un intérêt purement scientifique. Effectivement, les prescriptions qui dérivent de la loi naturelle ne sont obligatoires que pour la conscience, et elles ne peuvent donner lieu à un recours en justice qu'autant qu'elles ont été confirmées et sanctionnées par les lois positives.

Le droit *écrit* est celui qui a été promulgué expressément par la puissance publique chargée de la confection des lois. Il n'y a pas à distinguer, d'ailleurs, s'il a été, ou non, constaté par l'écriture. Le droit *non écrit* est celui qui s'est introduit tacitement et qui a été manifesté par la coutume. Peu importe également qu'il ait été, ou non, constaté par l'écriture. — Au surplus, la distinction entre ces deux espèces de droit, qui avait une certaine importance chez les Romains et dans notre ancienne législation, a perdu une grande partie de son intérêt depuis que les coutumes ont cessé d'être comptées parmi les sources de notre droit.

Le droit *public* est celui qui règle les rapports des particuliers avec l'État, ou de l'État avec les autres nations. Le droit *privé* est celui qui règle les rapports des particuliers entre eux.

A la différence des précédentes, la distinction établie entre le droit public et le droit privé est fort importante. Ces deux branches de notre législation comprennent chacune de nombreuses subdivisions.

Quelles sont les subdivisions du droit public?

Le droit public comprend :

1° Le droit *international* ou *droit des gens*, qui règle les rapports des nations entre elles ;

2° Le droit *constitutionnel*, qui règle l'organisation de la puissance publique et les facultés des citoyens vis-à-vis de l'État ;

3° Le droit *administratif*, qui règle les rapports des intérêts privés en contact avec l'intérêt général ;

4° Le droit *pénal* et *d'instruction criminelle*, qui détermine quelles sont les infractions punissables et les moyens de les réprimer.

Quelles sont les subdivisions du droit privé ?

Le droit privé comprend :

1° La *procédure civile*, qui détermine quelles sont les règles à suivre pour faire valoir ses droits en justice ;

2° Le droit *commercial*, qui traite de tout ce qui a spécialement rapport au commerce;

3° Le droit *civil*, qui règle les rapports des particuliers entre eux dans la généralité des cas, c'est-à-dire dans toutes les matières qui n'ont pas été expressément réservées à une autre branche de législation. — Le droit civil préside à l'organisation de la famille et de la propriété; il régit les intérêts les plus importants de l'homme.

Quelles sont les diverses significations du mot *droit*?

Le mot droit a plusieurs significations. — Ainsi, on l'emploie pour exprimer :

La législation d'un peuple : par exemple, le *droit romain*, le *droit français ;*

Un ensemble de lois d'une certaine espèce : par exemple, le *droit commercial*, le *droit pénal ;*

Comme synonyme de lois, par exemple quand on dit : *le droit est quelquefois contraire à l'équité ;*

Une faculté particulière : par exemple, le *droit de se marier*, le *droit de faire un testament.*

§ II. — *Des origines du droit français.*

Comment se divise le droit français au point de vue historique?

Au point de vue historique, le droit français se divise en trois périodes, qui sont : le droit ancien, le droit intermédiaire et le droit nouveau.

Qu'est-ce que le droit ancien?

Le droit ancien est celui qui a régi la France depuis l'établissement de la monarchie jusqu'au 17 juin 1789, époque où les États-généraux, convoqués par Louis XVI, se constituèrent en Assemblée nationale.

Quelles étaient les sources du droit ancien?

Les sources du droit ancien étaient : les coutumes, le droit romain, les ordonnances royales, les décisions des États-généraux et les arrêts des parlements.

Les coutumes et le droit romain formaient les deux sources les plus importantes du droit. Elles étaient, suivant les lieux, préférées l'une à l'autre. Dans les provinces du Nord, on s'attachait principalement aux coutumes; de là, le nom de *pays coutumiers* qui leur était donné. Dans les provinces du Midi, où la domination romaine avait laissé de fortes empreintes, on suivait, au contraire, le droit romain plutôt que les coutumes; ce qui a fait appeler ces provinces *pays de droit écrit.*

Ne divisait-on pas les coutumes en deux classes?

Oui, on les divisait en coutumes générales et coutumes locales. On appelait coutumes *générales* celles qui étaient suivies par toute une province, et coutumes *locales* celles qui s'appliquaient spécialement à une ville ou à un village. — Sous Henri II, on comptait environ 60 coutumes générales et 300 coutumes locales.

Les coutumes étaient-elles constatées par écrit?

A l'origine, les coutumes n'étaient pas constatées par écrit. Manifestées par un usage constant et uniforme, elles se transmettaient par tradition de génération en génération. Mais lorsqu'elles se furent multipliées, il devint nécessaire de les mettre en ordre et de constater leur existence au moyen de l'écriture.

Sous Charles VII, une ordonnance royale décida que toutes les coutumes seraient écrites et mises en ordre dans chaque province par les jurisconsultes de la province, puis examinées par le Parlement du ressort et par le grand Conseil. Cette rédaction ne put être achevée que cent ans plus tard, sous Henri II.

Qu'était-ce que les ordonnances royales?

Les ordonnances royales étaient des injonctions adressées par le Souverain à ses sujets. — Ces injonctions prenaient diverses dénominations suivant l'objet qu'elles avaient en vue. Ainsi, on les appelait :

Ordonnances proprement dites, lorsqu'elles étaient rendues par voie de disposition générale;

Édits, lorsqu'elles procédaient par voie de disposition particulière, et qu'elles étaient relatives à un point spécial;

Déclarations, lorsqu'elles étaient destinées à interpréter des édits ou des ordonnances précédemment rendues, ou à en régler l'application;

Lettres patentes, lorsqu'elles se référaient à la concession d'un privilége, ou lorsqu'elles étaient rendues pour ordonner aux tribunaux d'avoir à exécuter un arrêt du Conseil d'État. — On leur donnait le nom de *patentes*, parce qu'elles étaient ouvertes, à la différence des lettres de cachet qui étaient *closes*.

Les ordonnances royales étaient-elles obligatoires par le seul effet de la volonté du Roi?

A l'origine, les ordonnances royales étaient obligatoires par le seul effet de la volonté du Roi. Effectivement, le pouvoir législatif appartenait alors au Roi, et celui-ci l'exerçait sans partage, si ce n'est dans le cas où les États-généraux étaient assemblés, ce qui arrivait très-rarement. — C'est ce qu'exprimait la formule suivante, placée en tête des actes législatifs: « *A ces causes, de l'avis de notre Conseil et de notre pleine autorité;* » et cette autre formule, non moins absolue, qui les terminait: « *Tel est notre bon plaisir.* »

Mais, dans la suite, les parlements ayant été institués, l'usage s'introduisit de leur soumettre les ordonnances royales pour les faire enregistrer; et l'on finit par regarder cette formalité comme nécessaire pour rendre la loi obligatoire. — Ainsi, les parlements se montraient-ils unanimes à refuser d'enregistrer une ordonnance, cette ordonnance ne pouvait recevoir aucune exécution. Certains parlements avaient-ils consenti à l'enregistrer, tandis que d'autres s'y étaient refusés, elle n'était obligatoire que dans le ressort des premiers.

Le Roi n'avait-il aucun moyen de vaincre la résistance des Parlements?

Pour vaincre la résistance des Parlements, le Roi leur adressait des *lettres de jussion*, portant ordre d'enregistrer les actes qui leur étaient déférés. Si cet ordre était méconnu, il convoquait un *lit de justice*, c'est-à-dire une séance solennelle qu'il présidait et dirigeait lui-même, assisté de la force publique. Si, enfin, le Parlement ne se rendait pas à cette dernière injonction, on l'emprisonnait ou on l'exilait, et il finissait le plus souvent par se soumettre.

Qu'étaient-ce que les États-généraux?

Les États-généraux, qui commencèrent à former un corps politique sous le règne de Philippe le Bel, étaient des assemblées composées des trois ordres de la nation : le Clergé, la Noblesse et le Tiers-État.

Leurs attributions étaient mal définies : elles consistaient principalement à délibérer sur l'impôt et sur la réforme des lois. — Au reste, la Royauté, qui n'avait pas tardé à en prendre ombrage, ne les convoquait qu'à de rares intervalles, ce qui ne leur permettait pas d'exercer une influence législative bien efficace.

Certaines provinces avaient, en outre, des *États provinciaux*, chargés de régler leur administration intérieure, et notamment de fixer la quotité d'impôts qui étaient à la charge de la province.

Qu'étaient-ce que les Parlements ?

Les Parlements étaient des cours souveraines et permanentes, chargées de rendre la justice au nom du Roi dans un ressort déterminé. De même que les États-généraux, ils avaient été institués par Philippe le Bel.—On en comptait douze dans le royaume, en y comprenant celui de Paris.

Quelles étaient les attributions des Parlements au point de vue législatif?

Les Parlements n'avaient à l'origine que des attributions purement judiciaires. Ils étaient chargés de trancher les difficultés qui s'élevaient entre les particuliers, d'appliquer la loi et non point de la faire. — Toutefois, comme le principe de la séparation des pouvoirs n'était pas alors rigoureusement appliqué, on leur reconnaissait, en outre, certaines fonctions législatives qui consistaient :

1° A rendre exécutoires les ordonnances royales en les enregistrant, ou à adresser des remontrances au Roi, lorsque les ordonnances leur paraissaient injustes ;

2° A modifier l'application des lois établies, en statuant sur les contestations qui leur étaient soumises par voie de disposition générale et réglementaire, c'est-à-dire en rendant des arrêts qui faisaient loi pour l'avenir dans toute l'étendue de leur ressort. — Ces arrêts étaient rendus en audience solennelle : on les appelait *arrêts de règlements*. Ils faisaient loi, non-seulement pour l'affaire à propos de laquelle ils avaient été prononcés, mais encore pour toutes les autres affaires de même nature qui pourraient se présenter à l'avenir dans le ressort du Parlement qui avait statué.

Qu'est-ce que le droit intermédiaire?

Le droit intermédiaire est celui qui a régi la France depuis 1789 jusqu'en 1804, époque de la promulgation du Code.

Quelles sont les sources du droit intermédiaire?

Les sources du droit intermédiaire dérivent des différents pouvoirs politiques qui se sont succédé depuis 1789 jusqu'en 1804. — Ces différents pouvoirs sont :

1° L'*Assemblée nationale.* — Du 5 mai 1789 au 30 septembre 1791.

2° L'*Assemblée législative.* — Du 1er octobre 1791 au 21 septembre 1792.

3° La *Convention.* — Du 21 septembre 1792 au 26 octobre 1795.

4° Le *Directoire.* — Du 26 octobre 1795 au 9 novembre 1799.

5° Le *Consulat.* — Du 19 novembre 1799 au 18 mai 1804.

Durant cette période du notre législation, quatre constitutions furent successivement décrétées, savoir :

1° La Constitution de 1791 ;

2° La Constitution de 1793 ;

3° La Constitution de l'an III;

4° La Constitution de l'an VIII.

Comment l'Assemblée nationale s'est-elle constituée?

Les États-généraux ayant été convoqués par Louis XVI, les députés du Tiers-État, qui, à eux seuls, étaient aussi nombreux que les députés de la Noblesse et du Clergé réunis, réclamaient le vote par *tête*, qui devait leur donner un pouvoir égal à celui des deux autres ordres, au lieu du vote par *ordre*, qui avait été jusqu'alors en usage. Après une longue résistance, ils parvinrent à entraîner quelques membres du Clergé, et ils se constituèrent aussitôt en Assemblée nationale. — Le 27 juin 1789, après sept mois de luttes, tous les députés dissidents consentirent, sur l'avis même du Roi, à se réunir à cette Assemblée.

Quels ont été les travaux de l'Assemblée nationale?

Les travaux de l'Assemblée nationale, qu'on a aussi appelée Assemblée *constituante*, peuvent être considérés sous deux rapports : d'une part, elle commença la destruction du régime féodal, en abolissant les dîmes, les priviléges, les jurandes, la vénalité des offices. — D'autre part, elle s'efforça d'établir les bases d'un nouvel ordre de choses, et l'on doit à son initiative : la défense publique et libre des accusés, le droit de n'être pas soustrait à ses juges naturels, l'adoucissement de la législation criminelle, l'égalité de tous devant la loi, et enfin l'unité et l'indivisibilité de la France.

C'est également l'Assemblée nationale qui fixa l'état des citoyens, qui définit et limita les différents pouvoirs publics : le pouvoir *législatif* qui fait la loi, le pouvoir *judiciaire* qui l'applique et le pouvoir *exécutif* qui la fait exécuter. — Enfin, cette Assemblée décréta la première de nos constitutions écrites. Cette constitution est connue sous le nom de Constitution de 1791.

Quelle était la Constitution de 1791 ?

La Constitution de 1791 établissait une monarchie représentative, basée sur la pondération des pouvoirs publics. — L'Assemblée et le Roi étaient appelés à concourir à la confection de la loi : l'Assemblée en la proposant et en la décrétant, et le Roi en la sanctionnant. — Celui-ci avait un délai de deux mois pour approuver ou pour rejeter la loi. S'il l'approuvait, sa *sanction* la rendait aussitôt définitive et complète. S'il la rejetait, son refus, qu'on désignait sous le nom de *veto*, avait un effet suspensif. — Après l'avoir exprimé, le Roi devait dissoudre immédiatement l'Assemblée et en convoquer une nouvelle, à laquelle le projet de loi était de nouveau soumis. — Si la seconde Assemblée décrétait également la loi, le Roi faisait appel à une troisième Assemblée ; et si cette dernière se prononçait comme les deux précédentes, le *veto* du Roi cessait de produire son effet suspensif et la loi devenait définitive, nonobstant l'absence de sanction.

En résumé, le roi pouvait suspendre, au moyen de son droit de *veto*, l'existence de la loi qui avait été votée par l'Assemblée. Mais son pouvoir n'allait pas jusqu'à l'anéantir, et elle finissait par devenir définitive lorsqu'elle avait été proposée et décrétée par les deux législatures suivantes.

Promulguée le 14 septembre 1791, la Constitution de 1791 cessa, en fait, d'être en vigueur le 21 septembre 1792, époque où la Convention supprima la royauté et proclama la république. Mais ce ne fut que le 24 juin 1793 qu'une nouvelle Constitution lui fut substituée.

Comment fut constituée l'Assemblée législative?

L'Assemblée législative succéda à l'Assemblée nationale ou constituante le 30 septembre 1791. On lui donna le nom de *législative,* parce que sa mission consistait uniquement à exercer un pouvoir législatif dans les limites indiquées par la Constitution de 1791; tandis que l'Assemblée nationale avait réuni dans ses mains le pouvoir législatif et le pouvoir constituant, c'est-à-dire le pouvoir de faire des lois et celui de régler la forme et le fonctionnement du gouvernement.

L'Assemblée législative tint sa première séance le 1er octobre 1791, et sa dernière le 20 septembre 1792.

Quels ont été les travaux de l'Assemblée législative?

Interrompus par de graves préoccupations de politique intérieure ou de guerre extérieure, les travaux de l'Assemblée législative ont laissé peu de traces dans notre législation intermédiaire. Nous devons néanmoins à cette Assemblée les lois qui ont établi le divorce, aboli les substitutions, et fixé la majorité à l'âge de 21 ans.

Les événements les plus importants qui eurent lieu sous l'Assemblée législative sont : la déclaration de guerre à l'Autriche, la journée du 10 août 1792, la déchéance du Roi et son emprisonnement, la convocation d'une Convention nationale.

Comment s'établit la Convention?

Le 21 septembre 1792, la session de l'Assemblée législative fut déclarée close, et la Convention fut appelée à lui succéder. — Le jour même elle tint sa première séance. Sa session, plus longue que celle des Assemblées précédentes, ne se termina que le 26 octobre 1795.

Quelles différences y avait-il entre les attributions de l'Assemblée législative et celles de la Convention?

Les attributions de ces deux Assemblées différaient sous plusieurs rapports : celles de la Convention étaient beaucoup plus importantes.

D'abord, l'Assemblée législative vivait en vertu d'une Constitution qu'elle était tenue d'observer, la Constitution de 1791; elle ne pouvait agir que dans un cercle d'action limité et tracé à l'avance. — La Convention, au contraire, ayant mandat pour réviser la Constitution, ne relevait que d'elle-même.

En second lieu, l'Assemblée législative n'exerçait que le pouvoir législatif; et elle n'exerçait pas ce pouvoir dans toute sa plénitude, puisque le Roi avait sur ses décisions un droit de suspension. — La Convention, au contraire, avait tous les pouvoirs en même temps : le pouvoir *constituant*, c'est-à-dire le pouvoir de modifier la Constitution, de la supprimer et de la remplacer par une autre; le pouvoir *législatif*, et, enfin, le pouvoir *exécutif*, qu'elle faisait exercer par des comités de sûreté générale et de salut public, dont les membres étaient pris dans son sein.

Quels ont été les travaux de la Convention?

Comme ceux de l'Assemblée nationale, les travaux de la Convention peuvent être considérés sous deux rapports :

D'une part, elle décréta plusieurs lois civiles importantes, notamment celle du 7 nivôse an II sur les successions, et celle du 9 messidor an III sur le régime hypothécaire. — D'autre part, elle proclama l'abolition de la royauté et l'établissement d'un calendrier républicain, et fit deux Constitutions : l'une en 1793, qui ne fut jamais appliquée; l'autre en 1796 (an III), qui organisa le Directoire.

Quelle était la Constitution de 1793?

D'après cette Constitution, l'Assemblée élue par la nation concentrait entre ses mains tous les pouvoirs législatif et exécutif. Mais elle devait faire sanctionner par le peuple, convoqué dans toutes les communes de la République, les lois qu'elle avait proposées et adoptées.

Au surplus, la Convention abandonna elle-même cette Constitution, et la remplaça par une autre, qui est connue sous le nom de Constitution de l'an III, et qui fut, comme sa devancière, précédée d'une déclaration des droits de l'homme.

Quelle était la Constitution de l'an III?

La Constitution de l'an III, qui organisa le régime connu sous le nom de Directoire, sépara les pouvoirs législatif et exécutif, qui avaient été concentrés entre les mains de la Convention. Cette Constitution établissait :

1° Un pouvoir législatif composé de deux conseils : le premier, appelé *Conseil des Cinq-Cents*, avait mandat de proposer les lois; le second, appelé *Conseil des Anciens*, parce que chacun de ses membres devait être âgé de quarante ans au moins, était chargé de les décréter. Ainsi, le Conseil des Cinq-Cents avait le droit d'initiative, et le Conseil des Anciens le droit de vote.

2° Un pouvoir exécutif, composé de cinq membres appelés Directeurs, élus par les deux conseils, et chargés de faire exécuter les lois.

Inauguré le 26 octobre 1795, le Directoire resta en vigueur jusqu'au 9 novembre 1799. — Le droit intermédiaire lui est redevable de la loi du 15 germinal an VI sur la contrainte par corps, et de celle du 11 brumaire an VII sur les hypothèques.

Quelle était la Constitution de l'an VIII?

A la suite du coup d'État du 18 brumaire, le Directoire fut supprimé et remplacé par le Consulat.

Lucien, frère du général *Bonaparte*, ayant rassemblé les débris des deux conseils, leur fit nommer une double commission, composée de vingt-cinq membres chacune, et chargée d'établir les bases d'un nouveau gouvernement. — Ces deux commissions rédigèrent en commun la fameuse Constitution de l'an VIII, sous l'empire de laquelle a été proclamé le Code civil.

Cette Constitution établissait :

1° Un pouvoir exécutif, composé de trois *Consuls*, élus pour dix ans. — Le premier Consul, *Bonaparte*, promulguait les lois et nommait seul les agents du pouvoir exécutif; les deux autres consuls avaient seulement voix consultative.

2° Un Conseil d'État, divisé en cinq sections et délibérant, tantôt en sections, tantôt en assemblée générale, sous la présidence du premier Consul. — Les membres du Conseil d'État étaient nommés par le premier Consul : au point de vue législatif, leurs attributions consistaient à préparer et à rédiger les projets de loi qui devaient être proposés à l'adoption du Corps législatif. Ils avaient, en outre, des attributions administratives et contentieuses.

3° Un Tribunat, composé de cent membres nommés par le peuple. — Les membres du Tribunat étaient chargés de discuter les projets de loi contradictoirement avec les membres du Conseil d'État délégués à cet effet.

4° Un Corps législatif, dont les membres étaient également nommés par le peuple. — Les attributions du Corps législatif consistaient à adopter ou à rejeter les projets de loi que proposait le premier Consul.

5° Un Sénat conservateur, chargé d'examiner les lois votées par le Corps législatif, au point de vue de leur constitutionalité.

Voici comment l'on procédait :

Le gouvernement, qui avait seul le droit d'initiative, faisait préparer le projet de loi par le Conseil d'État, qui le discutait en assemblée générale et le rédigeait en articles. — Ensuite, le Conseil d'État proposait la loi au Corps législatif, et déléguait trois de ses membres pour la soutenir. — Le Corps législatif communiquait la loi proposée au Tribunat : celui-ci émettait d'abord un vœu pour son adoption ou pour son rejet; puis il déléguait, à son tour, trois de ses membres pour défendre le vœu qu'il avait émis. — Après avoir entendu contradictoirement les trois orateurs du Conseil d'État et les trois membres du Tribunat, le Corps législatif prononçait l'adoption ou le rejet de la loi.

La loi votée par le Corps législatif était ensuite présentée au Sénat, qui avait un délai de dix jours pour l'annuler si elle était contraire à la Constitution. Ce délai expiré, la loi existait définitivement; mais elle ne devenait obligatoire que lorsqu'elle avait été promulguée par le premier Consul. — La Constitution décidait que cette promulgation aurait lieu nécessairement le dixième jour du décret.

Qu'est-ce que le droit nouveau ?

Le droit nouveau est celui qui régit la France depuis le 31 mars 1804, époque de la promulgation du Code civil.

Les sources du droit nouveau sont :

1° Les dispositions antérieures au Code civil qui n'ont pas été abrogées par celui-ci ;

2° Le Code civil ;

3° Les différents Codes qui ont été promulgués ensuite ;

4° Les lois particulières qui ont été promulguées postérieurement à ces Codes ;

5° Les ordonnances et décrets du chef du pouvoir exécutif, lorsqu'ils ont pour but d'assurer l'exécution des lois ;

6° Les plébiscites et les sénatus-consultes.

Les différents Codes qui ont été promulgués depuis le Code civil sont :

1° Le Code de procédure civile, promulgué en 1806;

2° Le Code de commerce, promulgué en 1808 ;

3° Les Codes pénal et d'instruction criminelle, qui furent rendus exécutoires à partir du 1er janvier 1811.

Quelles sont les principales lois civiles qui ont été promulguées postérieurement au Code civil?

Les principales lois civiles postérieures au Code civil sont:

1° La loi du 3 septembre 1807, qui a fixé le taux légal de l'intérêt;

2° La loi du 8 mai 1816, qui a aboli le divorce;

3° La loi du 14 juillet 1819, qui a permis à tous les étrangers indistinctement de recueillir les successions et donations qui viendraient à leur échoir;

4° La loi du 17 mai 1826, qui a rétabli les substitutions, lesquelles furent ensuite abolies de nouveau par une loi de 1849;

5° La loi du 30 juin 1838, sur les aliénés;

6° Les lois des 29 avril 1845, 11 juillet 1847 et 10 juin 1854, qui établissent des servitudes relatives aux eaux;

7° La loi du 31 mai 1854, qui abolit la mort civile;

8° La loi du 23 mars 1855, qui rétablit la transcription hypothécaire;

9° La loi du 22 juillet 1867, qui abolit la contrainte par corps.

La pensée de réunir en un Code les éléments de notre législation appartient-elle au Consulat?

Non, la pensée de réunir en un Code les éléments de notre législation civile appartient à l'Assemblée nationale, qui en avait fait l'objet d'un article de sa Constitution. Malheureusement, les préoccupations politiques ne lui permirent pas de mettre ce projet à exécution. — Quelques essais de codification furent également tentés par la Convention et par le Directoire.

Comment fut-il procédé à la confection du Code?

Par un arrêté du 24 thermidor an VIII (12 août 1800), le premier consul, *Bonaparte*, institua une commission chargée de rédiger un avant-projet de Code civil. — Cette commission était composée de quatre membres: MM. *Tronchet, Portalis, Bigot de Préameneu* et *Malleville*.

Le travail de cette commission fut d'abord communiqué à tous les tribunaux d'appel, qui furent invités à y joindre leurs observations; puis, il fut soumis au Conseil d'État, qui rédigea un projet définitif. Ce projet fut communiqué au Tribunat et présenté à l'adoption du Corps législatif. — Trente-six lois furent ainsi successivement décrétées et promulguées le dixième jour de leur émission. La loi du 30 ventôse an XII ordonna qu'elles recevraient une nouvelle promulgation, qui serait générale; et elle les réunit en un seul corps, sous le titre de Code civil des Français.

En 1807, le Code civil reçut le nom de Code Napoléon. — En 1816, il reprit la dénomination de Code civil. — En 1852, il fut appelé de nouveau Code Napoléon. — Actuellement, enfin, il a repris la dénomination de Code civil, qu'il avait reçue à l'origine.

Qu'entend-on par Code ?

On entend par Code un recueil de lois classées dans un ordre méthodique.

Qu'entend-on par Code civil?

On entend par Code civil un recueil de trente-six lois classées dans un ordre méthodique, et ayant pour objet les personnes et les biens.

Comment se divise le Code civil?

Le Code civil se divise en un titre préliminaire et en trois livres.

Le titre préliminaire établit des règles générales relativement à la publication, aux effets et à l'application des lois.

Le premier livre traite des personnes. — Il comprend onze titres.

Le second livre traite des biens. — Il comprend quatre titres.

Le troisième livre traite des différentes manières d'acquérir la propriété. — Il comprend vingt titres.

Chaque titre renferme une loi. — Les titres sont divisés en chapitres, les chapitres en sections, et, quelquefois, les sections en paragraphes.

En outre, le texte de la loi est reporté dans une série d'articles numérotés, qui sont au nombre de 2281; ce qui permet de reconnaître facilement chaque disposition.

La législation antérieure au Code civil est-elle complétement abrogée?

Non. En effet, la loi organique du Code dit : « A partir de la promulgation du Code, les lois romaines, les ordonnances, les coutumes, les arrêts de règlement cesseront d'avoir force de loi *dans les matières qui font l'objet du Code.* » D'où on peut conclure que la législation antérieure au Code est encore applicable *sur les points qui n'ont pas été modifiés par le Code ou par des lois postérieures.* — Il en est de même des dispositions du droit intermédiaire, qui n'ont pas été abrogées par le nouveau droit.

Le pouvoir législatif n'a-t-il pas été modifié plusieurs fois depuis la promulgation du Code?

Oui, depuis la promulgation du Code civil, le pouvoir législatif et, par suite, les règles établies pour la confection des lois ont été succcessivement modifiés par les Chartes de 1814 et de 1830, ainsi que par les Constitutions de 1848, de 1852 et de 1871.

Comment le pouvoir législatif était-il réglé par les Chartes de 1814 et de 1830?

Suivant la Charte de 1814, qui inaugura le rétablissement de la branche aînée des Bourbons, le pouvoir législatif appartenait concurremment au Roi, à la Chambre des députés et à la Chambre des pairs. Les attributions du Roi, en cette matière, étaient importantes. Il avait seul le droit de proposer la loi : celle-ci, une fois votée par les Chambres, devait être sanctionnée, puis promulguée par lui; il pouvait la promulguer quand il voulait. — Ainsi, la prérogative royale comprenait tout à la fois le droit d'initiative, le droit de sanction et le droit de promulgation.

Sous la Charte de 1830, le pouvoir législatif était également exercé par le Roi et par les deux Chambres. Mais les attributions du Roi étaient moins importantes : il partageait notamment avec les deux Chambres le droit de proposer la loi.

De quelle manière le pouvoir législatif était-il réglé par la Constitution de 1848?

D'après la Constitution de 1848, qui inaugura la seconde république, le pouvoir législatif appartenait à une Assemblée nationale, et le pouvoir exécutif à un président de la République.

La proposition des lois était faite, soit par l'Assemblée, soit par le président de la République. — La loi était formée dès qu'elle avait été décrétée par l'Assemblée, sans avoir besoin d'être sanctionnée par le président de la République. D'autre part, celui-ci était tenu de la promulguer dans le délai d'un mois, à partir du jour où elle avait été décrétée.

De quelle manière le pouvoir législatif était-il réglé par la Constitution de 1852?

D'après la Constitution de 1852, le pouvoir législatif était exercé de la manière suivante :

L'Empereur avait seul l'initiative des lois. — Il faisait rédiger les projets de lois par le Conseil d'État, et les communiquait au Corps législatif.

Le Corps législatif nommait une commission chargée de faire un rapport sur la loi. Le rapport était lu en séance publique : vingt-quatre heures après, la discussion pouvait commencer. Le Corps législatif pouvait adopter la loi, la rejeter, ou y introduire des amendements.

Une fois votée par le Corps législatif, la loi passait à l'examen du Sénat, qui pouvait s'opposer à ce qu'elle fût promulguée lorsqu'elle lui paraissait inconstitutionnelle.

La promulgation était faite par l'Empereur; et, comme il n'était pas tenu de l'accomplir dans un délai déterminé, la loi ne devenait exécutoire que s'il le voulait et quand il le voulait.

Dans la suite, la Constitution de 1852 reçut des modifications importantes, notamment par le sénatus-consulte de 1870.

De quelle manière le pouvoir législatif est-il réglé actuellement?

Actuellement, le pouvoir législatif est réglé conformément aux principes établis par la Constitution de 1848, sauf quelques modifications de détails.

L'initiative des lois appartient, concurremment à l'Assemblée nationale et au chef du pouvoir exécutif. — Celui-ci est chargé de la promulgation des lois : il est tenu de la faire dans le délai d'un mois, à moins qu'il ne s'agisse de lois déclarées urgentes, qui doivent être promulguées dans les trois jours. — A défaut du chef du pouvoir exécutif, le président de l'Assemblée nationale est chargé de pourvoir à la promulgation.

Le chef du pouvoir exécutif a le titre de Président de la République française; il exerce ses fonctions sous l'autorité de l'Assemblée nationale. Ses pouvoirs doivent expirer lorsque celle-ci aura terminé ses travaux.

Le chef du pouvoir exécutif réside au lieu où siége l'Assemblée nationale, et il est entendu par cette Assemblée toutes les fois qu'il le croit nécessaire. Il nomme et révoque les ministres. Il est responsable, ainsi que les ministres, devant l'Assemblée.

CODE CIVIL

PAR QUESTIONS ET RÉPONSES

TITRE PRÉLIMINAIRE

De la publication, des effets et de l'application des lois.

Les règles qui sont exposées dans ce titre ne sont pas spéciales aux lois civiles : elles s'appliquent, au contraire, à toutes sortes de lois. Néanmoins, le législateur les a placées avec raison en tête du Code civil, parce qu'il constitue la partie la plus importante de notre législation.

Le titre préliminaire contient les articles 1 à 6. — Pour plus de clarté, nous l'avons divisé en trois paragraphes relatifs : — 1° A la promulgation et à la publication des lois ; — 2° à leurs effets ; — 3° à leur application.

§ 1. — *De la promulgation et de la publication des lois.*

A quelles conditions les lois sont-elles obligatoires?

Pour que les lois existent, pour qu'elles soient définitivement formées, il suffit qu'elles aient été décrétées par une Assemblée investie du pouvoir législatif. Mais de ce que les lois existent, de ce qu'elles sont formées, il ne s'ensuit pas qu'elles soient aptes à produire leur effet. — Pour qu'elles le produisent, il faut, de plus, que leur existence et leur formation aient été révélées à tous les intéressés, au moyen de la promulgation et de la publication.

En résumé, pour qu'une loi soit formée et pour qu'elle devienne exécutoire et obligatoire, il y a quatre opérations indispensables. Il faut : — 1° que la loi ait été présentée ; — 2° qu'elle ait été votée ; — 3° qu'elle ait été promulguée ; — 4° qu'elle ait été publiée.

Parmi ces diverses opérations, nous omettons à dessein de citer la *sanction*, qui concourait autrefois à la formation de la loi, mais qui n'y concourt plus aujourd'hui. Au reste, le Code omet également de la mentionner ; car la Constitution de l'an VIII, sous l'empire de laquelle il a été promulgué, ne l'avait pas maintenue. (Art. 1er.)

Qu'appelle-t-on sanction d'une loi?

On appelle ordinairement sanction d'une loi la disposition par laquelle le législateur édicte une peine contre ceux qui la violent, ou une récompense en faveur de ceux qui l'observent. — Mais ici le mot *sanction* est pris dans un sens tout différent, pour exprimer l'adhésion donnée par le chef de l'État à une loi décrétée par l'assemblée. On a vu, en effet, que sous l'empire de la constitution de 1791, ainsi que sous les chartes de 1814 et de 1830, les projets de lois qui avaient été adoptés par les assemblées ne se convertissaient en lois définitives qu'après avoir été solennellement approuvés par le roi. — Cette approbation, qu'on appelle la sanction, avait lieu par la signature du roi et l'apposition du sceau royal au bas de la loi.

Cette formalité disparut en 1848, lors de l'avénement de la seconde république.—Sous la constitution de 1852, elle se confondit avec la promulgation. L'empereur ayant le pouvoir de promulguer la loi quand il voulait, on regarda la sanction comme une formalité inutile en elle-même et on la fit rentrer dans la promulgation. — Aujourd'hui, de même que sous les Constitutions de l'an VIII et de 1848, la sanction est devenue inutile.

Qu'est-ce que la promulgation de la loi?

La promulgation de la loi est l'acte par lequel le chef du pouvoir exécutif atteste l'existence de la loi et enjoint à tous les Français de l'observer.

Suivant la Constitution de l'an VIII, le premier Consul était tenu de faire la promulgation de la loi dix jours après qu'elle avait été votée. — C'est pourquoi on trouve constamment un intervalle de dix jours entre le décret et la promulgation des lois contenues dans les différents Codes.

Quelle différence y-a-t-il entre la sanction et la promulgation?

La sanction et la promulgation de la loi présentent des différences importantes. — D'abord, la sanction se réfère à la formation de la loi, elle concourt à son existence; au lieu que la promulgation se rapporte à son effet extérieur, à son exécution. A l'époque où la sanction était nécessaire, il fallait que la loi fût sanctionnée pour exister, et il fallait qu'elle eût été promulguée pour être rendue exécutoire. — En second lieu, la sanction était de la part du Souverain un acte législatif; tandis que la promulgation rentre dans les attributions qui lui appartiennent plus spécialement comme chef du pouvoir exécutif.

En quoi consiste le fait de la promulgation?

La promulgation, avons-nous dit, est une sorte d'injonction adressée aux sujets par le chef du pouvoir exécutif, pour les obliger à observer la loi nouvelle. Mais cette injonction n'a pas lieu directement et en termes formels: le législateur la fait résulter de l'accomplissement d'un acte. — Aux termes de l'ordonnance de 1816, la promulgation est réputée accomplie lorsque la loi a été insérée au bulletin des lois. Cette insertion est constatée à la chancellerie sur un registre spécial.

Comment avait lieu la promulgation avant l'ordonnance de 1816?

Sous la constitution de l'an VIII, la promulgation était réputée accomplie dès qu'il s'était écoulé dix jours depuis que la loi avait été décrétée par l'Assemblée. Ainsi, lorsqu'une loi avait été décrétée le 5 mars, elle devait être nécessairement promulguée le 15 du même mois. — Et, comme on connaissait le décret par les discussions publiques qui l'avaient précédé, on était, par là, averti d'avance du jour où la promulgation aurait lieu.

Sous la charte de 1814, la promulgation cessa d'être invariablement fixée au dixième jour du décret; elle ne dépendit plus que de la volonté du roi. Dès lors, il devint nécessaire que la promulgation de la loi fût manifestée par un acte. C'est pour quoi l'ordonnance de 1816 décida qu'elle résulterait de l'insertion de la loi au bulletin.

La disposition de l'ordonnance de 1816 n'a-t-elle pas été critiquée?

Oui, la disposition de cette ordonnance a été critiquée: on a fait observer que l'insertion au bulletin des lois était un acte trop inaperçu pour faire réellement connaître l'existence de la loi. — Mais on répond que l'insertion d'une loi nouvelle au bulletin des lois est un fait suffisamment connu, puisque le bulletin est adressé à toutes les communes et à tous les tribunaux français; et qu'on ne trouverait pas aisément un autre procédé capable d'assurer à la loi une publicité plus complète et plus durable.

Qu'est-ce que la publication?

La publication est le fait par lequel l'existence et la promulgation de la loi sont portées à la connaissance de tous les Français.

Ainsi que nous l'avons observé, la loi qui a été promulguée est exécutoire, c'est-à-dire qu'elle est apte à produire son effet. Mais elle ne le produit, en fait, que lorsqu'il s'est écoulé un temps suffisant pour que les citoyens aient pu connaître l'accomplissement de la promulgation. — Ainsi, la loi est exécutoire après avoir été promulguée; mais elle n'oblige réellement qu'après avoir, en outre, été publiée.

En quoi consiste le fait de la publication?

Le fait de la publication, c'est-à-dire le procédé au moyen duquel la loi est portée à la connaissance des citoyens, n'a pas toujours été le même. — Dans notre ancienne législation, il consistait dans l'enregistrement de la loi par les parlements; seulement, dans certains ressorts, la loi devait, en outre, être adressée aux sénéchaussées et bailliages, qui en faisaient lecture en audience publique.

Plus tard, l'Assemblée nationale décida que la loi serait envoyée aux tribunaux, aux corps administratifs et aux municipalités qui, après l'avoir fait transcrire sur leur registre, en donneraient lecture et la feraient afficher.

La Convention, voulant donner encore plus de réalité à la publication, ordonna que la loi nouvelle serait insérée dans un recueil spécial appelé bulletin des lois; que ce recueil serait adressé aux autorités constituées, et qu'il en serait, dans chaque lieu, donné lecture au peuple assemblé à son de trompe ou de tambour.

La loi du 12 vendémiaire an IV décréta qu'il n'y aurait plus lecture publique, affichage, annonce de la loi à son de trompe ou de tambour; que la loi serait seulement insérée au bulletin officiel, et qu'elle serait réputée connue dans chaque département à partir du jour où le bulletin serait parvenu au chef-lieu. Elle remplaçait ainsi la publication réelle et effective de la loi par une publication fictive. — Tel est, sauf quelques modifications, le système suivi par le Code.

Effectivement, d'après l'article 1er du Code, la publication a lieu par le seul fait de l'expiration d'un certain délai à compter du jour de la promulgation. Passé ce délai, les citoyens sont réputés connaître l'existence de la loi et sa promulgation, et ils sont traités comme s'ils la connaissaient. — Le point de départ exact du délai de publication commence à partir de la remise que le directeur de l'imprimerie de la république fait au ministère de la justice d'un exemplaire du bulletin officiel contenant la nouvelle loi.

En résumé, la loi est promulguée dès qu'elle est insérée au bulletin officiel, et elle est publiée lorsqu'il s'est écoulé un certain délai depuis son insertion au bulletin. (Art. 1er.)

Quels sont les délais de publication?

Dans le lieu où siége le gouvernement, la loi est réputée connue un jour franc après sa promulgation. — Dans les départements, il faut ajouter à ce délai d'un jour franc autant de jours qu'il y a de fois dix myriamètres de distance entre la capitale et le chef-lieu du département.

L'expression d'un jour *franc* signifie qu'il ne faut pas tenir compte du jour de la promulgation. — Ainsi, une loi promulguée le lundi n'est réputée connue que le mercredi dans le lieu où siége le gouvernement. (Art. 1er.)

Faut-il tenir compte des fractions de dix myriamètres?

A cet égard, il y a deux opinions :

Suivant la première, il faut admettre l'affirmative et augmenter le délai légal d'un jour toutes les fois qu'on rencontre une fraction de dix myriamètres. — Effectivement, la loi exprime que ce n'est que dans le département de la Seine que la loi est réputée connue un jour après sa promulgation. Il en résulte qu'il faut ajouter un jour de plus dans les départements dont le chef-lieu est à 7, 8, 9 myriamètres de Paris. Cette solution est confirmée par une ordonnance du 7 juillet 1824, qui considère une *fraction* comme une dizaine *accomplie*. Aussi, est-elle généralement admise par la jurisprudence.

Au contraire, la doctrine est d'avis qu'il faut négliger les fractions et ne tenir compte que des dizaines accomplies. — C'est là le véritable sens de la loi, et il est exprimé assez clairement pour ne laisser aucun doute. En effet, l'article 1er dit que le délai d'un jour franc est augmenté d'autant de jours qu'il y a de fois *dix* myriamètres de distance, c'est-à-dire qu'il est augmenté d'autant de jours qu'il y a de dizaines accomplies. — Au surplus, la question a été tranchée dans ce sens par un sénatus-consulte du 15 brumaire an XIII. (Valette.)

Les délais de publication ne sont-ils pas susceptibles d'être abrégés en cas d'urgence?

Oui. D'après une ordonnance de 1817, le chef du pouvoir exécutif et les préfets peuvent, en cas d'urgence, rendre une loi immédiatement exécutoire en la faisant publier et afficher. — Cette ordonnance a modifié, très à propos, une disposition vicieuse de l'ordonnance de 1816, qui décidait que dans les cas d'urgence la publication des lois était réputée accomplie dans les départements aussitôt que le préfet avait reçu le bulletin dans lequel elles étaient contenues.

La présomption que la loi est réputée connue après l'expiration du délai de publication peut-elle être combattue par la preuve contraire?

En principe, cette présomption ne peut pas être combattue par la preuve contraire. C'est ce qu'exprime la maxime: *Nul n'est censé ignorer la loi*. En effet, l'administration de la justice serait trop entravée et l'application des lois trop difficile si les particuliers pouvaient se soustraire à l'effet d'une disposition nouvelle sous prétexte d'ignorance, cette ignorance fût-elle d'ailleurs excusable.

Toutefois, la présomption que *nul n'est censé ignorer la loi* n'est réellement invincible que lorsqu'on l'oppose individuellement aux particuliers. Tout le monde convient que les délais de publications pourraient être augmentés dans le cas où une circonstance de force majeure, telle qu'une inondation, un blocus ou l'investissement d'une ville par une armée ennemie, aurait rendu impossible toute communication régulière entre la capitale et certaines portions du territoire. — En effet, le Code déclare que la loi sera exécutoire quand la promulgation en *pourra* être connue; ce qui signifie implicitement qu'elle ne sera pas exécutoire dans le lieu où il était matériellement impossible de la connaître.

§ II. — *De l'effet des lois.*

Les lois ont-elles des effets rétroactifs?

Non, elles n'ont pas d'effets rétroactifs. Les lois nouvelles, à moins d'une disposition contraire, ne règlent que les faits accomplis depuis leur promulgation. (Art. 2.)

Le principe de la non-rétroactivité des lois est-il bien rationnel?

Oui, le principe de la non-rétroactivité des lois est en même temps conforme à la raison et à l'équité.

Il est conforme à la raison : effectivement, la loi étant une règle de conduite, il en résulte nécessairement qu'elle ne peut commander, défendre ou autoriser que pour l'avenir.

Il est conforme à l'équité : effectivement, il est juste qu'un droit légitimement acquis sous l'empire de la loi actuelle ne puisse pas être anéanti par l'effet d'une disposition postérieure, ou qu'un acte qui était licite au moment où il a été accompli ne puisse pas, dans la suite, être considéré comme illicite. Autrement, il n'y aurait plus rien de stable; l'état des personnes, leur fortune, leur considération seraient éternellement en question; la société ne serait pas possible.

Le principe de la non-rétroactivité est-il une règle de droit constitutionnel?

Non; cette règle du Code, *la loi ne dispose que pour l'avenir*, n'est pas reproduite dans la Constitution, et l'on en conclut que les lois constitutionnelles peuvent avoir des effets rétroactifs. Mais cela n'arrivera que dans des cas très-rares, et lorsque la rétroactivité de la loi aura été formellement exprimée.

Comment fait-on l'application du principe de la non-rétroactivité des lois?

Le principe de la non-rétroactivité des lois, qui paraît fort simple au premier abord, ne laisse pas que de présenter quelques difficultés dans son application. — Effectivement, il y a, à cet égard, deux considérations opposées dont il faut tenir compte. D'une part, et c'est là l'idée dominante, il est rationnel et équitable que la loi nouvelle ne porte pas atteinte aux droits légitimement acquis sous l'empire d'une loi précédente, et qu'elle ne revienne pas sur des faits accomplis; mais, d'autre part, il faut considérer que toute loi nouvelle est présumée meilleure que celle qu'elle remplace.

C'est par la combinaison de ces deux idées que se règle l'application de notre principe. Conséquemment, il faut décider : — 1° que la loi nouvelle ne peut porter atteinte aux faits accomplis, aux droits réellement acquis au moment de sa promulgation ; — 2° mais qu'elle produit son effet à l'égard des droits qui sont encore éventuels et des faits qui sont simplement en expectative au moment de sa promulgation.

Qu'entend-on par droits acquis et par droits éventuels ?

On entend par droits *acquis* les droits qui sont entrés dans le patrimoine d'une personne, qu'elle peut regarder comme lui appartenant d'une manière définitive, et qu'on ne saurait lui enlever sans injustice. — Il n'y a pas à distinguer, d'ailleurs, si les droits sont purs et simples, ou s'ils sont à terme ou sous condition; car le terme n'empêche pas l'acte de produire immédiatement son effet, et la condition qui vient à se réaliser rétroagit au jour du contrat.

On entend par droits *éventuels* des droits qui peuvent entrer dans le patrimoine d'une personne, mais qui n'y sont point actuellement entrés ; qui lui appartiendront peut-être un jour, mais qui ne lui appartiennent pas encore. — Tels sont les droits d'un héritier présomptif sur une succession non encore ouverte.

Qu'entend-on par faits accomplis et par simples expectatives ?

On entend par *faits accomplis* des faits entièrement achevés, de telle sorte qu'on puisse regarder comme définitivement assurés les avantages qui en découlent.

On entend par *simples expectatives* des espérances, des attentes très-faibles résultant d'un droit qui pourra exister mais qui n'existe pas encore, ou d'un fait qui est possible mais qui n'est pas encore réalisé. — On peut ranger au nombre des simples expectatives l'espérance du légataire tant que le testateur vit; ou l'attente du possesseur qui est en voie de prescrire mais qui n'a pas encore achevé le temps nécessaire pour la prescription.

Ainsi, tout en respectant les droits acquis, la loi nouvelle produira immédiatement son effet par rapport aux droits à venir et aux faits qui ne sont pas entièrement accomplis. — C'est ce que nous allons voir plus amplement en parcourant successivement les différentes classes de lois. Pour cela, nous distinguerons :

1° Les lois qui régissent l'état et la capacité des personnes;

2° Celles qui règlent la forme, la preuve et l'interprétation des actes;

3° Celles qui concernent la procédure ;

4° Celles qui ont pour objet la répression des crimes et des délits.

Comment applique-t-on le principe de la non-rétroactivité aux lois qui régissent l'état et la capacité des personnes?

Les lois qui régissent l'état et la capacité des personnes n'ont aucun effet rétroactif en ce qui touche les droits acquis, ou en ce qui concerne les faits accomplis sous l'empire des lois antérieures. Mais elles peuvent modifier la capacité des personnes pour l'avenir, parce que la capacité de faire tel ou tel acte ne constitue pas un droit acquis. — Supposons, par exemple, qu'une loi nouvelle vienne à disposer que nul ne pourra désormais se marier avant d'avoir atteint l'âge de vingt ans accomplis : la fille qui est âgée de plus de 15 ans et de moins de 20 ans perdra la faculté qu'elle avait auparavant de pouvoir se marier. Mais la femme qui s'est mariée à l'âge de 15 ans accomplis, avant la promulgation de la nouvelle loi, n'aura pas à en souffrir, et son mariage conservera toute sa validité.

Comment applique-t-on le principe de la non-rétroactivité aux lois qui règlent la forme, la preuve et l'interprétation des actes?

Les lois qui règlent la forme, la preuve et l'interprétation des actes n'ont jamais d'effet rétroactif. On suit à leur égard la maxime ancienne : *Tempus regit actum.* — Effectivement, les personnes qui ont accompli un acte s'en sont référées à la loi existante au moment de la passation de l'acte, pour tout ce qui concerne sa forme, la manière de le prouver et l'interprétation qu'il doit recevoir. Elles ont, par conséquent, acquis le droit d'avoir tous les bénéfices de cette loi, et l'on ne pourrait les leur ravir sans injustice.

Comment applique-t-on le principe de la non-rétroactivité aux lois qui règlent la procédure?

A l'inverse des précédentes, les lois qui règlent la procédure sont susceptibles de produire des effets rétroactifs. — En effet, la procédure n'est pas autre chose que la marche à suivre pour arriver à la constatation d'un droit. Et, comme la marche à suivre pour obtenir la reconnaissance d'un droit ne touche pas au droit lui-même, on peut sans injustice y appliquer des dispositions nouvelles. On le peut d'autant mieux que les lois nouvelles étant présumées meilleures que celles qu'elles remplacent, les parties tireront un avantage des modifications apportées à la procédure.

— Ainsi, une loi vient-elle à abréger des délais de citation ou d'ajournement, on l'appliquera immédiatement pour toutes les contestations qui viendraient à s'élever, lors même que ces contestations surgiraient à l'occasion d'un fait accompli ou d'un droit acquis antérieurement à la promulgation de la loi.

Comment applique-t-on le principe de la non-rétroactivité aux lois pénales ?

En principe, les lois pénales, comme la plupart des autres lois, n'ont pas d'effet rétroactif : la peine applicable aux crimes, délits et contraventions, est celle qui était portée par la loi existante au temps où l'infraction a été commise. — Mais ce principe reçoit un tempérament dans le cas où la loi nouvelle est plus douce que celle qu'elle remplace. Les tribunaux ont alors le droit de statuer conformément à la dernière loi, lors même que les infractions ont eu lieu sous l'empire de la loi précédente.

Quel est l'objet des lois?

Les lois ont pour objet, tantôt de protéger l'ordre public, tantôt d'organiser la possession et la transmission des biens, tantôt de régler l'état et la capacité des personnes. — En conséquence, on les divise en trois catégories, savoir :

1° Les lois de police et de sûreté;
2° Les lois ou statuts réels ;
3° Les lois ou statuts personnels.

Quelles sont les lois de police et de sûreté?

Les lois de police et de sûreté, qu'on appelle aussi lois *pénales*, sont celles qui établissent des peines contre tout attentat aux personnes et aux propriétés.

Les lois pénales, dit le Code, obligent toutes les personnes qui habitent le territoire, sans distinction entre les Français et les étrangers. — Cette disposition est facile à justifier : en effet, comme les lois pénales ont pour objet d'assurer la tranquillité de l'État et la sécurité des habitants, il faut nécessairement qu'elles puissent prévenir ou réprimer tous les faits qui seraient de nature à y porter atteinte, quels qu'en soient les auteurs. D'ailleurs, ces lois protégent les étrangers qui se trouvent en France comme les Français eux-mêmes, et il est bien juste qu'ils y soient également soumis (Art. 3).

Quelles sont les lois réelles?

Les lois réelles sont celles qui s'appliquent aux biens. — Telles sont les lois qui régissent les contrats et celles qui concernent la propriété et ses démembrements, comme l'usufruit, l'usage, l'habitation, les servitudes réelles.

Quelles sont les lois personnelles ?

Les lois personnelles sont celles qui règlent l'état et la capacité des personnes. — Telles sont les lois qui ont rapport au mariage, à la puissance paternelle, à la tutelle, à la filiation, etc.

N'est-il pas quelquefois assez difficile de reconnaître si une loi est réelle ou si elle est personnelle ?

Oui, il est quelquefois assez difficile de reconnaître si une loi est réelle ou si elle est personnelle ; car une loi ne peut guère s'occuper des personnes sans faire mention des biens, et, réciproquement, elle ne peut guère s'occuper des biens sans faire mention des personnes. Pour s'assurer du caractère de la loi, il faut examiner quel est l'objet qu'elle a *principalement* et *immédiatement* en vue, quel est le but *essentiel* et *final* que le législateur lui a assigné. — A-t-elle immédiatement et principalement rapport à l'état et à la condition des personnes, elle est une loi *personnelle*, alors même qu'elle s'occupe accessoirement des biens. Ainsi, les dispositions relatives à l'administration des biens du mineur appartiennent au statut personnel, parce qu'elles sont contenues dans une loi qui a immédiatement et principalement rapport à l'état des mineurs. — Au contraire, la loi a-t-elle immédiatement et principalement rapport aux biens, elle est une loi *réelle*, alors même qu'elle s'occupe accessoirement des personnes. Ainsi, les dispositions relatives aux droits de succession des enfants naturels appartiennent au statut réel, parce qu'elles sont contenues dans une loi qui a immédiatement et principalement pour objet la dévolution des biens héréditaires.

Quelle est l'étendue des lois réelles ?

Les lois réelles régissent tous les immeubles situés en France, lors même que ces immeubles appartiennent à des étrangers ; car aucune portion du territoire ne doit être soustraite à l'administration du Souverain. (Art. 3.)

Quelle est l'étendue des lois personnelles ?

Les lois personnelles n'obligent que les Français ; mais elles les suivent partout où ils se trouvent, même en pays étranger. — Ainsi, pour que le mariage d'un Français, fait à l'étranger, soit reconnu valable en France, il faut que toutes les conditions d'âge, de consentement des parents, de non-parenté entre les époux, etc., requises par la loi française pour pouvoir se marier, aient été accomplies. (Art. 3.)

Qu'est-ce que la régle locus regit actum?

La règle *locus regit actum* s'applique à la forme extérieure des actes passés par les Français, et non pas à leur état et à leur capacité. — Suivant cette règle, les actes passés par un Français à l'étranger sont valables en France, pourvu qu'ils aient été faits suivant les formes usitées dans le pays.

Ainsi, pour qu'un acte passé par un Français à l'étranger soit valable en France, il faut que les deux règles précédentes aient été observées, savoir : — 1° que l'acte ait été passé conformément à la règle *locus regit actum*, c'est-à-dire qu'il ait été fait suivant la forme usitée dans le pays; — 2° que toutes les conditions prescrites par la loi française pour pouvoir l'accomplir aient été remplies.

Comment sont régis l'état et la capacité des étrangers qui se trouvent en France?

Le Code ne s'est pas formellement expliqué à cet égard. Mais on admet généralement que l'état et la capacité des étrangers qui se trouvent en France doivent être régis par les lois personnelles de leur pays, puisque l'état et la capacité des Français qui se trouvent à l'étranger sont régis par les lois françaises.

Toutefois, quelques auteurs sont d'avis qu'il ne faut pas appliquer aux étrangers la loi personnelle de leur pays dans deux hypothèses :

1° Lorsque leur loi consacre un état contraire à l'ordre public et aux bonnes mœurs. — Ainsi, les étrangers qui se trouvent en France ne seraient pas admis à invoquer les dispositions établies dans leur pays en faveur de la polygamie.

2° Lorsque leur loi est de nature à nuire aux intérêts des Français. — Ainsi, nos tribunaux ne permettraient pas l'annulation d'un contrat passé entre un étranger, âgé de plus de 21 ans et cependant incapable de contracter suivant la loi de son pays, et un Français qui l'aurait cru capable de contracter.

Les meubles possédés par des étrangers sont-ils régis par la loi française ou par la loi étrangère?

Bien que l'article 3 ne fasse mention que des immeubles, tout le monde est d'accord pour reconnaître que les meubles, *considé-*

rés individuellement, sont régis par la loi française. — En effet, le système contraire enlèverait toute sécurité aux contrats passés entre Francais et étrangers et présenterait dans la pratique des inconvénients très-nombreux, puisqu'il empêcherait l'application de nos lois sur les priviléges, sur la saisie, sur la prescription, etc., par rapport aux meubles possédés par les étrangers.

Mais quant aux meubles, *considérés comme universalité*, c'est-à-dire comme pouvant faire l'objet de legs ou de donations universels ou à titre universel, les auteurs ne sont pas d'accord.

Suivant les uns, il faut appliquer la loi française ; car toutes les choses corporelles qui sont en France doivent être assujetties à la souveraineté française. C'est ce qui résulte implicitement de l'article 3, qui, sous la dénomination d'immeubles, comprend tous les biens corporels quelconques. — Suivant les autres, il convient, au contraire, d'appliquer la loi étrangère ; car la règle en vigueur dans notre ancien droit *mobilia ossibus personæ inhærent*, suivant laquelle les meubles étaient régis par la loi personnelle de leur possesseur, n'a pas été abrogée par le Code. Seulement, il ne faut l'appliquer qu'autant qu'il n'en résulte pas de préjudice pour un Français. — Cette dernière opinion nous paraît préférable. (Valette. Demolombe.)

§ III. — *De l'application des lois.*

Quelles sont les règles établies par le Code relativement à l'application des lois?

Les règles principales établies par le Code relativement à l'application des lois sont les suivantes :

1° Il est enjoint aux juges de toujours prononcer sur les différends qui leur sont soumis;

2° Il leur est expressément défendu de statuer par voie de disposition générale et réglementaire;

3° Les particuliers peuvent faire toutes conventions qui ne sont pas contraires à l'ordre public et aux bonnes mœurs. (Art. 4, 5, 6).

Que doivent faire les juges en cas de silence, d'obscurité ou d'insuffisance de la loi?

Les juges sont tenus de prononcer leur sentence sur toutes les contestations qui leur sont soumises. S'ils refusent de répondre aux requêtes qui leur sont adressées par le ministère d'avoués, ou de juger les affaires en état, ils se rendent coupables d'un délit connu sous le nom de *déni de justice*.

En cas de silence, d'obscurité ou d'insuffisance de la loi, ils doivent prononcer l'absolution de l'accusé, s'il s'agit de matière pénale; en matière civile, ils doivent décider d'après leurs lumières naturelles, ou bien juger par analogie.

Pourquoi est-il défendu aux juges de prononcer par voie de disposition générale et réglementaire ?

On appelle dispositions *générales* et *réglementaires* celles par lesquelles un tribunal, statuant sur une affaire qui lui est soumise, décide qu'à l'avenir il statuera de la même manière dans toutes les affaires identiques.

Nos anciens parlements avaient pouvoir de prendre des dispositions de cette nature. Mais il n'en est pas de même aujourd'hui; les tribunaux ne peuvent plus se lier pour l'avenir, et rendre des décisions obligatoires pour les personnes qui n'ont pas été parties au procès. — La raison en est d'abord que la Constitution établit une distinction entre les pouvoirs législatif et judiciaire. Or les décisions générales et réglementaires sont de véritables lois ; et, comme telles, elles rentrent dans les attributions du pouvoir législatif. Quant au pouvoir judiciaire, il est chargé uniquement de faire l'application des règles générales formulées par le législateur aux faits particuliers qui lui sont soumis et qui sont déjà accomplis.

Une autre considération, non moins pressante, a dû faire interdire aux juges de prononcer des décisions réglementaires. Effectivement, si chaque tribunal pouvait rendre des décisions obligatoires pour l'avenir dans toute l'étendue de son ressort, il y aurait bientôt autant de législations particulières qu'il y a d'interprétations différentes à donner aux lois, et l'on reviendrait ainsi aux coutumes de notre ancien droit. — En restreignant l'autorité des jugements à des faits particuliers et déjà accomplis, le législateur n'empêche pas, sans doute, que les lois ne soient interprétées diversement ; mais il empêche que les diverses interprétations qui en sont données ne deviennent des règles générales et obligatoires.

Dans quels cas une convention est-elle contraire à l'ordre public et aux bonnes mœurs ?

Le législateur n'a pas défini et limité le sens et la portée de ces mots *ordre public* et *bonnes mœurs*, et l'on conçoit d'ailleurs qu'il lui aurait été difficile d'indiquer par avance dans quels cas une convention y aurait quelque chose de contraire. C'est donc aux juges qu'il appartient en général d'apprécier la moralité des conventions. — Toutefois, par exception, certaines conventions ont été prévues et prohibées par le législateur, comme étant de nature à porter atteinte à l'ordre public et aux bonnes mœurs. Telle est notamment la convention relative à une succession non encore ouverte.

Au reste, nous devons faire observer que la condition illicite ou immorale insérée dans un contrat ne conduit pas toujours au même résultat. — A-t-elle été placée dans un contrat à titre onéreux, tel que vente, échange, louage, elle entraîne la nullité du contrat, parce que chacune des parties est également en faute de l'avoir acceptée.—Au contraire, est-elle contenue dans un contrat à titre gratuit, le contrat reçoit son exécution et la condition seule est réputée non avenue. En effet, celle des parties à qui la libéralité a été faite n'a pas été en mesure de discuter librement les conditions qui lui ont été imposées; elle a dû les accepter sous peine de perdre les avantages de la libéralité qui lui était faite.

Comment les lois sont-elles interprétées?

L'interprétation des lois a lieu par voie de doctrine ou par voie d'autorité.

L'interprétation par *voie de doctrine* est celle qui émane des jurisconsultes. — Elle n'a aucune force obligatoire; mais elle jouit d'une grande influence morale.

L'interprétation par *voie d'autorité* est celle qui émane, soit du juge, soit du législateur. — Lorsqu'elle émane du juge, elle a un caractère d'individualité, et elle n'est obligatoire que pour les faits actuels sur lesquels le juge se prononce. Lorsqu'elle émane du législateur, elle a, au contraire, un caractère de généralité, et elle est obligatoire pour tous les faits de même nature, présents et à venir, qui s'y rapportent. Au fond, c'est plutôt une loi nouvelle que l'interprétation d'une loi ancienne.

La Cour de cassation n'a-t-elle pas, dans certains cas, un pouvoir réglementaire?

Oui, la loi du 1er avril 1837 a attribué à certaines décisions de la Cour de cassation un pouvoir réglementaire. Mais ce pouvoir n'est pas général : il n'oblige pas tous les tribunaux, mais seulement un tribunal. En outre, il ne s'exerce que dans l'hypothèse suivante, qui se présente assez rarement.

La Cour de cassation est une autorité unique, placée au sommet de la hiérarchie judiciaire, et chargée de surveiller l'application des lois par les tribunaux inférieurs, et de casser les décisions émanées d'eux qui y seraient contraires. C'est en cela seulement que consiste sa juridiction. — Elle n'a pas à apprécier les faits, ni à vider les différends : après avoir cassé les décisions contraires à la loi, elle renvoie les parties devant de nouveaux juges, qui examineront une seconde fois l'affaire et statueront sur le fond du débat.

Mais il peut arriver que le second jugement soit entaché de la même erreur de droit que le précédent, et qu'il y ait lieu alors de former un nouveau pourvoi devant la Cour de cassation. Celle-ci cassera, dans ce cas, le second jugement, comme elle a cassé le premier, et renverra les parties devant un troisième tribunal pour statuer au fond. Seulement elle décidera alors, et c'est en cela que consiste son pouvoir réglementaire, que les juges saisis en dernier lieu n'auront à apprécier que la question de fait; qu'ils devront se borner à examiner si les allégations des parties sont exactes, et qu'ils seront tenus de se conformer à sa doctrine quant aux conséquences juridiques à tirer du fait.

Lorsque la Cour de cassation est ainsi appelée à statuer par voie de disposition réglementaire, elle le fait en audience solennelle et toutes chambres réunies, afin de donner une plus grande autorité morale à sa décision.

LIVRE PREMIER

DES PERSONNES

Conformément à l'ordre suivi par le Code, nous traiterons dans ce premier livre :

Titre I. — De la jouissance et de la privation des droits civils.
Titre II. — Des actes de l'état civil.
Titre III. — Du domicile.
Titre IV. — De l'absence.
Titre V. — Du mariage.
Titre VI. — Du divorce.
Titre VII. — De la paternité et de la filiation.
Titre VIII. — De l'adoption.
Titre IX. — De la puissance paternelle.
Titre X. — De la minorité, de la tutelle, de l'émancipation.
Titre XI. — De la majorité, de l'interdiction, du conseil judiciaire.

LIVRE I, TITRE I

De la jouissance et de la privation des droits civils.

Les droits sont des facultés que la loi accorde aux personnes ; ils sont politiques, civils ou publics.

Les droits *politiques* sont les facultés qui appartiennent aux citoyens par rapport à l'État, et par lesquels ces derniers participent à l'exercice de la puissance publique. Les droits *civils* sont les facultés qui appartiennent aux personnes dans leurs rapports réciproques. Enfin, les droits *publics* sont les facultés que la Constitution reconnaît et garantit aux particuliers vis-à-vis de l'État, telles que celles de faire des pétitions, de se réunir, de manifester leur pensée, mais qui ne les font pas participer à l'exercice de la puissance publique.

Nous ne nous occuperons ici que des droits civils; et, suivant l'ordre du Code, nous traiterons :

Chap. I. — De la jouissance des droits civils.
Chap. II. — De la privation des droits civils.

CHAPITRE PREMIER

DE LA JOUISSANCE DES DROITS CIVILS.

Articles 7 à 16.

Pour plus de clarté, nous avons divisé ce chapitre en deux paragraphes, dans lesquels nous examinerons successivement : 1° quels sont les droits qui appartiennent aux Français ; 2° quels sont ceux qui appartiennent aux étrangers qui se trouvent en France.

§ I. — *Des droits qui appartiennent aux Français.*

Quelle est l'étymologie du mot personne?

Le mot *personne* est tiré du latin *persona*, qui signifiait chez les Romains masque, figure, rôle d'acteur. Il désigne ici l'homme considéré au point de vue des diverses qualités qu'il a dans la société.

En droit, on appelle *personne* tout être capable d'avoir des droits et des devoirs.

La qualité de personne n'appartient-elle qu'aux particuliers?

Non; la qualité de personne n'appartient pas seulement aux particuliers : elle est encore attribuée à certaines collections d'individus, telles que l'État, les départements, les communes, les sociétés commerciales, qui peuvent avoir des biens et contracter des engagements. Ces collections d'individus forment ce qu'on appelle des *personnes morales*, et elles jouent, à certains égards, dans la société, le rôle d'un particulier.

N'y a-t-il pas deux classes de personnes?

Oui, on distingue deux classes de personnes, savoir : 1° les personnes *capables*, c'est-à-dire celles qui sont aptes à exercer elles-mêmes leurs droits et leurs devoirs; 2° les personnes *incapables*, c'est-à-dire celles qui ont besoin qu'une autre personne exerce en leur nom et à leur profit leurs droits et leurs devoirs.

Qu'entend-on par droits civils?

On entend par droits civils les facultés que la loi confère aux personnes dans leurs rapports privés avec les autres personnes. Tels sont les droits de puissance paternelle et maritale, ceux de contracter, d'acquérir, d'aliéner, de succéder, etc.

Qu'est-ce que la jouissance des droits civils?

La jouissance des droits civils est l'aptitude légale à l'acquisition de ces mêmes droits. Elle consiste à les posséder et à en retirer tous les avantages qu'ils comportent.

Qu'est-ce que l'exercice des droits civils?

L'exercice des droits civils est la faculté qu'ont les personnes d'exercer elles-mêmes les droits qui leur appartiennent. Pour avoir l'exercice de ses droits civils, il faut pouvoir en user soi-même, accomplir soi-même tous les actes qui sont nécessaires à leur mise en œuvre.

Peut-on avoir la jouissance des droits civils sans en avoir l'exercice?

Oui; il y a des personnes qui ont la jouissance des droits civils, et qui n'en ont pas cependant l'exercice. Tels sont les mineurs et les interdits, et même les femmes mariées dans une certaine mesure. — Pour obvier à l'incapacité de ces personnes, et afin d'empêcher que le défaut d'exercice de leurs droits ne leur soit nuisible, le législateur les met sous la protection d'un tuteur, chargé de les protéger et d'accomplir pour eux, et en leur nom, les actes nécessaires.

A l'inverse, on ne peut pas exercer un droit sans en avoir la jouissance : à moins qu'on ne l'exerce, comme nous venons de le voir, au nom et pour le compte d'une autre personne.

N'y a-t-il pas certaines exceptions à la règle qui précède?

Oui. Par exception, certains droits, comme celui de contracter mariage ou de disposer de ses biens par testament, ne peuvent être exercés que par la personne même qui en a la jouissance.

Il en résulte que les personnes qui n'ont pas l'exercice de leurs droits civils sont privées par là même de la jouissance de quelques-uns de leurs droits.

A qui appartient la jouissance des droits civils ?

La jouissance des droits civils appartient à tous les Français, sans distinction d'âge ni de sexe. Ainsi, la qualité de Français suffit pour conférer à tous, sans aucune exception, les mêmes droits et les mêmes devoirs.

A qui appartient l'exercice des droits civils ?

En principe, l'exercice des droits civils appartient également à tous les Français. Mais ici il faut faire exception pour toutes les personnes que la loi a déclarées incapables. Ces personnes sont : les mineurs, les interdits, les femmes mariées et les individus qui ont encouru certaines condamnations. (Art. 7, 8.)

A qui appartient la jouissance des droits politiques ?

La jouissance des droits politiques n'appartient qu'à ceux qui ont la qualité de citoyens. Actuellement, tout Français mâle et majeur est citoyen, à l'exception des faillis non réhabilités, des interdits et des individus qui ont encouru certaines condamnations.

Au reste, si la jouissance des droits politiques appartient, sans aucune distinction, à tous les Français mâles et majeurs, il en est différemment en ce qui concerne l'exercice de ces droits, que les lois constitutionnelles subordonnent à l'accomplissement de certaines conditions. Ainsi, pour pouvoir exercer leurs droits électoraux, les citoyens doivent avoir une résidence d'une certaine durée dans la commune où ils sont appelés à en faire usage. (Art. 7.)

Comment acquiert-on la qualité de Français ?

On acquiert le qualité de Français de deux manières : 1° par la naissance; 2° par un fait postérieur à la naissance. En d'autres termes on naît Français ou on le devient.

Comment est-on Français par la naissance ?

On est Français de naissance lorsqu'on est né de parents français, quel que soit d'ailleurs le lieu de naissance.

Dans notre ancienne législation, on était Français par la naissance non-seulement lorsqu'on était né de parents français, mais encore lorsqu'on était né de parents étrangers, sur le territoire français. En un mot, on naissait Français de deux manières : 1° par l'origine; 2° par le lieu de naissance. Aujourd'hui, on ne s'attache plus qu'à l'origine. (Art. 10.)

Le fait d'être né en France n'a-t-il pas conservé néanmoins quelques effets favorables?

Oui. Si le fait d'être né en France ne confère plus en principe la qualité de Français, il est susceptible néanmoins de produire des effets favorables dans les hypothèses suivantes :

1° L'enfant né en France de père et mère inconnus est réputé Français jusqu'à preuve contraire.

2° L'enfant né en France d'un étranger, *qui lui-même y est né*, et l'enfant *né en France* d'un ex-Français, sont réputés Français; sauf le droit qui leur est réservé de réclamer la nationalité étrangère dans l'année de leur majorité.

3° Enfin, l'enfant né en France d'un étranger, qui n'y est pas né lui-même, obtient la qualité de Français plus facilement que tout autre étranger. (Art. 9. Loi du 7 février 1851.)

Les enfants légitimes suivent-ils la condition de leur père ou celle de leur mère?

Avant de répondre à cette question, il faut démontrer que la condition des père et mère légitimes peut être différente. — Si l'on s'en référait uniquement au sens littéral des articles 12 et 19, aux termes desquels la femme qui s'est mariée *suivra* la condition de son mari, une pareille hypothèse serait inadmissible. Mais tout le monde convient que ces expressions ne doivent pas être prises à la lettre : elles veulent dire que la femme qui se marie prend la condition qu'a son mari au moment du mariage, et non pas qu'elle doive nécessairement conserver, pendant toute la durée de l'union conjugale, une condition identique à la sienne. Au contraire, il arrivera quelquefois que le mari sera déchu de la qualité de Français qu'il avait au moment du mariage, tandis que la femme conservera la sienne. Les deux époux auront alors des conditions différentes.

Dans cette hypothèse, il faut décider que l'enfant légitime suivra la condition de son père. — Le Code, il est vrai, ne s'est pas expliqué à cet égard; mais tout le monde en convient. Effectivement, il en était ainsi dans notre ancienne législation, et le silence du Code prouve qu'il a adopté la même doctrine. D'ailleurs, les principes qui régissent l'organisation de la famille ne permettent pas de conserver aucun doute sur ce point.

Les enfants naturels suivent-ils la condition de leur père ou celle de leur mère?

Il faut distinguer :

Lorsque les enfants naturels n'ont été reconnus que par un seul de leurs parents, ils suivent la condition de celui qui les a reconnus, quel qu'il soit.

Lorsqu'ils ont été reconnus, au contraire, tout à la fois par leur père et par leur mère, ils suivent la condition du père. — Il est vrai que le Code a également omis de s'expliquer à cet égard, mais on n'en est pas moins d'accord pour admettre cette solution. Effectivement, elle découle logiquement des règles qui régissent la puissance paternelle à l'égard des enfants naturels, et qui font donner à l'enfant le nom de son père plutôt que celui de sa mère.

Nous devons cependant remarquer qu'il en était différemment dans notre ancienne législation où l'on suivait la maxime romaine : *partus ventrem sequitur*. Suivant cette maxime, les enfants nés hors mariage suivaient la condition de leur mère. Au reste, il ne pouvait pas en être autrement chez les Romains, puisque la puissance paternelle et la parenté civile n'existaient qu'à l'égard des enfants légitimes.

A quel moment la nationalité de l'enfant se détermine-t-elle?

En principe, la nationalité de l'enfant se détermine au moment de la conception lorsqu'il suit la condition de son père, et au moment de la naissance lorsqu'il suit celle de sa mère.

Mais l'application de ce principe est tempérée par l'application de cette autre règle : *infans conceptus pro nato habetur, quoties de ejus commodis agitur*. Selon cette règle, l'enfant est considéré comme né dès le moment de sa conception, toutes les fois que cela est de nature à lui procurer un avantage. Dans l'espèce, il faudra lui accorder la qualité de Français lorsque le père ou la mère, dont il doit suivre la condition, s'est trouvé Français à un moment quelconque de la grossesse. (Marcadé. Demolombe.)

Quelles sont, en résumé, les personnes qui sont Françaises par la naissance?

En résumé, sont Français par la naissance :

1° Les enfants légitimes nés d'un père français, en quelque lieu que ce soit.

2° Les enfants naturels reconnus par un père français, ou par une mère française, dans l'hypothèse où celle-ci a été seule à les reconnaître.

3° Les enfants nés en France de parents restés inconnus.

4° Enfin, d'après la loi du 7 février 1851, les enfants nés en France d'un étranger qui y était né lui-même ou d'un père qui avait eu autrefois la qualité de Français; sauf le droit qui leur appartient de réclamer la nationalité étrangère.

L'enfant qui prétend être né de parents français est-il tenu de prouver leur qualité de Français?

Non, l'enfant qui prétend être né de parents français n'est pas obligé d'en fournir la preuve proprement dite; il devra seulement établir que ses parents étaient en possession d'état de la qualité de Français, c'est-à-dire qu'ils supportaient les charges et qu'ils jouissaient des avantages attachés à cette qualité. Au reste, la présomption favorable qui résulte de cette possession d'état n'est pas invincible, et l'on peut lui opposer la preuve contraire.

Comment devient-on Français par un fait postérieur à la naissance?

On devient Français par un fait postérieur à la naissance, de trois manières :

1° Par le bienfait de la loi;

2° Par la naturalisation ;

3° Par l'annexion à la France d'un territoire étranger.

On entend ici, par *bienfait de la loi*, une disposition spéciale au moyen de laquelle certains étrangers acquièrent la qualité de Français plus facilement qu'ils ne pourraient le faire en se conformant aux règles suivies pour la naturalisation, qui est la voie de droit commun.

Quelles sont les personnes qui deviennent Françaises par le bienfait de la loi?

Deviennent Français par le bienfait de la loi :

1° La femme étrangère qui épouse un Français;

2° L'enfant *né à l'étranger* d'un père qui avait perdu la qualité de Français au moment de sa naissance;

3° L'enfant né en France d'un étranger *qui n'y est pas né* lui-même;

4° L'enfant né à l'étranger d'un père qui s'est fait naturaliser Français depuis sa naissance et pendant sa minorité.

Nous rappellerons que, suivant la loi du 7 février 1851, les enfants qui sont nés en France, soit d'un ex-Français, soit d'un étranger qui y était né lui-même, sont Français de *plein droit.* (Art. 9, 10, 12, loi du 7 février 1851.)

Quelles sont les formalités à accomplir dans le cas où l'on veut devenir Français par le bienfait de la loi?

Il faut distinguer :

1° La femme étrangère qui épouse un Français devient Française par le seul fait de son mariage, et sans avoir à accomplir aucune formalité. Il lui suffit d'invoquer la disposition édictée en sa faveur.

2° L'enfant qui est né à l'étranger d'un ex-Français ne peut obtenir la qualité de Français qu'aux deux conditions suivantes. Il doit : 1° déclarer à la municipalité du lieu de sa résidence actuelle ou future son intention de se fixer en France ; 2° y établir réellement son domicile dans l'année qui suit sa déclaration. Au reste, il peut faire cette déclaration à tout âge.

3° L'enfant né en France d'un étranger qui n'y est pas né lui-même ne peut également obtenir la qualité de Français qu'en accomplissant les conditions précédentes, et, en outre, il doit faire sa déclaration dans l'année de sa majorité ; à moins qu'il n'ait servi dans l'armée française ou qu'il n'ait satisfait à la loi du recrutement.

4° Enfin, l'enfant né à l'étranger d'un père naturalisé Français depuis sa naissance, et pendant sa minorité, n'obtient la qualité de Français qu'en se conformant aux mêmes dispositions.—Mais, de plus, il ne peut faire sa déclaration que dans l'année de sa majorité, quand bien même il aurait servi dans l'armée française ou satisfait à la loi du recrutement. (Art. 9, 10, 12. Lois du 22 mars 1849 et du 7 février 1851.)

La majorité dont il est ici question est-elle la majorité française ou la majorité étrangère?

Le Code ne s'est pas expliqué à cet égard, mais on convient généralement qu'il a voulu parler de la majorité étrangère. Effectivement, tant qu'il n'a pas accompli les formalités qui doivent lui attribuer la qualité de Français, l'enfant est resté étranger. Par conséquent, son état et sa capacité sont régis non par la loi française mais par celle de son pays.

Quelles sont les personnes qui deviennent Françaises par la naturalisation?

Sous l'empire de la loi du 11 décembre 1849, maintenant abrogée en partie par la loi du 29 juin 1867, on distinguait deux sortes de naturalisation, la grande et la petite.

La *grande* naturalisation ne pouvait être accordée que par une loi; mais elle conférait en même temps tous les droits politiques et tous les droits civils. — La *petite* naturalisation résultait simplement d'un décret du pouvoir exécutif; mais elle ne procurait que la jouissance et l'exercice des droits civils.

Depuis la loi de 1867, on ne reconnaît plus qu'une seule naturalisation : elle est prononcée simplement par décret du chef du pouvoir exécutif, et elle confère tout à la fois les droits civils et les droits politiques.

A quelles conditions les étrangers peuvent-ils actuellement obtenir leur naturalisation?

Depuis la loi du 29 juin 1867, les étrangers doivent, pour obtenir la naturalisation française :

1° Avoir été autorisés à résider en France;

2° Y avoir effectivement résidé depuis trois ans au moins, à partir de l'autorisation qu'ils ont reçu;

3° Être âgé de 25 ans.

Toutefois la loi de 1867 réduit le stage de résidence en France à une seule année, en faveur des étrangers qui ont rendu à la France des services importants.

En outre, cette même loi accorde, dans certains cas, la naturalisation à des étrangers qui n'ont jamais résidé en France. Elle décide que le séjour en pays étranger, pour l'exercice d'une fonction conférée par le gouvernement français, tiendra lieu de résidence en France.

Le décret qui prononce la naturalisation est précédé d'une enquête sur la moralité de l'étranger.

Les étrangers établis en France sans esprit de retour deviennent-ils Français par le fait d'une longue résidence?

Cette question, qui pouvait être controversée sous l'empire du Code, a été tranchée par les lois du 25 mars 1849, du 11 décembre de la même année, et du 7 février 1851. Il résulte de ces lois : — 1° que l'étranger qui est né en France d'un étranger qui n'y est point né lui-même reste étranger; —2° que celui qui est né en France d'un étranger qui lui-même y était né est Français, sauf le droit qu'il a d'opter pour une nationalité étrangère ; — 3° que l'étranger qui n'est point né en France reste étranger, tant qu'il n'a pas expressément été naturalisé Français. — Conséquemment, quelle que soit la durée de leur résidence en France, les étrangers n'obtiennent point la qualité de Français, s'ils n'ont pas été naturalisés, ou s'ils ne sont pas nés d'un père qui lui-même était né en France.

Quelles sont les personnes qui deviennent Françaises par l'annexion d'un pays étranger à la France?

Tous les habitants d'un pays annexé à la France deviennent Français par le seul fait de cette annexion, et sans avoir à accomplir aucune formalité. — Peu importe que l'annexion provienne d'une cession amiable, ou qu'elle soit la conséquence de la conquête.

Quelles différences y a-t-il entre les diverses manières d'acquérir la qualité de Français?

La qualité de Français, avons-nous dit, s'obtient en premier lieu par la naissance. — Et, en outre, elle peut être acquise postérieurement à la naissance de trois manières : — 1° par le bienfait de la loi ; — 2° par la naturalisation ; — 3° par l'annexion. — Or il y a entre ces modes d'acquisition de la qualité de Français les différences suivantes :

Celui qui est Français *par la naissance* a cette qualité de plein droit, sans avoir à accomplir aucune formalité.

Celui qui devient Français *par le bienfait de la loi* obtient cette qualité en vertu d'une disposition de la loi et indépendamment de toute décision du gouvernement français, mais il est tenu ordinairement d'accomplir certaines formalités.

Celui qui devient Français *par la naturalisation* n'obtient cette qualité qu'avec l'agrément du gouvernement français, qui peut, à son gré, accorder ou refuser le décret de naturalisation. — En outre, il est assujetti à une résidence d'une certaine durée.

Enfin, celui qui devient Français *par l'annexion* obtient cette qualité de plein droit et en vertu d'un fait qui ne provient pas uniquement de sa volonté. — Ajoutons que les habitants des pays annexés ont généralement la faculté de conserver leur nationalité originaire, en faisant une déclaration conforme dans un certain délai.

§ II. — *Des droits qui appartiennent aux étrangers.*

Ne distingue-t-on pas deux classes d'étrangers?

Oui, on distingue deux classes d'étrangers, savoir :

1° Les étrangers ordinaires, c'est-à-dire ceux qui se trouvent en France ou qui y résident sans avoir obtenu une autorisation du gouvernement français;

2° Les étrangers privilégiés, c'est-à-dire ceux qui se trouvent en France ou qui y résident avec l'autorisation du gouvernement français.

Les uns et les autres n'ont pas la jouissance des droits civiques et politiques, et ne peuvent être ni électeurs ni éligibles. — Quant aux droits civils, les étrangers autorisés à résider en France en jouissent de la même manière que les Français ; tandis que les étrangers ordinaires sont assujettis à certaines restrictions, et ont une condition inférieure sous certains rapports à celle des Français.

Occupons-nous d'abord de la condition des étrangers ordinaires. (Art. 13.)

Quelle était la condition des étrangers ordinaires dans notre ancienne législation?

Dans notre ancienne législation, les étrangers ordinaires étaient frappés de la double incapacité d'acquérir ou de transmettre par succession légitime ou testamentaire.

En conséquence, leurs biens étaient dévolus à l'État lorsqu'ils ne laissaient pas après leur mort des enfants ayant acquis la qualité de Français. — L'ensemble des dispositions qui les concernait s'appelait droit *d'aubaine, alibi natus.* Mais on donnait plus spécialement cette dénomination au droit qui appartenait à l'État de recueillir leur succession.

Au reste, les étrangers ordinaires pouvaient acquérir et transmettre des biens par donation, vente, échange, et, généralement, faire tous actes à titre onéreux. Ils pouvaient également contracter mariage en France, et y exercer la puissance maritale et paternelle. — En résumé, ils ne subissaient qu'une privation partielle des droits civils : mais cette privation n'en était pas moins fort rigoureuse, puisqu'elle s'appliquait à des droits aussi importants que les droits de succession.

Quelle était la condition des étrangers ordinaires pendant le droit intermédiaire?

Sous l'empire des idées de fraternité universelle qui étaient alors en faveur, l'Assemblée nationale abolit le droit d'aubaine, ainsi que le droit de *détraction* qui l'avait remplacé quelque temps avant l'année 1789. — Durant toute la période du droit intermédiaire, les étrangers jouirent sans aucune restriction de tous les droits civils.

Le droit de détraction consistait dans la retenue d'un dixième au profit de l'État sur la valeur des successions qui étaient échues aux étrangers.

Quelle était la condition des étrangers ordinaires sous la législation du Code?

Les législateurs du Code revinrent sur les concessions qui avaient été faites aux étrangers par l'Assemblée nationale. Ils décidèrent : 1° que tous les étrangers indistinctement auraient la jouissance de la généralité des droits civils; — 2° que les autres droits civils ne leur appartenaient que s'ils étaient accordés aux Français dans leur pays, en vertu d'un traité passé entre leur gouvernement et le nôtre. — C'est ce qu'on appela le *principe de réciprocité.*

Comme on le voit, ce principe ne visait pas tous les droits civils, mais seulement certains droits. — Ainsi, était-il question de contracter mariage ou de faire des actes à titre onéreux, la réciprocité n'était pas nécessaire : ces droits, qui appartenaient aux étrangers dans notre ancienne législation, leur étaient laissés sans condition par le Code. — Dans d'autres cas, au contraire, les étrangers devaient invoquer la réciprocité, soit pour obtenir la jouissance d'un droit, soit pour échapper à certaines dispositions rigoureuses qui les concernaient. — Ainsi, ils devaient l'invoquer, d'une part :

1° Pour recueillir et transmettre des biens par donation, ou par succession testamentaire ou légitime;

2° Pour obtenir le bénéfice de la cession de biens;

3° Pour conserver la garantie résultant de la règle *Actor sequitur forum rei.*

D'autre part ils devaient également l'invoquer :

1° Pour échapper à l'emploi de la contrainte par corps dans les cas où elle n'atteignait le débiteur qu'à raison de sa qualité d'étranger ;

2° Pour se soustraire à l'obligation de fournir la caution *judicatum solvi.* (Art. 11.)

Les étrangers ordinaires peuvent-ils invoquer la réciprocité lorsqu'elle existe, en fait, sans avoir été convenue ?

Non. Pour que les étrangers soient admis à invoquer la réciprocité dans les cas que nous venons d'exprimer, il ne suffit pas que les droits auxquels elle se réfère existent, en fait, au profit des Français dans leur pays, ou qu'ils leur soient accordés par leur législation. — Il faut, de plus, qu'il y ait eu un accord entre leur gouvernement et le nôtre relativement à la concession de ces droits dans les deux États.

Effectivement, la réciprocité peut avoir des inconvénients comme elle a des avantages, et il est rationnel de ne l'appliquer en France que si elle a été consentie par le gouvernement français.

Quelle est actuellement la condition civile des étrangers ordinaires ?

Depuis la promulgation du Code civil, plusieurs modifications favorables ont été introduites en faveur des étrangers ordinaires par les lois du 14 juillet 1819 et du 22 juillet 1867.

La loi du 14 juillet 1819 abrogea les articles 726 et 912 du Code civil, qui ne permettaient aux étrangers de recueillir des successions ou des donations que sous la condition de réciprocité. Elle décida que tous les étrangers, indistinctement, auraient la faculté d'acquérir à titre gratuit, quelle que fût leur nationalité.

La loi du 22 juillet 1867 abolit d'une manière générale l'emploi de la contrainte par corps. Avant cette loi, la situation de l'étranger débiteur était bien plus rigoureuse que celle du Français débiteur. — Il était de droit commun contraignable par corps pour toute dette égale à 150 francs ; il pouvait être incarcéré en vertu d'une simple ordonnance du président du tribunal ; enfin, il n'avait pas la faculté de se soustraire à la contrainte par corps au moyen de la cession de biens. — Au contraire, le débiteur français n'était contraignable en matière civile que dans des cas exceptionnels, et seulement pour une dette égale à 300 francs au moins ; il ne devait être incarcéré qu'en vertu d'un jugement, et il avait la possibilité d'échapper à la contrainte par corps en faisant abandon de ses biens à ses créanciers.

Les deux lois que nous venons d'indiquer restreignirent considérablement l'étendue du principe de réciprocité établi par le Code. Ce principe continua, il est vrai, d'être applicable, mais il ne le fut plus que dans deux hypothèses : 1° pour obtenir le bénéfice de la règle *Actor sequitur forum rei ;* — 2° pour se soustraire à l'obligation de fournir la caution *judicatum solvi.*

En quoi consiste la règle, actor sequitur forum rei?

En principe, toute action personnelle ou réelle mobilière doit être portée devant le tribunal du domicile du défendeur. C'est ce qu'expriment les mots : *Actor sequitur forum rei, le demandeur suit le tribunal du défendeur.* — Cette règle de procédure acquiert une grave importance dans le cas où le créancier et le débiteur sont domiciliés à une grande distance l'un de l'autre. Elle met les incommodités du déplacement à la charge du demandeur, et en même temps elle empêche que le défendeur ne puisse être contraint d'abandonner ses affaires à l'improviste, pour aller répondre dans un lieu éloigné à une demande qui sera peut-être mal fondée.

Le Code refuse le bénéfice de cette règle à l'étranger. S'il n'exécute pas volontairement l'obligation dont il est tenu, son créancier peut le poursuivre devant les tribunaux français. — Et il n'y a pas à distinguer si l'étranger réside ou non en France, s'il y a ou non contracté son obligation, si le Français lui-même est ou n'est pas domicilié en France, et enfin quelle est la cause de l'obligation. La règle du Code est absolue et elle s'applique dans tous les cas, à moins que l'étranger ne puisse invoquer en sa faveur le bénéfice de la réciprocité. — Au reste, le Code n'indique pas quel est le tribunal français compétent ; mais on convient généralement que c'est celui du domicile du Français qui intente le procès.

Par réciprocité, le Code dispose que les créanciers étrangers pourront traduire leurs débiteurs français devant les tribunaux français, à raison des obligations qu'ils auraient contractées envers eux, et alors même que ces obligations auraient été consenties en pays étranger. (Art. 14, 15.)

En quoi consiste la caution judicatum solvi?

Comme on vient de le voir, les étrangers ont le droit de former en France des demandes judiciaires. Mais cette faculté ne leur est accordée que sous la condition de fournir, lorsque le défendeur le requiert, un répondant solvable qui garantisse le payement des frais et des dommages-intérêts qui seraient prononcés au profit de celui-ci. — Cette caution est connue sous le nom de caution *judicatum solvi.*

Cette caution doit être exigée dès le début du procès, sinon le Français serait réputé y avoir renoncé. En outre, elle ne peut être exigée que lorsque l'étranger est demandeur en première instance. En effet, si, après avoir été poursuivi et condamné par une première juridiction, il formait appel, il n'en conserverait pas moins, au fond, la qualité de défendeur. Or, l'étranger qui ne fait que se défendre contre les poursuites dirigées contre lui n'a pas à fournir de caution, car il aurait été trop rigoureux de l'empêcher de répondre à des poursuites.

La caution *judicatum solvi* a pour but d'assurer une protection efficace aux intérêts de nos nationaux, en empêchant que l'étranger qui leur a suscité un procès injuste ne puisse se soustraire trop facilement au payement des condamnations pécuniaires qui seraient prononcées à sa charge, en abandonnant le territoire français. (Art. 16.)

Dans quels cas les étrangers sont-ils dispensés de fournir la caution judicatum solvi?

Les étrangers sont dispensés de fournir la caution *judicatum solvi* :

1° Lorsqu'ils intentent une action commerciale. — Effectivement, la nécessité de fournir caution serait de nature à entraver les affaires commerciales; car, si les étrangers éprouvaient des difficultés à poursuivre les Français en France, ils ne voudraient traiter avec eux qu'au comptant;

2° Lorsqu'ils justifient avoir en France des immeubles suffisants pour garantir le payement des condamnations pécuniaires qui pourraient être prononcées contre eux;

3° Lorsqu'ils ont consigné une somme reconnue suffisante par le tribunal, en vue d'assurer la même garantie.

4° Lorsqu'ils peuvent invoquer en leur faveur le principe de réciprocité. (Art. 11, 16.)

Quels sont les droits qui appartiennent actuellement aux étrangers?

Actuellement, depuis les dispositions favorables des lois du 14 juillet 1819 et du 22 juillet 1867, les étrangers ordinaires peuvent :

1° Acquérir et transmettre des biens par donation ou par succession légitime ou testamentaire;

2° Devenir propriétaires de biens situés en France, et, par voie de conséquence, acquérir tous démembrements de la propriété, tels que droits d'usufruit et de servitude, et accomplir tous actes d'aliénation;

3° Être créanciers d'un Français, et, par voie de conséquence, agir en justice et faire tous actes nécessaires à la conservation et au payement de leurs créances;

4° Contracter mariage avec des Français, et, par voie de conséquence, acquérir la puissance maritale et paternelle, et, suivant l'opinion la plus accréditée, exercer la tutelle et la curatelle et en général tous les droits de famille.

Les droits que nous venons de mentionner sont-ils reconnus expressément aux étrangers ordinaires?

Il faut distinguer.

Les droits de recueillir des successions ou des donations leur sont accordés expressément par une loi postérieure au Code, par la loi de 1819. — Quant aux autres droits, ils ne leur ont pas été expressément accordés; mais tout le monde convient qu'ils leur appartiennent. Effectivement, si le Code ne s'est pas expliqué à leur égard d'une façon explicite, c'est parce que les étrangers possédaient déjà ces droits dans notre ancienne législation. Il y avait simplement à en constater le maintien, et c'est ce que le législateur a fait en présentant successivement des hypothèses où l'on voit figurer les étrangers soit comme propriétaires de biens situés en France, soit comme créanciers d'un Français, soit comme époux d'une Française.

Les étrangers ordinaires jouissent-ils de la généralité des droits civils?

Une question importante est celle de savoir si les étrangers jouissent de tous les droits civils en général, en exceptant seulement ceux qui ont été subordonnés à la réciprocité; ou s'ils n'ont, au contraire, que les droits qui leur ont été expressément accordés. — Mais, avant de l'examiner, il importe d'en montrer l'intérêt pratique. Cet intérêt existe par rapport à certains droits que le Code n'accorde ni ne refuse aux étrangers. Tels sont les droits de puissance maritale et paternelle, de tutelle, de curatelle et d'adoption. Le Code garde à leur égard un silence complet; il n'exprime rien qui puisse faire préjuger s'il faut les accorder ou les refuser aux étrangers. — Or, il est évident qu'on leur attribuera ces droits, si l'on admet qu'ils jouissent de tous ceux qui ne leur ont pas été expressément retirés, et qu'on les leur refusera, au contraire, si l'on est d'avis qu'ils n'ont que les droits qui leur ont été expressément accordés. — Cela posé, examinons les deux systèmes.

Suivant le premier, les étrangers n'ont que les droits qui leur ont été expressément accordés sous la condition de réciprocité. Cela résulte : — 1° du texte de l'article 8, qui n'attribue la jouissance des droits civils qu'aux Français; — 2° de celui de l'article 11, qui paraît étendre l'application du principe de réciprocité à tous les droits civils quels qu'ils soient; — 3° de la rubrique du deuxième chapitre de notre titre, intitulé *privation des droits civils*, qui suppose que les Français qui sont devenus étrangers ont perdu la généralité des droits civils. (Aubry et Bau.)

Ce système doit être rejeté, parce qu'il conduirait à des conséquences qui ne paraissent guère admissibles. — Effectivement, si l'on admettait que les étrangers n'ont que les droits qui leur ont été expressément accordés, il faudrait en conclure non-seulement qu'ils ne possèdent pas les droits de puissance maritale et paternelle, ainsi que ceux de tutelle et d'adoption, à l'égard desquels le Code a gardé le silence; mais encore qu'ils n'ont pas les autres droits que notre législation ne fait que leur reconnaître implicitement sans les leur accorder expressément, et qu'ainsi ils ne peuvent pas acquérir à titre onéreux, obliger les Français envers eux, agir en justice devant les tribunaux français, se marier. Il faudrait décider, en un mot, que, sans la condition de réciprocité, les étrangers ordinaires n'ont absolument aucun droit civil, sauf celui d'acquérir à titre gratuit que la loi de 1819 leur réserve expressément. Il en résulterait que leur condition serait aujourd'hui plus rigoureuse qu'elle ne l'était sous notre ancienne législation.

Le second système est donc préférable, surtout si l'on tient compte des modifications favorables qui ont été apportées depuis le Code à la condition des étrangers. — Ces dispositions les ayant mis en possession des droits les plus importants, il est rationnel de décider, en l'absence de tout texte contraire, qu'ils ont en principe la jouissance de tous les droits civils, sauf les exceptions qui ont été formulées par le législateur pour les étrangers qui ne peuvent pas invoquer la réciprocité. (Valette.)

Quelles différences y a-t-il encore entre la condition des étrangers ordinaires et celle des Français?

En adoptant le second système, la condition des étrangers ordinaires diffère encore de celle des Français, sous les rapports suivants :

1° Ils ne peuvent pas invoquer en leur faveur la règle *actor sequitur forum rei*, hors le cas de réciprocité;

2° Ils sont assujettis à fournir la caution *judicatum solvi*, hors le même cas de réciprocité;

3° Leur état et leur capacité sont régis par les lois de leur pays;

4° Ils n'ont pas la jouissance des droits politiques. (Art. 11, 12, 15, 16. Lois de 1819 et de 1867.)

Quelles différences y a-t-il entre la condition des étrangers privilégiés et celle des Français?

La condition des étrangers privilégiés, c'est-à-dire des étrangers qui ont été autorisés à résider en France, diffère de celle des Français sous les rapports suivants :

1° Ils peuvent être privés de la jouissance des droits civils, en vertu d'une simple décision du gouvernement français; au lieu que les Français ne peuvent être privés de leurs droits que dans les cas prévus par la loi.

2° Ils perdent également la jouissance des droits civils, par le seul fait qu'ils ont formé un établissement hors de France, alors même qu'ils ont conservé l'esprit de retour; au lieu que les Français ne perdent la jouissance des droits civils que lorsqu'ils ont formé un établissement à l'étranger sans esprit de retour.

3° Leur état et leur capacité sont régis par les lois personnelles de leur pays; au lieu que l'état et la capacité des Français sont régis par les lois françaises.

4° Enfin, ils n'ont pas la jouissance des droits politiques; au lieu qu'elle appartient à tous les Français mâles et majeurs.

L'autorisation de résider en France ne s'applique-t-elle qu'à la personne qui l'a demandée?

En principe, l'autorisation de résider en France est toute personnelle, et elle ne produit son effet que par rapport à la personne qui l'a demandée.—Toutefois, les étrangers peuvent obtenir une autorisation de résider qui comprenne toutes les personnes de leur famille, et même leurs domestiques ; mais ils doivent alors indiquer, dans leur demande d'autorisation, le nom et l'individualité de chacune des personnes qui sont comprises dans l'autorisation.

CHAPITRE DEUXIEME

DE LA PRIVATION DES DROITS CIVILS

Articles 17 à 33.

On encourt la privation des droits civils dans deux cas : — 1° par la perte de la qualité de Français; — 2° par l'effet de certaines condamnations.

SECTION I

PRIVATION DES DROITS PAR LA PERTE DE LA QUALITÉ DE FRANÇAIS

Comment se perd la qualité de Français?

La qualité de Français se perd de cinq manières, savoir :

1° Par la naturalisation acquise en pays étranger ;

2° Par l'acceptation de fonctions publiques à l'étranger;

3° Par l'établissement fait en pays étranger, sans esprit de retour ;

4° Par le mariage d'une femme française avec un étranger ;

5° Par l'acceptation de service militaire à l'étranger, ou l'affiliation à une corporation militaire étrangère. (Art. 17, 19, 21.)

Pourquoi la naturalisation acquise en pays étranger entraîne-t-elle la perte de la qualité de Français ?

Si la naturalisation acquise en pays étranger entraîne la perte de la qualité de Français, c'est en conséquence de ce principe aussi simple que rationnel, qu'on ne peut pas avoir deux patries en même temps. — Effectivement, dans bien des cas, il y aurait incompatibilité entre les devoirs qui résultent de la qualité de Français et ceux qui dérivent de la nationalité étrangère.

Au surplus, la naturalisation étrangère n'entraîne la perte de la qualité de Français que lorsqu'elle est définitivement acquise : tant qu'on ne fait que la solliciter, on reste Français.

La denization fait-elle perdre sa qualité au Français à qui elle est accordée?

Non. Suivant un arrêt de la cour de cassation, rendu à la date du 19 janvier 1819, la denization qui serait accordée à un Français par le gouvernement anglais n'entraînerait pas la perte de la qualité de Français. — Effectivement, la denization diffère singulièrement de la naturalisation proprement dite : elle ne confère pas la nationalité anglaise, et elle ne fait qu'autoriser à avoir son domicile en Angleterre. Or, comme l'autorisation d'être domicilié en France ne fait pas perdre leur nationalité aux étrangers qui l'ont obtenue, on en conclut que l'autorisation accordée à un Français d'avoir son domicile en Angleterre, qui résulte de la denization, ne doit pas entraîner la perte de sa qualité de Français.

La naturalisation acquise en pays étranger n'est-elle pas susceptible d'entraîner, dans certains cas, des déchéances rigoureuses?

Oui. Lorsque la naturalisation a été acquise en pays étranger, *avec l'autorisation du gouvernement français*, elle ne produit pas d'autre effet, à l'égard du Français qui l'a obtenue, que de lui donner la condition d'un étranger ordinaire. Et comme, depuis la loi de 1819, les étrangers ordinaires peuvent recueillir et transmettre des biens par donation ou succession, il en résulte que l'ex-Français qui s'est fait naturaliser avec l'autorisation du gouvernement conserve tous ses droits de succession en France.

Mais lorsque la naturalisation étrangère a été acquise en pays étranger, *sans autorisation du gouvernement français*, elle n'a pas seulement pour effet de placer le Français qui l'a obtenue dans la condition des étrangers; elle lui fait encourir, en outre, des déchéances exceptionnelles, qui lui sont infligées à titre de peine. — Ces déchéances consistent dans la privation du droit de recueillir les successions qui pourraient lui échoir en France. Et comme elles sont infligées à l'ex-Français, *à titre de peine*, pour avoir contrevenu aux prescriptions de la loi en se faisant naturaliser sans autorisation, et non point seulement parce qu'il est devenu étranger, il ne peut pas invoquer le bénéfice de la loi de 1819, qui a autorisé ces derniers à recueillir des biens par succession. (Décret du 26 août 1811.)

L'acceptation de fonctions publiques à l'étranger entraîne-t-elle, dans tous les cas, la perte de la qualité de Français?

Non. L'acceptation de fonctions publiques à l'étranger n'entraîne la perte de la qualité de Français qu'autant qu'on a accepté ces fonctions sans autorisation du gouvernement français. — Effectivement le Français, qui n'accepte des fonctions publiques en pays étranger qu'après avoir obtenu cette autorisation, montre par là qu'il veut rester attaché à sa patrie et accomplir tous ses devoirs envers elle. (Art. 17.)

Comment peut-on reconnaître qu'un établissement fait en pays étranger a été formé sans esprit de retour?

En principe, le Français qui a formé un établissement en pays étranger est présumé avoir conservé l'esprit de retour. C'est donc à la personne qui lui conteste la qualité de Français, par exemple, dans le but de l'obliger à fournir la caution *judicatum solvi*, à fournir la preuve du contraire. — La loi n'a pas indiqué quels sont les faits à alléguer pour fournir cette preuve. Elle s'en réfère, sur ce point, à l'appréciation des juges. — Seulement, afin d'encourager la fondation des établissements commerciaux à l'étranger, qui contribuent puissamment à la prospérité publique, elle décide que ces sortes d'établissements ne pourront pas être considérés comme ayant été formés sans esprit de retour.

Suivant une opinion assez accréditée, la femme du Français qui s'est établie à l'étranger sans esprit de retour ne perd pas, comme son mari, la nationalité française. (Art. 17.)

Quelle est la condition civile des personnes qui ont perdu la qualité de Français?

Sauf le cas prévu par le décret du 26 août 1811, les personnes qui ont perdu leur qualité de Français sont considérées par la loi comme étant devenues des étrangers ordinaires. En conséquence, elles jouissent de tous les droits accordés aux étrangers, et subissent les dispositions exceptionnelles qui leur sont imposées. — Seulement, il importe de remarquer que les ex-Français ne peuvent pas, comme les étrangers ordinaires, être relevés de ces dispositions exceptionnelles par l'application du principe de réciprocité.

Peut-on recouvrer la qualité de Français?

Oui, le Français qui a perdu sa qualité de Français peut la recouvrer. Il la recouvre avec plus ou moins de facilité, selon la manière dont il l'a perdue. Ainsi:

1° La femme qui a perdu sa qualité de Française en se mariant avec un étranger la recouvre par le seul fait de la mort de son mari, si elle réside en France au moment de la dissolution de son mariage. La loi l'oblige seulement à déclarer sa volonté de s'y fixer. — Si elle ne réside pas en France au moment de la dissolution de son mariage, il suffit qu'elle y rentre et qu'elle déclare vouloir s'y fixer. — Elle est donc affranchie de l'autorisation à obtenir pour résider en France et des trois ans de stage qui sont imposés aux étrangers ordinaires.

2° Le Français qui a perdu sa qualité de Français, soit par une naturalisation acquise en pays étranger, soit par l'acceptation de fonctions publiques à l'étranger, soit par un établissement formé en pays étranger, peut la recouvrer à la seule condition de rentrer en France avec l'autorisation du gouvernement, en déclarant qu'il veut s'y fixer et qu'il renonce à toute distinction contraire à la loi française. — Il est affranchi des trois ans de stage imposés aux étrangers qui veulent obtenir la qualité de Français.

3° Le Français qui a perdu sa qualité de Français par l'acceptation de service militaire à l'étranger, ou par l'affiliation à une corporation militaire étrangère, peut également la recouvrer. Mais il la recouvre assez difficilement dans ce cas, et même il a plus de peine à l'obtenir que n'en éprouverait un étranger ordinaire. — Ainsi, il doit d'abord obtenir l'autorisation de rentrer en France; puis, ensuite, y résider pendant trois années au moins, sans préjudice des peines criminelles qu'il encourt lorsqu'il a porté les armes contre la France. — Toutefois, les dispositions du Code sur ce point ont été modifiées par le décret du 26 août 1811. Aux termes de ce décret, les Français qui ont perdu leur qualité par l'acceptation de service militaire à l'étranger peuvent recouvrer la nationalité française en obtenant du chef de l'État des *lettres de relief*, ce qui les dispense des trois années de résidence. (Art. 18, 19, 21.)

La réintégration dans la qualité de Français a-t-elle des effets rétroactifs?

Non. L'ex-Français qui a recouvré sa nationalité ne peut s'en prévaloir que pour l'avenir, et les déchéances qu'il a encourues durant la période où il a cessé d'être Français sont irrévocables.

Au surplus, la question qui nous occupe n'offre plus aujourd'hui qu'un intérêt purement théorique, depuis que la loi de 1819 a permis aux étrangers ordinaires de recueillir des biens par donation ou succession. Effectivement, les ci-devant Français n'ont plus alors intérêt à ce que leur réintégration ait un effet rétroactif, puisqu'ils n'ont pas été privés des droits qui se sont ouverts à leur profit pendant leur déchéance. (Art. 20.)

SECTION II

PRIVATION DES DROITS PAR L'EFFET DE CERTAINES CONDAMNATIONS

La loi n'a-t-elle pas établi, à titre de peine, plusieurs sortes d'incapacité?

Oui, la loi a établi, à titre de peine, trois états principaux d'incapacité, savoir :

1° La dégradation civique ;

2° L'interdiction légale ;

3° La mort civile. — Cette dernière pénalité a été abolie par la loi du 31 mai 1854, et remplacée par un état qui comprend tout à la fois : 1° la dégradation civique; — 2° l'interdiction légale ; — 3° l'incapacité de disposer ou de recevoir à titre gratuit.

Outre ces incapacités générales, les tribunaux correctionnels peuvent, dans certains cas, ordonner que le coupable sera privé de l'exercice de certains droits civiques, civils ou de famille.

Quels sont les effets de la dégradation civique et de l'interdiction légale?

La dégradation civique a pour objet de faire perdre au condamné l'exercice et la jouissance de tous les droits politiques et civiques, ainsi que de plusieurs droits de famille énumérés dans l'article 34 du Code pénal. — Le condamné qui a encouru la dégradation civique ne peut plus être électeur ou éligible; il ne peut plus remplir les fonctions de juré, ni être employé en qualité d'expert ou servir de témoin; il ne peut plus être appelé à une tutelle ni faire partie d'un conseil de famille, si ce n'est pour ses propres enfants; enfin il est privé du droit de port d'armes et du droit d'ouvrir une école ou d'enseigner.

L'interdiction légale a pour effet de faire perdre au condamné l'exercice de tous les droits civils; mais elle ne lui en enlève pas la jouissance. En conséquence, le condamné est mis en tutelle et ne peut plus figurer en personne dans les actes qui l'intéressent.

— Toutefois il conserve, par exception, la jouissance et l'exercice de certains droits qui, étant essentiellement personnels, ne pourraient pas être exercés par l'intermédiaire d'un tuteur. Ainsi, il peut valablement se marier, faire son testament, reconnaître un enfant naturel.

En résumé, la dégradation civique est une pénalité moins grave que l'interdiction légale. Celle-ci, il est vrai, conserve au condamné la jouissance des droits civils; mais, comme elle lui en enlève à peu près complétement l'exercice, elle l'atteint dans les actes les plus usuels de l'existence; tandis que la dégradation civique lui laisse la jouissance et l'exercice de la plus grande partie de ses droits civils.

Dans quels cas la dégradation civique et l'interdiction légale sont-elles encourues?

A cet égard, il existe une différence remarquable entre ces deux pénalités. — Effectivement, la dégradation civique est encourue tantôt comme peine *principale* et tantôt comme peine *accessoire*. En d'autres termes, dans certains cas, elle est infligée par les juges et prononcée expressément; et, dans d'autres cas, elle n'est pas prononcée et elle est encourue uniquement à raison de l'application d'une autre peine à laquelle elle est attachée. — L'interdiction légale, au contraire, est *toujours* une peine *accessoire*, c'est-à-dire qu'elle résulte *de plein droit* de l'application d'une autre peine plus importante, sans que les juges aient jamais à la prononcer.

La dégradation civique est encourue; mais elle est seule encourue :

1° Par les condamnés au bannissement ;

2° Par les individus à qui elle est appliquée comme peine principale.

La dégradation civique et l'interdiction légale sont encourues tout à la fois :

1° Par les condamnés à la réclusion ;

2° Par les condamnés à la détention ;

3° Par les condamnés aux travaux forcés à temps.

A partir de quel moment la dégradation civique et l'interdiction légale sont-elles encourues?

Il faut distinguer :

Dans le cas d'une condamnation *contradictoire*, la dégradation civique et l'interdiction légale sont encourues à partir du jour où la condamnation est devenue irrévocable ; c'est-à-dire à partir du jour où on ne peut plus y former ni opposition ni appel. C'est, en effet, à dater de ce moment que la peine principale commence ou est réputée commencer.

Dans le cas d'une condamnation *par contumace*, la dégradation civique est encourue à partir de l'exécution par effigie. — Quant à l'interdiction légale, elle n'est point encourue dans ce cas-là ; du moins le condamné conserve l'exercice de ses droits civils nonobstant la condamnation, et ne perd que la gestion et l'administration de ses biens.

La condamnation est *contradictoire*, lorsqu'elle a eu lieu en présence de l'accusé qui a pu, dès lors, opposer ses moyens de défense. — Elle est *par contumace*, lorsqu'il s'est soustrait aux recherches de la justice et qu'il a été condamné sans avoir assisté aux débats.

En quoi consiste l'exécution par effigie?

Autrefois, l'exécution par effigie consistait dans l'exécution publique de l'image ou de l'effigie du condamné, au bas de laquelle on inscrivait le jugement de condamnation.

Elle a lieu aujourd'hui : — 1° Par l'insertion d'un extrait du jugement de condamnation dans un journal du département du dernier domicile du condamné ; — 2° par l'affiche de la condamnation à la porte du prétoire de la cour d'assises, à celle du dernier domicile du condamné, et enfin à celle de la maison commune du chef-lieu de l'arrondissement où le crime a été commis.

Comment finissent la dégradation civique et l'interdiction légale?

Il faut également établir une distinction :

Dans le cas d'une condamnation *contradictoire*, la dégradation civique finit : 1° par l'amnistie ; 2° par la réhabilitation ; 3° par la révision de la condamnation. — Quant à l'interdiction légale, elle finit : 1° par l'expiration de la peine ; 2° par la prescription ; 3° par l'amnistie ; 4° par la grâce ; 5° par la révision de la condamnation.

Dans le cas d'une condamnation *par contumace*, l'interdiction légale n'est pas encourue, comme nous l'avons dit. — Quant à la dégradation civique, qui est encourue, elle cesse : 1° par l'amnistie ; 2° par la comparution volontaire ou forcée du condamné avant qu'il se soit écoulé vingt ans depuis la condamnation.

Pourquoi la comparution du condamné par contumace, dans le délai de vingt ans, fait-elle cesser la dégradation civique?

Il y a, avons-nous dit, condamnation par contumace, lorsque l'accusé n'a pas assisté aux débats et n'a pas été en mesure d'opposer ses moyens de défense. Or, afin de concilier, autant que possible, la nécessité de la répression, qui ne permet pas de laisser un crime impuni, avec les devoirs de l'humanité qui exigent qu'on ne condamne pas irrémissiblement un condamné sans l'avoir entendu, les auteurs du Code pénal ont décidé que la disparition du coupable n'arrêterait pas la condamnation, mais qu'elle l'empêcherait d'être irrévocable. — En conséquence, la loi dispose que toute condamnation par contumace sera anéantie de plein droit, lorsque le condamné sera tombé volontairement ou involontairement entre les mains de la justice pendant les vingt ans qui suivent le prononcé du jugement, et qu'il y aura lieu alors de procéder à de nouveaux débats, en présence de l'accusé. Par suite de cette disposition, la comparution volontaire ou forcée du condamné par contumace fait nécessairement cesser la dégradation civique, soit qu'elle ait été prononcée comme peine principale ou qu'elle l'ait été comme peine accessoire, pourvu qu'elle ait lieu avant l'expiration du délai de vingt ans; car, passé ce délai, la condamnation par contumace devient aussi irrévocable que si elle était contradictoire.

Examinons maintenant l'état d'incapacité qui résulte des déchéances prononcées par la loi du 31 mars 1854, au lieu et place de la mort civile.

Quelles sont les condamnations qui, avant la loi de 1854, entraînaient la mort civile?

Avant la loi de 1854, la mort civile était encourue, comme nous l'avons dit :

1° Par les condamnés aux travaux forcés à perpétuité;

2° Par les condamnés à la déportation;

3° Par les condamnés à mort.

Toutefois, dès avant 1854, une loi du 8 juin 1850 avait disposé que la mort civile ne serait plus attachée comme peine accessoire à la déportation. (Art. 22, 23, 24.)

Quels étaient les effets de la mort civile?

La mort civile était, suivant l'énergique expression romaine, une sorte de *capitis diminutio*, qui enlevait au condamné sa condition civile tout entière, et qui allait jusqu'à faire disparaître sa personnalité juridique. Celui qui en était frappé perdait la jouissance de tous ses droits civils; son mariage était rompu; les enfants qu'il pouvait avoir dans la suite avec son conjoint étaient considérés comme des bâtards; il n'exerçait plus aucune puissance maritale ou paternelle; sa succession même était ouverte comme s'il était mort naturellement, et ses biens étaient dévolus à l'État; enfin il devenait incapable de succéder ou de recevoir par donation, si ce n'est pour cause d'aliments. (Art. 25, 33.)

Quelles sont les modifications apportées à la mort civile par la loi de 1854?

Tout en abolissant d'une manière générale la peine de mort civile, la loi du 31 mai 1854 y a substitué une pénalité qui comprend à la fois plusieurs déchéances, savoir :

1° La dégradation civique;

2° L'interdiction légale;

3° L'incapacité de disposer ou de recevoir, soit par donation, soit par testament, si ce n'est pour cause d'aliments; et, en outre, la nullité du testament même fait antérieurement à la condamnation.

Ces trois déchéances, qu'on connaît sous le nom de *déchéances de la loi de* 1854, remplacent actuellement la mort civile; elles sont attachées comme peine accessoire aux mêmes peines principales qui, suivant le Code, faisaient encourir cette dernière. Par conséquent elles sont encourues :

1° Par les condamnés aux travaux forcés à perpétuité;

2° Par les condamnés à la déportation;

3° Par les condamnés à mort.

Comment ces déchéances sont-elles appliquées?

Pour l'application de ces déchéances, il faut distinguer, comme nous l'avons fait précédemment, si la condamnation à la peine principale a eu lieu contradictoirement, ou si elle a été prononcée par contumace. Voyons d'abord le premier cas.

Lorsque la condamnation à la peine principale a été *contradictoire*, les déchéances de la loi de 1854 sont encourues au moment de l'exécution de la peine, soit-elle réelle, soit par effigie.

L'exécution *réelle* de la peine consiste dans l'application qui en est faite. Elle a lieu : pour une condamnation à mort, par la décapitation ; pour une condamnation à la déportation, par l'arrivée du condamné dans le lieu où il a été déporté ; pour une condamnation aux travaux forcés, par l'entrée au bagne.

L'exécution par *effigie* consiste, comme on le sait, dans la publication de la condamnation au moyen d'affiches apposées en divers lieux et par l'insertion du jugement dans un journal. — Au surplus, l'exécution par effigie aura lieu bien rarement après une condamnation contradictoire : il faudrait supposer pour cela que le coupable, qui était présent au moment de la condamnation, ait trouvé le moyen de s'enfuir durant le court intervalle qui la sépare de l'exécution de la peine. (Art. 26.)

Pourquoi ces déchéances sont-elles encourues à partir de l'exécution de la peine, et non point à partir de la condamnation ?

Cette disposition est facile à justifier, si l'on considère que les déchéances ne résultent pas de la condamnation, mais de l'application de la peine. La condamnation fait naître la peine ; la peine, à son tour, fait naître les déchéances : celle-ci, par conséquent, est la cause directe et immédiate des déchéances, tandis que la condamnation n'en est que la cause éloignée. On conçoit dès lors que les déchéances soient encourues à partir de l'application des peines dont elles sont l'accessoire, et non point à partir du prononcé du jugement.

Voyons maintenant le cas où la condamnation a eu lieu par contumace.

Comment les déchéances de la loi de 1854 sont-elles appliquées dans le cas d'une condamnation par contumace ?

Lorsque la condamnation a eu lieu *par contumace*, la culpabilité de l'accusé, bien que probable, n'est pas certaine, parce qu'il n'a pas été en mesure d'opposer ses moyens de défense. Cependant, comme l'action de la justice ne doit pas être arrêtée par le fait du prévenu, la procédure criminelle suit son cours : mais alors, au lieu de frapper immédiatement et irrévocablement le coupable, la loi use de divers tempéraments ; ainsi elle divise le temps qui suit la condamnation en trois périodes :

La première commence au jour de l'exécution par effigie, et dure cinq ans.

La seconde commence à l'expiration de ces cinq ans ; elle dure quinze ans, et se termine après l'expiration des vingt ans depuis la condamnation.

La troisième commence à l'expiration des vingt ans, et dure jusqu'à la mort du condamné.

Quel est l'état des condamnés par contumace durant la première période?

Durant cette période, les condamnés par contumace conservent la jouissance des droits civils; mais ils en perdent l'exercice. Leurs biens ne cessent pas de leur appartenir, mais ils sont placés sous sequestre et régis par l'administration de l'enregistrement et des domaines. S'ils viennent à décéder dans cet intervalle, leur testament doit être exécuté; car, aux termes de l'article 31, ils sont réputés morts dans l'intégrité de leurs droits. (Art. 27, 28.)

Quel est l'état des condamnés par contumace durant la seconde période?

Dès que les cinq ans de grâce sont expirés, sans que le condamné ait été remis ou se soit remis volontairement lui-même entre les mains de la justice, les déchéances de la loi de 1854 commencent à le frapper. Mais, comme il est de principe que les condamnations par contumace sont anéanties lorsque le condamné est mis entre les mains de la justice durant les vingt premières années qui suivent la condamnation, les déchéances ne le frappent pas irrévocablement, et elles tombent s'il vient durant cet intervalle à être mis en présence de la justice. (Art. 29, 30.)

Quel est l'état des condamnés par contumace durant la troisième période?

Lorsqu'il s'est écoulé vingt ans à partir de la condamnation par contumace, cette condamnation acquiert la force des condamnations contradictoires, et elle devient irrévocable comme ces dernières. Effectivement, les peines criminelles se prescrivent par vingt ans à partir du jugement qui les a prononcées. Or, la peine une fois prescrite, c'est-à-dire réputée accomplie, il est bien évident qu'il n'y a pas à revenir sur la condamnation qui l'a fait naître. En conséquence les déchéances qui en sont la suite, et qui frappaient déjà le condamné, se fixent irrévocablement sur sa tête; et elles ne peuvent cesser que par l'effet tout exceptionnel de la grâce ou de l'amnistie.

En résumé, l'extinction de la peine par la prescription produit l'irrévocabilité de la condamnation par contumace. L'irrévocabilité de la condamnation produit elle-même l'irrévocabilité des déchéances qui y ont été attachées. Or, comme la peine se prescrit par vingt ans, les déchéances qui, elles, ne sont pas susceptibles de prescription, deviennent irrévocables lorsqu'il s'est écoulé vingt ans depuis la condamnation. (Art. 32.)

Quels sont les droits qui restent encore aux condamnés qui ont encouru les déchéances de la loi de 1854?

Depuis la loi de 1854, les condamnés à la mort naturelle, à la déportation ou aux travaux forcés à perpétuité, conservent :

1° La propriété des biens qu'ils possédaient au moment de leur condamnation;

2° Le droit d'en acquérir de nouveaux, soit à titre onéreux, soit par succession *ab intestat ;*

3° La faculté de transmettre à leurs héritiers *ab intestat* les biens qu'ils laissent à leur décès;

4° La faculté de contracter mariage, ainsi que tous les droits de puissance maritale et paternelle qui en dérivent ;

5° La faculté de reconnaître un enfant naturel.

Quels sont les droits qu'ils perdent ?

Ils perdent :

1° La jouissance et l'exercice de tous les droits politiques, publics et de famille;

2° L'exercice de tous les droits privés dont ils conservent la jouissance; tels que ceux d'acquérir, d'aliéner ou de contracter à titre onéreux, de recueillir les successions *ab intestat* qui leur adviennent ;

3° La faculté de disposer par testament ou par donation;

4° Celle de recevoir par testament ou par donation, si ce n'est pour cause d'aliments;

5° Enfin, leur testament est annulé pour cause d'indignité, alors même qu'il aurait été fait avant qu'ils n'aient encouru les déchéances.

Le gouvernement peut-il relever les condamnés des déchéances qui ont été prononcées contre eux ?

Oui ; le gouvernement peut relever les condamnés des déchéances qui ont été prononcées contre eux. — Il peut leur accorder l'exercice de leurs droits civils, en tout ou en partie, dans le lieu de l'exécution de leur peine. — Seulement, les actes qu'ils font ne peuvent concerner que les biens qu'ils ont acquis à titre onéreux depuis leur condamnation. (Loi du 31 mai 1854.)

LIVRE I, TITRE II

Des actes de l'état civil.

Les actes de l'état civil sont destinés à constater les droits qui appartiennent aux personnes. Cette constatation est nécessaire, parce que les personnes ont des droits plus ou moins étendus, suivant qu'elles sont majeures ou mineures, mariées ou non mariées, issues d'un mariage légitime ou nées de père et mère naturels.

Conformément à l'ordre du Code, nous avons divisé notre titre de la manière suivante :

Chap. I. — Dispositions générales.
Chap. II. — Des actes de naissance.
Chap. III. — Des actes de mariage.
Chap. IV. — Des actes de décès.
Chap. V. — Des actes concernant les militaires en campagne.
Chap. VI. — De la rectification des actes.

CHAPITRE PREMIER

DISPOSITIONS GÉNÉRALES

Articles 34 à 54.

Qu'entend-on par acte ?

On entend par *acte* un événement qui s'est accompli; ou bien, et c'est dans ce sens que nous l'entendons ici, un écrit destiné à constater un événement. — Ainsi, on appelle *acte de naissance* l'écrit qui constate qu'une naissance a eu lieu.

Qu'entend-on par état civil ?

On entend par *état civil* l'ensemble des qualités qui constituent la condition d'une personne dans la société.

La condition d'une personne dans la société varie suivant qu'elle est majeure ou mineure, émancipée ou non, mariée ou non mariée, enfant légitime ou naturel. — Ces diverses qualités modifient les droits et les devoirs des personnes.

Qu'entend-on par actes de l'état civil ?

On entend par *actes de l'état civil* les écrits publics au moyen desquels on constate certains événements qui sont de nature à faire naître des droits et des devoirs, et par cela même à modifier, par là, la condition civile des personnes.

Quels sont les événements qui doivent être constatés au moyen des actes de l'état civil ?

Les événements qui doivent être constatés au moyen des actes de l'état civil sont :

1° Les naissances ;
2° Les mariages ;
3° Les décès ;
4° Les légitimations d'enfants naturels ;
5° Les reconnaissances d'enfants naturels ;
6° Les adoptions ;
7° Les émancipations ;
8° Les interdictions.

Parmi ces faits, les trois premiers présentent un grand intérêt. Il importe qu'ils soient bien constatés, afin qu'on puisse savoir, par exemple, si telle personne est en âge de contracter, si elle est enfant légitime, si elle est mariée, si, enfin, elle est décédée.

De quelle manière les événements dont nous venons de parler sont-ils constatés ?

Il faut distinguer.

1° Les naissances, les mariages et les décès sont constatés sur des registres spéciaux établis à cet effet dans chaque commune, et appelés *registres de l'état civil.* — Ces registres sont tenus par des fonctionnaires institués également dans chaque commune, et appelés *officiers de l'état civil.*

2° Les reconnaissances d'enfant naturel, les légitimations et les adoptions sont également constatées sur les mêmes registres et par les mêmes fonctionnaires ; mais, comme ces trois faits modifient la filiation établie par l'acte de naissance, on a soin de les mentionner, en outre, en marge de cet acte.

3° Les émancipations et les interdictions sont constatées par les greffiers sur les registres des justices de paix et des tribunaux civils. — On a craint, sans doute, de surcharger la tenue des registres de l'état civil en y insérant ces derniers faits.

Par qui les actes de l'état civil étaient-ils tenus dans notre ancien droit ?

Dans notre ancien droit, la tenue des registres sur lesquels on inscrivait les naissances, mariages et décès, avait été confiée aux curés des paroisses.

Mais, à l'origine, ces inscriptions avaient lieu uniquement pour assurer l'exécution des lois canoniques qui les prescrivaient, et elles n'étaient pas considérées comme des actes authentiques, destinés à faire foi en justice. Ce fut seulement sous le règne de François Ier, en 1539, que l'ordonnance de *Villers-Cotterets* leur attribua ce caractère, au moins dans certains cas. — Cette ordonnance décida que les registres des paroisses feraient pleine foi pour les naissances et décès des ecclésiastiques pourvus de bénéfices, colléges ou monastères.

Sous Henri III, en 1579, l'ordonnance de *Villers-Cotterets* fut complétée par une autre ordonnance, appelée ordonnance de *Blois*, qui conféra aux curés des paroisses le pouvoir de tenir registre des naissances, mariages et décès de toutes personnes.

En 1679, l'édit de Nantes confia aux ministres protestants la tenue des registres de l'état civil pour leurs coreligionnaires; mais cet édit ne tarda pas à être révoqué. — La révocation de l'édit de Nantes, qui eut lieu en 1685, obligea les protestants à se faire baptiser par les prêtres catholiques, sous peine de ne pas avoir d'état civil, ni d'enfants légitimes.

Louis XVI rendit aux protestants leur culte et leur état civil, et il en confia la tenue aux officiers de justice de leur domicile.

En même temps, les curés des paroisses continuaient à tenir les registres de l'état civil pour les actes qui concernaient les catholiques domiciliés dans leur paroisse. Ils restèrent chargés de la tenue des registres jusqu'en 1792. — A cette époque, le principe de la liberté des cultes et de la séparation des pouvoirs civils et religieux ayant prévalu, on décida que l'état civil des personnes ne serait plus assujetti aux règles canoniques. En conséquence, les municipalités reçurent le mandat d'inscrire les actes pour tous les Français, sans aucune distinction de culte. — Enfin, la loi du 28 pluviôse an III en chargea définitivement les maires et leurs adjoints.

Quelles sont les personnes qui figurent dans les actes de l'état civil ?

Les personnes qui figurent dans les actes de l'état civil sont :

1° Les comparants;

2° Les témoins ;

3° L'officier de l'état civil.

On appelle *comparants* ou *déclarants*, les personnes qui font connaître à l'officier de l'état civil les faits qui doivent être constatés et inscrits sur les registres. — Les comparants ou déclarants sont plus spécialement désignés sous le nom de *parties*, lorsque l'acte qu'il s'agit de dresser les concerne personnellement. C'est ce qui a lieu dans l'acte de mariage.

On appelle *témoins* les personnes qui accompagnent les comparants pour certifier leur identité et la sincérité de leurs déclarations. — Les témoins servent également à confirmer, par leur signature apposée dans l'acte, les attestations de l'officier de l'état civil. — Par exception, leur présence n'est pas nécessaire pour la confection des actes de décès.

On appelle *officier de l'état civil* et quelquefois *officier public*, le fonctionnaire chargé de recevoir les déclarations des parties, de les attester et de rédiger l'acte qui les constate. — Les officiers de l'état civil sont les maires et adjoints, et, à leur défaut, le premier conseiller municipal inscrit au tableau, puis le second, et ainsi de suite.

Suffit-il d'être officier de l'état civil pour pouvoir rédiger les actes ?

Non, il n'y a que l'officier de l'état civil compétent qui puisse rédiger les actes. — La compétence des officiers de l'état civil est territoriale ; elle ne peut s'exercer que dans la commune où ils remplissent leurs fonctions. Ainsi, un maire ne peut pas dresser un acte de l'état civil hors de sa commune, alors même que l'acte concerne un de ses administrés. — Toutefois, on convient généralement que l'acte pourrait être maintenu s'il avait été dressé par erreur et si l'erreur était excusable : par exemple, si les comparants s'étaient présentés de bonne foi à l'officier de l'état civil d'une commune voisine du lieu de leur domicile, en croyant être domiciliés sur le territoire de cette commune.

Quelles sont les énonciations générales qui doivent être contenues dans les actes de l'état civil ?

Les actes de l'état civil doivent énoncer en général :

1° L'année, le jour et l'heure de leur confection ;

2° Les prénoms, noms, âge, profession et domicile de toutes les personnes qui y sont dénommées. (Art. 34.)

Pourquoi la loi exige-t-elle qu'ils indiquent l'année, le jour et l'heure de leur confection?

Cette disposition de la loi est justifiée par plusieurs raisons:

D'abord, il existe certains actes, tels que la naissance et l'adoption, qui doivent être dressés dans un délai déterminé, passé lequel il n'est plus permis de les rédiger. Or, pour qu'on puisse prouver que ces délais ont été observés, il faut nécessairement que l'acte porte mention du jour où il a été reçu. — D'autre part, les actes sont susceptibles d'être attaqués comme faux : dans ce cas, l'énonciation de la date peut encore servir à prouver la fausseté de l'acte attaqué. Ainsi, elle peut établir que telle personne qui est indiquée dans l'acte comme comparant ou comme témoin ne se trouvait pas sur les lieux au moment où il a été rédigé.

L'officier de l'état civil doit-il insérer dans l'acte toutes les déclarations qui lui sont faites par les comparants?

Non. Aux termes de l'article 35, les officiers de l'état civil ne peuvent rien insérer dans les actes qu'ils reçoivent, soit par note, soit par énonciation quelconque, que ce qui doit être déclaré par les comparants. De là deux règles importantes :

1° L'officier de l'état civil ne doit pas insérer dans l'acte qu'il rédige des déclarations qui lui ont été faites par les comparants, mais que la loi ne lui prescrit pas d'y insérer;

2° Il ne doit pas non plus insérer dans l'acte qu'il rédige des déclarations que la loi prescrivait aux comparants de faire, mais que ceux-ci n'ont pas faites.

Ces deux règles sont faciles à justifier.

D'abord, en ce qui concerne la première, il faut considérer que la déclaration des comparants n'offre pas toutes les garanties de sincérité qu'on pourrait désirer. Elle manque absolument de solennité et de contrôle. On l'admet cependant parce qu'il serait pratiquement très-difficile de faire emploi d'un autre mode de preuve; mais alors on ne l'admet que pour certains faits déterminés à l'avance et qui ne peuvent guère donner lieu à de fausses déclarations. En dehors de ces faits, elle doit être impitoyablement rejetée, parce qu'elle ferait préjuger des droits pour lesquels il existe d'autres moyens de preuve.

Quant à la seconde règle, il est bien évident que ce serait nuire à la sincérité des actes et leur enlever toute force probante, que de permettre à l'officier de l'état civil d'attester que telles déclarations lui ont été faites par les comparants, lorsque ces déclarations ne lui ont pas été réellement faites. Si les comparants ne veulent pas s'expliquer sur un fait qui doit être énoncé dans l'acte, l'officier de l'état civil fera donc bien de se refuser lui-même à dresser l'acte. (Art. 35.)

Les parties intéressées sont-elles tenues de comparaître en personne?

Non. Les parties intéressées, et il faut entendre ici par *parties intéressées* celles qui sont chargées par la loi de faire une déclaration, ne sont pas, sauf le cas où il s'agit de dresser un acte de mariage, obligées de comparaître en personne. La loi les autorise à se faire représenter par un mandataire : seulement, il faut que la procuration qui sera donnée à celui-ci soit spéciale et authentique. Il faut qu'elle soit *spéciale*, c'est-à-dire qu'elle ne concerne que l'acte de l'état-civil à dresser; et qu'elle soit *authentique*, c'est-à-dire qu'elle ait été rédigée par un notaire, dans la forme ordinaire des actes notariés. (Art. 36.)

Quelles sont les conditions imposées aux comparants et aux témoins?

En général, aucune condition d'âge ni de sexe n'est imposée aux *comparants*. Ainsi, la naissance d'un enfant peut être déclarée par une femme qui a assisté à l'accouchement, ou par un mineur qui est le père de l'enfant.

Quant aux *témoins*, il faut et il suffit qu'ils soient mâles et majeurs. On ne tient compte ni de leur parenté avec les parties ou avec l'officier de l'état civil, ni de leur nationalité, ni du lieu où se trouve situé leur domicile. Sous ces divers rapports, ils diffèrent des témoins requis pour les actes notariés, qui doivent être Français, domiciliés dans l'arrondissement, et n'avoir aucun lien de parenté avec les parties ou le notaire. (Art. 37.)

Pourquoi la loi est-elle moins exigeante à l'égard des témoins requis pour les actes de l'état civil qu'à l'égard des témoins qui figurent dans les actes notariés?

Les dispositions de la loi sur ce point reposent sur deux motifs.

D'abord, il faut remarquer que dans les actes de l'état civil la parenté des témoins avec les parties ou avec l'officier de l'état civil ne présente pas d'inconvénients, parce que le fait qu'ils viennent certifier est ordinairement un fait contraire à leurs intérêts. Ainsi, la naissance, le mariage, la reconnaissance d'un enfant naturel, l'adoption sont plutôt susceptibles de nuire que de profiter aux parents des parties, et l'on ne doit pas douter de la sincérité de leur témoignage lorsqu'ils en attestent l'existence. Au contraire, dans les actes notariés, les parents des parties sont souvent intéressés à faire reconnaître comme vraie une convention qui n'a jamais existé, mais qui est favorable à un parent auquel ils sont appelés à succéder. C'est donc avec raison que la loi suspecte leur témoignage.

En second lieu, comme certains actes de l'état civil doivent être rédigés dans un délai très-court, la loi a dû laisser aux parties les plus grandes facilités possibles pour se procurer des témoins. Cette considération n'existe pas relativement aux actes notariés : les contractants ont le temps et les facilités nécessaires pour se procurer des témoins.

Quelles sont les formalités qui accompagnent les actes de l'état civil?

Après avoir entendu les déclarations des comparants, l'officier de l'état civil rédige l'acte. Puis il en donne lecture et il le signe, ainsi que les comparants et les témoins. La mention que lecture de l'acte a été faite doit y être portée.

Si l'un des comparants ou des témoins n'avait pas pu signer l'acte, la cause qui l'a empêché doit y être relatée. (Art. 38, 39.)

Quelles sont les mesures que la loi a prises pour assurer la conservation des actes de l'état civil?

Afin d'assurer la conservation des actes de l'état civil, la loi exige :

1° Qu'ils soient inscrits sur des registres, et non pas, comme les actes notariés, sur des feuilles volantes qui seraient plus exposées au danger d'être perdues;

2° Que les registres sur lesquels l'inscription doit être faite soient tenus en double, c'est-à-dire que le même acte soit porté sur deux registres; ce qui diminue également les chances de perte ou de destruction;

3° Que chaque double des registres soit placé dans un lieu différent : l'un aux archives de la commune, l'autre au greffe du tribunal de l'arrondissement; ce qui éloigne tout danger de perte par incendie, au moins dans la plupart des cas.

4° Que les procurations, ainsi que toutes les autres pièces qui auraient été représentées pour la rédaction d'un acte, demeurent annexées à celui des doubles qui doit être déposé au greffe du tribunal. (Art. 40, 43, 44.)

Quelles sont les mesures que la loi a prises pour empêcher la suppression, l'altération ou la falsification des actes?

Afin d'empêcher la suppression, l'altération ou la falsification des actes de l'état civil, la loi exige :

1° Que les feuilles des registres soient cotées depuis la première jusqu'à la dernière, et qu'elles soient paraphées par le président du tribunal de l'arrondissement, ou par un juge commis à cet effet.

2° Que les actes soient rédigés sans interlignes ni surcharges, sans abréviations ni chiffres, et qu'ils soient inscrits les uns à la suite des autres et sans blancs ; que les ratures et les renvois soient signés par toutes les personnes qui ont concouru à l'acte. — Ces précautions empêcheront qu'on ne puisse ajouter ou retrancher à la teneur des actes après qu'ils ont été inscrits, ou que l'on puisse intercaler après coup des actes qui n'ont pas été portés sur les registres au moment où ils auraient dû l'être.

3° Que les registres soient clos et arrêtés à la fin de chaque année par l'officier de l'état civil, qui, en outre, dans le mois de cette clôture, devra déposer l'un des doubles au greffe du tribunal, et remettre l'autre dans les archives de la commune. (Art. 41, 42, 43.)

De quelle manière le président du tribunal cote-t-il les registres?

Le président du tribunal, ou le juge commis à cet effet, cote les registres en mettant sur chaque feuille son numéro d'ordre en toutes lettres; ce qui empêche qu'on ne puisse ajouter des feuillets aux registres ou en retrancher. Il met son paraphe sur chaque feuille, pour empêcher qu'on ne puisse en changer aucune.

N'y a-t-il qu'un seul registre pour inscrire les naissances, mariages et décès?

A l'origine, il n'y avait qu'un seul registre, qui servait en même temps à l'inscription de tous les actes. La loi de 1792 en établit trois : un pour les naissances, un pour les mariages, un pour les décès. Actuellement, on fait une distinction : les communes d'une faible importance n'ont qu'un seul registre, qui contient en même temps les naissances, mariages et décès ; les communes plus importantes en ont trois.

Dans tous les cas, les registres, quel que soit leur nombre, sont tenus doubles. Chacun des doubles porte les mêmes signatures et a la même force probante.

Les actes de l'état civil sont-ils publics?

Oui; les actes de l'état civil sont publics. Toute personne peut en prendre connaissance et s'en faire délivrer des extraits.

Il en est différemment des actes notariés. Comme ils n'ont trait qu'aux affaires privées des parties, elles seules, du moins en général, peuvent en faire tirer des copies. (Art. 45.)

Qu'entend-on par extraits des actes de l'état civil ?

Les extraits des actes de l'état civil ne sont pas, comme on pourrait le croire, des copies destinées à relater, d'une façon sommaire, les énonciations les plus importantes des actes. Ce sont des copies littérales, entièrement conformes à l'acte qu'elles concernent. Ces copies sont extraites des registres de l'état civil : de là le nom d'*extraits* qui leur a été donné.

Les extraits sont délivrés, soit par le maire de la commune où l'acte a été fait, soit par le greffier du tribunal de première instance de l'arrondissement.

Les extraits ont-ils la même force probante que les registres?

Oui; les extraits des actes de l'état civil ont la même force probante que les registres. Ils font foi, comme ceux-ci, jusqu'à inscription de faux, relativement aux faits que l'officier de l'état civil affirme avoir vus et entendus. Mais, pour avoir cette force probante, ils doivent réunir les conditions suivantes. Il faut :

1° Qu'ils aient été délivrés par l'officier de l'état civil ou par le greffier du tribunal, qui sont les dépositaires légaux des registres;

2° Qu'ils soient certifiés et affirmés conformes aux registres par l'officier de l'état civil, ou par le greffier;

3° Qu'ils soient signés par celui d'entre eux qui en fait la délivrance;

4° Que la signature ait été légalisée, c'est-à-dire reconnue exacte par le président du tribunal civil de l'arrondissement, ou par le juge de paix du canton. (Art. 45. Loi du 2 mai 1861.)

Qu'entend-on en disant que les extraits font foi jusqu'à inscription de faux?

En disant que les extraits des actes de l'état civil font foi jusqu'à inscription de faux, on entend par là que tout le monde doit les tenir pour exacts et conformes à la vérité; en sorte que celui qui les produit n'a pas à en prouver la sincérité, et que c'est, au contraire, à la personne qui les attaque à fournir la preuve qu'ils ne sont pas sincères; ce qu'elle ne peut faire qu'au moyen d'une procédure exceptionnelle appelée *inscription de faux.*

L'inscription de faux est, comme son nom l'indique, une procédure tendant à prouver la fausseté d'un acte authentique. — Afin de donner plus d'autorité aux actes publics, le législateur a voulu qu'on ne pût pas les attaquer à la légère et par toutes sortes de moyens. En conséquence, il a rendu l'inscription de faux difficile et périlleuse pour celui qui l'entreprend. Ainsi, il prononce contre lui une amende de 300 francs au moins s'il vient à succomber dans sa demande, sans préjudice des dommages-intérêts qui peuvent être réclamés par l'officier de l'état civil qui a rédigé l'acte attaqué.

Est-il toujours nécessaire de prendre la voie de l'inscription de faux pour attaquer les déclarations contenues dans un acte de l'état civil?

A cet égard, il y a une distinction importante à faire entre les déclarations qui émanent de l'officier de l'état civil et celles qui émanent des comparants.

S'agit-il des déclarations qui émanent directement de l'officier de l'état civil, on ne peut les attaquer que par la voie de l'inscription de faux. — Les déclarations contenues dans l'acte émanent directement de l'officier de l'état civil, lorsqu'elles portent affirmation d'un fait qu'il a lui-même vu ou entendu: par exemple, quand il affirme que tel jour, à telle heure, les comparants se sont présentés devant lui et lui ont déclaré le fait relaté dans l'acte. — Afin d'assurer, autant que possible, la sincérité des déclarations qui émanent de l'officier de l'état civil, la loi prononce contre lui une peine très-rigoureuse, celle des travaux forcés à perpétuité, dans le cas où il se rendrait coupable d'une allégation mensongère. Et comme il n'a, d'ailleurs, aucun intérêt à mentir, son affirmation sera presque toujours conforme à la vérité.

S'agit-il, au contraire, des déclarations qui émanent des comparants, on pourra les attaquer par toute espèce de preuves. — Les déclarations émanent des comparants lorsqu'ils affirment un fait qui est à leur connaissance et que l'officier de l'état civil se borne à constater suivant leur déclaration : par exemple, quand ils certifient que l'enfant qu'ils présentent est issu de tel père, et qu'il est né tel jour. — Comme la sincérité de leurs déclarations n'est pas aussi énergiquement assurée que celle des déclarations de l'officier de l'état civil, la loi se borne à les tenir pour probables, sans les regarder comme certaines. En conséquence, elle autorise les intéressés à établir, par toute espèce de moyens, qu'elles sont contraires à la vérité.

Les naissances, mariages et décès peuvent-ils être prouvés autrement que par les actes de l'état civil ?

En principe, les faits relatifs à l'état des personnes ne peuvent être établis que par les actes de l'état-civil. Mais cette règle reçoit une exception dans deux cas :

1° Lorsqu'il n'a pas existé de registre, ou qu'ils ont été tenus irrégulièrement ;

2° Lorsque les registres ont été perdus ou détruits en totalité ou en partie. (Art. 46.)

Que doit faire la personne qui allègue une de ces deux circonstances ?

La personne qui allègue une de ces deux circonstances pour pouvoir établir une naissance, un mariage ou un décès autrement que par la voie ordinaire, doit fournir deux sortes de preuves. — Elle démontrera d'abord que les registres n'ont pas existé, ou qu'ils ont été perdus ou détruits. — Puis, une fois cette circonstance établie, elle prouvera que les naissances, mariages et décès qu'elle veut faire constater ont eu lieu.

La preuve de l'inexistence ou de la perte des registres peut être faite tant par titres que par témoins. — Elle résultera le plus souvent de la déclaration de l'officier de l'état civil ou d'un procès-verbal, constatant, qu'après recherches faites, il a été reconnu que les registres de la commune n'existaient pas au moment où le fait s'est passé, ou qu'ils ont été perdus depuis.

Quant à la preuve des naissances, mariages ou décès qu'on prétend avoir existé, elle se fera tant par les registres et papiers domestiques émanés des père et mère décédés que par témoins.— Si le tribunal l'exige, la preuve devra être faite par l'emploi simultané de ces deux moyens. C'est ce qui résulte du texte de l'article 46, ainsi conçu : « Les naissances, mariages et décès *pourront* être prouvés tant par les registres et papiers des père et mère décédés que par témoins. » Cet article autorise évidemment les juges à se contenter de l'un de ces moyens de preuve s'il leur paraît suffisant, ou bien à requérir leur emploi simultané. (Art. 46.)

Les registres et papiers domestiques émanés des père et mère peuvent-ils servir de preuve, lorsque ceux-ci sont encore vivants?

On admet généralement l'affirmative, et c'est avec raison. — Effectivement, l'article 46 autorise les juges à se contenter de la preuve par témoins, sans aucune condition préalable, si cette preuve leur paraît suffisante. Or, en principe, tout fait qui est susceptible d'être prouvé par témoins, sans condition préalable, peut être établi par toute autre espèce de preuve, et même par de simples présomptions. — Conséquemment, les juges peuvent admettre comme preuves suffisantes les énonciations ou indications contenues, soit dans les registres et papiers des père et mère *décédés*, soit dans ceux des père et mère *vivants*, et même dans ceux de toute autre personne.

Mais, dira-t-on, pourquoi l'article 46 ne mentionne-t-il que les papiers des père et mère *décédés?* — A cela il y avait deux raisons. D'abord, lorsque les père et mère sont vivants, il paraît à la fois plus logique et plus sûr de les faire comparaître comme témoins, plutôt que de s'en référer à leurs écrits. Les déclarations qu'ils feront de vive voix, en présence du tribunal, seront plus graves, plus précises, plus concluantes que celles qu'ils auraient pu consigner dans des écrits privés. — En second lieu, lorsque les père et mère sont vivants, les déclarations consignées sur leurs registres et papiers domestiques n'ont pas autant de force probante que s'ils étaient morts, parce que ces déclarations peuvent avoir été faites, après coup, pour les besoins de la cause. — Le législateur avait donc des raisons pour désigner spécialement les écrits émanés des père et mère *décédés*. Mais il ne faut pas conclure de là qu'il ait voulu exclure les autres moyens de preuve, et notamment ceux qui résulteraient des registres et papiers domestiques émanés des père et mère *vivants*.

La preuve testimoniale peut-elle être employée sans aucune condition, lorsqu'il s'agit de suppléer à l'acte de naissance?

Si l'on s'en référait uniquement au texte de l'article 46, on ne pourrait concevoir aucun doute à cet égard. Effectivement, cet article énonce en termes formels que, dans le cas d'inexistence ou de perte des registres, les naissances, mariages et décès peuvent être établis par la preuve testimoniale; et il ne subordonne l'emploi de cette preuve à aucune condition préalable. Aussi, en ce qui concerne les mariages et décès, tout le monde convient que la preuve testimoniale toute nue est suffisante.

Mais quelques auteurs soulèvent une difficulté, relativement aux actes de naissance. Ces actes, disent-ils, servent à constater deux faits, savoir : 1° l'âge et l'individualité de l'enfant; 2° sa filiation. Or, si la preuve testimoniale peut être employée sans condition préalable, ainsi que l'exprime l'article 46, ce n'est qu'en tant qu'il s'agit d'établir l'âge et l'individualité de l'enfant. Quant à la filiation, il en est différemment : elle n'est pas régie par l'article 46, mais par les articles 323, 340 et 341, qui décident qu'on ne peut pas l'établir par la preuve testimoniale s'il n'existe pas déjà un commencement de preuve par écrit ou des indices graves et dès lors constants. (Marcadé.)

Mais on répond : l'article 46 n'établit aucune distinction; il s'applique à tous les faits qui sont constatés par l'acte de naissance, à la filiation de l'enfant comme à son identité. Et, cela est rationnel : effectivement, notre article a pour but de venir au secours des personnes qu'une circonstance de force majeure, savoir, l'inexistence ou la perte des registres, a mises dans l'impossibilité de fournir la preuve légale de leur état. Or, ce résultat ne serait pas atteint s'il ne fournissait pas à l'enfant le moyen d'établir sa filiation, comme son identité. —Au surplus, l'hypothèse dont il s'agit ici est bien différente de celle qui a été prévue par les articles 323, 340 et 341. Nous supposons que les registres n'existent pas, ce qui explique qu'on autorise facilement l'emploi de tout autre mode de preuve; tandis que ces articles visent le cas où les registres existent et où on veut faire tomber la force probante qui en résulte. On conçoit que, pour cette dernière hypothèse, le législateur se soit montré plus rigoureux, et qu'il n'ait voulu autoriser l'emploi de la preuve testimoniale que sous la condition préalable d'un commencement de preuve par écrit ou d'un indice grave, qui rendent vraisemblable le fait allégué. (Valette. Demolombe.)

Dans quels cas les actes de l'état civil faits en pays étrangers sont-ils valables en France?

Les actes de l'état civil faits en pays étranger sont valables en France dans deux cas :

1° Lorsqu'ils ont été rédigés suivant la forme en usage dans le pays où ils ont été passés. C'est ce qu'exprime la règle *locus regit actum*. — Au reste, cette règle ne vise que la forme extérieure des actes; il faut, en outre, que les Français qui les accomplissent réunissent toutes les conditions de capacité exigées par la loi française.

2° Lorsqu'ils ont été rédigés par les agents diplomatiques ou par les consuls français. (Art. 47, 48.)

Les agents diplomatiques français sont-ils compétents pour passer toute espèce d'actes ?

Non; les agents diplomatiques et les consuls français ne sont compétents que si l'acte passé à l'étranger ne concerne que des Français. Ainsi, le mariage qui aurait été contracté en pays étranger entre un Français et une étrangère ne pourrait être célébré que par l'officier public du pays. — En effet, l'agent diplomatique Français n'est compétent que par rapport au Français; au lieu que l'officier public étranger est tout à la fois compétent par rapport à l'étrangère, à cause de sa nationalité, et par rapport au Français, à cause de notre règle *locus regit actum*. (Art. 48.)

N'y a-t-il pas certains actes de l'état civil qui se rattachent à des actes antérieurs ?

Oui; il y a certains actes de l'état civil qui se rattachent à un acte précédemment passé, soit pour le compléter, soit pour le rectifier. Telle est, notamment, la reconnaissance d'un enfant naturel, lorsqu'elle a lieu postérieurement à l'acte de naissance. — Dans ce cas, la reconnaissance doit être inscrite, à sa date, sur les deux registres; et, en outre, elle doit être mentionnée en marge de l'acte de naissance précédemment inscrit.

L'officier de l'état-civil fera cette mention sur les deux registres si la reconnaissance a eu lieu dans l'année de la naissance. Dans le cas contraire, il se bornera à porter la mention sur le registre qui se trouve déposé aux archives de la commune, et il en avertira le procureur de la république, qui veillera à ce que la même mention soit inscrite par le greffier du tribunal civil sur le registre qui a été déposé au greffe. (Art. 49.)

Les irrégularités ou les omissions contenues dans un acte de l'état civil entraînent-elles la nullité de l'acte ?

Non. En droit, l'irrégularité d'un acte de l'état civil ne rend pas cet acte nul. Effectivement, il aurait été injuste de rendre les particuliers responsables des erreurs qui proviennent uniquement du fait de l'officier de l'état civil, et qui sont imputables à son ignorance, à sa négligence, ou à sa mauvaise foi. — Toutefois les erreurs de cette nature peuvent, en fait, causer un grave préjudice aux parties, en leur enlevant les moyens d'établir la preuve légale de leur état. Aussi, le législateur s'est-il préoccupé d'assurer, autant que possible, la bonne tenue des registres, en édictant des peines contre les officiers publics qui se rendraient coupables de négligence ou de mauvaise foi.

Quelles sont les pénalités édictées par la loi contre les officiers de l'état civil, à raison de la mauvaise tenue des actes?

Les officiers de l'état civil peuvent encourir, à raison de la mauvaise tenue des actes:

1° Une simple condamnation à des dommages-intérêts envers les parties.

2° Une double condamnation : 1° à des dommages-intérêts envers les parties; 2° à une amende qui ne doit pas excéder 100 fr. Dans certains cas, l'amende est remplacée par l'emprisonnement.

3° Une double condamnation : 1° à des dommages-intérêts envers les parties; 2° aux travaux forcés à perpétuité.

Dans quels cas les officiers de l'état civil sont-ils simplement condamnés à des dommages-intérêts?

Les officiers de l'état civil encourent une simple condamnation à des dommages-intérêts envers les parties, lorsque les registres ont été altérés ou détruits par des tiers, ou même lorsqu'ils ont été détruits par accident, s'il était établi que l'officier de l'état civil aurait pu les sauver en se montrant plus vigilant.

Ce que la loi punit ici c'est simplement la négligence de l'officier de l'état civil, qui, en sa qualité de dépositaire légal des registres, est tenu de veiller avec soin à leur conservation. Aussi, elle ne le frappe pas d'une peine proprement dite. Elle se borne à le rendre civilement responsable du préjudice causé aux parties, sauf son recours contre les auteurs de la destruction ou de l'altération des registres. (Art. 51.)

Dans quel cas les officiers de l'état civil sont-ils condamnés à des dommages-intérêts et à l'amende?

Les officiers de l'état civil encourent une double condamnation à des dommages-intérêts et à l'amende, lorsqu'ils ont commis des erreurs ou omissions, telles qu'une date écrite en chiffre au lieu d'être portée en toutes lettres, l'oubli d'un nom, etc. En outre, ils peuvent être condamnés, dans certains cas, à des dommages-intérêts et à un emprisonnement correctionnel.

Ici, ce n'est plus une simple négligence qui est mise à la charge de l'officier de l'état civil, c'est un fait dont il est lui-même l'auteur. Toutefois, comme le fait dont il est question n'a pas un caractère de criminalité, puisqu'il consiste dans une erreur ou dans une omission, le législateur, afin d'éviter aux officiers de l'état civil la honte d'être poursuivis devant les tribunaux correctionnels, décide que l'amende et l'emprisonnement seront prononcés par les tribunaux civils. — Il est fait exception pour le cas d'emprisonnement, lorsqu'il a été encouru pour avoir inscrit un acte de l'état civil sur une simple feuille volante. (Art. 50.)

Dans quels cas les officiers de l'état civil sont-ils condamnés à des dommages-intérêts et aux travaux forcés à perpétuité ?

Les officiers de l'état civil encourent une double condamnation, à des dommages-intérêts et aux travaux forcés à perpétuité, lorsqu'ils ont commis volontairement des altérations ou des faux sur les actes qu'ils étaient chargés de rédiger. (Art. 52. 145 C. p.)

Quel est le fonctionnaire chargé de faire observer les prescriptions de la loi à cet égard ?

C'est le procureur de la république. Il doit, lors du dépôt des registres au greffe, en vérifier l'état et poursuivre les contraventions ou les délits qu'il y a découverts.

Mais le procureur de la république n'est compétent que pour réclamer l'application de la peine : la demande en rectification des actes irréguliers doit émaner des parties elles-mêmes. Cette demande sera formée devant les tribunaux civils, et les parties auront la faculté de se pourvoir en appel contre la décision des premiers juges. (Art. 53, 54.)

CHAPITRE DEUXIÈME

DES ACTES DE NAISSANCE

Articles 55 à 62.

Quel est l'objet des actes de naissance ?

Les actes de naissance servent à constater le lieu de naissance et l'âge des personnes, ainsi que la filiation des enfants légitimes.

Quels sont les officiers de l'état civil chargés de rédiger les actes de naissance ?

Les actes de naissance doivent être rédigés par l'officier de l'état civil du lieu de l'accouchement, conformément aux déclarations qui lui sont faites par les personnes que la loi oblige à les faire.

Suivant notre article, l'enfant *doit être présenté* à l'officier de l'état civil, afin qu'il puisse s'assurer de son existence, de son âge et de son sexe. Toutefois, si le déplacement de l'enfant pouvait mettre sa vie en danger, l'officier de l'état civil devrait se transporter avec ses registres au lieu où il se trouve. (Art. 55.)

Dans quel délai les déclarations de naissance doivent-elles être faites ?

Les déclarations de naissance doivent être faites dans un délai de trois jours francs à partir de l'accouchement, en présence de deux témoins.

Si l'officier de l'état civil connaît, d'une manière quelconque, que l'enfant dont on lui déclare la naissance a plus de trois jours, il doit refuser de l'inscrire sur ses registres. Effectivement, les rectifications relatives aux actes de l'état civil ne peuvent être faites qu'en vertu d'un jugement. Or, s'il en est ainsi d'une simple rectification, il doit évidemment en être de même de l'inscription d'un acte après l'expiration des délais fixés pour la faire. (Art. 55.)

Quelles sont les personnes qui doivent déclarer la naissance d'un enfant ?

Les personnes qui doivent déclarer la naissance d'un enfant sont :

1° Le père de l'enfant. — Toutefois, si c'est un enfant naturel, le père n'est obligé de déclarer la naissance que s'il veut le reconnaître immédiatement.

2° A défaut de père, c'est-à-dire si celui-ci est inconnu, s'il est absent ou dans l'impossibilité de faire la déclaration, elle sera faite, soit par le médecin, soit par la sage-femme, soit par la garde-malade, soit par toute autre personne ayant assisté à l'accouchement.

3° Dans le cas où la mère est accouchée hors de son domicile, elle sera faite par le maître de la maison où l'accouchement a eu lieu.

Aussitôt que la déclaration a été faite, l'acte de naissance est rédigé en présence du déclarant et de deux témoins. (Art. 56.)

L'obligation de déclarer la naissance est-elle sanctionnée par une peine ?

Oui ; l'obligation de déclarer la naissance est sanctionnée par une peine. L'article 346 du Code pénal prononce un emprisonnement de six jours à six mois et une amende de 16 à 300 francs, contre toute personne qui, ayant assisté à l'accouchement, n'a pas fait la déclaration de naissance.

Mais cette obligation n'est pas imposée concurremment et solidairement aux personnes que nous avons désignées. Elles ne doivent l'accomplir que les unes à défaut des autres, et dans l'ordre suivant :

1° Le père n'est tenu de déclarer la naissance que lorsqu'il est présent et qu'il a assisté à l'accouchement ;

2° Le maître de la maison chez qui la mère est accouchée n'y est tenu qu'à défaut du père ;

3° Enfin, le médecin accoucheur, la sage-femme, ou les personnes qui ont assisté à l'accouchement n'y sont obligés qu'à défaut du père et du maître de la maison où a eu lieu l'accouchement.

Que doivent énoncer les actes de naissance ?

Les actes de naissance doivent énoncer :

1° Le jour et l'heure de la naissance ;

2° Le lieu de l'accouchement ;

3° Le sexe de l'enfant et les prénoms qui lui seront donnés ;

4° Les prénoms, noms, profession et domicile des père et mère légitimes de l'enfant et ceux des témoins.

Ces énonciations ont chacune leur utilité. Celle du jour et de l'heure de la naissance sert à déterminer l'époque de la majorité de l'enfant ; et, en outre, lorsque la mère a eu deux enfants jumeaux, quel est celui qui est né le premier. L'indication du lieu de l'accouchement est utile pour faire connaître si l'officier de l'état civil a instrumenté dans le ressort de sa circonscription territoriale. L'indication du sexe de l'enfant et des prénoms qui lui seront donnés sert à constater son identité. Enfin, l'indication des prénoms, noms, profession et domicile des père et mère légitimes de l'enfant est nécessaire pour établir sa filiation légitime. (Art. 57.)

Quels prénoms peut-on donner à l'enfant ?

Depuis la loi du 11 germinal an III, les officiers de l'état civil ne peuvent point inscrire tous les prénoms qui leur sont déclarés.

Ils ne doivent admettre que ceux qui sont en usage dans les différents calendriers, et ceux des personnages connus de l'histoire ancienne.

Quelle énonciation l'officier de l'état civil doit-il faire lorsqu'on lui présente un enfant mort ?

L'officier de l'état civil auquel on présente un enfant mort, dont la naissance n'a pas encore été inscrite, rédige sur le registre des décès un acte qui constate à la fois la naissance et le décès. Mais il doit se borner à déclarer dans cet acte que l'enfant qu'on lui présente est *sans vie*, sans indiquer s'il est mort-né, ou si, au contraire, il est né vivant et viable.

Pour se rendre compte de cette disposition, il faut savoir qu'un enfant qui est né vivant et viable est apte à recueillir les successions qui viendraient à lui échoir pendant sa conception, et à les transmettre ensuite à ses propres héritiers; tandis que celui qui est mort-né ne peut recueillir aucun bien, et est incapable d'en transmettre.

Les héritiers d'un enfant qui n'a pas vécu ont donc un intérêt considérable à faire reconnaître que l'enfant était né vivant et viable. Or, c'est précisément à cause de l'importance qu'ils attachent à ce fait que le législateur n'a pas voulu qu'il pût être établi, ou même qu'il put être simplement préjugé, par une déclaration aussi dénuée de contrôle que l'est celle des comparants.

Un exemple montrera quelle est la sagesse de cette disposition. On sait que les époux ne peuvent hériter l'un de l'autre qu'à défaut de parents jusqu'au douzième degré : d'autre part, les père et mère et leurs enfants sont appelés réciproquement à se succéder les uns aux autres. Cela posé, supposons qu'une veuve, jusque là sans enfants, accouche dans les neuf mois de la mort de son mari. L'enfant qui survient, étant réputé légitime, pourra succéder à son père, et il transmettra, en mourant, la succession paternelle à sa mère. Mais il faut pour cela qu'il soit né vivant et viable; il faut qu'il ait vécu, ne serait-ce que durant l'intervalle de quelques minutes. Dès lors, il est facile de concevoir combien la mère aurait intérêt à provoquer, sur ce point, une déclaration mensongère de la part des personnes qui ont assisté à l'accouchement, si leur déclaration était de nature à faire trancher la question dans le sens qui lui est favorable. C'est donc avec raison que la loi a préféré la laisser en suspens. (Décret du 4 juillet 1806.)

Les noms des père et mère naturels doivent-ils être mentionnés dans l'acte de naissance ?

Ainsi qu'on l'a vu précédemment, les noms des père et mère légitimes doivent être mentionnés dans l'acte de naissance ; car cet acte est destiné à établir la filiation de l'enfant, comme son identité. Avant d'examiner s'il faut appliquer cette règle aux père et mère naturels, nous ferons observer que, suivant les articles 62 et 334, la filiation naturelle résulte directement de l'acte de reconnaissance et non point de l'acte de naissance, ou, du moins, qu'elle n'est établie par celui-ci qu'autant qu'il contient une reconnaissance de paternité ou de maternité, qui a été faite au moment de la présentation de l'enfant, soit par les parents eux-mêmes, soit par les comparants.

Lorsque les père et mère naturels n'ont pas reconnu l'enfant, et qu'ils n'ont pas donné mandat aux comparants de le reconnaître pour eux, tout le monde convient que le nom du père ne doit pas être mentionné dans l'acte, parce que la paternité naturelle ne peut résulter que d'une reconnaissance volontaire. Quant à la question de savoir si celui de la mère peut être mentionné sans qu'elle y ait consenti, elle présente plus de difficultés. Et d'abord deux hypothèses peuvent se présenter : 1° les comparants refusent de faire connaître le nom de la mère ; 2° ils le font connaître.

Examinons chacune de ces hypothèses.

Lorsque les comparants ne veulent pas faire connaître le nom de la mère naturelle, l'officier de l'état civil peut-il se refuser à dresser l'acte ?

Habituellement, les officiers de l'état civil exigent que les comparants fassent connaître le nom de la mère naturelle ; à défaut de cette déclaration, ils refusent de dresser l'acte. Mais c'est là une pratique abusive et dangereuse. D'abord, elle est abusive : effectivement, aucune loi n'oblige les comparants à faire connaître le nom de la mère naturelle. Sans doute, l'article 57 décide que les noms des père et mère doivent être portés sur l'acte de naissance, mais cet article n'entend parler que des père et mère légitimes ; autrement, il faudrait dire que le nom du père naturel doit toujours être mentionné sur l'acte de naissance, tandis qu'il ne doit, au contraire, y être mentionné que par exception, et seulement dans le cas où il a volontairement reconnu l'enfant. De plus, cette pratique est dangereuse; car elle pousse la mère à l'infanticide, en ne lui permettant pas de cacher son déshonneur.

Concluons-en que les officiers de l'état civil ne doivent pas se refuser à dresser l'acte, lorsque les comparants ne veulent pas faire connaître le nom de la mère naturelle. Ils inscriront alors l'enfant comme né d'une mère inconnue.

Voyons maintenant la seconde hypothèse.

L'officier de l'état civil doit-il mentionner le nom de la mère naturelle, lorsque les comparants le font connaître sans le consentement de celle-ci?

Sur ce point il y a trois systèmes. Suivant le premier, lorsque les comparants font connaître le nom de la mère naturelle, l'officier de l'état civil *doit* le mentionner; suivant le second, il ne doit pas, mais il *peut* le mentionner; suivant le troisième, qui nous semble préférable, il *ne doit,* ni *ne peut,* le mentionner sans le consentement de la mère.

Le premier système ne nous paraît guère admissible. Effectivement, l'article 35 dit formellement que l'officier de l'état civil ne doit insérer dans l'acte qu'il rédige que les faits que la loi a prescrit d'y insérer. Or, la disposition de l'article 57 n'étant applicable qu'aux père et mère légitimes, la loi n'a pas prescrit d'insérer le nom de la mère naturelle dans l'acte de naissance, et, par conséquent, l'officier de l'état civil n'est pas obligé de l'y insérer.

Le second système ne va pas aussi loin; mais, à notre avis, il doit également être rejeté. Sans doute, disent les auteurs de ce système, l'officier de l'état civil n'est pas *tenu* de mentionner le nom de la mère naturelle, mais il *peut* le faire s'il le juge à propos. En effet, il peut tenir compte des déclarations qui, sans être prescrites expressément, rentrent cependant dans l'esprit de la loi. Or, la déclaration du nom de la mère naturelle rentre dans l'esprit de la loi, parce qu'elle pourra, dans la suite, servir d'indice à l'enfant, parce qu'elle lui facilitera la recherche de la maternité. Cela suffit pour autoriser l'officier de l'état civil à la recevoir lorsqu'elle lui est faite par les comparants, et à la mentionner dans l'acte de naissance. (Valette. Demolombe.)

Nous répondons : l'article 35 décide que les officiers de l'état civil ne doivent tenir compte que des déclarations que la loi a prescrit de faire. Or, cette règle est évidemment restrictive, et elle signifie que les officiers de l'état civil doivent rejeter toutes les déclarations qui n'ont pas été expressément prescrites : autrement, elle n'aurait aucun sens. Elle ne permet donc pas de supposer que les officiers de l'état civil aient à faire aucune appréciation; qu'ils puissent tenir compte, à volonté, des déclarations qui leur sont faites, ou n'en pas tenir compte. Et cela est rationnel : les faits contenus dans les actes de l'état civil doivent s'y trouver parce que la loi le veut, et non point parce que les comparants ont voulu les déclarer et l'officier public recevoir leur déclaration.

Au surplus, en admettant que ce dernier ait une certaine liberté d'appréciation, il n'est pas suffisamment démontré que la déclaration du nom de la mère naturelle rentre dans l'esprit de la loi. Sans doute, cette déclaration pourra servir à l'enfant dans la recherche de la maternité, elle le mettra sur la voie et elle lui permettra de reconnaître quelle est sa mère. Mais les actes de l'état civil ne sont pas destinés à contenir des indices ou des renseignements, plus ou moins probables, sûr toutes sortes de faits. Ils doivent fournir des preuves, ou tout au moins de fortes présomptions, et celles-ci ne peuvent porter que sur des faits déterminés par la loi. Or, la déclaration du nom de la mère naturelle n'a pas d'autre valeur que celle d'un indice dénué de toute force probante. Ceux qui la font ne peuvent être crus, ni comme déclarants, puisque la loi ne leur donnait pas mandat pour cela, ni comme témoins, puisqu'ils n'ont pas affirmé sous serment.—En conséquence, il faut décider que ni le texte ni l'esprit de la loi n'autorisent l'officier de l'état civil à mentionner le nom de la mère naturelle sans le consentement de celle-ci. Aurait-il même assisté à l'accouchement, il devra inscrire l'enfant comme né de père et mère inconnus, si la mère refuse de le reconnaître.

En résumé, dans quels cas l'officier de l'état civil doit-il mentionner les noms des père et mère de l'enfant ?

L'officier de l'état civil doit mentionner les noms des père et mère de l'enfant :

1° Lorsque l'enfant est présenté comme enfant légitime;

2° Lorsqu'il est présenté comme enfant naturel, mais que le père ou la mère le reconnaissent immédiatement, soit en personne, soit par mandataire;

3° Enfin, suivant quelques auteurs, lorsque les comparants font connaître le nom de la mère naturelle, sans y avoir, d'ailleurs, été autorisés par celle-ci.

Les enfants naturels peuvent-ils être reconnus autrement que par l'acte de naissance?

Oui; comme nous l'avons dit plus haut, les enfants naturels qui n'ont pas été reconnus au moment de leur naissance et qui ont été inscrits comme nés de père et mère inconnus, peuvent être reconnus dans la suite, soit par leurs père et mère, soit par l'un d'eux seulement, au moyen d'un acte authentique de reconnaissance, passé devant notaire ou dressé par un officier public.

Dans le premier cas, la minute restera chez le notaire; dans le second cas, l'acte sera inscrit, à sa date, sur les registres de l'état civil, et il en sera fait mention en marge de l'acte de naissance. (Art. 62.)

Que doit-on faire lorsqu'on trouve un enfant nouveau-né?

La personne qui trouve un enfant nouveau-né est tenue de le remettre à l'officier de l'état civil, ainsi que les vêtements et autres effets trouvés avec l'enfant, et de déclarer toutes les circonstances du temps et du lieu où il a été trouvé. Cette déclaration servira à déterminer l'individualité de l'enfant et à le faire reconnaître un jour par ses parents. Aux termes de l'article 347 du Code pénal, la personne qui a négligé de la faire est punie d'une amende de 16 à 300 francs, et d'un emprisonnement de six jours à six mois.

L'officier de l'état civil, à qui l'enfant est remis, dresse un procès-verbal détaillé des déclarations qui sont faites. Ce procès-verbal énonce, en outre, l'âge apparent de l'enfant, son sexe, les noms qui lui seront donnés, l'autorité à laquelle il sera remis. Il est inscrit sur les registres de l'état civil. (Art. 58.)

Comment sont dressés les actes de naissance, relatifs aux enfants qui sont nés pendant un voyage en mer?

S'il naît un enfant pendant un voyage en mer, l'acte de naissance est dressé dans les vingt-quatre heures et inscrit à la suite du rôle d'équipage, en présence du père, s'il est présent, et de deux témoins, par le capitaine ou patron du navire sur les bâtiments de commerce, et par l'officier d'administration de la marine sur les bâtiments de l'État.

Au premier port où le bâtiment abordera, une expédition en est déposée au bureau de l'inscription maritime, ou, si c'est un port étranger, entre les mains du consul français. En même temps, une autre expédition est adressée au ministre de la marine, qui en envoie une copie, de lui certifiée, à l'officier de l'état civil du domicile des parents de l'enfant, pour qu'il l'inscrive sur les registres de la commune.

A l'arrivée du bâtiment dans le lieu de sa destination, le rôle d'équipage est déposé au bureau du préposé de l'inscription maritime, qui envoie une expédition de l'acte de naissance, de lui signée, à l'officier de l'état civil du domicile des parents de l'enfant, qui l'inscrira sur les registres. (Art. 59, 60, 61.)

CHAPITRE TROISIÈME

DES ACTES DE MARIAGE

Articles 63 à 76.

Ce chapitre traite des formalités qui précèdent et qui accompagnent la célébration du mariage. Suivant l'exemple de plusieurs commentateurs du Code, nous avons jugé qu'il était préférable de renvoyer l'étude des dispositions qui y sont contenues au titre *Du mariage*, où l'on trouvera ainsi rassemblées en un seul corps toutes les questions qui se rattachent à cet acte solennel destiné à être le fondement des sociétés humaines.

CHAPITRE QUATRIÈME

DES ACTES DE DÉCÈS

Articles 77 à 87.

Quel est l'objet des actes de décès?

Les actes de décès servent à constater le décès d'une personne, ainsi que l'identité de la personne décédée.

Comment peut-on établir le décès d'une personne?

Le décès d'une personne s'établit au moyen de la vérification qui en est faite par l'officier de l'état civil, ou par un docteur médecin chargé de le suppléer pour cette vérification.

L'autorisation d'inhumer n'est délivrée qu'après que cette vérification a eu lieu.

En quoi consiste l'autorisation d'inhumer?

L'autorisation d'inhumer consiste dans la permission de procéder à la cérémonie des funérailles. — Elle est délivrée sur papier libre, c'est-à-dire non timbré, et sans frais, par l'officier de l'état civil.

Aux termes de l'article 358 du Code pénal, l'inhumation de la personne décédée ne peut avoir lieu que vingt-quatre heures après le décès, sous peine d'un emprisonnement de six jours à six mois et d'une amende de 16 à 50 francs. — Cette disposition préviendra le danger des inhumations anticipées. (Art. 77.)

La loi oblige-t-elle certaines personnes à faire les déclarations de décès ?

Non; la loi n'oblige pas certaines personne à faire les déclarations de décès, comme elle y oblige pour les déclarations de naissance. Elle se borne à énoncer que les déclarants doivent être, s'il est possible, les deux plus proches parents ou voisins du défunt, ou, s'il est décédé hors de son domicile, la personne chez laquelle le décès a eu lieu et un parent ou voisin. Aucune peine n'est prononcée contre ces personnes si elles n'ont pas déclaré le décès, ou si elles ne l'ont déclaré que tardivement.

Cette absence de dispositions pénales tient à plusieurs motifs. D'abord, il n'y avait pas de fraude à prévenir, parce que les parents ou voisins du défunt n'ont, en général, aucun intérêt à cacher son décès. — En second lieu, la disposition de l'article 77, qui défend de procéder à l'inhumation du cadavre tant que la déclaration du décès n'a pas été faite, a paru suffisante pour assurer l'accomplissement de cette formalité.

Il n'est pas nécessaire d'amener des témoins, pour faire la déclaration des actes de décès. Les déclarants sont tout à la fois déclarants et témoins. (Art. 78.)

Que doivent énoncer les actes de décès ?

Les actes de décès doivent énoncer :

1° Les prénoms, nom, âge, profession et domicile de la personne décédée, ainsi que des comparants;

2° Les prénoms et noms de l'autre époux, si la personne décédée avait été mariée;

3° Les prénoms, nom, âge, profession et domicile des pères et mère du défunt, s'il est possible de les connaître;

4° Le lieu de naissance de la personne décédée. (Art. 79.)

Les actes de décès doivent-ils énoncer le jour et l'heure du décès ?

La loi, qui prescrit de mentionner dans les actes de naissance le jour et l'heure de la naissance, n'oblige pas à mentionner dans les actes de décès le jour et l'heure où le décès est arrivé. Or, comme les officiers de l'état civil ne doivent insérer dans les actes qu'ils reçoivent, que les faits que la loi leur prescrit d'y insérer, on décide généralement qu'ils ne sont pas tenus de mentionner le jour et l'heure du décès, alors même que les comparants en font la déclaration.

Mais, si l'on est généralement d'accord pour décider que les officiers de l'état civil ne sont pas *tenus* de faire cette mention, il en est différemment sur le point de savoir s'ils n'en ont pas la *faculté*. — A cet égard nous trouvons deux systèmes.

Suivant le premier, il faut admettre l'affirmative. Effectivement, la mention du jour et de l'heure du décès ne pourra nuire sérieusement à personne; car, en supposant qu'elle soit inexacte, elle serait susceptible d'être combattue par une preuve contraire, parce qu'elle émane des comparants. Et, comme la loi ne défend pas aux officiers de l'état civil de l'insérer, il faut conclure qu'elle a entendu leur en laisser la faculté.

Le second système admet la négative, et c'est avec raison. D'abord, puisque les officiers de l'état civil ne peuvent insérer dans les actes qu'ils reçoivent que les faits que la loi leur prescrit d'y insérer, on doit nécessairement tenir la mention du jour et de l'heure du décès pour prohibée, par cela seul qu'elle n'est point prescrite. En second lieu, il y aurait un inconvénient d'autant plus grave à faire cette mention qu'elle pourrait avoir dans certains cas une grande importance, tout en n'offrant pas des garanties de sincérité suffisantes. — C'est ainsi que l'attribution d'une hérédité à telle personne plutôt qu'à telle autre dépendra, quelquefois, de la fixation exacte du moment du décès. La déclaration qui serait faite à cet égard par les comparants n'offrirait pas assurément toutes les garanties de sincérité désirables, et cependant elle n'en établirait pas moins une présomption qu'il serait difficile de faire tomber. C'est donc avec raison que le législateur a voulu réserver cette question, en laissant les intéresssés dans des conditions égales de preuve.

Un exemple fera comprendre notre pensée. Supposons que le père et le fils meurent à la même époque : si le père est mort le premier, le fils a pu recueillir sa succession, et il la transmettra, en mourant, à sa mère. Dans le cas contraire, la succession sera appréhendée par les héritiers du mari. On voit par là combien la mère aurait intérêt à faire déclarer le prédécès du père, afin d'établir une présomption conforme à ses prétentions. Sans doute, cette présomption tomberait devant la preuve contraire; mais cette preuve ne serait pas facile à fournir.

Comment les actes de décès sont-ils dressés, en cas de mort dans les hôpitaux ou dans les autres établissements publics?

En cas de mort dans les hôpitaux ou dans les autres établissements publics, les directeurs de ces établissements doivent en donner avis, dans les vingt-quatre heures, à l'officier de l'état civil du lieu. Celui-ci se transportera auxdits hospices ou établissements publics pour s'assurer du décès. Il en dressera l'acte d'après les renseignements qu'il aura recueillis, et en adressera copie à l'officier de l'état civil du dernier domicile de la personne décédée, qui l'inscrira sur les registres. (Art. 80.)

Comment les actes de décès sont-ils dressés, lorsqu'il y a soupçon de mort violente?

Lorsqu'il y a soupçon de mort violente, l'acte de décès ne peut être rédigé et l'inhumation ne peut avoir lieu avant qu'un officier de police, assisté d'un docteur en médecine, n'ait dressé un procès-verbal de l'état du cadavre et des circonstances relatives au décès, ainsi que des renseignements qu'il aura pu recueillir sur les prénoms, nom, âge et profession, lieu de naissance et domicile de la personne décédée.

Aussitôt que ce procès-verbal aura été dressé, l'officier de police transmettra les renseignements qu'il contient à l'officier de l'état civil du lieu du décès. Celui-ci rédigera l'acte de décès, et en enverra copie à l'officier de l'état civil du domicile de la personne décédée, qui l'inscrira sur les registres. (Art. 81, 82.)

Comment les actes de décés des suppliciés sont-ils rédigés?

Les actes de décès des suppliciés sont rédigés par l'officier de l'état civil du lieu du décès, d'après les renseignements qui lui sont fournis par le greffier criminel, sur les prénoms, nom, âge, profession, lieu de naissance et domicile du supplicié. Une copie de l'acte de décès est ensuite envoyée à l'officier de l'état civil du domicile de l'exécuté, qui l'inscrira sur les registres.

Dans l'intérêt de la famille du condamné, la loi décide que l'acte de décès ne fera pas mention du genre de mort. (Art. 83, 85).

Comment les actes de décès sont-ils rédigés, en cas de mort dans les prisons ?

En cas de mort dans les prisons, les concierges ou gardiens de la prison doivent en donner avis à l'officier de l'état civil du lieu. Celui-ci se transportera aussitôt dans les prisons, et y rédigera l'acte de décès d'après les renseignements qui lui seront fournis. — Il adressera ensuite copie de cet acte à l'officier de l'état civil du domicile du prisonnier décédé, qui l'inscrira sur ses registres, sans mentionner que le décès a eu lieu en prison. (Art. 84, 85.)

Comment les actes de décès sont-ils rédigés, en cas de mort pendant un voyage en mer ?

En cas de mort pendant un voyage en mer, l'acte de décès sera rédigé dans les vingt-quatre heures, en présence de deux témoins, par l'officier d'administration de la marine sur les bâtiments de l'État, et par le capitaine sur les bâtiments de commerce.

Au premier port où le bâtiment abordera, l'officier d'administration ou le capitaine qui a rédigé l'acte en déposera deux expéditions, conformément à l'article 60. — Enfin, à l'arrivée dans le lieu de la destination, le rôle d'équipage, sur lequel est inscrit l'acte de décès, sera déposé au bureau du préposé à l'inscription maritime, qui enverra copie de l'acte à l'officier de l'état civil du lieu de la personne décédée, et celui-ci l'inscrira sur les registres. (Art. 86, 87.)

Comment les actes de décès sont-ils rédigés, en cas de mort par accident et lorsque le corps n'a pas été retrouvé ?

En cas de mort par accident et lorsque le corps n'a pas été retrouvé, l'officier de l'état civil du lieu dresse procès-verbal de toutes les circonstances de l'événement, et le transmet au procureur de la république. Sur l'autorisation du tribunal, ce procès-verbal est annexé aux registres de l'état civil pour tenir lieu d'acte de décès. (Décret du 3 janvier 1813.)

CHAPITRE CINQUIEME

DES ACTES DE L'ÉTAT CIVIL CONCERNANT LES MILITAIRES EN CAMPAGNE

Articles 88 à 98.

La règle locus regit actum est-elle applicable aux militaires en campagne?

Non, la règle *locus regit actum* ne s'applique pas aux militaires en campagne. — Sur la proposition de *Napoléon Bonaparte*, alors premier consul, les rédacteurs du Code l'ont remplacée pour les militaires par ce principe nouveau : « *Là où est le drapeau, là est la France.* »

Que signifie la règle là où est le drapeau, là est la France?

Cette règle signifie que la partie du territoire étranger occupée par les armées françaises est assimilée à la France, en ce qui concerne les actes de l'état civil. En conséquence, les officiers français désignés par la loi à cet effet sont seuls compétents pour rédiger les actes qui regardent les militaires en campagne et les personnes attachées à l'armée, alors même qu'il s'agit du mariage d'un militaire avec une personne du pays occupé. (Art. 88).

Notre règle est-elle applicable aux militaires qui tiennent garnison en France?

En principe, la règle *là où est le drapeau, là est la France* n'est applicable qu'à l'étranger, dans les lieux occupés par l'armée française. — Toutefois, on admet généralement qu'elle peut être étendue aux militaires qui se trouvent en France, dans le cas où un corps d'armée n'aurait conservé aucune communication avec les autorités civiles ordinaires.

Quels sont les officiers militaires qui remplissent les fonctions d'officiers de l'état civil?

Les fonctions d'officiers de l'état civil sont remplies à l'armée :

1° Dans les corps composés d'un bataillon au moins, par les majors. — Autrefois par les quartiers-maîtres.

2° Dans les autres corps, par le capitaine commandant.

3° Pour les officiers sans troupes et pour les employés de l'armée, par les intendants et sous-intendants militaires. — Autrefois par les inspecteurs aux revues. (Art. 89).

Comment les registres sont-ils tenus ?

Dans chaque corps de troupes, il est tenu un seul registre pour les naissances, mariages et décès relatifs aux individus de ce corps. — Un autre registre est tenu à l'état-major de l'armée pour les actes relatifs aux officiers sans troupes et aux employés de l'armée.

Ces registres doivent être cotés et paraphés, dans chaque corps, par l'officier qui le commande ; et, à l'état-major, par le chef de l'état-major général. (Art. 90, 91).

Dans quel délai doit-on faire les déclarations de naissance ?

Les déclarations de naissance à l'armée doivent être faites dans les dix jours qui suivent l'accouchement.

Une fois que les déclarations ont été faites, l'officier militaire chargé de la tenue du registre de l'état civil en adresse un extrait à l'officier de l'état civil du dernier domicile du père de l'enfant, ou de la mère si le père est inconnu. — Cet extrait doit être adressé dans les dix jours qui suivent la déclaration. (Art. 92, 93).

Comment se font les publications de mariage ?

Les publications de mariage des militaires ou des employés attachés à l'armée sont faites au lieu de leur dernier domicile. — En outre, elles sont mises à l'ordre du jour du corps pour les individus attachés à un corps, et à l'ordre du jour de l'armée pour les officiers sans corps et les employés, vingt-cinq jours avant la célébration du mariage.

Immédiatement après l'inscription sur le registre de l'acte de célébration du mariage, l'officier militaire qui en a la tenue adressera une copie de cet acte à l'officier de l'état civil du dernier domicile des époux.

Notons que les militaires qui font partie de l'armée active ne peuvent se marier sans avoir une autorisation écrite du ministre de la guerre. (Art. 94, 95.)

Comment se font les actes de décès ?

Les actes de décès sont dressés dans chaque corps par le major du régiment, et pour les officiers sans corps et les employés attachés à l'armée par les intendants militaires, sur l'attestation de trois témoins. — Un extrait de ces actes est adressé dans les dix jours à l'officier de l'état-civil du dernier domicile du décédé.

En cas de décès dans les hôpitaux militaires ambulants ou sédentaires, l'acte est rédigé par le directeur de ces hôpitaux, et envoyé au major du régiment ou à l'intendant militaire de l'armée. Ceux-ci en feront eux-mêmes parvenir une copie à l'officier de l'état civil du dernier domicile du décédé, qui l'inscrira de suite sur les registres. (Art. 96, 97, 98.)

CHAPITRE SIXIÈME

DE LA RECTIFICATION DES ACTES DE L'ÉTAT CIVIL

Articles 99 à 101.

Dans quels cas y a-t-il lieu de demander la rectification d'un acte de l'état civil ?

Il y a lieu de demander la rectification d'un acte de l'état civil :

1° Lorsque l'acte ne porte pas toutes les énonciations qui étaient prescrites par la loi. — Par exemple, lorsque le sexe de l'enfant, ou les noms des père et mère légitimes, n'ont pas été portés sur l'acte de naissance.

2° Lorsque l'acte mentionne, au contraire, des faits qu'il ne devrait pas mentionner. — Par exemple, lorsque le genre de mort est mentionné sur l'acte de décès d'un supplicié.

3° Lorsque l'acte a été altéré après coup, ou lorsqu'il s'y trouve des désignations inexactes de noms ou de prénoms.

4° Lorsque l'acte n'a pas été dressé dans les délais prescrits par la loi. Dans ce cas, l'officier de l'état-civil ne peut plus le rédiger, et il faut un jugement en rectification pour y suppléer. — C'est ce qui arrive lorsque l'enfant nouveau-né est présenté après les trois jours de l'accouchement.

De quelle manière la rectification a-t-elle lieu ?

La rectification des actes de l'état-civil ne peut avoir lieu que par un jugement. — Le jugement est nécessaire non-seulement lorsqu'il faut rectifier des énonciations inexactes ou qui ne devaient pas être portées, mais même lorsqu'on veut simplement faire changer l'orthographe d'un nom ou d'un prénom.

La demande en rectification doit être formée par les parties intéressées elles-mêmes. — Le ministère public ne peut pas la requérir, ni le tribunal la prononcer d'office. Mais une fois l'instance engagée à la requête des intéressés, le ministère public doit donner ses conclusions. (Art. 99.)

Devant quel tribunal la demande en rectification est-elle portée ?

La demande en rectification doit être portée devant le tribunal de première instance de l'arrondissement de la commune où l'acte a été dressé. — Le jugement rendu par ce tribunal est susceptible d'appel.

Lorsque la partie qui demande la rectification n'a pas d'adversaire, ce qui arrivera, par exemple, lorsqu'elle veut simplement faire rétablir l'omission d'un prénom ou l'orthographe d'un nom, l'action est portée devant les juges au moyen d'une requête. — Lorsque le demandeur se trouve, au contraire, en présence d'un adversaire qui combat sa réclamation, il doit agir par voie d'assignation adressée au défendeur.

Le jugement en rectification produit-il des effets à l'égard des tiers ?

Non, le jugement en rectification n'est pas susceptible de produire des effets à l'égard des tiers. C'est là une conséquence de la règle générale que la chose jugée ne peut ni nuire ni profiter à ceux qui n'ont pas figuré dans le procès : *res inter alios judicata alteri neque nocet neque prodest.* — Ainsi, le jugement en rectification ne peut être invoqué que par ceux qui en ont formé la demande ou qui s'y sont joints, et il ne peut être opposé qu'à ceux contre lesquels il a été prononcé. (Art. 100.)

L'application de cette règle aux jugements en rectification ne conduit-elle pas à des résultats assez singuliers ?

Oui. Par exemple, un père de famille a laissé en mourant trois enfants ayant la qualité d'enfants légitimes, savoir : *Primus*, *Secundus* et *Tertius*. — *Primus* conteste la légitimité de *Tertius* et gagne le procès. *Tertius* est alors considéré comme enfant naturel par rapport à lui ; mais il reste enfant légitime par rapport à son autre frère *Secundus*, qui est resté étranger au procès.

Pour faire ressortir encore davantage les conséquences de notre règle, supposons maintenant que *Secundus*, à son tour, veuille contester la légitimité de son frère *Tertius*. Ou bien il obtiendra également gain de cause dans sa demande en rectification, et alors, vis-à-vis de lui comme vis-à-vis de *Primus*, *Tertius* sera considéré comme enfant naturel. Ou bien, au contraire, il succombera, parce que *Tertius* s'est mieux défendu et a employé des moyens de preuve qu'il n'avait pas à sa disposition lors du premier procès, et dans ce cas on arrive au résultat assez singulier auquel nous avons fait allusion. *Tertius*, qui, suivant le premier jugement, est un enfant naturel par rapport à son frère *Primus*, conservera irrévocablement la qualité d'enfant légitime par rapport à son autre frère *Secundus*. — Cela vient de ce que chacun des deux jugements qui ont prononcé sur la contestation d'état est considéré comme exact et conforme à la vérité. S'il en était autrement, si l'effet des jugements rendus et ayant force de chose jugée n'était pas définitif, les procès n'auraient jamais de fin.

Comment s'effectue la rectification ordonnée par le jugement?

Ainsi qu'on l'a vu, les actes de l'état civil, dont la rectification a été prononcée par jugement, à la requête d'une des parties intéressées, conservent néanmoins leur effet à l'égard des personnes qui sont restées étrangères au procès. — En conséquence, on laisse subsister sur les registres l'acte dont la rectification a été prononcée, sans y faire aucun changement, sans y rien retrancher ou ajouter.

Une mention du jugement qui ordonne la rectification y est seulement portée en marge, après que ce jugement a été lui-même transcrit par l'officier de l'état civil, à sa date, sur les registres courants. (Art. 101.)

LIVRE I, TITRE III

Du domicile.

L'exercice des droits suppose nécessairement des rapports de personne à personne; en d'autres termes, on ne peut exercer un droit qu'à l'encontre d'une personne. Or, comme il n'est pas toujours facile de communiquer avec les personnes contre lesquelles on a des droits à faire valoir, à cause de la facilité qu'elles ont de se déplacer à volonté, le législateur, pour obvier à cet inconvénient, les a rattachées à un lieu déterminé, où elles sont réputées se trouver toujours. C'est ce lieu qu'on appelle le domicile.

Le titre du domicile n'a pas de divisions. Il comprend les articles 102 à 111.

I

Quels sont les effets du domicile ?

Lorsque la France était régie par les coutumes, la détermination exacte du domicile des personnes avait une très-grande importance; car, suivant qu'on était domicilié dans telle ou telle province, on se trouvait soumis à telle ou telle législation particulière. Depuis la confection du Code, le domicile a perdu de son importance, mais il produit encore certains effets. Ainsi, il détermine :

1° La compétence du tribunal, en matière d'actions personnelles ou mobilières. — Celui qui réclame une somme d'argent ou une chose mobilière doit porter sa demande devant le tribunal du domicile du défendeur.

2° Le lieu où doivent être notifiés certains actes, tels que les citations, ajournements, sommations, commandements, significations de jugement. — Ces diverses notifications produisent le même effet lorsqu'elles sont faites au domicile de la personne que si elles avaient été faites à la personne elle-même.

3° Le lieu où le mariage doit être célébré, et où les publications qui le précèdent doivent être faites.

4° Le lieu où s'ouvrent les successions. — Toute succession s'ouvre au domicile du défunt, quel que soit le lieu où il est décédé. (Art. 110.)

Qu'est-ce que le domicile?

Si on considère le domicile au point de vue purement abstrait, l'idée qu'il fait naître est celle d'une relation légale entre une personne et le lieu où elle a son principal établissement. — Envisagé sous un rapport plus pratique, le domicile est le siége juridique d'une personne, le lieu où elle est censée se trouver toujours, aux yeux de la loi, pour l'exercice de certains droits.

Quelles différences y a-t-il entre le domicile et la résidence?

Il ne faut pas confondre le domicile avec la *résidence*. Effectivement, le domicile est un lien de droit entre une personne et un lieu, mais ce lieu ne suppose pas nécessairement l'idée d'une habitation continue; il peut même, dans certains cas, exister indépendamment de toute habitation. En d'autres termes, il peut arriver qu'une personne ait son domicile dans un lieu où elle n'habite pas actuellement, et même dans un lieu où elle n'a jamais habité. — C'est ainsi qu'une femme qui se marie acquiert immédiatement un domicile chez son mari, où elle n'est peut-être jamais allée.

La résidence, au contraire, exprime uniquement un fait, le fait de l'habitation. On a une résidence là où on habite, et on ne peut conserver sa résidence qu'en conservant son habitation. — Ainsi, résidence signifie habitation, et domicile veut dire rapport légal établi, soit par l'habitation, soit autrement, entre la personne et le lieu.

Quelles sont les différentes espèces de domicile?

Le domicile est politique ou civil.

Le domicile civil, le seul dont nous avons ici à nous occuper, se divise en domicile réel et domicile d'élection.

Le domicile réel se subdivise en domicile d'origine, domicile volontairement acquis, et domicile établi par la loi.

Qu'est-ce que le domicile politique?

Le domicile *politique* est celui où une personne exerce ses droits politiques, et, notamment, ses droits électoraux; il s'acquiert par une résidence d'une certaine durée dans la même commune. — Le domicile *civil* est celui où une personne exerce ses droits civils.

Qu'est-ce que le domicile réel?

Le domicile réel est le domicile général, celui de droit commun, où l'on est censé se trouver toujours, et où doivent être adressées toutes les notifications d'actes qui se font à personne ou à domicile. Le domicile réel est au lieu où la personne a son principal établissement. — Le domicile d'*élection*, au contraire, est un domicile exceptionnel, choisi spécialement pour l'exécution d'un acte, ou pour recevoir telle notification déterminée. (Art. 102.)

Qu'entend-on par principal établissement ?

Le mot *établissement* n'a pas ici un sens rigoureusement déterminé. Par principal établissement, il faut entendre le lieu où la personne est présumée se trouver le plus ordinairement ; le lieu où elle a le centre de ses affaires et de ses relations ; le lieu auquel elle se rattache par ses affections de famille, par ses intérêts ou par ses fonctions.

Qu'est-ce que le domicile d'origine ?

Le domicile d'*origine* est celui que la personne reçoit au moment de sa naissance, et qu'elle conserve tant qu'elle n'a pas manifesté l'intention d'en acquérir un autre. — Ainsi, le domicile de l'enfant est chez ses parents, et, à défaut de parents, chez les personnes qui l'ont recueilli.

Qu'est-ce que le domicile acquis ?

Le domicile *acquis* est celui que s'est choisi elle-même une personne devenue majeure, en renonçant volontairement à son domicile d'origine.

L'enfant qui n'est pas majeur ou émancipé n'a pas le droit d'abandonner son domicile d'origine : il doit rester chez ses parents, ou, à leur défaut, chez les personnes qui l'ont recueilli. — Mais il peut, lorsqu'il est devenu majeur ou lorsqu'il a été émancipé, se choisir un domicile autre que celui de sa famille. C'est ainsi qu'il acquiert volontairement un domicile.

Comment s'opère le changement de domicile ?

Le changement de domicile ne peut s'opérer qu'aux deux conditions suivantes. Il faut :

1° Le fait de l'habitation effectuée dans un lieu différent ;

2° L'intention d'y fixer son domicile.

Ainsi, la personne qui se propose de changer de domicile doit transporter son habitation, au moins momentanément, dans le lieu qu'elle a choisi à cet effet. En outre, elle doit manifester son intention d'établir dans ce lieu son domicile. (Art. 103.)

De quelle manière peut-on manifester son intention de changer de domicile ?

On peut manifester son intention de changer de domicile au moyen d'une double déclaration faite, l'une à la municipalité du domicile que l'on quitte, et l'autre à la municipalité du domicile que l'on veut acquérir. — Mais, ces déclarations se font très-rarement dans la pratique, et l'intention de changer de domicile résulte le plus souvent des circonstances dans lesquelles s'est opérée l'habitation nouvelle. La loi a laissé aux juges l'appréciation de ces circonstances. Ils auront à examiner, par exemple, quel est le lieu où la personne paye ses contributions personnelles, où elle exerce ses droits, où elle paraît enfin avoir fixé le centre de ses affaires et de ses intérêts. (Art. 104, 105.)

Quelles sont les personnes qui acquièrent un domicile par l'effet de la loi ?

Les personnes qui acquièrent un domicile par l'effet de la loi sont :

1° Les fonctionnaires nommés à vie et non révocables, dont le domicile est fixé dans la ville où ils exercent leurs fonctions. — L'acquisition du domicile a lieu aussitôt que la fonction a été acceptée, et par conséquent avant même que le fonctionnaire soit arrivé dans la ville où il doit exercer ses fonctions. Quant à l'acceptation elle-même, elle résulte de la prestation de serment, si le fonctionnaire a un serment à prêter.

2° Les femmes mariées, dont le domicile est fixé chez leur mari. — L'acquisition a lieu par le seul fait du mariage et dès l'instant de sa célébration.

3° Les mineurs non émancipés et les interdits, dont le domicile est fixé chez leur tuteur. — La loi n'a pas établi de domicile pour les mineurs émancipés, parce qu'ils ont le gouvernement de leur personne et l'administration de leurs biens. Ils peuvent, à leur gré, conserver leur domicile d'origine ou l'établir ailleurs.

4° Les domestiques, majeurs ou émancipés, qui ont leur domicile chez leur maître. — Quant aux ouvriers qui travaillent chez autrui sans y demeurer, ils conservent leur domicile au lieu où se trouve leur principal établissement. (Art. 106, 107, 108, 109.)

Qu'est-ce qu'une fonction à vie et irrévocable ?

Les fonctions publiques peuvent être :

1° Temporaires ou perpétuelles. — Elles sont *temporaires*, lorsqu'elles n'ont été conférées que pour un temps déterminé, comme les fonctions de représentant du peuple. Elles sont *perpétuelles,* lorsqu'elles ont été conférées pour un temps indéterminé, comme les fonctions de procureur de la république.

2° Révocables ou irrévocables. — Elles sont *révocables*, lorsqu'elles sont sujettes à destitution, comme les fonctions de procureur de la république ou de préfet. — Elles sont *irrévocables,* lorsqu'elles sont indépendantes de l'autorité supérieure, comme les fonctions de juges près les tribunaux de première instance ou de conseillers près les cours d'appel.

Comme on l'a vu, il n'y a que les fonctions qui sont tout à la fois perpétuelles et irrévocables qui emportent acquisition de domicile dans le lieu où elles sont exercées.

La femme qui a été judiciairement séparée de corps conserve-t-elle son domicile chez son mari?

La loi ne s'est pas expliquée à cet égard, mais on admet généralement la négative, et c'est avec raison. — Effectivement, il en était ainsi dans notre ancienne législation, et le silence du Code doit faire supposer le maintien de la même règle. — D'ailleurs, si la femme mariée acquiert un domicile chez son mari, cela tient uniquement à ce qu'elle est obligée d'habiter avec lui. Or, la séparation de corps ayant précisément pour effet de faire cesser la cohabitation, on doit en conclure qu'elle fait cesser également la fixation du domicile légal : *cessante causâ, cessat effectus.* (Valette.)

Peut-on se trouver sans domicile?

Il faut distinguer.

En droit, il est impossible qu'on se trouve sans domicile. — Effectivement, toute personne a un domicile d'origine, qu'elle conserve tant qu'elle n'en a pas acquis un autre, et qu'elle recouvre aussitôt qu'elle a perdu le domicile acquis. Ainsi, en droit, tout le monde a nécessairement un domicile, soit un domicile d'origine, soit un domicile acquis.

Mais, si tout le monde a un domicile, il ne s'ensuit pas que le domicile qu'on a soit toujours connu des tiers.

A cet égard, deux hypothèses peuvent se présenter :

1° Les créanciers connaissent la résidence du débiteur, sans connaître son domicile;

2° Ils ne connaissent ni son domicile ni sa résidence.

Dans les deux cas, le débiteur, bien qu'il ait un domicile d'origine, se trouve, par rapport à ses créanciers, dans la même situation que s'il n'en avait pas. L'article 69 du Code de procédure a prévu la difficulté, et il indique comment les créanciers doivent se comporter dans l'un et l'autre cas.

Que doivent faire les créanciers lorsqu'ils connaissent la résidence du débiteur, sans connaître son domicile?

Lorsque les créanciers connaissent le lieu où habite leur débiteur, sans savoir s'il y a son domicile, la loi leur permet de signifier les actes de poursuite à ce lieu. — En d'autres termes, lorsqu'on ne connaît pas le domicile du débiteur, on peut adresser les actes à sa résidence.

Toutefois il convient d'observer que les actes qui seraient signifiés à la résidence du débiteur, lorsqu'il était facile aux créanciers de connaître son domicile, ne seraient pas valablement signifiés. — Ainsi, quand le débiteur est un commerçant qui paye patente dans une ville ou un officier ministériel qui exerce sa charge dans un ressort déterminé, les actes ne seraient pas valablement signifiés s'ils étaient adressés dans un lieu différent de celui où il a ses affaires, par exemple, à sa maison de campagne, parce qu'il ne doit pas souffrir d'une erreur grossière de ses créanciers.

Que doivent faire les créanciers lorsqu'ils ne connaissent ni le domicile ni la résidence du débiteur?

Lorsque les créanciers ne connaissent ni le domicile ni la résidence du débiteur, ils doivent intenter les poursuites devant le tribunal de leur propre domicile. — Dans ce cas, au lieu de remettre l'assignation, soit à la personne du débiteur, soit à son domicile ou à sa résidence, ils se bornent à en faire afficher une copie à la porte principale de l'auditoire du tribunal et à en adresser une autre copie au procureur de la république.

Pareillement, lorsque le domicile et la résidence d'une personne décédée seront inconnus, la succession pourra s'ouvrir au domicile de l'un des héritiers. (Art. 59. C. pr.)

Peut-on avoir plusieurs domiciles à la fois?

Non, on ne peut avoir qu'un seul domicile à la fois. — Effectivement, quand on acquiert un nouveau domicile, on ne peut pas conserver celui qu'on possédait déjà. C'est ce qui résulte des expressions du Code, qui permet de changer de domicile, et non pas d'acquérir un second domicile, en conservant celui qu'on avait avant l'acquisition.

Si, en fait, une personne se trouvait posséder plusieurs établissements, soit dans la même ville, soit dans des lieux différents, de manière à ce qu'on ne puisse pas distinguer facilement quel est le plus important de ces établissements, les créanciers agiraient comme ils peuvent le faire dans l'hypothèse où ils ne connaissent que la résidence du débiteur. Ils feraient parvenir les actes à l'un de ces établissements, quel qu'il soit. (Art. 103.)

Qu'est-ce que le domicile d'élection?

Le domicile d'élection est celui que les parties contractantes ont choisi expressément en vue de l'exécution d'un acte déterminé.

Pour comprendre l'intérêt que les contractants peuvent avoir à faire élection de domicile, il faut se rappeler que le créancier qui veut exercer des poursuites doit porter sa demande devant le tribunal du domicile du débiteur; ce qui est de nature à lui occasionner des frais et des déplacements dans le cas où celui-ci est domicilié dans un lieu éloigné. — Pour corriger la rigueur de cette règle, et pour empêcher qu'elle ne nuise à la facilité des conventions entre personnes domiciliées dans des lieux différents, le législateur a permis aux contractants d'y déroger et de fixer eux-mêmes le lieu où la convention recevra son exécution et où les poursuites qui y seraient relatives devront être exercées. — Supposons, par exemple, qu'une personne domiciliée à Paris ait à prêter une somme d'argent à une autre personne qui a son domicile à Lyon : afin d'éviter les déplacements et les frais qu'entraînerait pour lui l'éloignement du débiteur, le créancier stipulera que la somme prêtée sera remboursable à Paris, chez une personne désignée, et que toutes les difficultés qui naîtraient à l'occasion du prêt seront jugées par le tribunal de la Seine. Cette élection de domicile facilitera évidemment le contrat.

L'élection de domicile est-elle toujours facultative?

En général, l'élection de domicile est purement facultative; il dépend des parties de la faire ou de ne pas la faire.

Cependant, la loi la prescrit dans certains cas dans l'intérêt du demandeur. — Ainsi, les parents qui forment opposition à un mariage sont tenus de faire élection de domicile dans le lieu où le mariage doit être célébré; ce qui permettra aux époux d'agir plus promptement et avec moins de frais pour obtenir la mainlevée de l'opposition.

A quel moment l'élection de domicile doit-elle être faite?

L'élection de domicile peut être faite, soit au moment du contrat auquel elle se réfère et par le même acte, soit après le contrat et par un acte séparé. — L'article 111 ne parle, il est vrai, que de l'élection de domicile qui est faite dans le contrat, mais on admet généralement que cet article n'est pas limitatif; qu'il ne fait que prévoir le cas le plus fréquent, sans exclure les autres.

Quels sont les effets de l'élection de domicile?

L'élection de domicile peut avoir lieu de deux manières. Elle est faite, soit en désignant une personne et un lieu, soit en désignant simplement un lieu.

Dans le premier cas, l'élection de domicile produit un double effet: — 1° elle détermine la compétence du tribunal du domicile de la personne désignée; — 2° elle rend cette personne elle-même capable de représenter la partie pour tout ce qui concerne l'exécution du contrat, et, notamment, pour les commandements, assignations et significations de jugement qui y sont relatifs.

Dans le second cas, l'élection de domicile ne produit qu'un seul effet, celui de déterminer la compétence du tribunal du lieu de l'élection. — Elle ne dispense pas le créancier d'avoir à adresser les actes au domicile réel du débiteur, conformément à la règle habituelle.

Que doit-on faire, lorsque la personne chez laquelle on a élu domicile, vient à décéder?

Lorsque la personne chez laquelle on a élu domicile vient à décéder, l'élection de domicile continue à produire son premier effet, celui de rendre le tribunal du domicile de la personne désignée compétent pour les contestations qui pourraient survenir relativement à l'exécution du contrat. Quant aux actes à recevoir, ils peuvent, comme par le passé, être remis dans la maison où le domicile a été établi, mais seulement s'il s'y trouve quelqu'un pour les recevoir. Dans le cas contraire, le créancier doit les adresser, soit au domicile réel du débiteur s'il le connaît, soit à sa résidence, et enfin, à défaut de celle-ci, au parquet du procureur de la république. — Toutefois, si le débiteur avait notifié au créancier une nouvelle élection de domicile chez une autre personne, domiciliée dans le même arrondissement, celui-ci devrait adresser les actes au nouveau domicile d'élection.

A quel moment l'élection de domicile cesse-t-elle de produire son effet?

En principe, l'élection de domicile cesse de produire son effet lorsque l'acte pour lequel elle a été faite a reçu son exécution pleine et entière. Mais les auteurs ne sont pas d'accord sur le moment précis où l'on doit considérer l'exécution comme complète.

Suivant les uns, l'article 111 ne permet de faire au domicile élu que les significations et poursuites relatives à l'obtention du jugement. — Effectivement, l'élection de domicile ne concerne que l'exécution de la convention : or, l'exécution de la convention consiste à obtenir un jugement contre le débiteur qui n'a pas acquitté son obligation. Une fois le jugement obtenu, ce n'est plus la convention mais le jugement lui-même qu'il reste à exécuter, et cette nouvelle exécution rentre dans le droit commun. (Duranton.)

Cette doctrine serait exacte en droit romain, où l'obligation disparaissait dès qu'elle avait donné lieu à l'organisation de l'instance devant le juge. Mais il en est bien différemment dans notre législation. Le jugement n'éteint pas la convention qui y a donné lieu et les obligations qui en dérivent : au contraire, il leur donne plus de force. Par conséquent, la signification du jugement se rattache à la convention, elle en est une suite, elle tend à procurer son exécution; d'où il résulte qu'on doit la faire, comme les autres actes, au domicile d'élection. (Art. 111.)

Peut-on révoquer l'élection de domicile?

Il faut distinguer :

L'élection de domicile a lieu ordinairement sur la demande du créancier et dans son intérêt. Toutefois, elle peut encore être faite, soit dans l'intérêt du débiteur et sur sa demande, soit dans l'intérêt des deux parties.

Lorsqu'elle a lieu dans l'intérêt du créancier seul, celui-ci peut valablement la révoquer, et poursuivre le débiteur devant le tribunal de son domicile réel. — Lorqu'elle a eu lieu dans l'intérêt du débiteur seul, celui-ci peut également la révoquer, à la charge d'en donner avis au créancier. — Enfin, lorsqu'elle a été faite dans l'intérêt commun des parties, le créancier et le débiteur ne peuvent la révoquer que d'un commun accord.

LIVRE I, TITRE IV

Des absents.

On appelle *absent* l'individu qui a disparu de son domicile, et sur l'existence duquel il y a des doutes. — On appelle *non présent* celui qui est également hors de son domicile, mais dont l'existence n'est pas mise en doute.

On voit par là que ce n'est pas la disparition du domicile, mais le doute sur l'existence, qui constitue l'état d'absence. Et, comme ce doute s'accroît avec le temps, on a distingué trois états d'absence.

1° La période de présomption d'absence, pendant laquelle l'absent est présumé exister. — D'où il résulte que les dispositions de la loi ont en vue son propre intérêt, et qu'elles se réfèrent à la conservation de ses biens.

2° La période de déclaration d'absence et d'envoi en possession provisoire, pendant laquelle l'absent est présumé décédé. — D'où il résulte que les dispositions de la loi sont prises dans l'intérêt des créanciers.

3° La période d'envoi en possession définitif, pendant laquelle le décès de l'absent est considéré comme à peu près certain. — D'où il résulte que les dispositions de la loi ont pour but de régler l'ouverture définitive de sa succession.

Conformément à l'ordre du Code, nous traiterons :

Chap. I. — De la présomption d'absence.

Chap. II. — De la déclaration d'absence.

Chap. III. — Des effets de l'absence.

Chap. IV. — De la surveillance des enfants mineurs dont le père a disparu.

CHAPITRE PREMIER

DE LA PRÉSOMPTION D'ABSENCE

Articles 112 à 114.

Quand est-ce qu'il y a présomption d'absence ?

En fait, il y a présomption d'absence dès qu'une personne a

disparu de son domicile et que son existence est sérieusement mise en doute. — Mais, en droit, l'état de présomption d'absence n'existe et ne produit ses effets qu'autant que l'absence a été constatée par un jugement, qui ordonne en même temps certaines mesures conservatoires dans l'intérêt de la personne qui a disparu (Art. 112.)

A quelles conditions le jugement en présomption d'absence peut-il être rendu ?

Le jugement en présomption d'absence ne peut être rendu que lorsqu'il y a concours des deux conditions suivantes. Il faut :

1° Que l'existence de la personne qui a disparu soit sérieusement mise en doute.

2° Que ses biens soient en souffrance et qu'il y ait nécessité de pourvoir à leur administration, en tout ou en partie.

Il résulte de là que le jugement en présomption d'absence ne peut être rendu que dans les cas de nécessité absolue. La loi ne détermine pas quels seront ces cas, ni quelles sont les mesures conservatoires qui devront être prises ; mais elle prescrit aux juges de n'ordonner que celles qui seront strictement et rigoureusement nécessaires. — Ainsi, lorsqu'il y a un bail à passer, l'administrateur nommé par les juges n'aura mandat que pour passer ce bail. S'il y a certains biens en souffrance et que les autres soient en bon état, il ne pourra s'occuper que des premiers. (Art. 112.)

Les tribunaux ont-ils le pouvoir de prononcer d'office un jugement en présomption d'absence ?

Non, les juges ne peuvent pas, lors même que les biens de la personne qui a disparu de son domicile sont en souffrance, intervenir d'office pour prononcer la présomption d'absence et ordonner des mesures conservatoires. — Ils ne doivent agir que sur la demande des parties intéressées ou du ministère public. (Art. 112, 114.)

Pourquoi la loi autorise-t-elle le ministère public à former une demande en présomption d'absence ?

En principe, le ministère public ne peut former une demande en matière civile que lorsqu'il s'agit de faire ordonner une mesure d'intérêt général, qui touche à la société dont il est le représentant. — Toutefois, afin de protéger plus efficacement les intérêts des absents, la loi a dérogé ici à cette règle, et elle autorise les magistrats du ministère public : — 1° à requérir d'office les mesures conservatoires qui leur paraissent nécessaires; 2° à donner des conclusions sur toutes les demandes qui intéressent les absents. (Art. 114.)

Quelles sont, outre le ministère public, les personnes qui peuvent former une demande en présomption d'absence?

Aux termes de l'article 112, les personnes qui peuvent former une demande en présomption d'absence sont celles qui y ont un intérêt né et actuel. — Ces personnes sont, outre le ministère public :

1° Les créanciers de l'absent. — Quelle que soit la modalité de leur créance, qu'elle soit pure et simple, à terme ou sous condition, les créanciers de l'absent ont le droit de provoquer des mesures relatives à la conservation de son patrimoine, parce qu'il leur garantit le payement de leurs créances.

2° Le conjoint de l'absent. — Il est évidemment intéressé à la conservation des biens de l'absent, puisque celui-ci est tenu de contribuer aux charges du mariage et de la famille.

Les héritiers présomptifs de l'absent peuvent-ils également former une demande en présomption d'absence?

A cet égard les auteurs ne sont pas d'accord.

Suivant les uns, il faut admettre la négative. — Effectivement, le droit des héritiers ne prend naissance qu'au décès du *de cujus*. Or, dans l'espèce, le décès de l'absent est possible, mais non point probable. Par conséquent, ses héritiers n'ont point un droit né et actuel; ils ont une simple expectative plutôt qu'un véritable droit. (Marcadé.)

Mais on répond : les héritiers de l'absent ont le droit de demander l'envoi en possession de ses biens lorsque l'absence s'est prolongée pendant un certain temps, et la loi leur permet de disposer de ce droit par testament, ou de le transmettre à leurs représentants, dès que l'absence a commencé. Par conséquent, elle les considère comme ayant, dès l'origine de l'absence, un droit né et actuel sur les biens de l'absent; car on ne peut évidemment disposer que des droits qu'on possède déjà. (Valette.)

Certains héritiers n'ont-ils pas, de l'avis de tout le monde, le droit de former la demande?

Oui, on admet généralement que les ascendants et les descendants de l'absent ont le droit de former une demande en présomption d'absence; parce que la créance d'aliments que la loi leur accorde cesserait d'être efficace si les biens de celui qui doit la fournir venaient à dépérir. — Mais alors c'est plutôt comme créanciers conditionnels qu'à titre d'héritiers qu'ils agissent.

Quel est le tribunal compétent pour constater la présomption d'absence et ordonner des mesures conservatoires ?

Aux termes de l'article 112, c'est le tribunal de première instance qui doit constater la présomption d'absence. Mais cet article omet d'expliquer quel est le tribunal de première instance qui est compétent. De là deux systèmes :

Suivant le premier, dans le cas où les biens de l'absent sont situés dans un arrondissement autre que celui où il a son domicile, il peut y avoir deux jugements à rendre : l'un pour constater la présomption d'absence qui serait prononcé par le tribunal du domicile de l'absent ; l'autre, pour ordonner les mesures nécessaires à la conservation des biens, qui serait prononcé par le tribunal de la situation des immeubles. — Par ce moyen, les juges se rendraient exactement compte de l'incertitude sur l'existence de l'absent et des mesures conservatoires à prendre. (Toullier.)

Ce système a vieilli. On observe avec raison que cette manière de procéder aurait le grave inconvénient d'être très-coûteuse et qu'il est bien préférable de faire prononcer par un seul et même jugement sur l'absence et sur les mesures conservatoires à prendre. — Or, quel autre tribunal est plus à même de rendre ce jugement que celui du domicile de l'absent? S'il donne de ses nouvelles, c'est là qu'on les connaîtra tout d'abord, et qu'on pourra le mieux se rendre compte du degré d'incertitude qui existe par rapport à son existence. Si les biens sont situés dans un arrondissement différent, le tribunal se fera renseigner sur leur état en donnant une commission rogatoire à l'un des juges du tribunal de la situation des immeubles. — En conséquence, c'est devant le tribunal du domicile de l'absent que doit être portée la demande en présomption d'absence. (Valette. Demolombe.)

Le Code n'a-t-il pas une disposition spéciale pour le cas où l'absent serait intéressé dans des comptes, partages ou liquidations?

Oui, dans les cas ordinaires, le Code abandonne complétement à l'appréciation des juges le choix des mesures à prendre et des administrateurs à nommer pour représenter l'absent. — Mais il décide que le tribunal devra choisir un notaire, lorsque l'absent est intéressé dans des comptes, partages ou liquidations, parce que ces opérations, étant ordinairement assez compliquées, nécessitent une grande pratique des affaires.

Mais ici se présente une objection : comment le Code peut-il supposer que le présumé absent puisse être intéressé dans des comptes, partages ou liquidations, qui sont des opérations successorales, puisque, d'autre part, l'art. 136 exprime qu'il n'est point apte à succéder, à cause du doute qu'il y a sur son existence? — On répond que la contradiction n'est qu'apparente. En effet, s'il est vrai que l'absent ne puisse pas recueillir une succession, il ne s'ensuit pas qu'il ne puisse pas être intéressé dans des opérations successorales. Cela arrivera, au contraire, dans l'hypothèse où il aurait été appelé à succéder quelque temps avant sa disparition. (Art. 113.)

Les tribunaux peuvent-ils prononcer la présomption d'absence, lorsque l'absent a laissé un mandataire?

En général, les tribunaux n'ont pas à prononcer de jugement en présomption d'absence, lorsque l'absent a laissé un mandataire, parce que, dans ce cas, les biens de l'absent n'étant pas en souffrance, il n'est pas nécessaire de pourvoir à leur conservation. — Mais il en serait différemment si les pouvoirs du mandataire ne comprenaient pas tous les biens, ou s'ils étaient limités à certains actes. Dans cette hypothèse, les tribunaux pourront intervenir dans les affaires de l'absent, pour ordonner des mesures que le mandataire ne serait pas autorisé à prendre.

Il en serait de même, à plus forte raison, si les pouvoirs du mandataire étaient expirés.

Les tribunaux peuvent-ils ordonner des mesures conservatoires, relativement aux biens des non-présents?

A cet égard, nous trouvons deux systèmes :

Suivant le premier, on peut appliquer, par analogie, aux non-présents les dispositions relatives aux absents, pourvu qu'ils se trouvent éloignés de leur domicile par cas de force majeure, et qu'il y ait nécessité d'intervenir dans leurs affaires. — Effectivement, l'article 131 exprime que lorsqu'une personne *déclarée* absente a donné de ses nouvelles, on peut intervenir dans ses affaires. Or, l'absent qui a donné de ses nouvelles est devenu, par ce fait, un non-présent, puisque son existence peut alors être regardée comme très-probable. Conséquemment, les non-présents peuvent être traités comme des absents toutes les fois qu'il y a lieu de pourvoir à l'administration de leurs biens. (Valette. Demolombe.)

Mais on répond : l'article 131 prévoit une hypothèse spéciale, celle où il s'agit d'une personne qui a été un moment en état d'absence et dans les affaires de laquelle on s'est déjà immiscé. Or, autre chose est de s'ingérer pour la première fois dans les affaires de quelqu'un et autre chose est de maintenir et de continuer des mesures que la déclaration d'absence avait déjà rendues nécessaires. La disposition de l'article 131, édictée spécialement en vue d'un absent qui a donné de ses nouvelles, ne doit pas être généralisée. Elle doit d'autant moins être appliquée par analogie aux non-présents, que l'analogie ne serait pas exacte, puisque leur existence est certaine, tandis que celle de l'absent qui a donné de ses nouvelles est seulement probable.

Comment finit la présomption d'absence?

La présomption d'absence finit :

1° Par la preuve du décès de l'absent. — La succession est alors dévolue aux personnes qui se trouvaient être ses héritiers présomptifs au moment du décès.

2° Par la preuve de son existence. — Dans ce cas, les tribunaux pourront néanmoins maintenir les mesures conservatoires qu'ils ont ordonnées jusqu'au retour de l'absent.

3° Par le jugement de déclaration d'absence.

CHAPITRE DEUXIEME

DE LA DÉCLARATION D'ABSENCE

Articles 115 à 119.

Qu'est-ce que la déclaration d'absence?

La déclaration d'absence est l'état d'une personne qui a disparu de son domicile et dont on n'a pas reçu de nouvelles depuis un temps assez long. — Elle fait présumer le décès de l'absent.

De même que la présomption d'absence, la déclaration d'absence ne peut résulter que d'un jugement. Et, comme elle est plutôt défavorable qu'utile à l'absent, à qui elle enlève la plus grande partie de ses revenus, le législateur ne permet d'en former la demande qu'après l'expiration d'un certain délai.

Quelles sont les personnes qui peuvent former une demande en déclaration d'absence?

Aux termes de l'article 115, la demande en déclaration d'absence peut être formée par toutes les personnes intéressées. — Comme l'effet du jugement en déclaration d'absence est d'établir la probabilité du décès de l'absent, nous rangerons ici au nombre des personnes intéressées toutes celles dont les droits sont subordonnés à cet événement. — Tels sont :

1° Les héritiers présomptifs de l'absent;

2° Son conjoint ;

3° Les personnes auxquelles il avait fait une donation de biens à venir;

4° Ses légataires. — Toutefois, il faut observer que ces derniers ne peuvent former leur demande en déclaration d'absence qu'après l'ouverture du testament qui leur confère des droits. Elle sera faite, sur leur réquisition, par le ministère public.

A l'inverse de ce qui a lieu pour la présomption d'absence, les créanciers de l'absent et le procureur de la république ne peuvent pas former une demande en déclaration. — Effectivement, les premiers n'ont rien à gagner, et ils ont, au contraire, tout à perdre, à voir le patrimoine de leur débiteur entre les mains de ses héritiers ou de ses légataires, parce que cela entraînera le fractionnement de leur créance en autant de parties qu'il y a d'héritiers ou de légataires. Quant au procureur de la république, la loi lui ayant confié les intérêts de l'absent, il doit évidemment être opposé à la déclaration d'absence, qui a pour effet de détourner la plus grande partie de ses revenus au profit des héritiers et légataires.

Dans quel délai la demande en déclaration d'absence doit-elle être formée?

Il faut distinguer :

Si l'absent a laissé un mandataire, la demande en déclaration d'absence ne peut être formée que lorsqu'il s'est écoulé dix ans depuis sa disparition ou ses dernières nouvelles. — S'il n'a pas laissé de mandataire, elle peut être formée après quatre ans.

Au reste, comme nous le verrons plus loin, le jugement qui prononce la déclaration d'absence ne doit être rendu par les juges qu'un an après que la demande en a été formée. (Art. 115, 121.)

Que faut-il décider lorsque le mandataire nommé par l'absent n'a pas pu exercer son mandat, ou qu'il a cessé de l'exercer ?

Lorsque le mandataire nommé par l'absent n'a pas pu exercer son mandat, ou qu'il a cessé de l'exercer avant l'expiration des dix années, les dispositions de la loi restent les mêmes que s'il avait continué ses fonctions. — Effectivement, le point à considérer ici, ce n'est pas la durée de la procuration, ni même son résultat quant à la gestion du patrimoine de l'absent : c'est ce fait important que l'absent ne s'est éloigné qu'après avoir chargé quelqu'un de veiller à ses affaires; ce qui rend sa disparition plus explicable, et empêche qu'on ne puisse supposer facilement son décès. — Conséquemment, que la procuration donnée par lui soit générale ou spéciale, qu'elle ait été acceptée ou non, que les pouvoirs du mandataire aient cessé ou qu'ils n'aient pas cessé à l'expiration des dix ans, ces diverses circonstances n'ont aucune influence pour la fixation des délais après lesquels la demande peut être formée : le seul fait dont on ait à tenir compte, c'est la constitution d'un mandataire. (Art. 122.)

Quel est le point de départ des délais après lesquels on peut former la demande en déclaration d'absence ?

Le point de départ des quatre ans ou des dix ans après lesquels on peut former la demande en déclaration d'absence commence au jour de la disparition de l'absent, ou des dernières nouvelles, s'il a donné de ses nouvelles. — Il faut observer que le délai commence à partir du jour où les nouvelles ont été *données* par l'absent, et non point à partir du moment où elles ont été *reçues*. Effectivement, c'est à partir du jour où les nouvelles ont été données que l'existence de l'absent est devenue incertaine. (Art. 115.)

Devant quel tribunal doit-on former la demande en déclaration ?

La demande en déclaration d'absence doit être formée devant le tribunal du domicile de l'absent. — Celui-ci prononcera d'abord sur l'admissibilité ou sur le rejet de la demande. S'il prononce qu'elle est admissible, il ordonnera en même temps une enquête pour vérifier s'il est vrai que l'absent n'ait pas donné de ses nouvelles. — L'enquête est suivie non-seulement au lieu du domicile de l'absent; mais encore au lieu de sa résidence, s'il avait une résidence qui fût distincte de son domicile. Le procureur de la république y prend part contradictoirement avec les héritiers ou légataires de l'absent; il peut y appeler toutes les personnes qui lui paraissent devoir fournir des renseignements utiles.

En outre, le jugement qui prononce sur l'admissibilité de la demande et qui ordonne l'enquête est rendu public au moyen d'une insertion dans le *Journal officiel*, afin de porter les faits à la connaissance de l'absent s'il est possible, et de le mettre ainsi en demeure de donner de ses nouvelles. (Art. 116, 117, 118.)

Le jugement en déclaration d'absence est-il rendu aussitôt que la demande a été déclarée admissible et que l'enquête a été ordonnée?

Non; le jugement qui prononce la déclaration d'absence ne peut être rendu qu'un an après que la demande a été déclarée admissible et que l'enquête a été ordonnée. — Ainsi, la déclaration d'absence n'a jamais lieu que cinq ans ou onze ans après la disparition de l'absent ou l'envoi de ses dernières nouvelles, bien que la demande en puisse être formée dans le délai de quatre ou de dix ans.

Cet intervalle d'une année entre l'admission de la demande et le prononcé du jugement définitif permettra aux juges de se renseigner par des enquêtes, et de prononcer en parfaite connaissance de cause. D'autre part, il donnera à l'absent, s'il a été averti des démarches de ses héritiers par la publication dans le *Moniteur* du jugement qui ordonne l'enquête, le temps de faire parvenir de ses nouvelles. — Au surplus, après avoir prononcé l'admissibilité de la demande, les juges peuvent refuser de rendre un jugement définitif relativement à la déclaration d'absence, quand le décès de l'absent ne leur paraîtra pas suffisamment probable. (Art. 119.)

CHAPITRE TROISIÈME

DES EFFETS DE L'ABSENCE

Articles 120 à 140.

Ce chapitre est divisé par le Code en trois sections qui traitent :
1° Des effets de l'absence, relativement au patrimoine de l'absent;

— 2° Des effets de l'absence, relativement aux successions ouvertes au profit de l'absent; — 3° Des effets de l'absence, relativement au mariage de l'absent (1).

SECTION I

DES EFFETS DE L'ABSENCE, RELATIVEMENT AU PATRIMOINE DE L'ABSENT

Quels sont les effets de l'absence, relativement au patrimoine de l'absent?

Comme on le sait, la déclaration d'absence donne ouverture à tous les droits qui étaient subordonnés au décès de l'absent. En conséquence, les ayants-droit peuvent requérir du tribunal l'envoi en possession provisoire de ses biens, suivant l'ordre et la proportion établis par la loi en matière de succession. — Ordinairement, le même jugement prononce en même temps la déclaration d'absence et l'envoi en possession provisoire: cependant, il arrive quelquefois que l'envoi est prononcé par un second jugement. (Art. 120.)

Quelles sont les personnes qui peuvent demander l'envoi en possession provisoire?

Les personnes qui peuvent demander l'envoi en possession provisoire sont les mêmes que celles qui peuvent demander la déclaration d'absence. — Ce sont les héritiers présomptifs de l'absent au jour de sa disparition ou des dernières nouvelles, ainsi que les légataires et que les donataires de biens à venir s'il y en a.

Si les héritiers présomptifs de l'absent au jour de sa disparition ou des dernières nouvelles sont décédés, leurs héritiers ou leurs légataires universels ou à titre universel les remplacent. — Au reste, si on venait à connaître plus tard d'une manière certaine le décès de l'absent et l'époque précise où il a eu lieu, les envoyés en possession, qui croyaient être les héritiers immédiats de l'absent, pourraient se trouver au second rang des successibles, et ils seraient ainsi primés par d'autres héritiers, ayant la qualité d'héritiers présomptifs à l'époque du décès. — Les biens de l'absent leur seraient alors retirés au profit de ces derniers. (Art. 120, 123.)

(1) Les deux premières sections de ce chapitre ne sont pas comprises parmi les matières du premier examen. Elles rentrent dans le programme du quatrième examen.

Quels sont les biens qui peuvent être recueillis par les envoyés en possession provisoire?

Les envoyés en possession provisoire recueillent tous les biens que possédait l'absent au moment de sa disparition ou des dernières nouvelles, augmentés de tous les fruits qui ont été capitalisés durant la période de présomption d'absence. — Mais ils ne recueillent pas les biens qui feraient partie de successions ouvertes au profit de l'absent depuis les dernières nouvelles; car celui-ci n'est pas apte à les recevoir lui-même, à cause de l'incertitude de son existence.

Que doivent faire les envoyés en possession provisoire, au moment de leur entrée en fonctions?

Les envoyés en possession provisoire sont simplement administrateurs et dépositaires des biens qui leur sont dévolus. En conséquence, ils doivent à leur entrée en possession :

1° Fournir caution;

2° Faire dresser un inventaire de tous les meubles, en présence du procureur de la république;

3° Les faire vendre en totalité ou en partie, suivant que le tribunal en ordonnera;

4° Faire emploi du prix provenant de la vente des meubles, ainsi que des intérêts échus;

5° Faire constater l'état des immeubles.

Comme ces différents actes conservatoires sont faits dans l'intérêt de l'absent, les frais en seront pris sur ses biens. (Art. 120, 125, 126.)

Quels sont les pouvoirs des envoyés en possession provisoire?

Les envoyés en possession provisoire ne peuvent faire que des actes d'administration. Ils ne peuvent pas aliéner ou hypothéquer les immeubles, et même aliéner les meubles sans autorisation de justice.

Toutefois, nous devons observer : 1° que les aliénations ou hypothèques qu'ils auraient consenties sur les immeubles sont maintenues s'ils en conservent la propriété; 2° que les aliénations mobilières qu'ils auraient faites à un acheteur de bonne foi sont également maintenues, si celui-ci invoque la maxime : *en fait de meubles, la possession vaut titre.* (Art. 128.)

Les envoyés en possession provisoire ont-ils l'exercice des actions actives ou passives de l'absent?

Oui : en leur qualité d'administrateurs, les envoyés en possession provisoire peuvent exercer les actions qui appartenaient à l'absent; et, pareillement, on peut intenter contre eux les actions qui pouvaient être exercées contre celui-ci. — Seulement, comme il ne sont poursuivis que comme détenteurs des biens de l'absent, on ne peut pas les contraindre à payer au delà de leur valeur. S'il y a plusieurs envoyés en possession, on agira contre chacun d'eux proportionnellement à la part qu'il a reçue. (Art. 134.)

Les envoyés en possession provisoire peuvent-ils acquérir par prescription les biens de l'absent?

Non : les envoyés en possession provisoire ne peuvent pas acquérir par prescription les biens de l'absent, parce qu'ils les détiennent à titre précaire, c'est-à-dire au nom et pour le compte d'autrui, et qu'on ne peut prescrire que les biens qu'on possède pour soi et en son nom. — Mais les tiers peuvent acquérir par prescription les biens de l'absent; et, réciproquement, l'absent peut prescrire contre les tiers les biens que les envoyés en possession, qui le représentent, auraient possédés en son nom.

Quels sont les droits des envoyés en possession provisoire?

Bien que les envoyés en possession provisoire ne soient que des administrateurs des biens de l'absent, la loi, pour les indemniser de leurs soins, les autorise à retenir : — 1° les quatre cinquièmes des revenus, si l'absence n'a pas duré plus de quinze ans; — 2° les neuf dixièmes, si elle a duré plus de quinze ans; — 3° la totalité, si elle a duré au moins trente ans.

Les délais ci-dessus commencent à partir du jour de la disparition de l'absent ou des dernières nouvelles. — Mais la retenue ne se calcule que sur les fruits qui ont été perçus depuis l'envoi en possession, car ceux qu'on a recueillis antérieurement ont dû être capitalisés au profit de l'absent. (Art. 127.)

Comment finit l'envoi en possession provisoire?

L'envoi en possession provisoire finit :

1° Par le retour de l'absent. — Dans ce cas, les biens lui sont restitués, ainsi que les revenus qui ont été capitalisés à son profit.

2° Par la réception de ses nouvelles. — Dans ce cas, on retombe ordinairement dans la période de présomption d'absence : effectivement, la réception des nouvelles n'empêche pas que l'existence de l'absent ne soit encore douteuse, car il peut être décédé depuis qu'il les a données.

3° Par la preuve de son décès. — Dans ce cas, les biens sont dévolus à ceux qui étaient ses héritiers les plus proches au moment du décès. Ordinairement, ce sont les envoyés en possession eux-mêmes : ils recueillent alors la succession de l'absent d'une manière définitive.

4° Par l'envoi en possession définitive. (Art. 129, 130, 131.)

Le conjoint de l'absent ne jouit-il pas d'une immunité toute spéciale, lorsqu'il est marié sous le régime de la communauté?

Oui. — En principe, la déclaration d'absence produit l'anéantissement des conventions matrimoniales qui existaient entre l'absent et son conjoint; car elle fait présumer le décès du premier, et elle donne ouverture à tous les droits pécuniaires qui y étaient subordonnés. — Mais, comme la continuation de la communauté peut offrir de grands avantages à l'époux présent, la loi a introduit une exception en sa faveur : elle l'autorise à maintenir ou à dissoudre provisoirement la communauté, à sa volonté. S'il opte pour sa continuation, il empêchera les héritiers de son conjoint d'obtenir l'envoi en possession provisoire sur les biens personnels de celui-ci, ainsi que sur la part qui lui revenait dans l'actif de la communauté. (Art. 124.)

Quels sont les avantages que la continuation de la communauté offre à l'époux présent?

Sous le régime de communauté, les donations et successions mobilières qui échoient à l'un des époux tombent, en général, dans la communauté : par suite, elles profitent également aux deux époux, puisqu'ils recueillent chacun la moitié des biens qui la composent au moment de sa dissolution. — Il en résulte que l'époux présent est gravement intéressé au maintien de la communauté, lorsque des donations ou successions mobilières étaient ouvertes au profit de son conjoint au moment de sa disparition.

Sous les autres régimes, le maintien des conventions matrimoniales ne procurerait à l'époux présent qu'un droit de jouissance, et cet avantage n'a pas été jugé suffisant pour autoriser de nouvelles dérogations au principe que tous les droits qui sont subordonnés au décès s'ouvrent par la déclaration d'absence.

La femme commune qui a opté pour la dissolution de la

communauté n'a-t-elle pas alors une seconde option à faire ?

Oui ; la femme commune qui a opté pour la dissolution de la communauté a ensuite le droit d'accepter ou de refuser, à son gré, la part qui lui revient dans la communauté. Mais c'est là un droit bien différent du premier : effectivement, il se réfère au *partage* de la communauté après qu'elle a été dissoute, et la femme seule peut l'exercer ; au lieu que le droit d'option dont il est ici question se réfère au maintien ou à la dissolution de la communauté, et qu'il peut être exercé par l'époux présent quel qu'il soit.

Ainsi, la femme mariée sous le régime de communauté a deux avantages. Elle peut : 1° en cas d'absence de son conjoint, opter pour le maintien de la communauté ou pour sa dissolution ; — 2° puis, lorsque la communauté a été dissoute, accepter la part qui lui revient dans les biens qui la composent ou y renoncer. — La première option appartient également à chacun des époux communs ; mais la seconde ne peut être exercée que par la femme. (Art. 124.)

A quel moment l'époux présent peut-il faire son option ?

L'époux présent peut faire son option à toute époque, aussitôt que le jugement en déclaration d'absence a été prononcé, car la loi ne lui fixe aucun délai. — Toutefois, il ne serait plus recevable à la faire s'il avait donné son consentement à l'envoi en possession provisoire des héritiers de son conjoint, parce qu'il aurait alors accepté tacitement la dissolution de la communauté.

L'époux qui a d'abord opté pour le maintien de la communauté peut-il ensuite y renoncer ?

Oui ; l'époux qui a d'abord opté pour la maintien de la communauté peut ensuite y renoncer. — Mais, à l'inverse, l'époux qui a d'abord opté pour la dissolution de la communauté ne peut plus revenir sur sa détermination, par la raison qu'en optant pour la dissolution de la communauté il a fait passer les biens aux mains des envoyés en possession, et qu'il ne serait pas juste qu'il pût les leur retirer.

Quels sont les droits de l'époux qui a opté pour le maintien de la communauté ?

Il faut distinguer :

Si c'est le mari qui est présent et qui a opté pour le maintien de la communauté, il ne fait que conserver les droits qu'il avait déjà comme administrateur de la communauté et des biens personnels de sa femme. — Si c'est celle-ci qui est présente et qui a opté pour le maintien de la communauté, elle acquiert, au contraire, des droits qu'elle n'avait pas auparavant, car la loi lui accorde alors des pouvoirs d'administration sur ses biens propres, sur ceux de la communauté et sur ceux de son mari. — Toutefois, elle n'a pas la plénitude des pouvoirs du mari, tant que le décès de ce dernier n'est pas prouvé ; et elle doit recourir à l'autorisation de la justice pour tous les actes autres que ceux de pure administration. (Art. 124.)

Que doit faire l'époux présent qui a opté pour le maintien de la communauté ?

L'époux présent qui a opté pour le maintien de la communauté n'est pas tenu de fournir caution, comme les envoyés en possession provisoire ; mais il doit :

1° Faire dresser un inventaire de tous les meubles appartenant à son conjoint, en présence du procureur de la république ou d'un juge de paix requis par celui-ci ;

2° Les faire vendre, en totalité ou en partie, suivant que le tribunal en ordonnera ;

3° Faire emploi du prix provenant de la vente des meubles.

4° Faire constater l'état des immeubles ;

5° Notifier son acceptation aux héritiers présomptifs de l'absent. — Notons que femme ne peut faire cette notification qu'avec l'autorisation de la justice. (Art. 126.)

L'époux présent qui a opté pour le maintien de la communauté peut-il acquérir une portion des revenus ?

Oui ; l'époux présent qui a opté pour la continuation de la communauté jouit des mêmes avantages que les envoyés en possession, et peut obtenir la même quotité de revenus, tant sur les biens personnels de son conjoint que sur la part de celui-ci dans la communauté. — Mais il doit en faire la restitution quand il est prouvé que la communauté existait encore lors de la perception des fruits, car alors on doit revenir à la règle que tous les fruits tombent dans la communauté. (Art. 127.)

Comment se fait le partage de la communauté, lorsque l'époux présent a opté pour sa dissolution ?

Lorsque l'époux présent a opté pour la dissolution de la communauté, on partage les biens qui la composent en deux portions égales, dont l'une est dévolue à l'époux présent et l'autre aux héritiers de son conjoint. — Mais alors l'époux présent est traité comme un envoyé en possession provisoire *pour la part qu'il obtient dans les biens de la communauté,* et on l'oblige à fournir caution, soit pour les gains de survie qui auraient été stipulés au profit de l'absent, soit en prévision d'une reconstitution future de la communauté, par suite du retour de l'absent ou de la réception de ses nouvelles.

Comment finit le maintien provisoire de la communauté?

Le maintien provisoire de la communauté finit :

1° Par le changement de volonté de l'époux présent, qui peut y renoncer après l'avoir d'abord acceptée ;

2° Par le retour de l'absent, ou la réception de ses nouvelles;

3° Par la preuve de son décès, ou par le décès de l'époux présent;

4° Par l'envoi en possession définitive.

Dans ces différentes hypothèses, la communauté se liquide entre l'époux présent et les héritiers de son conjoint, suivant son état au jour de la disparition ou des dernières nouvelles.

Qu'est-ce que l'envoi en possession définitive?

L'envoi en possession définitive est l'attribution *définitive* des biens de l'absent, faite au profit de ses héritiers présomptifs au jour de sa disparition ou de ses dernières nouvelles, ou à leurs représentants, ainsi qu'aux légataires ou donataires, s'il y en a.

Comment a lieu l'envoi en possession définitive?

L'envoi en possession définitive ne peut avoir lieu qu'en vertu d'un jugement rendu par le même tribunal que celui qui a déjà ordonné l'envoi en possession provisoire. — Au reste, ce jugement n'a pas besoin d'être précédé d'une enquête. (Art. 129.)

Dans quel délai la demande d'envoi en possession définitive peut-elle être formée?

La demande d'envoi en possession définitive ne peut être formée que lorsque la probabilité du décès a pris un degré de force qui équivaut presque à une certitude. — Or, il paraît à peu près certain que l'absent est décédé :

1° Lorsqu'il s'est écoulé trente ans depuis le jugement en déclaration d'absence;

2° Ou encore, lorsqu'il s'est écoulé cent ans depuis la naissance de l'absent.

L'article 129 fait courir les trente ans à partir de l'envoi en possession provisoire ou de l'option de l'époux présent pour la continuation de la communauté. — Mais il est plus rationnel de compter les trente ans à partir de la déclaration d'absence, car c'est à ce moment que le décès de l'absent commence à devenir probable, et non pas au moment des dispositions qui en sont la suite. (Art. 129.)

Quelles sont les personnes qui peuvent demander l'envoi en possession définitive ?

L'envoi en possession définitive peut être demandé par les plus plus proches héritiers de l'absent au moment de la disparition ou des dernières nouvelles. Par conséquent, ce sont en général ceux-là même qui ont été investis des biens de l'absent par l'envoi en possession provisoire qui obtiennent également l'envoi en possession définitive. — Cependant, il pourrait arriver que l'envoi en possession définitive soit réclamé par un héritier présomptif qui aurait négligé de se faire envoyer en possession provisoire.

Quels sont les effets de l'envoi en possession définitive ?

Le jugement qui ordonne l'envoi en possession définitive convertit le droit d'administration des envoyés provisoires en un droit de propriété. — En conséquence, les envoyés définitifs peuvent non-seulement acquérir tous les fruits, mais encore constituer toutes sortes de droits réels sur les biens de l'absent ; ils peuvent les aliéner, les hypothéquer, en disposer même à titre gratuit.

Quant aux cautions fournies par les envoyés en possession provisoire, elles sont déchargées avant même que la demande d'envoi en possession définitive ait été formée, pourvu que les délais indiqués par la loi pour pouvoir la former soient écoulés. (Art. 129.)

Que doivent faire les envoyés en possession définitive dans le cas de retour de l'absent ?

Si l'absent reparaît, il peut toujours réclamer ses biens aux envoyés en possession provisoire, qui ne sont à son égard que des dépositaires. Mais quand il ne reparaît qu'après l'envoi en possession définitive, les envoyés ne sont tenus de lui restituer que les biens qui existent encore au moment de son retour, dans l'état où ils se trouvent alors, et le prix des immeubles qu'ils ont aliénés à titre onéreux. — Ils ne doivent lui fournir aucune compensation pour les biens dont ils ont disposé à titre gratuit ; à moins cependant qu'ils n'en aient fait donation à leurs propres enfants, car alors ils en auraient indirectement tiré un profit, en évitant par ce moyen de prendre sur leurs propres biens la somme nécessaire à leur établissement.

Au reste, les envoyés en possession définitive ne peuvent être poursuivis par l'absent à raison des détériorations provenant de leur fait, parce qu'ils ont été investis de tous les droits d'un propriétaire. — Mais ils peuvent, au contraire, exiger le remboursement des dépenses de grosse réparation qu'ils ont faites, ainsi que leurs dépenses d'amélioration. Seulement, ces dernières ne leur sont payées que jusqu'à concurrence de la plus value qui en est résulté. (Art. 132.)

Comment finit l'envoi en possession définitive?

L'envoi en possession définitive finit :

1° Par la preuve de l'existence de l'absent;

2° Par la preuve de son décès;

3° Par la survenance d'un descendant de l'absent, qui n'avait pas été envoyé en possession définitive.

Quel est l'effet de la preuve de l'existence de l'absent?

Lorsque l'existence de l'absent est prouvée, il peut arriver deux choses : ou bien la preuve de son existence résulte uniquement de ce qu'on a reçu de ses nouvelles, et alors on retombe dans la période de présomption d'absence; car si l'existence était certaine au moment où les nouvelles ont été données, elle ne l'est plus au moment où elles ont été reçues; — ou bien elle résulte du retour de l'absent, et alors les envoyés en possession définitive, qui n'ont jamais été propriétaires des biens qu'au regard des tiers, lui en font la restitution, comme nous l'avons vu précédemment. (Art. 131, 132.)

Quel est l'effet de la preuve du décès de l'absent?

Lorsque le décès de l'absent vient à être prouvé, sa succession est ouverte, et on y appelle les personnes qui se trouvaient être ses héritiers présomptifs au moment du décès. Alors il peut également arriver deux choses : ou bien les envoyés en possession existent encore, et se trouvent être les plus proches héritiers de l'absent au moment de son décès; ou bien ils sont morts avant lui, et, par suite, ils n'ont pas pu lui succéder et transmettre les biens à leurs propres héritiers. — Dans le premier cas, ils conserveront, comme héritiers, les biens qu'ils détenaient en qualité d'envoyés. Dans le second cas, les plus proches héritiers de l'absent au jour de son décès n'auront qu'à établir le moment où le décès a eu lieu pour obtenir la succession et se faire restituer les biens qui la composent par les héritiers des envoyés en possession. (Art. 130.)

Quel est l'effet de la survenance d'un descendant de l'absent, qui n'avait pas été envoyé en possession définitive?

Lorsqu'il survient un descendant de l'absent, qui, pour une cause ou pour une autre, n'avait pas été envoyé en possession définitive, ce descendant peut obliger les envoyés en possession à lui restituer les biens, sans avoir à prouver autre chose que sa qualité de descendant de l'absent; car il est bien évident que, quel que soit le moment où celui-ci est décédé il était appelé à lui succéder. — Mais il en est différemment pour les collatéraux de l'absent. Quel que soit leur degré de parenté, ils doivent, pour être préférés aux envoyés en possession, établir non-seulement leur qualité de collatéraux, mais encore celle d'héritiers les plus proches de l'absent au moment de son décès. Effectivement, tant que cette preuve n'est pas faite, rien ne démontre qu'ils aient plus de droits à sa succession que les parents qui se sont fait mettre en possession.

Le droit des descendants de l'absent est, comme tous les droits en général, sujet à prescription. Mais la prescription ne peut être accomplie qu'après trente ans à partir de l'envoi en possession définitive. Si on ajoute à ce délai celui qui a déjà couru depuis la disparition de l'absent jusqu'au prononcé de l'envoi en possession définitive, on voit que les descendants pourront évincer les envoyés en possession définitive soixante-cinq ans ou soixante-onze ans après la disparition de leur père. (Art. 133.)

SECTION II

DES EFFETS DE L'ABSENCE, RELATIVEMENT AUX SUCCESSIONS OUVERTES AU PROFIT DE L'ABSENT

Quels sont les effets de l'absence, relativement aux successions ouvertes au profit de l'absent?

Nous venons de voir comment sont dévolus les biens laissés par l'absent au jour de sa disparition. Nous allons nous occuper maintenant des droits qui se sont ouverts à son profit depuis cette époque. — A cet égard, l'article 135, établit en principe qu'on ne peut réclamer aucun droit échu à un individu qu'à la charge de prouver que cet individu existait au moment où le droit s'est ouvert en sa faveur. D'où cette conséquence, indiquée par l'article 136, que si une succession s'ouvre après la disparition de l'absent, la part à laquelle il est appelé doit être dévolue exclusivement à ses cohéritiers, s'il en existe, et, à leur défaut, aux héritiers qui viennent après lui. (Art. 135, 136.)

L'absent peut-il être représenté par ses descendants?

Oui; comme l'absent est présumé décédé au moment de la mort du *de cujus*, il convient de décider que ses petits enfants ont le droit de le représenter et de recueillir en son lieu et place la succession à laquelle il était appelé. — Ainsi, deux frères étant appelés à recueillir une succession et l'un deux ayant disparu, celui qui est présent ne pourra la recueillir toute entière qu'autant que l'absent n'aurait pas laissé de descendants. Dans le cas où il en existerait, ils recueilleront les biens qui seraient échus à leur père s'il avait survécu.

Les héritiers qui ont recueilli une succession à laquelle l'absent était appelé sont-ils obligés de fournir caution?

Non; les héritiers qui ont recueilli une succession à laquelle l'absent était appelé peuvent exercer tous les droits d'un propriétaire sur les biens qui en dépendent, sans être obligés, comme les envoyés en posesssion provisoire, à faire inventaire et à fournir caution. — Mais ils peuvent être contraints à restituer la succession, soit à l'absent, soit à ses représentants, lorsque ceux-ci prouvent que l'absent existait encore au moment de l'ouverture de la succession.

Cette action en restitution peut être exercée contre eux pendant trente ans à partir du jour où ils ont recueilli la succession à défaut de l'absent. Quant aux fruits qui en dépendent, s'ils les ont perçus de bonne foi, on ne peut leur réclamer que ceux qu'ils ont perçus depuis la demande en restitution. (Art. 137, 138.)

Quels sont les pouvoirs des héritiers qui ont recueilli une succession à laquelle l'absent était appelé?

Le Code ne s'est pas expliqué à cet égard. Néanmoins tout le monde convient : 1° qu'ils peuvent faire valablement tous les actes d'administration relativement aux biens qu'ils ont recueillis, parce qu'ils ont la qualité de possesseurs; 2° qu'ils ne peuvent pas disposer de ces biens à titre gratuit, parce qu'ils sont sous le coup d'une restitution à faire, si l'existence de l'absent au moment de l'ouverture de la succession venait à être prouvée.

En ce qui concerne les actes de disposition, et notamment les constitutions d'hypothèques et les aliénations immobilières qu'ils auraient consenties, les auteurs sont partagés.

Suivant un premier système, ils peuvent valablement les consentir : 1° parce qu'ils sont propriétaires à défaut de l'absent, des biens qu'ils ont recueilli et qui devaient échoir à ce dernier; 2° parce qu'ils ont reçu de la loi mandat de le représenter. — Toutefois, leur mandat, qui suffirait pour l'aliénation partielle des divers objets compris dans la succession, ne va pas jusqu'à l'aliénation de la succession elle-même, parce qu'un mandataire ne peut pas disposer de l'ensemble des choses qu'il est chargé d'administrer. (Demolombe.)

Suivant un second système, qui est plus généralement adopté, il faut leur refuser le droit de consentir des aliénations immobilières ou des hypothèques. — En effet, pour pouvoir aliéner ou hypothèquer, il faut être propriétaire ou mandataire. Or, ils ne sont pas propriétaires, ou du moins ils ne le sont pas d'une manière définitive, puisqu'ils se trouvent sous le coup d'une restitution éventuelle; et ils ne sont pas davantage mandataires de l'absent, parce que le mandat ne se présume pas, et qu'aucun texte ne leur donne cette qualité. D'ailleurs, s'ils étaient mandataires de l'absent, ils ne prescriraient pas contre lui, ainsi qu'ils peuvent le faire. (Mourlon.)

SECTION III

DES EFFETS DE L'ABSENCE, RELATIVEMENT AU MARIAGE

Le mariage est-il dissous par l'absence ?

Non, quelque longue qu'elle soit, l'absence ne dissout jamais le mariage. — En effet, le mariage ne peut être dissous que lorsque le décès de l'un des conjoints est prouvé. Or, l'effet du jugement en déclaration d'absence ne va pas jusque là : il établit la probabilité, mais non pas la preuve du décès.

Que faut-il décider si, en fait, l'époux présent a contracté une nouvelle union?

Si l'époux présent, laissant ignorer son premier mariage à l'officier de l'état civil, a contracté une nouvelle union, cette union n'est ni absolument nulle ni absolument valable. — Elle n'est pas absolument nulle, parce que l'existence de l'absent est incertaine; mais d'un autre côté, elle n'est pas non plus absolument valable, parce que son décès n'est pas prouvé. En définitive, elle peut-être attaquée ; mais elle ne peut l'être que dans certains cas.

Dans quels cas le second mariage de l'époux présent peut-il être attaqué ?

Le second mariage de l'époux présent ne peut être attaqué, suivant l'article 139, que par l'époux absent ou par son fondé de pouvoirs. — Mais on admet généralement que les expressions de cet article ne doivent pas être prises à la lettre, et que si l'existence de l'absent cessait d'être douteuse, le ministère public pourrait également demander l'annulation du second mariage, comme entaché de bigamie.

Quoi qu'il en soit, le second mariage de l'époux présent ne peut, comme on le voit, être attaqué que dans un seul cas, celui où l'existence de l'absent est devenu certaine. — Tant qu'elle reste douteuse, il n'y a pas de raison suffisante pour le faire dissoudre.

Pourrait-on attaquer le second mariage de l'époux présent, si l'on apprenait qu'il a été contracté avant le décés de l'absent ?

Non ; le second mariage de l'époux présent ne peut plus être attaqué si l'absent est mort, lors même qu'on viendrait à savoir qu'il était encore vivant au moment où il a été contracté. — Effectivement, le ministère public n'aurait pas à poursuivre l'époux présent comme coupable de bigamie, puisque l'existence de l'absent n'était pas certaine lors du second mariage : d'autre part, l'absent étant actuellement décédé, personne n'est plus intéressé à demander la nullité de la seconde union.

Quel est l'objet de l'article 140 ?

L'article 140 a pour objet de faire connaître dans quel rang il faut placer l'époux présent parmi les divers héritiers qui, en cas de déclaration d'absence, peuvent demander l'envoi en possession provisoire. — il le place après tous les héritiers légitimes de l'absent.

CHAPITRE QUATRIÈME

DE LA SURVEILLANCE DES ENFANTS MINEURS DU PÈRE QUI A DISPARU

Articles 141 à 143.

Comment pourvoit-on à la surveillance des enfants mineurs de l'absent?

Lorsque la mère a disparu mais que le père vit encore, rien n'est changé à l'état ordinaire des choses : le père continue d'exercer la puissance paternelle. — Aussi, le Code ne prévoit-il pas cette hypothèse.

Lorsqu'au contraire c'est le père qui disparaît et que la mère vit encore, celle-ci alors exerce la puissance paternelle, et pourvoit à l'éducation de ses enfants mineurs et à l'administration de leurs biens. — Toutefois, elle n'agit pas alors en qualité de tutrice, et elle n'exerce la puissance paternelle que comme déléguée de son mari. Il en résulte qu'elle ne profite pas de l'usufruit des biens de ses enfants mineurs, et qu'elle doit restituer à son mari, s'il reparaît, tous les fruits qu'elle a perçus. (Art. 141.)

Pourquoi la tutelle des enfants mineurs n'est-elle pas ouverte aussitôt que le père a disparu?

Si la tutelle des enfants mineurs n'est pas ouverte dès que le père a disparu, c'est qu'au moment de sa disparition il est encore présumé vivant. — Or, comme il est admis en principe que la tutelle des enfants mineurs ne doit s'ouvrir que lorsque le père ou la mère sont décédés ou présumés décédés, il ne peut être question de tutelle que lorsqu'il y a eu un jugement de déclaration d'absence.

Comment pourvoit-on à la surveillance des enfants de l'absent, lorsque la mère est décédée?

Lorsque la mère est décédée au moment de la disparition du père, ou qu'elle vient à décéder avant la déclaration d'absence, on devrait, suivant le droit commun, nommer aussitôt un tuteur qui serait chargé de la surveillance des enfants; car la tutelle s'ouvre immédiatement après le décès de l'un des deux époux. — Mais, comme ce serait alors au père à remplir les fonctions de tuteur et qu'il ne peut pas les remplir puisqu'il a disparu, la loi décide que les enfants seront d'abord confiés, pendant les six premiers mois de l'absence, à une personne désignée par le tribunal. — Après ces six mois, comme le retour du père est devenu moins probable, le conseil de famille déférera la surveillance des enfants aux ascendants les plus proches ou à un tuteur provisoire.

Lorsque la mère n'est décédée qu'après la déclaration d'absence, le conseil de famille nomme un tuteur définitif, qui a la surveillance des enfants mineurs. — Effectivement, après la déclaration d'absence, le père qui a disparu est présumé mort, et il n'y pas lieu dès lors de réserver ses droits à la tutelle. (Art. 142.)

Comment pourvoit-on à la surveillance des enfants mineurs de l'absent, lorsqu'ils sont issus d'un précédent mariage?

Lorsque les enfants de l'absent sont issus d'un précédent mariage, on procède de la même façon que si la mère était décédée. La surveillance des enfants est d'abord confiée, pendant les six premiers mois de la disparition du père, à une personne nommée par le tribunal. Ensuite, elle est déférée par le conseil de famille aux ascendants les plus proches. (Art. 143.)

LIVRE I, TITRE V

Du mariage.

Dans notre ancien droit, le mariage était un contrat à la fois civil et religieux : actuellement, depuis la constitution de 1791, il n'est plus qu'un contrat civil, et la cérémonie religieuse qui le suit ordinairement, est purement facultative.

Le titre de mariage est ainsi divisé par le Code :

CHAP. I. — Des qualités et conditions requises pour pouvoir se marier.
CHAP. II. — Des formalités relatives à la célébration du mariage.
CHAP. III. — Des oppositions au mariage.
CHAP. IV. — Dés demandes en nullité de mariage.
CHAP. V. — Des obligations qui naissent du mariage.
CHAP. VI. — Des droits et des devoirs respectifs des époux.
CHAP. VII. — De la dissolution du mariage.
CHAP. VIII. — Des seconds mariages.

Le chapitre II de notre titre comprendra également les matières contenues dans le chapitre III du titre II, dont nous avons indiqué, précédemment, le renvoi à cette place.

CHAPITRE PREMIER

DES QUALITÉS ET CONDITIONS REQUISES POUR POUVOIR CONTRACTER MARIAGE

Articles 144 à 164.

Qu'est-ce que le mariage?

Le mariage est la société légitime de l'homme et de la femme, qui s'unissent pour perpétuer leur espèce et pour se porter une mutuelle assistance.

On voit par là que la procréation n'est pas la seule fin dn mariage, et qu'il faut y ajouter l'assistance réciproque que doivent se fournir les époux. — Aussi, la loi autorise-t-elle les personnes âgées à s'unir par le mariage.

Quelles sont les conditions requises pour pouvoir contracter mariage ?

Les conditions requises pour pouvoir contracter mariage se divisent en deux classes. — Les unes sont nécessaires non-seulement pour la célébration du mariage, mais encore pour sa validité ; les autres ne concernent que la célébration.

L'absence d'une des conditions nécessaires pour pouvoir se marier constitue un empêchement au mariage. — Et, comme il y a deux classes de conditions requises pour pouvoir se marier, de même il existe deux sortes d'empêchements : les empêchements dirimants, et les empêchements prohibitifs.

Les empêchements *dirimants* sont ceux qui forment obstacle non-seulement à la célébration du mariage mais encore à sa validité, lorsque la célébration a eu lieu, nonobstant leur existence, par suite de l'erreur ou de la connivence de l'officier de l'état civil.

Les empêchements *prohibitifs* sont ceux qui ne forment obstacle qu'à la célébration du mariage et qui n'affectent pas sa validité, lorsque la célébration a eu lieu, nonobstant leur existence.

Quels sont les empêchements dirimants ?

Les empêchements dirimants sont :

1° Le défaut d'âge.

2° L'existence d'un premier mariage.

3° Le défaut de consentement des époux.

4° Le défaut de consentement des parents.

5° La parenté et l'alliance.

6° Le défaut de publicité et d'intervention d'un officier de l'état civil.

On peut ajouter à ces empêchements celui qui résulte de l'*identité du sexe* des parties contractantes. — Il est vrai que le Code ne le mentionne pas, mais c'est parce qu'il est trop évident.

Examinons ces divers empêchements.

A quel âge peut-on se marier ?

L'homme avant dix-huit ans révolus, la femme avant quinze ans révolus, ne peuvent contracter mariage. — Néanmoins, il est loisible au chef de l'État d'accorder des dispenses pour des motifs graves.

La cause principale de ces dispenses est la grossesse de la

femme avant quinze ans révolus. — La demande de dispense doit être signée par les futurs époux et par les personnes dont le consentement au mariage est nécessaire. Elle est accompagnée des actes de naissance des futurs époux et d'un rapport du médecin, si la future épouse est en état de grossesse, et adressée au procureur de la république. Celui-ci la transmet, avec son avis, au ministre de la justice, qui fait un rapport au chef de l'État. (Art. 144, 145.)

Peut-on contracter un second mariage avant la dissolution du premier?

Non, on ne peut pas contracter un second mariage avant la dissolution du premier. — L'époux qui enfreint cette prohibition, commet le crime de bigamie, qui entraîne une condamnation de cinq à vingt ans de travaux forcés. (Art. 147.)

L'étranger qui a divorcé peut-il contracter en France un nouveau mariage?

Cette question est gravement controversée. Suivant les uns, la loi qui défend le divorce est d'ordre public en France, et par conséquent les étrangers doivent s'y soumettre. — Mais on admet généralement une opinion moins rigoureuse; et l'on décide que les étrangers peuvent contracter un nouveau mariage en France, lorsqu'ils ont régulièrement divorcé dans leur pays. (Cass., 26 février 1869.)

Le mariage peut-il exister sans le consentement des deux époux?

Non, il n'y a pas de mariage sans le consentement des époux, c'est-à-dire sans le concours de leurs volontés. — Et même, il ne suffit pas pour la validité du mariage qu'ils donnent un consentement quelconque; il faut, en outre, que leur consentement soit donné librement et en connaissance de cause.

Lorsque le consentement de l'une des deux parties manque absolument, le mariage n'est alors qu'un vain simulacre : il est *nul, inexistant*, en droit, et toute personne intéressée peut faire reconnaître judiciairement cette nullité, à quelque époque que ce soit.

Lorsque le consentement a été réellement donné par les deux parties, mais que l'une d'elles l'a donné sous l'empire de l'erreur ou de la violence, le mariage existe ; mais celle des parties dont le consentement a été vicié peut le faire cesser comme lui étant préjudiciable. — Seulement, le droit de former une demande en annulation n'appartient qu'à elle seule et elle doit la former dans un délai limité. (Art. 146.)

Dans quels cas y a-t-il défaut absolu de consentement?

Les cas où il y a défaut absolu de consentement, c'est-à-dire ceux où un consentement légal n'a pas été donné du tout, sont extrêmement rares. — On peut citer cependant : celui où l'un des époux n'a pas répondu affirmativement lorsque l'officier de l'état civil lui a demandé s'il consentait au mariage; celui où il a donné son consentement en croyant s'unir avec une autre personne que celle qui est présente; celui où le consentement a été exprimé par une personne que la loi a déclarée absolument incapable de consentir aucun engagement; enfin celui où il y a eu erreur sur la nature du contrat, comme si, par exemple, la future épouse a consenti au mariage en croyant consentir à une adoption.

Les sourds-muets et les individus privés de raison peuvent-ils contracter mariage?

En principe, les personnes impuissantes à manifester leur consentement, comme les sourds-muets et les individus privés de raison, ne peuvent pas contracter mariage. — Toutefois, l'incapacité des sourds-muets cesse, lorsqu'ils peuvent exprimer leur consentement par des signes. Pareillement, le mariage qui a été contracté par une personne privée de raison peut être maintenu, lorsqu'il a été contracté pendant un intervalle lucide.

Les interdits judiciaires peuvent-ils contracter mariage pendant un intervalle lucide?

La loi ne s'est pas expliquée à cet égard. On admet généralement que l'interdiction forme tout au moins un empêchement prohibitif à la célébration du mariage, car elle a pour effet de rendre la personne incapable de faire aucun acte juridique. — Mais ici se présente une question plus délicate : en supposant que le mariage d'un interdit judiciaire ait été célébré, ce mariage est-il radicalement nul, ou simplement annulable? — S'il est radicalement nul, c'est-à-dire s'il n'existe qu'en apparence, toutes les personnes qui y ont intérêt seront admises à en faire reconnaître judiciairement l'inexistence. S'il est simplement annulable, c'est-à-dire s'il existe sans être complétement régulier, il ne pourra être attaqué que par l'interdit, et celui-ci aura la faculté de le ratifier dans un intervalle lucide, ce qui le rendra inattaquable.

Suivant une première opinion, le mariage contracté par l'interdit est simplement annulable. — Effectivement, bien que le consentement de l'interdit soit, par le fait de l'interdiction, considéré comme vicieux, il n'en a pas moins été donné : par suite, le mariage est irrégulier, mais il existe. Et, comme l'interdiction judiciaire n'a été établie que dans l'intérêt de l'interdit, rien ne s'oppose à ce que celui-ci puisse ratifier son mariage, si, en réalité, il n'a pas à s'en repentir.

Mais on répond que l'interdiction ne fait pas que vicier le consentement, qu'elle le rend absolument nul; d'où il suit que le mariage auquel il a été donné manque d'une condition essentielle à son existence, et qu'il n'a pas été réellement contracté. Or, si l'on peut ratifier un contrat imparfait ou vicieux, mais qui existe, il n'en est pas de même d'un contrat qui n'existe pas, qui n'a d'existence qu'en apparence. — Il faut en conclure que le mariage de l'interdit est nul, qu'il n'est pas susceptible de ratification, et qu'il peut être attaqué par toutes les personnes qui y ont intérêt.

Cette opinion nous paraît préférable.

A quel moment les époux doivent-ils donner leur consentement au mariage?

Les époux doivent donner leur consentement au mariage, au moment même où il est célébré, en présence de l'officier de l'état civil et sur son interrogation.

La promesse de mariage produit-elle quelques effets ?

Le mariage étant un acte essentiellement libre, il en résulte qu'on ne peut pas s'obliger, par avance, à épouser une personne désignée. — Cependant, si un mariage avait été sérieusement convenu et que l'une des parties vînt à se retirer, sans alléguer des motifs plausibles, elle pourrait être condamnée à des dommages-intérêts envers l'autre partie, à raison du préjudice pécuniaire que lui ferait éprouver son refus, par exemple, en laissant à sa charge des présents de noces.

Nous regrettons de ne pas trouver dans la loi des dispositions plus libérales et plus équitables. — Pourquoi les promesses de mariage, dûment constatées par des écrits, ou tout au moins appuyées d'un commencement de preuve par écrit, n'obligeraientelles pas, comme tout autre engagement? Est-ce la crainte du scandale qui a arrêté le législateur? Mais qu'y a-t-il de plus scandaleux que l'impunité légale acquise au séducteur?

Comment les père et mère donnent-ils leur consentement au mariage?

Les père et mère donnent leur consentement au mariage de deux manières : ou verbalement, au moment même de la célébration, et en présence de l'officier de l'état civil; ou par avance, et au moyen d'un acte notarié que les parties remettent à l'officier de l'état civil. — Mais il faut remarquer que dans ce second cas le consentement n'est valable qu'autant qu'il existe encore au moment de la célébration du mariage, c'est-à-dire lorsqu'il n'a pas été révoqué et lorsque l'ascendant qui l'a donné continue de vivre à ce moment-là. (Art. 73.)

L'acte de consentement des père et mère doit-il désigner le nom de la personne avec laquelle leur enfant doit contracter mariage?

La loi a gardé le silence à cet égard, et quelques auteurs en concluent que cette désignation n'est pas nécessaire. — En effet, disent-ils, il n'est pas permis de créer des prescriptions que la loi n'exige pas; et d'ailleurs, il y a des cas où il faut donner à l'enfant un consentement indéterminé et général si l'on ne veut pas retarder indéfiniment son mariage, par exemple, lorsqu'il va partir pour une expédition lointaine. (Aubry et Rau.)

Mais on admet généralement que la désignation de la personne est nécessaire, et c'est avec raison; car autrement on ne concevrait guère l'utilité du consentement des parents. D'ailleurs, en autorisant d'une façon générale leur enfant à se marier avec qui bon lui semble, ceux-ci ne donneraient pas un véritable consentement; ils ne feraient qu'abdiquer la puissance paternelle. (Marcadé. Demolombe.)

Pourquoi exige-t-on le consentement des parents?

Le consentement des parents est exigé tout à la fois dans l'intérêt de la famille et dans l'intérêt des enfants eux-mêmes.

En effet, la considération et la fortune des familles sont évidemment intéressées aux alliances qu'elles contractent avec d'autres familles. — Et, quant aux enfants, il leur importe également d'être mis en garde contre des entraînements irréfléchis, dont ils seraient, plus tard, les premiers à se repentir.

Jusqu'à quel âge le consentement des parents est-il nécessaire ?

Le consentement des parents est nécessaire jusqu'à l'âge de vingt-cinq ans pour les garçons, et de vingt-un an pour les filles. — Au-dessus de cet âge, les enfants n'ont plus besoin du consentement de leurs parents pour pouvoir se marier; mais ils doivent encore leur demander conseil avant de le faire. (Art. 148.)

Pourquoi fait-on une différence à cet égard entre les filles et les garçons?

La raison de cette différence est que la fille est bien plus tôt formée que le fils, et qu'elle est destinée à se marier plus jeune. On peut ajouter aussi qu'elle a plus d'intérêt à ne pas laisser échapper l'occasion d'un établissement avantageux.

Les enfants doivent-ils obtenir tout à la fois le consentement du père et celui de la mère ?

Non. On doit, il est vrai, demander leur consentement au père et à la mère ; mais, en cas de dissentiment, celui du père suffit. — En outre, en cas de mort, d'interdiction ou d'absence de l'un des deux époux, le consentement de l'autre est également suffisant.

La preuve du décès se fait au moyen d'un acte de décès. Si le futur époux est dans l'impossibilité de le représenter, on se contente de sa déclaration, faite sous serment, que le lieu du décès de ses parents lui est inconnu. Cette déclaration doit être certifiée par témoins, également sous la foi du serment. — Quant à la preuve de l'interdiction ou de l'absence des père et mère, elle résulte de la représentation du jugement. (Art. 148, 149.)

A qui doit-on demander le consentement au mariage, à défaut des père et mère?

Lorsque le père et la mère sont morts, ou qu'ils se trouvent dans l'impossibilité de manifester leur volonté, il faut demander le consentement au mariage aux ascendants des deux lignes paternelle et maternelle, qui, dans chaque ligne, se trouvent au degré le plus rapproché de l'enfant. — Au reste, il n'est pas nécessaire que le consentement soit donné par tous les ascendants auxquels on le demande. A cet égard, il peut se présenter diverses hypothèses.

1° *Il n'y a d'ascendants que dans une seule ligne.* — Dans ce cas, s'il y a dans la ligne deux ascendants du même degré, par exemple, l'aïeul ou l'aïeule, on demandera le consentement à chacun d'eux : mais, en cas de dissentiment, celui de l'aïeul suffira. — S'il n'y a, au contraire, qu'un seul ascendant dans la ligne et que l'autre soit décédé, ou qu'il se trouve dans l'impossibilité de manifester sa volonté, il suffira de demander et d'obtenir le consentement de l'ascendant qui est présent.

2° *Il y a des ascendants dans les deux lignes.* — Dans ce cas, on demande le consentement aux ascendants les plus rapprochés dans chaque ligne : mais si les ascendants d'une ligne l'accordent et que ceux de l'autre ligne le refusent, le mariage pourra être célébré. — Bien plus, si dans la même ligne l'aïeul donne son consentement et que l'aïeule le refuse, en même temps que les ascendants de l'autre ligne, le consentement donné par l'aïeul suffira.

Pareillement, si dans une ligne il ne se trouve qu'un ascendant qui donne son consentement et que dans l'autre ligne il y en ait deux qui le refusent, le consentement donné par l'ascendant qui se trouve seul dans sa ligne suffira ; car il représente à lui seul la ligne, et, en cas de dissentiment, le consentement d'une des deux lignes suffit. — Ainsi, le consentement donné par une aïeule, qui se trouve seule dans sa ligne, l'emporte sur le refus exprimé par les deux ascendants de l'autre ligne. (Art. 150.)

A qui doit-on demander le consentement au mariage, à défaut des père et mère et des ascendants ?

Lorsque les père et mère, ainsi que les ascendants, sont décédés, ou qu'ils se trouvent dans l'impossibilité de manifester leur volonté, l'obligation de demander le consentement au mariage n'existe plus que pour les mineurs de vingt-un ans. — Ils doivent demander et obtenir le consentement de leur conseil de famille. (Art. 160.)

La décision du conseil de famille sur ce point est-elle souveraine ?

La question est controversée.

Suivant les uns, il faut admettre la négative, et décider qu'on peut y former appel devant le tribunal civil. — Effectivement, l'article 883 du Code de procédure permet de faire appel des *avis* exprimés par le conseil de famille, lorsqu'ils n'ont pas été pris à l'unanimité, et cet article est applicable ici. (Valette.)

Suivant les autres, il faut admettre, au contraire, que l'article 883 n'est pas applicable ici, et que la décision du conseil de famille est sans appel. — Effectivement, cet article se rapporte aux *avis* des parents, et ici c'est de leur consentement qu'il s'agit. Un avis n'a rien d'obligatoire; mais un consentement à donner suppose un pouvoir souverain d'appréciation. Et il est d'autant plus rationnel d'accorder un tel pouvoir au conseil de famille dans le cas présent, que les motifs de son refus seront quelquefois d'une nature trop délicate pour pouvoir être débattus sans inconvénients devant un tribunal. (Demolombe.)

Les enfants naturels ont-ils besoin du consentement de leurs père et mère pour pouvoir se marier?

Oui; de même que les enfants légitimes, les enfants naturels reconnus ont besoin du consentement des père et mère qui les ont reconnus pour pouvoir se marier, s'ils sont mineurs quant au mariage. Ils doivent également requérir leur conseil, lorsqu'ils ont atteint l'âge fixé par la loi pour pouvoir se marier sans le consentement de leurs parents. — Mais, à défaut des père et mère, ils n'ont pas à demander le consentement des autres ascendants, parce qu'ils n'ont pas avec eux des liens de parenté.

Lorsque les enfants naturels n'ont pas encore vingt-un ans accomplis, et que leurs père et mère sont décédés, ou qu'ils se trouvent dans l'impossibilité de manifester leur volonté, ils devront obtenir le consentement d'un tuteur *ad hoc*, qui leur est donné spécialement pour le mariage. — La nomination de ce tuteur est faite par un conseil de famille, qui peut choisir le tuteur ordinaire de l'enfant naturel. Ce conseil, improprement appelé *de famille*, est composé d'amis des père et mère de l'enfant, car celui-ci n'a pas de parents autres que ceux-ci. (Art. 158, 159.)

L'acte de célébration du mariage doit-il faire mention du consentement des parents?

Oui. Avant de procéder à la célébration d'un mariage pour lequel le consentement des parents est nécessaire, l'officier de l'état civil doit d'abord s'assurer que ce consentement a été réellement donné; sinon il se rendrait passible d'une amende de 16 à 300 francs et d'un emprisonnement de six mois à un an. — En outre, il doit faire mention du consentement donné dans l'acte de célébration du mariage, sous peine d'encourir également une amende de 300 francs au plus et un emprisonnement de six mois au moins.

La rigueur de cette disposition s'explique par la raison que si la mention de consentement des parents n'était pas constatée par l'acte de célébration, les époux auraient beaucoup de peine à établir qu'il a été donné. (C. pén. art. 192, 193. — C. civil, art. 156.)

Qu'est-ce que la parenté ?

La parenté est le lien de famille qui unit plusieurs personnes entre elles. — Elle est légitime ou naturelle, suivant qu'elle résulte du mariage ou d'une union illégitime.

La *ligne* est la série des personnes entre lesquelles cette relation existe. — Elle est directe ou collatérale.

La ligne *directe* est la série des personnes qui descendent l'une de l'autre. Ainsi, le père et le fils, l'aïeul et le petit-fils sont parents en ligne directe.

La ligne *collatérale* est la série des personnes qui, sans descendre l'une de l'autre, descendent d'un auteur commun. Ainsi, les deux frères, l'oncle et le neveu sont parents en ligne collatérale.

Dans chaque ligne, le lien qui unit les personnes s'apprécie au moyen des degrés de parenté.

Comment compte-t-on les degrés de parenté ?

Dans la ligne directe, on compte autant de degrés qu'il y a de générations. — Ainsi, du père au fils il y a un degré, de l'aïeul au petit-fils il y a deux degrés, etc., etc.

Entre collatéraux, on compte les degrés en remontant d'abord de l'un des parents à l'auteur commun, pour redescendre ensuite de l'auteur commun jusqu'à l'autre parent. — Ainsi, du frère à la sœur il y a deux degrés, puisque l'un et l'autre sont à un degré de l'auteur commun; du cousin à la cousine il y a quatre degrés, car l'un et l'autre sont à deux degrés de leur aïeul commun ; de l'oncle au neveu il y a trois degrés, car le premier est à un degré et le second à deux degrés de l'auteur commun.

Qu'est-ce que l'alliance ?

L'alliance ou affinité est le lien qui existe entre un époux et les parents de son conjoint. — Elle emprunte à la parenté ses lignes directe et collatérale, ainsi que ses degrés.

Les deux époux ne sont ni parents ni alliés l'un de l'autre : le mariage les a fondus en une seule personne. C'est ce qui fait que les parents de l'un deviennent les alliés de l'autre, et au même degré. — Ainsi, le père et la mère de ma femme sont mes alliés en ligne directe et au premier degré ; ses frères et sœurs sont mes alliés en ligne collatérale, au second degré.

Il n'existe aucune alliance entre les parents de l'un des époux et les parents de l'autre. Ainsi, mon frère n'a aucun lien de famille avec le frère de ma femme. — Pareillement, les alliés de l'un des époux ne sont point les alliés de l'autre époux. Ainsi, il n'y a aucune alliance entre les maris des deux sœurs.

Le mariage est-il absolument défendu entre parents dans la ligne directe ?

Oui, le mariage est absolument défendu entre un ascendant et un descendant, à quelque degré que ce soit. (Art. 161.)

Le mariage est-il également prohibé entre parents dans la ligne collatérale?

Il faut distinguer :

Le mariage est prohibé : 1° entre le frère et la sœur ; 2° entre l'oncle et la nièce, la tante et le neveu. — La raison de cette prohibition est que l'oncle et la tante, dans leurs rapports avec leurs neveux et nièces, tiennent souvent la place des père et mère : *quia sunt loco parentum.* Les mêmes motifs doivent étendre la prohibition au grand-oncle et à la grand'tante, qui ne pourraient pas épouser la petite-nièce ou le petit-neveu.

Par contre, *le mariage est permis* entre les enfants des deux frères ou des deux sœurs, c'est-à-dire entre les cousins germains. (Art. 162, 163.)

Le mariage est-il prohibé entre les alliés dans la ligne directe et collatérale ?

Dans la ligne directe, l'alliance produit les mêmes empêchements au mariage que la parenté. Il est prohibé, à l'infini, entre les alliés à titre d'ascendants et de descendants. — Ainsi, je ne puis épouser ni la mère ni la grand'mère de ma femme, ni la fille qu'elle a eue d'un premier mariage.

Dans la ligne collatérale, l'alliance ne produit d'empêchements au mariage qu'entre les beaux-frères et belles-sœurs, c'est-à-dire entre les alliés à titre de frères et sœurs. — Ainsi, on peut épouser la tante ou la nièce de sa femme, mais on ne peut pas épouser sa sœur. (Art. 161, 162.)

Le chef de l'État n'a-t-il pas la faculté d'accorder des dispenses ?

Oui ; l'article 164 l'autorise à lever, pour des causes graves, les prohibitions relatives aux mariages entre beaux-frères et belles-sœurs, ainsi que celles qui concernent les mariages entre l'oncle et la nièce, la tante et le neveu.

Les causes graves de dispense sont la grossesse, l'intérêt des enfants, la conservation d'un établissement dont la ruine blesserait des intérêts importants, la volonté d'empêcher un partage nuisible.

La demande doit être formée de la même manière que celle de dispense d'âge.

L'adoption ne produit-elle pas également des empêchements au mariage ?

Oui; ainsi, le mariage est prohibé :

1° Entre l'adoptant, l'adopté et ses descendants;

2° Entre les enfants adoptifs du même individu;

3° Entre l'adopté et les enfants qui pourraient survenir à l'adoptant;

4° Entre l'adopté et le conjoint de l'adoptant; et, réciproquement, entre l'adoptant et le conjoint de l'adopté. (Art. 348.)

La parenté naturelle, lorsqu'elle est légalement établie, produit-elle des empêchements au mariage ?

Oui ; la parenté naturelle, lorsqu'elle est légalement établie par une reconnaissance authentique ou par un jugement, produit des empêchements au mariage.

Dans la ligne *directe*, elle fait naître les mêmes empêchements que la parenté légitime. — Ainsi, je ne puis épouser ni ma fille naturelle, ni celle de mon fils naturel.

Dans la ligne *collatérale,* elle ne produit d'empêchement au mariage qu'entre les frères et sœurs. — Ainsi, je ne puis pas épouser ma sœur naturelle; mais je puis très-bien me marier avec la sœur de mon père naturel. (Art. 161, 162.)

La parenté naturelle produit-elle les mêmes empêchements, lorsqu'elle n'est pas légalement établie par une reconnaissance volontaire ou par un jugement?

Sur ce point, nous trouvons deux systèmes :

Suivant le premier, la parenté naturelle fait obstacle au mariage, par cela seul qu'elle est prouvée, de quelque manière qu'elle le soit. — Il est vrai qu'en principe le Code ne lui attribue des effets que lorsqu'elle résulte d'une reconnaissance volontaire ou judiciaire; mais il y a ici une exception à cette règle, car les articles 161 et 162 prohibent d'une manière générale les mariages entre les parents naturels, sans distinguer comment la parenté a été établie. Et le silence du Code à cet égard est d'autant plus significatif, que la Cour d'appel de Lyon avait insisté pour que la prohibition fût expressément limitée aux personnes dont la parenté résulterait d'une reconnaissance. Si le législateur n'a pas jugé à propos de tenir compte de ces observations, c'est évidemment parce qu'il a voulu, dans l'intérêt de l'ordre public et des bonnes mœurs, laisser aux magistrats un pouvoir discrétionnaire et leur donner la liberté d'annuler les mariages scandaleux. (Marcadé.)

Suivant le second système, au contraire, la parenté naturelle ne fait obstacle au mariage que lorsqu'elle est prouvée par une reconnaissance. — Effectivement, toutes les fois que la loi a institué un moyen spécial de preuve pour la constatation d'un fait, on ne peut considérer ce fait comme existant que lorsqu'il a été établi par le mode de preuve qui lui est propre. Or, il en est ainsi pour la parenté naturelle : aux termes de la loi, elle ne peut résulter que d'une reconnaissance. Par conséquent on ne doit pas en tenir compte si elle est établie par d'autres moyens de preuve. Sans doute, une pareille interprétation de la loi rendra possible certaines unions réprouvées par la morale; mais les investigations que les juges pourraient ordonner, s'ils avaient un pouvoir discrétionnaire, auraient des résultats plus déplorables encore au point de vue des mœurs. (Valette.)

L'alliance naturelle qui résulte du concubinage produit-elle des empêchements au mariage?

A cet égard, nous trouvons également deux systèmes.

Suivant le premier, l'alliance naturelle qui résulte du concubinage fait naître un empêchement au mariage entre l'homme qui a entretenu une concubine et les descendants de celle-ci; mais il faut que le concubinage ait été légalement établi, au moyen de la reconnaissance du même enfant naturel par l'homme et par la femme. — Notre ancien droit admettait cette prohibition, et le Code ne l'ayant pas abrogée, il faut décider qu'elle est toujours en vigueur. (Marcadé.)

Mais on répond : le Code détermine limitativement quels sont les empêchements au mariage; et, par suite, il abroge tous ceux qui existaient dans notre ancienne législation et qu'il ne reproduit pas. Or, l'espèce d'alliance qui résulte du concubinage est dans ce cas : par conséquent, l'empêchement qu'elle faisait naître a été implicitement abrogé. (Valette.)

La raison de cette tolérance du législateur pour les mariages déshonnêtes vient sans doute de sa crainte excessive de donner matière à des débats scandaleux. — Le droit canon avait moins de pudeur mais plus de sens moral. Il n'autorisait pas des turpitudes pour éviter d'avoir à les réprimer. Nos vieux jurisconsultes avaient une autre idée des bonnes mœurs que les auteurs du Code.

En quoi consiste la publicité du mariage?

La publicité du mariage est un fait complexe, qui résulte du concours de plusieurs autres faits accessoires, tendant à faire connaître le mariage aux tiers, et spécialement aux parents des futurs époux.

Nous examinerons plus loin quels sont les faits accessoires dont le concours constitue la publicité du mariage. Bornons-nous à dire ici que le défaut de publicité constitue le dernier des empêchements dirimants que nous avons signalés.

Quels sont les empêchements prohibitifs?

Les empêchements simplement prohibitifs sont :

1° Le défaut d'actes respectueux;

2° Le défaut de publications;

3° Les oppositions;

4° Les dix mois de viduité.

Le Code ne traite, dans ce chapitre, que de l'empêchement qui résulte du défaut d'actes respectueux. — En conséquence, nous nous occuperons des autres dans les chapitres suivants, et nous ne ferons que les indiquer ici.

Qu'entend-on par actes respectueux?

On entend par actes respectueux les actes au moyen desquels les enfants, qui ont atteint l'âge compétent pour pouvoir se marier sans le consentement de leurs parents, font constater qu'ils ont demandé leur conseil.

Le fils qui a vingt-cinq ans et la fille qui a vingt-un ans accomplis n'ont plus besoin du consentement de leurs parents pour pouvoir se marier. Mais ils sont toujours tenus de leur demander conseil avant de le faire, en leur adressant un acte rédigé conformément à certaines prescriptions et qu'on appelle acte respectueux, ou plus vulgairement *sommation respectueuse*. — Au moyen de cet acte, l'enfant avertit ses père et mère ou autres ascendants qu'il est dans l'intention de se marier avec telle personne désignée. (Art. 151.)

Dans quelle forme les actes respectueux doivent-ils être rédigés?

Les actes respectueux doivent être rédigés par un notaire, dans la forme d'une demande respectueuse adressée aux parents.

Ils doivent être notifiés également par un notaire, assisté d'un autre notaire ou de deux témoins. — Par respect pour les parents, le Code n'admet pas dans ce cas, l'intervention des huissiers, bien qu'ils soient ordinairement chargés de faire la remise des actes, parce qu'elle a presque toujours quelque chose de vexatoire. (Art. 154.)

A qui faut-il notifier les actes respectueux?

Les actes respectueux doivent être notifiés, autant que possible, à la personne même des ascendants. Il est vrai que le Code ne le dit pas expressément, mais il le fait assez comprendre en imposant au notaire l'obligation de mentionner dans son procès-verbal de notification la réponse qu'ils ont faite. — Toutefois, lorsque le notaire ne les trouve pas chez eux ou qu'ils refusent de le recevoir, il peut se borner à laisser copie de son procès-verbal aux parents ou domestiques, en mentionnant la cause qui l'a empêché d'en faire la remise à l'ascendant en personne.

Quels sont les ascendants auxquels il faut notifier les actes respectueux?

Les actes respectueux doivent être notifiés aux ascendants dont le consentement serait nécessaire si l'enfant était mineur quant au mariage. — Ainsi, on doit les adresser au père et à la mère lorsqu'ils existent l'un et l'autre; et à celui des deux qui est en état de les recevoir, si l'autre est décédé, ou s'il se trouve dans l'impossibilité de manifester sa volonté. — A défaut des père et mère, on les adressera aux ascendants les plus rapprochés de chaque ligne. (Art. 151.)

10

Doit-on notifier plusieurs actes respectueux?

Il faut distinguer :

Depuis vingt-cinq ans jusqu'à trente ans pour les fils, et depuis vingt-un ans jusqu'à vingt-cinq ans pour les filles, il doit être notifié successivement trois actes respectueux. La loi exige qu'ils soient présentés aux parents de mois en mois. — Un mois après le troisième, l'enfant peut se marier.

Après trente ans pour les fils et vingt-cinq ans pour les filles, il suffit d'un seul acte respectueux. — Un mois après qu'il a été notifié, l'enfant peut se marier.

Les intervalles d'un mois se calculent de quantième à quantième. (Art. 152, 153.)

Comment procède-t-on en cas d'absence de l'ascendant auquel les actes respectueux doivent être notifiés?

Il faut distinguer :

S'il y a d'autres ascendants qui soient présents et en état de manifester leur volonté, on leur notifie les actes respectueux au lieu et place de celui qui est absent.

S'il n'existe pas d'autres ascendants en état de remplacer celui qui est absent, on établit son absence au moyen d'une expédition du jugement de déclaration d'absence, ou au moyen d'un acte de notoriété. Cet acte contiendra la déclaration de quatre témoins désignés par le juge de paix du canton où l'ascendant a eu son dernier domicile connu. Il sera délivré au futur époux par ce juge de paix. (Art. 155.)

Comment procède-t-on si le domicile de l'ascendant est inconnu ?

Si le domicile de l'ascendant est inconnu, les parties peuvent passer outre au mariage, en déclarant, sous serment, qu'elles ne le connaissent pas. — Cette déclaration doit être également certifiée sous serment par quatre témoins, qui seront les quatre témoins du mariage. Les témoins devront affirmer qu'ils ignorent eux-mêmes le lieu du décès des ascendants et leur dernier domicile. Mention sera faite de cette double déclaration dans le contrat de mariage. (Avis du conseil d'État du 4 thermidor an XIII.)

En quoi le défaut d'actes respectueux est-il un empêchement prohibitif?

Le défaut d'acte respectueux ne produit pas, comme le défaut de consentement des parents dans les cas où il est nécessaire, la nullité du mariage : il n'est donc pas un empêchement dirimant. Mais il fait obstacle à la célébration du mariage, et il constitue, par là, un empêchement prohibitif. — Effectivement, la loi défend à l'officier de l'état civil d'y procéder avant de s'être assuré que les actes respectueux ont été notifiés. Toute contravention à cette défense le rend passible d'une peine. (Art. 157.)

L'officier de l'état civil est-il tenu de constater que les actes respectueux ont été faits ?

Non; si les actes respectueux ont réellement existé, s'ils ont été régulièrement notifiés aux parents qui devaient les recevoir, l'officier de l'état civil n'encourt aucune condamnation en ne les mentionnant pas dans l'acte de célébration du mariage.

Nous avons vu qu'il en était différemment lorsque l'officier de l'état civil omettait de mentionner le consentement des parents dans l'acte de célébration du mariage. — La raison de cette différence c'ést que l'absence d'actes respectueux n'entraîne pas, comme l'absence du consentement des parents, dans les cas où le consentement est exigé, la nullité du mariage. Il en résulte que leur constatation est sans importance pour les époux, une fois le mariage célébré.

En quoi le défaut de publications est-il un empêchement prohibitif ?

Le défaut de publications ne suffit pas à entraîner la nullité du mariage. Mais il fait obstacle à sa célébration, et il constitue, par là, un empêchement prohibitif. — Effectivement, la loi défend à l'officier de l'état civil de procéder au mariage avant que les publications n'aient été faites, sous peine d'encourir une amende de 300 fr. au plus. (Art. 192.)

En quoi les oppositions au mariage sont-elles un empêchement prohibitif ?

Les oppositions au mariage ne suffisent pas à entraîner la nullité du mariage qui aurait été contracté nonobstant leur existence. Mais elles forment obstacle à sa célébration, et elles constituent, par là, un empêchement prohibitif. —Effectivement, la loi défend à l'officier de l'état civil de passer outre à la célébration du mariage lorsqu'il existe des oppositions, tant que la mainlevée n'en aura pas été faite volontairement ou judiciairement, sous peine d'encourir une amende de 300 francs au moins, sans préjudice des dommages-intérêts qui pourraient lui être réclamés. (Art. 68.)

En quoi l'obligation des dix mois de viduité forme-t-elle un empêchement prohibitif?

Aux termes de l'article 228, la femme qui vient de perdre son mari ne peut contracter un nouveau mariage qu'après dix mois révolus depuis la dissolution du mariage précédent. — Comme la loi n'a pas prononcé la nullité du mariage qui aurait été contracté au mépris de cette disposition, l'empêchement qu'elle fait naître est purement prohibitif.

Le vœu de célibat qui résulte de l'engagement dans les ordres sacrés est-il un empêchement au mariage?

La doctrine et la jurisprudence ne sont pas d'accord sur cette importante question.

Suivant la doctrine, le vœu de célibat n'est pas susceptible de produire des obligations civiles, et, par suite, il ne peut pas donner lieu à un empêchement au mariage. Cela résulte de plusieurs raisons : — d'abord, il n'est ni reconnu ni sanctionné par la loi, qui cependant a énuméré limitativement tous les empêchements au mariage. — En second lieu, il est contraire à la liberté de conscience, ainsi qu'aux dispositions qui font du mariage une faculté inaliénable. — Enfin, on ne peut tirer aucune conséquence de ce que l'État exempte les ministres du culte de certaines charges, de ce qu'il les salarie et de ce qu'il pourvoit à leur nomination, car c'est uniquement dans un but d'ordre et de police. (Valette, Demolombe.)

Nous répondons : les lois civiles n'avaient pas à sanctionner le vœu de célibat, car au moment de la promulgation du Code il était déjà sanctionné par le concordat, dont les articles 6 et 26 énoncent expressément que les prêtres catholiques sont soumis aux canons reçus en France, qui leur interdisent le mariage. Le silence du Code sur cet empêchement s'explique donc, et ainsi il laisse subsister le caractère obligatoire du célibat. — Et, comment pourrait-il en être autrement ? Comment supposer que le législateur ait donné aux prêtres une condition exceptionnelle, qu'il les ait exemptés de certaines charges et pourvus de traitements, qu'il se soit occupé de régler leur hiérarchie, s'il n'avait pas considéré l'état ecclésiastique comme une professsion respectable, utile à la société et fondée sur des règles conformes à l'ordre public et aux bonnes mœurs, et s'il n'avait pas compté sur l'accomplissement des obligations essentielles qui en dérivent? Est-il admissible qu'on ait autorisé les personnes qui ont embrassé cet état à enseigner les principes de la morale, à recevoir les confidences sacrées des épouses et des jeunes filles, à exercer publiquement leur ministère, en leur laissant la liberté de fouler aux pieds des engagements publics et de passer, à leur fantaisie, du confessionnal à la couche nuptiale. S'il en était ainsi, la loi aurait livré la société au mensonge et à l'imposture.

Qu'on n'invoque pas ici la liberté de conscience; car la liberté ne consiste pas à pouvoir violer impunément des engagements librement consentis. Et qu'on ne dise pas davantage que la liberté est inaliénable. Quoi ! Est-ce que les époux qui s'unissent par un lien indissoluble n'aliènent pas leur liberté? Est-ce que les peuples qui font des constitutions ne jettent pas aux quatre vents du monde leur liberté et celle des générations à venir?

Concluons donc que le vœu de célibat est reconnu et sanctionné par notre droit public; que notre droit civil n'a rien de contraire à cette sanction: loin de là, qu'il la confirme implicitement en prohibant tout ce qui est de nature à nuire aux bonnes mœurs et à l'ordre public. (Cass. 23 février 1847.)

CHAPITRE DEUXIÈME

DES FORMALITÉS RELATIVES A LA CÉLÉBRATION DU MARIAGE

Articles 165 à 171.

Outre les matières qui appartiennent à ce chapitre, nous nous occuperons ici de celles qui sont contenues dans le second chapitre du titre II, intitulé *des actes de mariage*, qui contient les articles 63 à 76. — Afin de donner plus de clarté à notre commentaire, nous traiterons successivement : 1° des formalités relatives à la célébration du mariage; 2° des actes de mariage; 3° des mariages célébrés à l'étranger.

§ I. — *Des formalités relatives à la célébration du mariage.*

Quels sont les divers éléments de publicité du mariage?

La publicité du mariage est un fait complexe qui résulte du

concours de plusieurs faits accessoires, destinés à faire connaître le mariage et à donner une certaine solennité à son accomplissement. — Chacun de ces faits accessoires, pris à part, est un élément de publicité.

Les divers éléments de publicité du mariage sont :

1° Les publications;

2° L'intervention d'un officier public compétent;

3° La célébration publique ;

4° La nécessité de se marier dans le lieu de son domicile ou du domicile de son conjoint.

En quoi consistent les publications de mariage ?

Les publications sont l'annonce publique du mariage. Elles ont pour objet : 1° d'avertir les tiers qui seraient fondés à faire opposition à la célébration prochaine du mariage; 2° de faire connaître aux intéressés l'état d'incapacité dont la future épouse sera bientôt frappée ; 3° de contribuer à la publicité du mariage, publicité qui est essentielle à cause des modifications que le mariage fait naître dans l'état et la condition des personnes.

Régulièrement, les publications de mariage devraient être faites deux dimanches de suite devant la porte de la maison commune et à haute voix ; mais, dans la pratique, on se contente de les inscrire sur un registre tenu simple, appelé *registre des publications*, et d'en afficher un extrait à la porte de la maison commune. — Cette affiche est apposée un dimanche : on la laisse jusqu'au dimanche suivant, ainsi que pendant les trois jours qui le suivent.

Durant cet intervalle, les parents des parties ont toute facilité pour user du droit d'opposition que la loi leur confère à l'encontre du mariage. (Art. 63, 64.)

Que doivent énoncer les publications ?

Les publications sont rédigées par l'officier de l'état civil, et elles doivent énoncer :

1° Les prénoms, noms, professions et domiciles des futurs époux;

2° Leur qualité de majeurs ou de mineurs ;

3° Les prénoms, noms, professions et domicile de leurs père et mère ;

4° Les jours, lieux et heures où les publications ont été faites. (Art. 63.)

La seconde publication est-elle toujours exigée ?

Non ; aux termes de l'article 169, le chef de l'État, ou les officiers qu'il a préposés à cet effet, c'est-à-dire le procureur de la république près le tribunal du lieu où le mariage doit être célébré, peuvent, pour des causes graves, dispenser de la seconde publication. — La faculté d'obtenir cette dispense aurait été trop souvent illusoire si on n'avait pu la demander qu'au chef de l'État, car il aurait fallu plus de temps pour l'obtenir que pour faire la seconde publication.

Les causes les plus fréquentes de dispense sont : la grossesse de la future, le départ pour un voyage long et urgent, la maladie mortelle du futur qui veut légitimer ses enfants.

Dans quelles communes les publications doivent-elles être faites ?

Les publications doivent être faites dans toutes les communes où il est utile que le mariage soit annoncé. Ainsi elles ont lieu :

1° Dans les communes où les futurs époux peuvent contracter le mariage.—Or, nous verrons plus loin que, suivant une opinion généralement admise, le mariage peut être célébré, soit au domicile réel de chacun des époux, soit dans la commune où ils ont six mois de résidence. D'où il résulte que les publications relatives au domicile des époux peuvent être faites dans quatre communes différentes.

2° Dans les communes où sont domiciliés les parents dont le consentement est nécessaire au mariage. — Si chaque époux a deux ascendants séparés de corps et domiciliés dans un lieu différent, les publications relatives aux parents seront également nécessaires dans quatre communes différentes. Ainsi, il pourrait y avoir à la rigueur huit publications, savoir : quatre se rapportant aux domiciles des époux, et quatre se rapportant aux domiciles des ascendants. Mais une pareille hypothèse se présentera bien rarement.

3° Dans la commune où se réunit le conseil de famille, lorsque son consentement est nécessaire pour le mariage. (Art. 166, 167, 168.)

Le mariage peut-il être célébré aussitôt que les publications ont été faites ?

Non ; afin de laisser aux tiers le temps de révéler les empêchements qu'ils pourraient connaître, l'article 64 décide que le mariage ne pourra être célébré que trois jours après la dernière publication.

D'un autre côté, l'article 65 dispose que les publications faites ne conservent leur effet que pendant une année. A l'expiration de cet intervalle, les tiers ont dû oublier le projet de mariage ou le croire abandonné. (Art. 64, 65.)

Pourquoi l'intervention d'un officier public est-elle nécessaire à la formation du mariage ?

L'intervention d'un officier public est nécessaire à la formation du mariage pour plusieurs raisons. — D'abord, comme le mariage intéresse la société, à cause des changements qu'il produit dans la condition des époux, il fallait qu'elle y fût représentée par un mandataire. — En second lieu, comme il a une grande importance pour les époux, il était opportun d'y faire intervenir un fonctionnaire dont la présence sert à garantir la sincérité du consentement des parties, et imprime à la célébration un caractère de gravité en rapport avec l'acte qu'elle consacre. — Aussi l'intervention d'un officier public a-t-elle été regardée par le législateur comme l'élément essentiel et fondamental de la publicité du mariage.

Au reste, il ne suffit pas que le mariage soit célébré par un officier public quelconque; il faut, de plus, qu'il le soit par un officier de l'état civil compétent. — L'officier de l'état civil compétent est celui de la commune où le mariage doit être célébré. (Art. 165.)

Cette compétence est-elle bornée au territoire de la commune ?

A cet égard, les auteurs ne sont pas d'accord.

Suivant les uns, l'officier de l'état civil a une compétence personnelle, c'est-à-dire que le maire du domicile de l'un des époux peut se transporter avec ses registres dans une autre commune et y célébrer le mariage. — En effet, aucune loi n'a limité sa compétence à un territoire déterminé, et c'est avec raison; car s'il en était autrement, les parties qui se trouvent accidentellement retenues hors de leur domicile, par exemple, par une maladie grave, ne pourraient pas se marier. (Valette.)

Malgré ces raisons, l'opinion contraire nous paraît préférable. Effectivement, la loi s'est expliqué suffisamment sur ce point, de manière à ne laisser subsister aucun doute, puisque l'article 74 dispose que le mariage doit être célébré dans la *commune* où l'un des époux aura son domicile. D'ailleurs, la célébration n'aurait pas lieu publiquement, comme le veut la loi, si l'officier de l'état civil du domicile des époux pouvait y procéder en quelque lieu que ce soit. (Demolombe.)

Il n'est pas inutile de remarquer dès à présent que le défaut de compétence de l'officier de l'état civil n'entraîne pas nécessairement la nullité du mariage, ainsi que le ferait le défaut d'intervention d'un officier de l'état civil quelconque. — C'est que la compétence n'est qu'un élément accessoire de publicité, tandis que l'intervention de l'officier public en est le fondement principal.

Pourquoi exige-t-on que la célébration du mariage soit publique?

On exige que la célébration du mariage soit publique afin de donner au mariage lui-même toute la notoriété qui lui est nécessaire. — Dans ce but, la loi dispose que la célébration aura lieu dans la maison commune, en présence de quatre témoins, les portes ouvertes au public, avec l'assistance d'un officier de l'état civil.

Au surplus, ces conditions ne sont pas exigées à peine de nullité, et les juges peuvent en leur absence maintenir le mariage, si, en fait, il a reçu une publicité suffisante.

Les futurs époux n'ont-ils pas un domicile spécial pour le mariage?

Aux termes de l'article 74, le mariage doit être célébré dans la commune où l'un des futurs époux a son domicile, et ce domicile, quant au mariage, s'établit par six mois d'habitation continue dans la même commune. — D'après ce texte, il semblerait que les époux ne peuvent se marier à leur domicile réel qu'autant qu'ils y ont six mois de résidence.

Mais l'article 165, revenant sur le même sujet, énonce que le mariage doit être célébré au domicile des parties, sans mentionner aucune condition de résidence. — Dès lors, on a dû se demander quelle était la véritable pensée de la loi. Les uns l'ont interprétée d'une manière restrictive, en disant que les époux ne peuvent pas se marier à leur domicile ordinaire s'ils n'y ont pas six mois de résidence. Les autres décident, au contraire, que les dispositions de ces articles donnent aux époux la faculté de pouvoir se marier à deux domiciles : 1° à leur domicile ordinaire, indépendamment de toute résidence; 2° au domicile de faveur qu'ils acquièrent spécialement pour le mariage par six mois de résidence.

A l'appui du premier système, on invoque le texte de l'article 74, qui restreint d'une manière formelle le domicile au lieu où les époux ont six mois de résidence, et l'on observe que l'article 165 se réfère forcément au même domicile; autrement il abrogerait l'article 74, ce qui est inadmissible. On ajoute que la condition des six mois de résidence répond à la pensée de la loi, qui a voulu entourer l'union conjugale de la plus grande publicité possible. (Marcadé.)

Mais la plupart des auteurs soutiennent qu'il faut interpréter les dispositions du Code dans un sens plus favorable au mariage. — Voici comment ils raisonnent : les articles 74 et 165 se réfèrent à deux domiciles différents. Le premier introduit, quant au mariage et afin de le faciliter, un *domicile de faveur*, qui résulte d'une résidence de six mois; le second fait allusion au domicile ordinaire, qui résulte du droit commun. Ainsi, le mariage peut être célébré, soit dans la commune où les époux se trouvent en résidence depuis six mois au moins, soit dans la commune où ils ont leur domicile ordinaire.

Pour soutenir ce système on fait valoir deux arguments. D'abord, on observe que si le mariage ne pouvait être célébré au domicile ordinaire des époux qu'autant qu'ils y ont au moins six mois de résidence, ceux-ci éprouveraient quelquefois des difficultés à pouvoir se marier à leur volonté. Or, un pareil état de choses serait trop contraire à l'esprit de la loi, qui tend à favoriser le mariage, pour qu'on puisse l'admettre. Au surplus, il suffit de rapprocher l'article 165 de l'article 167 qui lui fait suite, pour se convaincre que l'établissement d'un domicile par six mois de résidence n'exclut pas le domicile ordinaire. En effet, l'article 165 porte « que le mariage sera célébré devant l'officier de l'état civil du domicile de l'une des parties. » Et l'article 167 ajoute: « *Néanmoins*, si le domicile actuel n'est établi que par six mois de résidence.... » Quel serait le sens du mot *néanmoins* s'il ne signifiait pas que le mariage peut être célébré dans un autre lieu que celui où l'on a six mois de résidence, c'est-à-dire au domicile ordinaire. (Valette. Demolombe.)

Ce dernier système est généralement adopté.

§ II. — *Des actes de mariage.*

Quelles sont les formalités qui précèdent la confection de l'acte de mariage?

Avant de procéder à la confection de l'acte de mariage, l'officier de l'état civil doit exiger la production de toutes les pièces qui sont nécessaires pour établir que les futurs époux ont les conditions et qualités requises pour pouvoir se marier. — En conséquence, il se fera remettre:

1° L'acte de naissance de chacun des futurs époux, ou, s'ils sont dans l'impossibilité de le produire, un acte de notoriété.

2° Un acte authentique du consentement de leurs parents, lorsqu'ils n'assistent pas en personne à la célébration. — Si les futurs époux sont majeurs quant au mariage, l'acte de consentement est remplacé par les procès-verbaux des actes respectueux. — Si les ascendants sont morts ou dans l'impossibilité de manifester leur volonté, les époux fourniront la preuve de l'un ou de l'autre de ces deux faits, qui pourront suppléer l'acte de consentement ou les actes respectueux.

3° Une expédition authentique des dispenses d'âge ou de parenté, s'il en a été accordé.

4° L'acte de décès du premier conjoint, si l'un des futurs époux a déjà été marié.

5° Les certificats délivrés par les officiers civils des différentes communes où les publications de mariage devaient avoir lieu. — Ces certificats serviront à deux fins : ils constateront, d'une part, que les publications ont été faites; d'autre part, qu'il n'y a point d'opposition.

6° La mainlevée des oppositions qui ont été faites, s'il y en a eu.

7° Un certificat délivré par le notaire qui a rédigé le contrat de mariage des futurs époux, s'ils ont fait un contrat. (Art. 68, 69, 70, 73. Loi du 10 juillet 1850.)

Que doit énoncer l'acte de notoriété, destiné à suppléer l'acte de naissance des futurs époux?

L'acte de notoriété, destiné à remplacer l'acte de naissance des futurs époux dans le cas où ils sont dans l'impossibilité de le produire, est rédigé par le juge de paix du lieu de leur naissance ou de leur domicile, et homologué par le tribunal. Il doit contenir :

1° La déclaration faite par sept témoins des prénoms, nom, profession et domicile de l'époux auquel il est destiné, et les prénoms, nom, profession et domicile de ses père et mère s'ils sont connus;

2° Le lieu, et, autant que possible, l'époque de sa naissance, ainsi que les causes qui l'empêchent d'en produire la preuve légale.

L'acte signé par le juge de paix et par les témoins est ensuite présenté au tribunal du lieu où le mariage doit être célébré, qui y donne son approbation s'il le juge à propos. (Art. 71, 72.)

Comment les oppositions au mariage sont-elles constatées?

Les oppositions au mariage doivent être constatées avec le plus grand soin. Ainsi, la loi exige que l'original et les copies soient signés par l'huissier et par l'opposant, et, si l'opposition est formée par un mandataire, que la procuration soit reproduite littéralement dans l'exploit. — Outre l'original, qui reste aux mains de l'opposant, il doit y avoir trois copies : la première est remise à celui des futurs époux au mariage duquel on s'oppose ; la seconde, à l'autre époux, qui est intéressé à connaître les motifs de l'opposition; la troisième, à l'officier de l'état civil de l'une des communes où le mariage peut être célébré. Celui-ci met son *visa* sur l'original, puis il mentionne l'opposition sur le registre des publications.

Une fois l'opposition reçue, l'officier de l'état civil ne peut ni célébrer le mariage, ni délivrer aucun certificat d'absence d'opposition. Il en résulte que les époux ne pourront se marier que s'ils en obtiennent la mainlevée. (Art. 66, 67.)

Comment a lieu la célébration du mariage?

Au jour indiqué, les parties se rendent à la maison commune et comparaissent en présence de l'officier de l'état civil, accompagnées de leurs témoins, qui doivent être au nombre de quatre.

L'officier de l'état civil donne lecture des pièces qui ont été produites, et du chapitre sixième du titre du mariage, où la loi établit quels sont les droits et les devoirs respectifs des époux. — Puis il interpelle successivement chacun des deux futurs conjoints, ainsi que les personnes qui autorisent le mariage, si elles sont présentes, d'avoir à déclarer s'il a été fait un contrat, et, dans le cas de l'affirmative, la date de ce contrat, ainsi que les noms et lieu de résidence du notaire qui l'aura reçu. — Ensuite, il leur demande : à l'un, s'il consent à prendre pour femme celle qui est présente et qu'il désigne par ses nom et prénoms; à l'autre, si elle consent à prendre pour mari l'homme qui est à ses côtés, et qu'il désigne également par ses nom et prénoms. — sur la réponse affirmative qui en est faite séparément, par chacune des parties, il déclare au nom de la loi qu'elles sont mariées, et il en dresse acte sur-le-champ. (Art. 75. — Loi du 10 juillet 1850.)

A partir de quel moment le mariage est-il formé?

Le mariage est formé aussitôt que l'officier de l'état civil a déclaré, au nom de la loi, qu'il unissait les époux. — Quant à l'acte qui est dressé, il est nécessaire non pour l'existence, mais seulement pour la preuve du mariage. D'où il résulte que si l'une des parties venait à mourir subitement après le prononcé de l'union, mais avant la rédaction de l'acte de célébration, le mariage n'en existerait pas moins. (Valette.)

Que doit énoncer l'acte de mariage?

L'acte de mariage doit énoncer :

1° Les prénoms, nom, profession et domicile des époux, ainsi que la déclaration qu'ils sont majeurs ou mineurs.

2° Les prénoms, nom, profession et domicile des père et mère; — leur consentement, ou celui des autres ascendants ou de la famille, dans les cas où il était nécessaire; — les actes respectueux, s'il en a été fait.

3° Les publications qui ont eu lieu dans les divers domiciles.

4° La mainlevée des oppositions s'il y en a eu, ou, dans le cas contraire, la mention qu'il n'y en a pas eu.

5° La déclaration des contractants qu'ils veulent se prendre pour mari et pour femme, et le prononcé de leur union par l'officier de l'état civil.

6° Les prénoms, noms, âge, professions et domiciles des témoins, et leur déclaration s'ils sont parents où alliés des parties et à quel degré.

7° La date du contrat de mariage s'il en a été fait, ainsi que le nom et la résidence du notaire qui l'a rédigé; ou la mention que les époux se sont mariés sans contrat. (Art. 76. — Loi de 1850.)

Pourquoi exige-t-on la mention du contrat de mariage?

La mention du contrat de mariage sur l'acte de célébration a pour but de fournir aux tiers, qui auraient à contracter avec les époux, un moyen facile et certain de connaître comment est réglée leur association pécuniaire. — Pour assurer l'observation de cette disposition, la loi oblige le notaire qui a rédigé le contrat à délivrer aux parties un certificat qui en indique la nature. Les parties remettent ensuite ce certificat à l'officier de l'état civil qui doit, sous peine d'amende, le mentionner sur l'acte de célébration.

§ III. — *Des mariages contractés à l'étranger.*

A quelles conditions les mariages contractés par des Français à l'étranger sont-ils valables en France ?

Les mariages contractés par des Français à l'étranger sont valables en France à trois conditions. Il faut :

1° Qu'ils aient été célébrés suivant les formes usitées dans le pays où ils ont eu lieu, conformément à la règle *locus regit actum.*

2° Que toutes les dispositions de la loi française, relatives aux qualités et conditions requises pour pouvoir se marier, aient été accomplies ; car les lois qui règlent l'état et la capacité des personnes sont obligatoires pour les Français en quelque lieu qu'ils se trouvent.

3° Que les publications aient été faites en France. (Art 170.)

Le mariage qui a été célébré à l'étranger sans publications en France est-il nul ?

A cet égard nous trouvons trois systèmes.

Suivant le premier, il faut admettre la négative. — Effectivement, en énonçant que le mariage célébré à l'étranger sera valable *pourvu que* les publications aient été faites en France, l'article 170 ne prononce pas formellement qu'il sera nul, si les publications n'ont pas eu lieu. Or, comme, on ne doit admettre, en matière de nullités de mariage, que celles qui ont été expressément édictées, par la loi, il faut décider que les juges ne pourront pas annuler le mariage. (Aubry et Rau.)

Suivant un second système, le mariage qui a été célébré à l'étranger sans que les publications aient été faites en France n'est pas nécessairement nul, puisque la loi n'en prononce pas expressément la nullité ; mais il peut être annulé, puisqu'il manque d'une condition prescrite. — La pensée de la loi a été de donner aux juges un pouvoir d'appréciation, qui leur permette de maintenir le mariage dans les cas où ils jugeront que le défaut de publications est excusable, et de le casser dans le cas contraire. (Valette.)

Enfin, suivant un troisième système, le mariage qui a été célébré à l'étranger sans publications en France est toujours nul, et les juges n'ont à cet égard aucune appréciation à faire. — D'abord, les termes de l'article 170 sont aussi formels que possible : car, dire qu'un acte sera valable *pourvu* qu'une certaine condition soit accomplie, c'est évidemment dire qu'il ne le sera pas si cette condition n'est pas remplie. — En second lieu, l'article 191 énonce que le défaut de publicité entraîne nécessairement la nullité du mariage. Or, pour les mariages célébrés à l'étranger, les publications sont, à elles seules, toute la publicité du mariage, et par conséquent celle-ci fait complétement défaut lorsque les publications n'ont pas eu lieu. — Enfin, pour ces sortes de mariage, l'obligation relative aux publications n'aurait aucune sanction si elle n'entraînait pas la nullité du mariage; car l'amende qui est prononcée contre l'officier de l'état civil qui a procédé à la célébration en l'absence des publications, ne pourrait pas frapper l'officier public étranger. (Marcadé.)

Ce dernier système nous paraît préférable.

Les Français qui se sont mariés à l'étranger n'ont-ils pas à accomplir une formalité à leur retour en France?

Oui; aux termes de l'article 171, les Français qui se sont mariés à l'étranger doivent, dans les trois mois de leur retour en France, faire transcrire leur acte de mariage sur les registres de l'état civil du lieu de leur domicile.

Le législateur a omis d'indiquer quelle était la sanction de cette disposition. Mais tout le monde admet qu'elle ne consiste pas dans la nullité du mariage; car les nullités doivent être édictées expressément, et celle-ci ne l'est pas. — Quelques-uns disent que la femme qui n'a point fait transcrire son acte de mariage ne sera pas recevable à invoquer contre les tiers sa qualité de femme mariée, soit pour faire annuler les contrats qu'elle aurait imprudemment contractés, soit pour obtenir le bénéfice de son hypothèque légale ; mais on convient généralement que la pensée de la loi ne va pas aussi loin, et que le défaut de transcription ne ferait que rendre la preuve de la célébration du mariage plus difficile et plus lente. (Valette. Mourlon.)

CHAPITRE TROISIÈME

DES OPPOSITIONS AU MARIAGE

Articles 172 à 179.

Qu'est-ce que l'opposition?

L'opposition est un acte par lequel certaines personnes autorisées par la loi font défense à l'officier de l'état civil de procéder à la célébration du mariage.

L'opposition qui est régulière, c'est-à-dire qui est faite dans la forme prescrite et par les personnes que la loi y autorise, a pour effet immédiat d'obliger l'officier de l'état civil à surseoir à la célébration du mariage jusqu'à ce que la mainlevée en ait été donnée, sous peine d'encourir une amende de 300 francs, sans préjudice des dommages-intérêts auxquels il pourrait être condamné envers les opposants.

Les oppositions offrent un double avantage. — Elles servent d'abord à faire connaître à l'officier de l'état civil les empêchements dirimants ou prohibitifs qui existent à l'encontre de l'union projetée. — En outre, elles fournissent aux ascendants des époux un moyen facile pour retarder la célébration d'un mariage imprudemment consenti. (Art. 68.)

Combien y a-t-il d'espèces d'oppositions?

On distingue deux espèces d'oppositions : l'opposition légale et l'opposition officieuse.

L'opposition est *légale*, lorsqu'elle est formée par certaines personnes, dans les cas et suivant les formes prescrites par la loi.—En l'absence d'une de ces conditions, elle est purement *officieuse*; ou plutôt elle n'a, comme nous allons le voir, que la valeur d'un simple avertissement.

L'opposition légale forme obstacle à la célébration du mariage par le seul fait qu'elle a été formée, alors même que les causes d'empêchements qui y sont énoncées n'existeraient pas. — Au contraire, l'opposition dite officieuse n'oblige pas par elle-même, et l'officier de l'état civil qui la reçoit n'est pas tenu de la prendre en considération. Seulement, il fera bien de ne pas la négliger, afin qu'on ne puisse pas l'accuser de connivence, dans le cas où les empêchements au mariage qu'on lui signale existeraient réellement.

Quelles sont les personnes qui peuvent former opposition?

Dans notre ancien droit, toute personne était admise à former opposition ; ce qui donnait lieu à de nombreux abus. Pour les faire cesser, le législateur du Code a limité le droit d'opposition quant aux personnes et quant aux causes. — Ainsi, peuvent seulement former opposition :

1° La personne engagée dans le mariage avec l'un des futurs époux ;

2° Les ascendants des futurs époux ;

3° Certains collatéraux qui sont : le frère ou la sœur, l'oncle ou la tante, le cousin ou la cousine germaine de l'un des époux, pourvu toutefois qu'ils soient majeurs et qu'il n'y ait pas d'ascendants ;

4° Le tuteur ou le curateur de l'un des époux, pourvu qu'ils soient autorisés par le conseil de famille. (Art. 172, 173, 174, 175.)

Quelles sont les causes qui autorisent à former opposition ?

Il faut distinguer.

Lorsque l'opposition est formée par la personne qui est engagée avec l'un des futurs époux dans les liens d'un précédent mariage, elle ne peut avoir lieu qu'à raison de l'existence d'un premier mariage, et cette cause doit être exprimée dans l'acte.

Lorsqu'elle est formée par les ascendants, elle doit être fondée sur l'existence d'un empêchement dirimant ou prohibitif quelconque. — Seulement la cause de l'opposition n'a pas besoin alors d'être exprimée dans l'acte, et les ascendants ne seront obligés de la faire connaître que lorsque les époux les actionneront en mainlevée de l'opposition. Jusque-là, il leur est permis de ne pas l'énoncer, et la loi leur permet de former opposition, alors même qu'il n'existerait pas d'empêchement légal, pour leur donner la possibilité de retarder un mariage qui serait sur le point d'être imprudemment contracté.

Lorsque l'opposition est formée par certains collatéraux ou par les tuteurs et curateurs, elle ne peut avoir lieu que pour deux causes, qui doivent être exprimées dans l'acte : 1° lorsque le consentement du conseil de famille, dans le cas où il était nécessaire, n'a pas été donné ; 2° lorsque l'un des futurs époux est en état de démence. Mais alors, dans ce dernier cas, si les futurs époux demandent la mainlevée de l'opposition, l'opposant devra, afin de prouver que celle-ci était bien fondée, introduire une instance en interdiction dans le délai qui lui sera fixé par le tribunal.

On voit par là que les causes pour lesquelles on peut former opposition sont extrêmement restreintes, sauf le cas où l'opposition est formée par les ascendants. (Art. 174, 175.)

Dans quel ordre les ascendants peuvent-ils former opposition ?

En principe, les ascendants d'une même ligne n'exercent pas concurremment le droit d'opposition. Ils ne viennent que les uns à défaut des autres, en commençant par ceux qui se trouvent au degré le plus rapproché de l'enfant. De plus, la mère n'exerce ce droit qu'à défaut du père, l'aïeule qu'à défaut de l'aïeul. — Mais il en est différemment lorsqu'il s'agit d'ascendants qui appartiennent à deux lignes différentes : ils exercent concurremment le droit d'opposition, en sorte que ceux qui représentent une ligne ont le droit de s'opposer au mariage, alors même que les ascendants de l'autre ligne y ont donné leur approbation.

Au surplus, les ascendants conservent le droit de former opposition, même lorsque l'enfant est devenu majeur quant au mariage. — Seulement, dans ce dernier cas, l'ascendant devra justifier de l'existence d'un empêchement dirimant ou prohibitif pour faire maintenir son opposition si les époux en demandent la mainlevée ; au lieu que, si l'enfant est mineur, il lui suffira d'énoncer son refus de consentement. (Art. 173.)

Quelle utilité les collatéraux ont-ils à former opposition pour défaut de consentement du conseil de famille ?

L'utilité de cette opposition ne s'aperçoit pas au premier abord. En effet, si le conseil de famille n'a pas donné son consentement au mariage, dans les cas où il était nécessaire, ce fait seul suffit pour en arrêter la célébration, et alors l'opposition est inutile. — Cela est vrai dans la plupart des cas : mais il peut arriver que l'officier de l'état civil ait été trompé par un faux acte de naissance qui lui ait fait croire à la majorité du pupille, et qu'il soit sur le point de procéder à la célébration. C'est alors que l'opposition est utile pour l'avertir.

Comment concevoir qu'un tuteur puisse fonder son opposition sur l'état de démence du futur époux ?

On ne comprend guère, au premier abord, qu'un tuteur qui forme opposition au mariage de son pupille ait lieu de la fonder sur son étatde démence. En effet, si le futur époux est en état de démence, le conseil de famille a dû refuser son consentement, et alors l'opposition du tuteur sera fondée sur le refus de consentement, et non point sur l'état de démence.

Pour expliquer cette disposition de la loi, on a recours à une hypothèse qui se présentera bien rarement. On suppose qu'en l'absence du tuteur un mineur a été autorisé par le conseil de famille à contracter mariage : le tuteur, qui le croit en état de démence, requiert une nouvelle délibération. Mais e conseil de famille, conservant des doutes à cet égard, ne veut pas retirer son consentement, et se borne à autoriser le tuteur à agir, s'il le veut, à ses risques et périls.

Le ministère public peut-il former opposition au mariage?

A cet égard, les auteurs ne sont pas d'accord.

Les uns admettent l'affirmative. — Le ministère public, disent-ils, peut agir d'office dans toutes les questions qui intéressent l'ordre public. Or, l'ordre public est intéressé à ce que le mariage ne soit pas célébré lorsqu'il existe un empêchement dirimant. — En outre, le ministère public peut demander la nullité du mariage lorsqu'il a été contracté en l'absence des conditions prescrites : d'où il suit qu'on doit lui accorder le droit d'opposition, car il vaut mieux prévenir le mal que d'avoir à le réprimer.

Mais on répond que le droit d'action du ministère public doit nécessairement s'arrêter dans les cas particuliers où la loi le rejette. Or, elle le rejette en matière d'opposition, en désignant limitativement les personnes qui peuvent la former. — En second lieu, l'opposition qui serait mal fondée pourrait causer un grave préjudice aux époux, lors même qu'ils en obtiendraient la mainlevée, parce qu'elle retarderait le mariage ; tandis que la demande en nullité ne peut pas leur nuire sérieusement si elle est reconnue mal fondée: d'où il suit que le droit de demander la nullité du mariage ne doit pas entraîner celui de former opposition.

Quelles sont les personnes qui ne peuvent pas former opposition?

Les personnes qui ne peuvent pas former opposition au mariage sont : les descendants, les neveux et nièces, les cousins autres que germains, les alliés des futurs époux, leurs créanciers. Il en est de même, à notre avis, du ministère public. — Au surplus, les personnes mêmes qui peuvent former opposition n'exercent leur droit que dans certaines limites. Ainsi, les collatéraux ne peuvent former opposition qu'à défaut d'ascendants; les tuteurs et curateurs qu'avec l'autorisation du conseil de famille; enfin les ascendants d'une même ligne ne peuvent la former que les uns à défaut des autres.

Que doit énoncer l'opposition?

L'opposition doit énoncer, à peine de nullité :

1° La qualité de l'opposant, afin qu'on puisse reconnaître si elle est formée par une personne qui y est autorisée;

2° L'élection du domicile par l'opposant dans le lieu où le mariage doit être célébré, afin que les futurs époux aient plus de facilité pour former leur demande en mainlevée;

3° Les motifs sur lesquels elle se fonde, sauf exception pour les ascendants;

4° Enfin, elle doit porter la signature de l'huissier qui l'a rédigée, ainsi que celle de l'opposant. (Art. 176.)

A qui l'opposition doit-elle être signifiée?

L'opposition doit être signifiée à chacun des époux, ainsi qu'à l'officier de l'état civil de l'une des communes où le mariage peut être célébré. — Peu importe, d'ailleurs, quelle sera la commune où le mariage aura lieu : l'opposition produira toujours son effet, puisque le mariage ne peut être célébré que sur la présentation d'un certificat de non-opposition délivré par les officiers publics de toutes les communes.

Aux termes de l'article 66, l'officier de l'état civil qui reçoit la copie d'une opposition est tenu d'apposer son *visa* sur l'original. La raison de cette disposition vient de ce qu'on a voulu empêcher une contradiction entre l'officier de l'état civil et l'huissier. — Le premier pourrait, en effet, passer outre à la célébration du mariage, et prétendre ensuite n'avoir reçu aucune opposition. Et, comme son affirmation mériterait la même créance que celle de l'huissier, puisqu'ils ont, l'un et l'autre, un caractère public, les juges auraient été embarrassés pour trancher la difficulté. En imposant à l'officier de l'état civil l'obligation d'apposer son *visa*, la loi a coupé court à tout débat de cette nature.

Que doit faire le futur époux qui veut détruire l'effet d'une opposition?

L'opposition, lorsqu'elle est régulière en la forme, empêche, comme nous le savons, la célébration du mariage. En conséquence, les époux doivent la faire lever, s'il est possible, pour pouvoir donner suite à l'union projetée.

La mainlevée de l'opposition peut avoir lieu de deux manières : par le désistement volontaire de l'opposant, ou bien par un jugement. — Dans ce dernier cas, les futurs époux forment leur demande devant le tribunal du lieu où l'opposant a fait élection de domicile. Ce lieu est l'une des communes où le mariage pouvait être célébré.

Comment les demandes en mainlevée d'opposition sont-elles jugées ?

Les demandes en mainlevée d'opposition sont jugées comme les affaires requérant célérité. En conséquence, elles sont dispensées du préliminaire de conciliation. En outre, la sentence doit être prononcée, s'il est possible, dans les dix jours, tant en première instance qu'en appel.

Si l'opposition est rejetée, les opposants pourront être condamnés à des dommages-intérêts. Toutefois il est fait exception pour les ascendants. (Art. 177, 178, 179.)

CHAPITRE QUATRIÈME

DES DEMANDES EN NULLITÉ DE MARIAGE

Articles 180 à 202.

Pour plus de clarté, nous traiterons successivement : 1° Des nullités du mariage ; 2° de la preuve de la célébration du mariage ; 3° des mariages putatifs.

§ I. — *Des nullités du mariage.*

D'où proviennent les nullités du mariage ?

Ainsi qu'on l'a vu précédemment, l'absence d'une condition requise pour pouvoir se marier constitue un empêchement au mariage. Cet empêchement est prohibitif, lorsqu'il ne fait qu'empêcher la célébration du mariage, sans porter atteinte à sa validité ; il est dirimant, lorsqu'il s'oppose en même temps à la célébration du mariage et à sa validité, s'il a été célébré. — Il en résulte que toutes les nullités du mariage, quelles qu'elles soient, proviennent des empêchements dirimants, et qu'elles proviennent uniquement d'empêchements de cette catégorie.

N'y a-t-il pas plusieurs sortes de nullités du mariage?

Oui; il y a deux sortes de nullités du mariage, savoir : les nullités relatives, et les nullités absolues.

Les nullités *relatives* sont celles qui ne peuvent être invoquées que par quelques personnes et seulement dans un certain délai.

Les nullités *absolues* sont celles qui peuvent être invoquées en tout temps et par toutes les personnes qui y ont un intérêt né et actuel.

Ainsi, lorsqu'on dit qu'un mariage est *annulable*, on entend par là qu'il est affecté d'un vice; que ce vice ne l'empêche pas d'exister, mais qu'il fournit à la personne lésée un motif suffisant pour en demander la cassation. — Et, lorsqu'on dit qu'un mariage est *nul, radicalement nul*, on entend par là qu'il manque d'une condition nécessaire à son existence; que l'absence de cette condition l'empêche d'exister réellement, bien qu'il ait une apparence trompeuse de vie, et que dès lors toutes les personnes qui y ont intérêt, car il faut avoir un intérêt pour agir en justice, peuvent en faire reconnaître l'inexistence par les tribunaux, à quelque époque que ce soit.

Pourquoi a-t-on distingué deux classes de nullités?

La raison de cette distinction est celle-ci : comme nous l'avons dit, les nullités, quelles qu'elles soient, proviennent toutes de l'existence d'un empêchement dirimant. Mais, parmi les divers empêchements dirimants, les uns touchent à l'ordre public, à l'intérêt général, ou aux conditions fondamentales et essentielles de l'union conjugale. Tels sont : l'existence d'un premier mariage, le défaut de consentement des époux, le défaut de publicité, la parenté ou l'alliance, le défaut d'âge; les autres, au contraire, tels que le défaut de consentement des parents et le vice du consentement des époux, n'ont été établis que pour protéger les intérêts privés, et ils ne touchent pas au mariage dans ce qu'il a d'essentiel au point de vue de l'ordre public. — En conséquence, rien n'était plus rationnel que de décider, ainsi que l'a fait le législateur, que l'existence des uns serait de nature à entraîner la nullité absolue du mariage; tandis que l'existence des autres n'y porterait pas une atteinte aussi radicale, et qu'elle ne ferait que le rendre attaquable pendant un certain laps de temps et seulement par la partie lésée.

Au reste, toutes les nullités, soit relatives, soit absolues, ont cela de commun qu'elles doivent être judiciairement établies. Dès qu'il y a un acte matériel du mariage, dès qu'il existe une célébration, même incomplète, il est nécessaire de s'adresser aux tribunaux pour faire reconnaître que l'union conjugale n'existe qu'en apparence.

Quelles sont les nullités relatives ?

Les nullités relatives sont :

1° Le vice du consentement des époux ;

2° Le défaut de consentement des parents.

Qu'entend-on par vice de consentement ?

On entend par *vice de consentement* l'imperfection du consentement donné. — Ainsi, il y a *défaut* de consentement, quand le consentement n'a pas été donné du tout, c'est-à-dire quand il n'a pas été exprimé physiquement, ou quand il a eté exprimé par un interdit, ou quand il a été donné en vue d'une autre personne que celle qui est présente ; et il y a seulement *vice* de consentement, lorsque le consentement est affecté d'une imperfection. Dans le premier cas, la nullité est absolue, car le mariage manque de l'une de ses conditions essentielles ; dans le second cas, elle est seulement relative, et il n'y a que la personne dont le consentement a été imparfait qui puisse l'invoquer ; encore ne peut-elle le faire que dans un certain délai, après lequel le mariage devient irrévocable.

Ces deux hypothèses du défaut et du vice de consentement sont clairement distinguées par les articles 146 et 180 du Code. — Suivant le premier, « il n'y a point de mariage, lorsqu'il n'y a point de consentement. » — Suivant le second, « le mariage qui a été contracté sans le consentement libre des époux, ou de l'un d'eux, ne peut être attaqué que par les époux ou par celui des deux dont le consentement n'a pas été libre. Lorsqu'il y a erreur dans la personne, le mariage ne peut être attaqué que par celui des deux époux qui a été induit en erreur. »

Quels sont les vices qui peuvent affecter le consentement et le rendre imparfait ?

En principe, les vices qui peuvent affecter le consentement et le rendre imparfait sont l'erreur, la violence et le dol.

Toutefois, en matière de mariage, le dol a été écarté, par la raison que, s'il porte sur les avantages pécuniaires, il n'a pas assez d'importance pour entraîner une nullité aussi grave que celle de l'union conjugale, et que, s'il porte sur la personne d'un des époux, il se confond avec l'erreur. — En résumé, pour être parfait, le consentement des époux doit être exempt d'erreur ou de violence.

Qu'est-ce que la violence ?

La violence est la crainte actuelle d'un mal considérable, sans laquelle une partie n'aurait pas contracté.

La loi n'indique pas quel doit être le degré de la crainte, ni quelles sont les causes qui doivent la justifier. — Elle exige seulement qu'elle soit *actuelle*, c'est-à-dire qu'elle porte atteinte à la liberté de la partie au moment même où elle contracte, et qu'elle soit *raisonnable*, c'est-à-dire qu'elle ait été fondée. Sur ce dernier point, les juges ont plein pouvoir pour apprécier, en tenant compte de l'âge, du sexe et de la condition des personnes qui ont subi la violence. (Art. 1112.)

Pourquoi la violence ne produit-elle pas le défaut absolu de consentement ?

La violence ne produit pas le défaut absolu de consentement, et elle ne fait que le rendre imparfait, parce qu'elle ne l'empêche pas d'exister dans une certaine mesure. — La personne qui consent au mariage sous l'empire de la crainte n'en exprime pas moins un consentement. Elle veut, ou si l'on aime mieux, elle préfère se marier avec la personne présente plutôt que d'encourir un danger considérable qui la menace si elle ne se marie pas. Quels que soient les motifs qui lui font donner son consentement, il n'en est pas moins vrai qu'elle le donne, et cela suffit pour donner la vie au contrat. Seulement, comme son consentement est alors très-imparfait, le législateur l'autorise à demander la cassation du mariage pendant un certain délai, à partir du moment où elle aura recouvré sa pleine liberté.

Qu'est-ce que l'erreur ?

L'erreur a plusieurs degrés : tantôt elle vient de ce qu'on a en vue autre chose que ce qui est, ou une personne différente que celle qui est présente ; tantôt elle vient de ce qu'on attribue à une chose ou à une personne des qualités substantielles qu'elles n'ont pas. — Dans le premier cas, l'erreur produit le défaut absolu de consentement et elle est une cause de nullité absolue, c'est-à-dire d'inexistence du contrat. Dans le second cas, elle produit seulement l'inperfection du consentement et elle est seulement une cause de nullité relative.

Aux termes de l'article 180, le mariage peut être attaqué quand il y a eu erreur dans la personne avec laquelle on a contracté.

Que faut-il entendre par ces mots erreur dans la personne ?

A cet égard il y a deux systèmes.

Suivant le premier, ces mots *erreur dans la personne* se réfèrent à l'erreur sur l'identité physique de la personne avec laquelle on a contracté; ils visent le cas où l'on aurait donné son consentement à une personne, en croyant en épouser une autre. Suivant le second système, au contraire, ils se réfèrent à l'erreur sur les qualités essentielles de la personne. La seconde interprétation est préférable, et nous allons le démontrer.

D'abord, nous remarquerons que s'il s'agissait de l'erreur sur l'identité physique de la personne avec laquelle on a contracté mariage, il n'y aurait pas vice, mais défaut absolu, inexistence du consentement. Or, le cas où il n'y a point de consentement ayant déjà été prévu par l'article 146, il ne saurait pas en être question ici; autrement, l'article 180 ne ferait que le répéter, ce qui est admissible. — En second lieu, s'il s'agissait de cette sorte d'erreur, le législateur aurait dû autoriser toutes les personnes intéressées à faire prononcer la nullité du mariage, à quelque époque que ce soit, puisqu'elle donne lieu à une nullité absolue; tandis qu'il n'y autorise que l'époux qui a été induit en erreur, et seulement pendant six mois. — En conséquence, il faut décider que les mots, *erreur dans la personne,* ne peuvent se référer qu'à l'erreur sur les qualités de la personne.

Mais ici se présente une question très-délicate : quelles sont les qualités essentielles de la personne, auxquelles se réfère notre article 180 ? — Avant d'aborder cette question, nous observerons d'abord que l'erreur dans la personne est susceptible de se produire de plusieurs manières. Il peut y avoir : 1° erreur sur l'identité physique de la personne, par suite d'une substitution frauduleuse de personnes ; 2° erreur sur son identité juridique, par suite d'une substitution frauduleuse d'origine et de filiation ; 3° erreur sur ses qualités essentielles au point de vue du mariage ; 4° enfin, erreur sur ses qualités morales et accessoires.

Comme nous l'avons vu, il n'est pas question ici de l'erreur sur l'identité physique. — Restent trois autres sortes d'erreurs, qui portent sur les qualités de la personne, mais sur des qualités qui peuvent être d'une nature différente.

Quelles sont les qualités de la personne, auxquelles se réfère l'article 180?

Suivant un premier système, la loi n'ayant pas déterminé quelles sont ces qualités il faut laisser aux tribunaux le soin de les apprécier. Ils décideront, suivant les circonstances, si l'erreur a essentiellement altéré le consentement de la partie qui l'a subie. C'est là, en un mot, une question de fait et non point une question de droit. — Ce système élude la difficulté, sans la résoudre; car rien ne prouve que le législateur ait voulu laisser aux juges un tel pouvoir d'appréciation.

Suivant une autre opinion, l'erreur dont il est question dans l'article 180 porte sur deux points : 1° sur les qualités essentielles à l'accomplissement des fins légales du mariage; 2° sur l'identité juridique de la personne.

Pour pouvoir se rendre compte des qualités qu'on doit regarder comme essentielles, il faut considérer le mariage d'une manière générale et abstraite. En le considérant ainsi, on voit qu'il est destiné à procurer l'accomplissement de deux fins : l'assistance réciproque et la procréation; que c'est là son but essentiel, général et absolu. Toute personne qui se marie est présumée le faire principalement et immédiatement dans cette vue, et le mariage ne produirait pas son effet légal, il serait détourné de sa destination essentielle si elle n'était pas réalisée.

Quant aux qualités morales, quant aux avantages de toute nature que les époux ont en vue en se mariant, ils constituent les motifs, mais non point la cause immédiate et essentielle du contrat. — En conséquence, il faut décider qu'on peut demander l'annulation du mariage pour cause d'erreur dans la personne, lorsqu'on a épousé une personne que l'on croyait physiquement ou moralement apte à l'assistance ou à la procréation et qui ne l'est pas : par exemple, lorsqu'une femme catholique a épousé un prêtre en ignorant le caractère dont il était revêtu, ou lorsqu'on a épousé une personne condamnée à une peine perpétuelle, dont on ne connaissait pas les antécédents, ou enfin lorsqu'on a épousé, par erreur, une personne impuissante.

D'autre part, l'erreur mériterait également d'être prise en considération si elle portait sur l'état civil de la personne avec laquelle on a contracté, pourvu, cependant, qu'elle affecte sa personnalité civile tout entière. — Ainsi en serait-il si l'un des époux s'était fait agréer en se présentant comme membre d'une famille qui n'est pas la sienne, et s'était attribué des qualités d'origine et de filiation qui appartiennent à une autre personne.

Par contre, l'erreur serait indifférente à la validité du mariage si elle n'avait porté que sur les qualités morales de la personne. — Ainsi, la femme qui a épousé, par erreur, un forçat libéré, l'homme qui s'est uni à une prostituée, croyant donner son nom à une jeune fille pure et vertueuse, ne seraient pas admis à faire casser leur mariage. — En effet, la loi n'a pas à venir au secours des époux lorsque l'erreur dont ils souffrent porte uniquement sur des qualités privées et accessoires et qu'elle n'affecte pas les conditions générales et essentielles de l'union conjugale. C'était à eux de mieux se renseigner sur les vices ou sur les antécédents de la personne avec laquelle ils ont consenti à s'unir : si ces vices ou ces antécédents ne forment pas obstacle à l'accomplissement des fins légales du mariage, ils ne sauraient donner lieu à aucun recours.

En résumé, voici quels sont les effets de l'erreur dans la personne : — 1° Lorsqu'elle porte sur l'identité physique de la personne, elle produit la nullité absolue du mariage, en sorte que tous les intéressés pourront l'attaquer, à quelque époque que ce soit. — 2° Lorsqu'elle porte sur son identité juridique ou sur les qualités essentielles au mariage, elle produit seulement la nullité relative du contrat, en sorte que l'époux trompé pourra seul l'attaquer, et qu'il ne pourra le faire que pendant un délai très-court, passé lequel le mariage devient inattaquable. — 3° Enfin, lorsqu'elle porte sur les qualités morales et accessoires de la personne, elle n'empêche pas le mariage d'avoir toute sa validité. (Cass. 24 avril 1862.)

Qui peut demander l'annulation du mariage, pour vice de consentement?

L'action en nullité, ou plutôt en annulation du mariage, pour vice de consentement, ne peut être intentée que par l'époux qui a consenti sous l'empire de la violence ou de l'erreur. — Effectivement, le consentement existe, bien qu'il soit vicié, et dès lors le mariage a toutes ses conditions essentielles. (Art. 180.)

Dans quel délai doit-on intenter cette action ?

Il faut distinguer :

S'il y a eu cohabitation entre les époux, l'action doit être intentée dans le délai de six mois, à partir du jour où la violence ou l'erreur ont cessé. — La loi présume qu'en acceptant la cohabitation l'époux a renoncé à faire casser le mariage.

Si la cohabitation n'a pas eu lieu, la loi ne fixe pas de délai pour intenter l'action. — Et, comme les actions relatives à l'état des personnes sont imprescriptibles, il faut, suivant nous, décider qu'elle pourra être intentée à toute époque. Effectivement, le refus de la vie commune exprime trop énergiquement la protestation de l'époux trompé pour qu'on puisse interpréter son silence dans le sens d'un acquiescement au mariage. (Art. 181.)

La nullité résultant du vice de consentement peut-elle être couverte par une ratification expresse ?

La loi ne s'est pas expliquée à cet égard. — Mais, comme elle admet une ratification tacite, résultant du silence de l'époux pendant six mois, quelques auteurs décident que celui-ci pourrait également renoncer à son action, en ratifiant expressément le mariage, c'est-à-dire en déclarant par écrit qu'il entend le maintenir malgré le vice dont il est affecté. (Mourlon.)

Cette opinion nous paraît inexacte. — En effet, la ratification qui résulte du silence gardé pendant six mois, et de l'acceptation de la vie commune durant cet intervalle, a une tout autre portée que celle qui résulterait d'une simple déclaration écrite, qui peut être faite en un instant. Dans le premier cas, l'époux n'accepte le mariage qu'après en avoir fait l'expérience pendant un certain laps de temps, il ne l'accepte, pour ainsi dire, qu'à la longue, et cela dénote que son acceptation est faite avec réflexion et en connaissance de cause. Dans le second cas, au contraire, il suffit d'un instant de faiblesse, pour déterminer l'acceptation. Il n'y a donc aucune analogie entre ces deux modes de ratifications, et c'est pour cela que le Code n'admet pas d'autre ratification que celle qui résulte d'un silence prolongé pendant un certain laps de temps.

Quelles sont les personnes qui peuvent demander la nullité du mariage, pour défaut de consentement des parents ?

Le défaut, c'est-à-dire le manque absolu du consentement des ascendants ou du conseil de famille dans les cas où il était nécessaire, produit la nullité, mais seulement la nullité relative du mariage, parce que le consentement de la famille n'est exigé qu'en vue des intérêts privés des époux et de leurs parents. — En conséquence, peuvent seuls invoquer cette nullité :

1° Celui des époux qui avait besoin du consentement de sa famille pour pouvoir se marier ;

2° Les ascendants ou le conseil de famille dont le consentement était nécessaire et qui ne l'ont pas donné. (Art. 182.)

Dans quel délai doit-on intenter cette action ?

Il faut distinguer :

Si l'action est exercée par l'époux qui s'est marié sans le consentement de ses parents, elle doit être intentée dans le délai d'un an, à partir du moment où il a atteint l'âge compétent pour pouvoir se marier sans le consentement d'autrui. — Ainsi, l'épouse pourra l'exercer tant qu'elle n'aura pas dépassé l'âge de 22 ans, et l'époux tant qu'il n'aura pas dépassé 26 ans.

Si l'action est exercée par les ascendants ou par le conseil de famille, elle doit également être intentée dans le délai d'un an. — Mais ce délai ne commence à courir qu'à compter du jour où ils ont eu connaissance du mariage.

Lorsque l'enfant ou les ascendants ont laissé passer les délais sans exercer leur action, ils sont présumés y avoir renoncé. (Art. 183.)

L'action n'est-elle pas susceptible d'être éteinte encore autrement ?

Oui; l'action en nullité du mariage pour défaut de consentement des parents peut, en outre, être éteinte, soit par une ratification expresse, soit par un acquiescement tacite. — L'acquiescement aura lieu, par exemple, si le beau-père a reçu sa bru dans sa maison; s'il l'a traitée comme une personne de sa famille; si enfin il a témoigné suffisamment, d'une manière ou d'une autre, qu'il approuvait le mariage.

Observons que la ratification soit expresse, soit tacite, qui émane des ascendants, rend l'époux lui-même non recevable à demander la nullité; tandis que la ratification émané de l'époux n'éteint pas le droit des ascendants.

La mère qui n'a pas été consultée pour le mariage peut-elle l'attaquer ?

Il faut distinguer :

Si le père existait au moment du mariage et s'il y avait consenti, la mère ne pourrait pas en demander la nullité; car, aux termes de l'article 148, le consentement du père suffit pour la validité du mariage.

Si le père existait au moment du mariage, mais s'il n'y avait pas consenti, la mère survivante pourrait, au contraire, en demander la nullité, par la raison que le père en aurait le droit s'il était vivant et qu'elle lui a succédé dans l'exercice de tous les droits qui dérivent de la puissance paternelle.

Enfin, elle pourrait également attaquer le mariage s'il n'avait eu lieu qu'après la mort du père et qu'elle n'eût pas été consultée.

Quelles sont les nullités absolues du mariage ?

Les nullités absolues du mariage sont :

1° Le défaut d'âge ou de puberté;

2° L'existence d'un premier mariage;

3° La parenté au degré prohibé;

4° Le défaut de publicité;

5° L'incompétence de l'officier de l'état civil.

Outre ces nullités, il en existe trois autres que le Code ne mentionne pas ici, savoir : 1° le défaut de consentement des époux; 2° le défaut d'intervention d'un officier de l'état civil; 3° l'identité de sexe.

Le défaut de consentement des époux est évidemment une nullité absolue, puisque l'article 146 exprime qu'il n'y a pas de mariage lorsqu'il n'y a point de consentement. — Il en est de même de l'intervention de l'officier de l'état civil, puisque l'article 165 exprime qu'elle est nécessaire à l'existence du mariage, et que l'article 191 ajoute que le défaut de *compétence* de l'officier public permet d'attaquer le mariage. — Enfin, il est manifeste que l'identité de sexe est un empêchement absolu au mariage, et, par suite, une cause de nullité radicale.

Par contre, nous devons faire observer que, parmi les nullités que nous avons signalées comme étant absolues, il s'en trouve une qui est moins absolue que les autres, celle qui résulte du défaut d'âge. En effet, cette nullité est susceptible de disparaître avec le temps, tandis que les autres nullités absolues sont imprescriptibles. Aussi quelques auteurs en ont-ils fait une nullité spéciale, qu'ils ont appelée *nullité mixte*.—Comme elle a le caractère principal des nullités absolues, qui est de rendre le mariage attaquable par toutes les personnes qui y ont intérêt, nous croyons devoir la ranger parmi ces nullités. (Art. 184.)

Quelles sont les personnes qui peuvent demander la nullité du mariage, à raison du défaut de puberté des époux?

La nullité qui résulte du défaut de puberté des époux peut, comme les autres nullités absolues, être invoquée par toutes les personnes qui ont un intérêt né et actuel à faire reconnaître l'inexistence du mariage. — Ces personnes sont :

1° Les époux eux-mêmes; car ils ont évidemment intérêt à faire cesser une union contraire aux lois.

2° Les ascendants les plus proches des époux, dans l'ordre où ils peuvent former opposition; car la loi leur reconnaît un intérêt moral suffisant pour attaquer un mariage qui serait de nature à blesser l'honneur et la considération de la famille.

3° Les collatéraux des époux; car ils ont un intérêt né et actuel à faire reconnaître l'inexistence du mariage.—Seulement, ils ne peuvent intenter l'action en nullité que lorsque leur intérêt est devenu né et actuel.

4° Les enfants que l'un des époux, en supposant que l'un d'eux soit pubère, aurait eus d'un précédent mariage; car ils ont également un intérêt pécuniaire à faire reconnaître que le second mariage est nul, afin d'empêcher les enfants qui en sont issus d'avoir des droits égaux aux leurs sur la succession de leur parent. — Seulement, comme les collatéraux, ils ne peuvent agir que lorsque leur intérêt est devenu né et actuel.

5° Les créanciers des époux, lorsqu'ils ont également un intérêt né et actuel à faire prononcer que le mariage apparent n'existe pas; ce qui arrivera, par exemple, dans le cas où ils ont contracté avec la femme non autorisée de son mari.

6° Enfin le procureur de la république; car il représente la société, qui est elle-même intéressée à ce que les conditions qui sont exigées pour le mariage, dans l'intérêt de l'ordre public et des bonnes mœurs, soient observées.—Seulement, il ne peut agir que du vivant des époux, parce que la société n'a plus aucun intérêt à l'annulation du mariage, lorsqu'il a été dissous par la mort de l'un d'eux.

Suivant la plupart des auteurs, lorsque la nullité résulte de l'impuberté, de la bigamie ou de l'inceste, le procureur de la république a non-seulement la faculté mais le devoir de poursuivre. (Art. 184, 190.)

Les ascendants peuvent-ils attaquer le mariage de l'impubère, lorsqu'ils lui avaient donné leur consentement ?

Non ; la faute qu'ils ont commise en donnant leur consentement au mariage les rend incapables de pouvoir l'attaquer.

Lorsque le mariage de l'impubère a eu lieu sans leur consentement, ils peuvent, au contraire, invoquer deux causes de nullités : l'une, à raison du défaut de consentement ; et l'autre, à raison de l'impuberté de l'enfant. — Ils auront interêt à recourir à cette seconde cause de nullité, lorsqu'ils ont laissé passer les délais pour invoquer la première. (Art. 186.)

Quand est-ce que les collatéraux et les enfants des époux ont un intérêt né et actuel à faire prononcer la nullité du mariage ?

Les collatéraux des époux, ainsi que les enfants qui sont issus du premier lit, ne peuvent pas intenter leur action dès que le mariage a été formé ; car la loi ne leur reconnaît pas un intérêt moral, ainsi qu'elle le fait pour le premier conjoint de l'un des époux, pour les ascendants, pour le procureur de la république et pour les époux eux-mêmes.

L'intérêt qu'on leur reconnaît à attaquer le mariage étant un intérêt purement pécuniaire, il ne naît et ne devient actuel en général qu'au décès de l'un des époux. — Ils agissent alors, afin d'empêcher les enfants qui sont issus du mariage apparent de recueillir, à leur détriment, la totalité de la succession du prétendu époux. (Art. 187.)

Dans quel délai les personnes intéressées doivent-elles exercer l'action en nullité pour défaut de puberté ?

Ainsi que nous l'avons observé, l'impuberté des époux est une nullité moins absolue que les autres, parce qu'elle est susceptible de disparaître avec le temps. — Effectivement, le mariage qui a été contracté par un impubère devient inattaquable :

1° Lorsqu'il s'est écoulé six mois depuis que l'époux impubère a atteint l'âge de puberté ;

2° Lorsque la femme impubère est devenue enceinte.

Au reste, si la grossesse de la femme éteint l'action qui est fondée sur son impuberté, elle ne produit pas le même résultat lorsque l'action est fondée sur l'impuberté du mari. — En effet, la grossesse de la femme ne prouve pas que le mari soit pubère, parce qu'il n'est pas certain que l'enfant soit issu de ses œuvres. Pour lui en attribuer la paternité, il faudrait pouvoir invoquer la présomption *pater is est quem nuptiæ demonstrant*. Mais cette présomption ne s'applique que dans l'hypothèse d'un mariage régulier. (Art. 185.)

Quelles sont les personnes qui peuvent invoquer la nullité fondée sur l'existence d'un premier mariage ?

La nullité qui résulte de l'existence d'un premier mariage peut également être invoquée par toutes les personnes qui ont un intérêt né et actuel à faire reconnaître que le second mariage n'a pas été valablement formé. Ces personnes sont les mêmes que précédemment, savoir : les époux, leurs ascendants, leurs collatéraux, les enfants qui sont issus d'un précédent mariage, les créanciers, le procureur de la république.

Il faut y ajouter, en outre, l'époux dont le conjoint a contracté un second mariage. — Seulement, si les nouveaux époux soutiennent que le premier mariage est nul, il devra en établir préalablement la validité.

Au reste, la nullité qui résulte de l'existence d'un premier mariage peut être invoquée à toute époque par les intéressés ; car elle porte une atteinte trop grave à l'ordre public et aux bonnes mœurs pour être susceptible de s'effacer avec le temps. (Art. 188, 189.)

Quelles sont les personnes qui peuvent invoquer la nullité fondée sur la parenté ou l'alliance ?

La nullité qui résulte de la parenté ou de l'alliance au degré prohibé entre les époux peut également être invoquée par toutes les personnes qui ont un intérêt né et actuel à faire reconnaître l'inexistence du mariage. Ces personnes sont : les époux, leurs ascendants, leurs collatéraux, les enfants qui sont issus d'un précédent mariage, les créanciers, le procureur de la république.

Comme les autres nullités absolues, cette nullité peut être invoquée à toute époque. (Art. 184.)

Quelles sont les personnes qui peuvent invoquer la nullité fondée sur le défaut de publicité ?

La nullité qui résulte du défaut de publicité peut de même être invoquée par toutes les personnes qui ont un intérêt né et actuel à faire reconnaîre l'existence d'un premier mariage. Ces personnes sont : les époux, leurs ascendants, leurs collatéraux, les enfants qui sont issus d'un précédent mariage, les créanciers, le procureur de la république.

Comme les autres nullités absolues, cette nullité peut être invoquée à toute époque. (Art. 191.)

Le défaut de publicité se confond-il avec le défaut de publications?

Non. — La publicité est un fait complexe, susceptible de plus ou de moins. Comme elle résulte du concours de plusieurs éléments, ou si on l'aime mieux de l'accomplissement de plusieurs conditions, il est possible de supposer un état intermédiaire entre son existence et sa non-existence. Elle peut exister d'une manière incomplète; elle peut être imparfaite; elle peut, en un mot, être affectée d'un vice, sans faire cependant complétement défaut. Dans ce cas, les juges ont un certain pouvoir d'appréciation : ils peuvent maintenir ou annuler le mariage, suivant que la publicité qui lui a été donnée leur paraît ou non suffisante pour répondre au vœu de la loi. Au contraire, ils sont tenus de prononcer la non-existence du mariage, lorsque la publicité fait absolument défaut; ce qui arrivera, par exemple, lorsqu'on aura négligé d'une manière générale d'accomplir les conditions qui y sont relatives, ou lorsqu'il n'y aura pas eu intervention d'un officier de l'état civil.

Les publications forment l'un des éléments de la publicité. Mais il faut bien se garder de les confondre avec celle-ci; car l'existence de la publicité tient encore à d'autres conditions, et ne dépend pas uniquement des publications. Sans doute, leur absence la diminue; mais elle ne l'empêche pas d'exister dans une certaine mesure : par conséquent, elle n'entraîne pas nécessairement la nullité du mariage, puisque dans le cas où il y a seulement vice de publicité les juges ont pouvoir de le maintenir si la publicité, tout imparfaite qu'elle est, leur paraît suffisante.

Dans tous les cas, l'omission des publications entraîne contre l'officier de l'état civil qui a célébré le mariage et contre les parties une amende de 300 francs au plus. (Art. 192.)

Quelles sont les personnes qui peuvent invoquer la nullité fondée sur l'incompétence de l'officier de l'état civil?

La nullité qui résulte du défaut de compétence de l'officier de l'état civil qui a célébré le mariage peut être invoquée par toutes les personnes qui ont un intérêt né et actuel à faire reconnaître sa non-existence. Ces personnes sont : les époux, leurs ascendants, leurs collatéraux, les enfants qui sont issus d'un précédent mariage, les créanciers, le procureur de la république.

Comme les autres nullités absolues, cette nullité peut être invoquée à quelque époque que ce soit. (Art. 184.)

L'incompétence de l'officier de l'état civil entraîne-t-elle nécessairement la nullité du mariage ?

Nous venons de voir que l'imperfection de la publicité n'entraîne pas nécessairement la nullité du mariage. On s'est demandé s'il en était de même de l'incompétence de l'officier de l'état civil.

Quelques auteurs soutiennent la négative. — La publicité, disent-ils, étant susceptible de plus ou de moins, et pouvant se trouver dans un état intermédiaire entre l'existence et la non-existence, on conçoit que la loi ait accordé aux juges un certain pouvoir d'appréciation, qui leur permette de maintenir ou d'annuler le mariage suivant les cas. Mais, comme la compétence de l'officier de l'état civil est un fait simple, qui existe complétement ou qui n'existe pas du tout, elle n'offre aucune matière à l'appréciation des juges, et ceux-ci ne pourront pas faire autrement que de prononcer la nullité du mariage, lorsqu'il a été célébré par un officier de l'état civil incompétent. (Duranton.)

Malgré ces raisons, l'affirmative est généralement admise. — D'abord, on observe que la compétence de l'officier de l'état civil est une des conditions qui concourent à la publicité du mariage, que c'est dans l'intérêt de celle-ci qu'on l'exige : d'où il suit que si elle vient à manquer, la publicité elle-même s'en trouve affectée; qu'elle est diminuée; qu'elle est imparfaite et vicieuse. Or, quand il en est ainsi, quand la publicité est réellement affectée d'un vice, les juges ont le pouvoir de maintenir le mariage. L'article 193 confirme cette doctrine, en énonçant que le mariage pourra être maintenu, lors même que les règles prescrites par l'article 165 n'auraient pas été observées. Or ces règles sont relatives tout-à la fois à la compétence de l'officier de l'état civil et à la publicité du mariage. (Valette. Marcadé.)

Bien entendu, il en est différemment lorsqu'il n'y a pas seulement incompétence, mais défaut d'intervention d'un officier de l'état civil quelconque. — Dans ce cas, il n'y a ni célébration ni publicité, mais une vaine apparence de mariage. (Art. 165, 193.)

§ II. — *De la preuve de la célébration du mariage.*

Comment se prouve le mariage ?

En principe, la preuve du mariage résulte uniquement de la représentation de l'acte inscrit sur les registres de l'état civil. — Néanmoins, on admet trois exceptions à cette règle :

1° Quand il n'y a pas eu de registres, ou quand les registres sont perdus ou détruits ;

2° Quand il existe une condamnation criminelle contre l'officier de l'état civil, ou toute autre personne, pour avoir lacéré ou falsifié l'acte de célébration.

3° Quand les enfants issus du mariage sont dans l'impossibilité de représenter l'acte de célébration, parce qu'ils ignorent dans quelle commune il a été dressé, et que leur père et mère sont décédés. (Art. 46, 194, 197, 198.)

La possession d'état d'époux légitime peut-elle également tenir lieu de l'acte de célébration du mariage ?

Non ; la possession d'état d'époux légitime ne peut jamais remplacer absolument la preuve qui résulte de la célébration du mariage. — En effet, la possession d'état d'époux légitime existe par le simple fait que deux personnes vivent publiquement ensemble comme mari et femme, et l'on comprend combien une pareille possession serait facile à usurper.

Toutefois, bien qu'elle soit impuissante à rien établir par elle seule, la possession d'état d'époux légitimes peut être invoquée utilement dans un cas, pour confirmer une autre preuve, qui sans cela serait insuffisante. C'est dans le cas où le mariage est attaqué par l'un des époux à raison de la célébration irrégulière, et que l'autre époux l'oppose, afin de donner à la célébration la force probante qui lui manque à cause de son irrégularité.

Ainsi, l'effet de la possession d'état est doublement restreint, et les époux ne peuvent l'opposer : 1° que si le mariage est attaqué par l'un d'eux ; 2° que si la célébration a eu lieu, et qu'il s'agit seulement de couvrir le vice qui résulte de son irrégularité.

Dans tout autre cas, la possession d'état d'époux légitime reste absolument sans effet. — Ainsi, elle ne couvre ni l'inscription de l'acte de célébration sur une feuille volante, ni les nullités qui proviennent de l'absence d'une condition requise pour pouvoir se marier.

Revenons maintenant aux preuves proprement dites de la célébration. (Art. 195 196.)

Comment se prouve le mariage, quand il n'y a pas eu de registres, ou quand les registres sont perdus ?

Dans cette hypothèse, les époux peuvent, conformément à l'article 46, établir la célébration de leur mariage, tant par titres et papiers domestiques que par témoins. — Ils l'établiront en prouvant d'abord l'inexistence ou la destruction des registres, et ensuite l'existence de la célébration elle-même.

Comment se prouve le mariage, quand il existe une condamnation criminelle pour la falsification des registres ?

Quand il existe une condamnation criminelle rendue à raison de la falsification ou de la destruction des registres, l'arrêt de la cour d'assises qui constate la falsification ou la destruction opérée par l'officier de l'état civil, ou par toute autre personne, est inscrit sur les registres de l'état civil et sert à prouver l'existence de la célébration du mariage.

Ajoutons que le jugement du tribunal de police correctionnelle qui constaterait, par exemple, l'inscription de l'acte de célébration sur une simple feuille volante pourrait également servir de preuve. — L'article 190 n'attribue, il est vrai, un tel résultat qu'aux décisions rendues à la suite d'une procédure *criminelle*, mais c'est parce qu'on n'avait pas encore déterminé, d'une façon précise, le sens de ces mots « procédure criminelle. » (Art. 198.)

Comment sont intentées les poursuites contre l'auteur de la falsification ou de la destruction de l'acte ?

En principe, les poursuites criminelles ou correctionnelles donnent ouverture à deux actions distinctes ; l'action publique, qui a pour objet la punition du coupable, et qui est exercée par le ministère public ; et l'action civile, qui a pour objet la réparation du préjudice causé, et qui est exercée par la partie lésée.

En outre, il est également de règle en matière pénale que l'action pénale s'éteint par la mort du coupable, et qu'alors le ministère public n'a plus à agir, puisque l'action civile qui subsiste encore contre les héritiers du délinquant appartient exclusivement à la partie lésée.

Or, le Code déroge ici à ces deux règles :

D'abord, il déroge à la première, en autorisant le ministère public à intenter l'action civile, qui tend au rétablissement de la preuve du mariage.

Ensuite, il déroge à la seconde, en décidant que lorsque la poursuite criminelle sera éteinte par le décès du délinquant, l'action civile ne pourra être exercée contre ses héritiers que par le ministère public. (Art. 199, 200.)

Comment justifie-t-on ces dérogations au droit commun?

On justifie la première dérogation, d'après laquelle le ministère public est autorisé à intenter l'action civile en rétablissement de la preuve du mariage, en disant que le rétablissement de cette preuve intéresse l'ordre public et la société dont il est le mandataire légal.

On justifie la seconde dérogation, d'après laquelle le ministère public est seul admis à intenter l'action civile après la mort du délinquant, en faisant observer que si les époux pouvaient l'exercer eux-mêmes, il y aurait à craindre qu'ils ne s'entendissent en secret avec les héritiers de celui-ci. — Comme il est très-important pour eux de pouvoir se procurer la preuve du mariage, et que, d'autre part, les héritiers poursuivis ne sont exposés, en cas de perte du procès, qu'à encourir une condamnation à des dommages-intérêts, ils auraient pu tenter de les faire renoncer à se défendre sérieusement, en leur offrant des avantages pécuniaires considérables. La disposition du Code, qui met la poursuite aux mains du ministère public, rend impossible une pareille entente.

L'article 199 ne renferme-t-il pas quelques inexactitudes?

Oui. — D'abord, cette proposition « que le ministère public pourra intenter l'action criminelle, *si les époux où l'un d'eux sont décédés avant d'avoir découvert la fraude* » est doublement inexacte.

En effet, le ministère public peut très-bien agir pendant que les époux sont encore vivants, s'ils négligent de le faire eux-mêmes. — De plus, il peut également agir après leur mort, qu'ils aient ou non découvert la fraude avant de décéder. — Dans l'un et l'autre cas, le droit d'action du ministère public, qui s'exerce dans un intérêt supérieur d'ordre public, ne doit pas être subordonné au fait des parties intéressées.

En second lieu, l'expression d'action *criminelle* qui est employée par le législateur pour qualifier l'action en rétablissement de la preuve du mariage n'est pas toujours celle qui convient. — En effet, cette action est purement civile lorsque les époux sont seuls à l'exercer.

Que doit-on faire lorsque l'action en rétablissement de la preuve du mariage est prescrite?

En principe, les actions qui sont nées à l'occasion d'un délit se prescrivent par dix ans, à compter du jour où le délit a été commis. L'action en rétablissement de la preuve du mariage, étant née à raison du délit de falsification ou de destruction des registres, sera donc éteinte par ce laps de temps. — Mais alors les parties intéressées auront une autre voie de recours : elles pourront, comme dans le cas de l'article 46, établir que les registres ont été détruits ou falsifiés ; puis, cette preuve faite, elles établiront par tous les moyens qui sont en leur pouvoir l'existence de leur mariage.

Comment les enfants peuvent-ils établir le mariage de leurs père et mère, en l'absence de l'acte de célébration?

Pour pouvoir établir le mariage de leurs père et mère, autrement que par la représentation de l'acte de célébration, les enfants doivent prouver :

1° Que leurs père et mère avaient la possession d'état d'époux légitimes.

2° Qu'ils ont eux-mêmes depuis leur naissance la possession d'état d'enfants légitimes.

3° Que leur possession d'état n'est pas contredite par leur acte de naissance.

4° Que leurs père et mère sont décédés, ou qu'ils se trouvent dans l'impossibilité de manifester leur volonté.

La raison de cette dernière disposition, c'est que si les parents pouvaient fournir des indications sur le lieu du mariage, il n'y aurait pas de motifs pour dispenser les enfants de représenter l'acte de célébration. (Art. 197.)

Si l'un des époux seulement est décédé, l'enfant peut-il être dispensé de représenter l'acte de célébration?

Non ; si l'un des époux seulement est décédé et que le survivant refuse de renseigner l'enfant sur le lieu où le mariage a été célébré, celui-ci ne sera pas dispensé de représenter l'acte de célébration. — En effet, il ne peut en être dispensé qu'autant qu'il a la possession d'état d'enfant légitime ; or le refus du survivant des père et mère ne permet pas qu'on lui attribue cette possession.

Il faut remarquer que la dispense de représenter l'acte de célébration n'existe qu'au profit des enfants, afin de leur faciliter les moyens d'établir leur légitimité. — En conséquence, les collatéraux des époux et les étrangers ne peuvent faire la preuve du mariage que par la production de cet acte, à moins qu'ils ne soient en mesure d'invoquer, comme dans le cas de l'article 46, l'inexistence ou la destruction des registres.

§ III. — *Des mariages putatifs.*

Qu'entend-on par mariage putatif ?

On entend par mariage putatif celui qui est entaché d'une nullité, mais qui a été contracté de bonne foi par les deux époux ou par l'un d'eux.

En principe, le mariage nul ne produit aucun effet. Les enfants qui en sont issus n'ont pas la qualité d'enfants légitimes ; les conventions matrimoniales qui ont été passées pour régler l'association pécuniaire des époux sont considérées comme non avenues ; enfin les droits et les devoirs qui découlent de l'union conjugale disparaissent. — Mais, par un motif d'humanité, la loi admet une exception en faveur des mariages qui ont été contractés de bonne foi : elle décide qu'ils produiront leurs effets jusqu'au jour où ils ont été annulés. (Art. 201.)

A quel moment faut-il que les époux aient été de bonne foi ?

Pour que le mariage nul soit susceptible de produire ses effets, il suffit que la bonne foi des époux ait existé au moment du mariage. — Effectivement, l'époux qui n'a connu l'irrégularité de son mariage qu'après sa célébration est bien excusable de ne pas s'être séparé immédiatement de son conjoint.

Au reste, la bonne foi des époux est toujours présumée exister; et c'est aux personnes qui allèguent le contraire à en faire la preuve. (Art. 201.)

Quels sont les effets du mariage putatif ?

Il faut distinguer :

Si le mariage a été contracté de bonne foi par les deux époux, il produit, pour l'un et pour l'autre, les effets d'une union légitime, jusqu'au jour où la nullité en a été prononcée. — En conséquence, les deux époux conservent le profit des avantages qu'ils se sont faits par leur contrat de mariage, ils continuent de se succéder l'un à l'autre à défaut d'héritiers légitimes, et ils exercent tous les droits qui dérivent de la puissance paternelle.

Mais si le mariage n'a été contracté de bonne foi que par l'un des époux, cet époux conserve seul les avantages qui résultent d'une union légitime. — Toutefois, les enfants qui sont nés pendant le mariage apparent, et qui ont été conçus avant la déclaration de nullité, continuent d'avoir la qualité d'enfants légitimes, par rapport aux deux époux. La plupart des auteurs admettent même que les enfants qui ont été légitimés par le mariage putatif continuent à jouir des avantages de la légitimation, comme si le mariage avait été maintenu. (Art. 202.)

A quelles conditions le bénéfice de la bonne foi s'applique-t-il aux mariages nuls?

Aux termes de l'article 201, le mariage qui a été déclaré nul produit néanmoins ses effets civils, lorsqu'il a été *contracté* de bonne foi. — Comme on le voit, cet article ne s'arrête pas à telle ou à telle cause de nullité, il s'applique à toutes en général, en supposant seulement deux faits, savoir : 1° un contrat passé; 2° la bonne foi des contractants, ou de l'un d'eux. — Doit-on en conclure que l'effet de la bonne foi couvre absolument toutes les nullités, quelles qu'elles soient, pourvu qu'il y ait un consentement au mariage de la part des parties ? C'est là un point controversé.

Un grand nombre d'auteurs admettent l'affirmative. — Le Code, disent-ils, ne fait aucune distinction entre les diverses nullités : il exige seulement qu'il y ait eu un contrat passé de bonne foi. Or, il y a contrat dès qu'il y a consentement des parties : par conséquent, le consentement, joint à la bonne foi, suffit, sans autres conditions, pour que le mariage produise ses effets civils. (Marcadé.)

Suivant un second système, on exige, outre le consentement des parties au mariage, qu'il y ait eu intervention d'un officier de l'état civil. Voici comment on raisonne : sans doute, observe-t-on, il faut appliquer le bénéfice de la bonne foi aux mariages absolument nuls, absolument inexistants, et qui n'offrent qu'une vaine apparence de l'union conjugale. Mais encore faut-il qu'ils offrent cette apparence, et ils ne peuvent l'offrir que s'il y a eu un contrat. Or, si le consentement des parties suffit pour faire naître le contrat, lorsqu'il s'agit d'un contrat ordinaire, il en est différemment pour le contrat de mariage. La loi veut que la société y soit représentée par un mandataire, à cause des modifications que ce contrat entraîne dans l'état des personnes, et ce mandataire n'est autre que l'officier de l'état civil. — En conséquence, il faut décider que le mariage n'a pas été réellement contracté, et, par suite, que la bonne foi des époux est impuissante à lui faire produire ses effets, lorsqu'il a eu lieu sans l'intervention d'un officier de l'état civil. (Valette.)

CHAPITRE CINQUIEME

DES OBLIGATIONS QUI NAISSENT DU MARIAGE

Articles 203 à 211.

Quelles sont les obligations qui naissent du mariage ?

Les obligations qui naissent du mariage sont nombreuses et variées. — Les unes concernent les devoirs des époux envers leurs enfants ; d'autres ont en vue les devoirs respectifs des époux entre eux ; d'autres enfin se réfèrent à leurs rapports avec les tiers.

Le Code ne traite ici que des obligations relatives aux enfants : les autres feront l'objet du chapitre suivant.

Quelles sont les obligations des époux envers leurs enfants ?

Les époux contractent ensemble, par le seul fait du mariage, l'obligation de nourrir, entretenir et élever leurs enfants.

A défaut par eux d'accomplir volontairement cette obligation, ils peuvent y être contraints par le ministère public, qui a, en outre, le droit de requérir contre eux l'application d'une peine, s'il y a lieu. (Art. 203.)

En quoi consiste l'obligation de nourrir, élever et entretenir les enfants ?

L'obligation qui est imposée aux pères et mères de nourrir, élever et entretenir leurs enfants consiste à leur fournir, depuis leur naissance jusqu'à leur majorité, toutes les choses qui sont nécessaires à la vie, ou à les faire élever, à leurs frais, par d'autres personnes.

Dans la suite, lorsque les enfants sont devenus capables de se procurer par eux-mêmes des moyens d'existence, cette obligation se convertit en une autre, qu'on appelle la *dette alimentaire*, et qui n'est exigible qu'autant que les enfants se trouvent dans le besoin et qu'ils sont incapables de se suffire à eux-mêmes. (Art. 205, 207.).

La dette alimentaire n'est-elle pas réciproque?

Oui ; la dette alimentaire est essentiellement réciproque entre les père et mère et leurs enfants, lorsque les uns ou les autres se trouvent dans le besoin. — Au surplus, elle n'est pas imposée seulement aux père et mère et aux enfants, et elle existe également :

1° Entre les époux.

2° Entre tous les ascendants et descendants.

3° Entre les beaux-pères et belles-mères et leurs gendres et belles-filles. (Art. 205, 206, 207.)

La dette alimentaire existe-t-elle entre collatéraux?

Non ; la dette alimentaire n'existe pas dans la ligne collatérale, même au degré de frère et sœur. — Elle n'existe pas non plus vis-à-vis des parâtres et marâtres ; et, par réciprocité, elle n'est pas due par un époux aux enfants que son conjoint aurait eus d'un précédent mariage.

La dette alimentaire peut-elle cesser?

Il faut distinguer :

Entre les père et mère et leurs enfants, entre les époux, entre les ascendants et descendants, elle ne cesse jamais. — Il suffit que l'une de ces personnes se trouve dans le besoin pour qu'elle puisse exercer une demande en pension alimentaire.

Entre les beaux-pères et belles-mères et leurs gendres et belles-filles, elle cesse lorsque l'époux qui produisait l'alliance est décédé, et qu'il ne reste pas d'enfant issu du mariage.

En outre, elle cesse encore à l'égard de la belle-mère qui se remarie. — Mais, par exception au principe, que la dette alimentaire est essentiellement réciproque, cette dernière continue d'y être obligée envers ses gendres et belles-filles. — Elle n'est plus créancière d'aliments, mais elle continue à en être éventuellement débitrice. (Art. 206.)

Faut-il appliquer la même disposition à la belle-fille qui se remarie?

Bien que la loi ne prononce pas de déchéance à son égard, l'analogie qui existe entre sa position et celle de la belle-mère qui se remarie a fait naître quelques doutes. — Toutefois on admet généralement la négative, et c'est avec raison; car les déchéances pénales ne doivent être appliquées que dans les cas qui sont expressément indiqués par la loi. En conséquence, il faut décider que la bru qui se remarie conserve néanmoins le droit de demander des aliments à ses beau-père et belle-mère.

Dans quel ordre la dette alimentaire est-elle due?

La loi a gardé le silence à cet égard. Mais on admet généralement que les parents et alliés ne sont pas tenus concurremment de la dette alimentaire, et qu'ils ne pourront être contraints à la fournir que successivement, les uns à défaut des autres, en suivant l'ordre dans lequel ils sont appelés à succéder au parent qui est dans le besoin, et en faisant passer les parents avant les alliés.— Ainsi, la personne qui se trouve dans le cas de réclamer des aliments doit s'adresser :

1° A ses enfants, si elle en a.

2° A défaut d'enfants, ou s'ils ne sont pas en état de la secourir, à ses ascendants.

3° A défaut d'ascendants, à ses gendres et belles-filles.

4° A défaut des gendres et belles-filles, à ses beau-père et belle-mère.

5° Si l'un des père et mère est décédé, à celui des deux qui survit et aux héritiers de celui qui est décédé, chacun pour moitié.

Comment détermine-t-on le montant de la dette alimentaire?

Pour fixer le montant de la dette alimentaire, on doit examiner :

1° Les besoins de celui qui la réclame, eu égard à son rang, à son âge, à sa santé.

2° La fortune de celui qui est tenu de la fournir.

Ainsi, lorsqu'un père a deux enfants, chacun d'eux contribue à la pension alimentaire dans la proportion de ses facultés ; s'il n'y en a qu'un seul qui soit en état de la payer, il en est exclusivement chargé.

Au surplus, si celui qui fournit la pension devient par la suite hors d'état de la payer, en totalité ou en partie, ou si celui qui la reçoit vient à n'en avoir plus besoin, en tout ou partie, il y a lieu d'en demander la décharge ou la réduction. (Art. 208, 209.)

De quelle manière la pension alimentaire doit-elle être fournie ?

En principe, la pension alimentaire doit être fournie en argent ; mais cette règle reçoit exception dans deux cas, qui sont laissés à l'appréciation du juge :

1° Quand celui qui la doit justifie qu'il ne peut pas la fournir en argent, le tribunal peut, après s'en être assuré, lui ordonner, à la place, de recevoir dans sa demeure, de nourrir et d'entretenir son parent.

2° Quand le père ou la mère qui doit la pension alimentaire offre de recevoir l'enfant dans sa maison, le tribunal l'autorisera à s'acquitter ainsi de sa dette, sans qu'il ait besoin de justifier de son impossibilité de la payer en argent. (Art. 210, 211.)

La dette alimentaire est-elle due solidairement par les parents qui la fournissent ?

Bien qu'il y ait un ordre suivant lequel les parents ou alliés sont obligés de fournir la pension alimentaire, il arrive assez souvent que plusieurs d'entre eux en sont tenus en même temps, parce qu'ils sont parents au même degré de la personne qui est dans le besoin. — Ainsi, lorsqu'un père de famille malheureux a plusieurs enfants, ceux-ci sont en général tous obligés à fournir la pension alimentaire.

Mais, dans cette hypothèse, chaque enfant n'est tenu que pour la quotité qui a été mise à sa charge par le tribunal ; en sorte que si l'un d'eux n'acquitte pas sa part, les autres ne seront point obligés de la fournir.— En un mot, la dette alimentaire n'est ni indivisible ni solidaire; car l'indivisibilité et la solidarité n'existent qu'autant qu'elles ont été expressément établies par la loi ou par convention, et tel n'est pas ici le cas.

La dette alimentaire est-elle transmissible aux héritiers ?

Il faut distinguer :

Elle est transmissible aux héritiers de celui qui la fournit. Ainsi, lorsque le fils qui devait des aliments à son père vient à mourir, l'obligation passe au petit-fils.—Mais, à l'inverse, la dette alimentaire n'est pas transmissible aux héritiers de celui qui la reçoit. Ces derniers ne peuvent exiger que les termes échus et non payés au moment de la mort de leur auteur.

Les parents sont-ils tenus de faire instruire leurs enfants ?

Quelques auteurs admettent l'affirmative, et décident en conséquence que si le père refuse de donner aux enfants une instruction suffisante, eu égard à son rang et à sa fortune, la mère et le ministère public pourront l'y contraindre judiciairement.— Mais cette opinion ne nous paraît pas fondée. L'obligation de faire instruire ses enfants est une obligation morale et non point une obligation civile ; car elle n'est établie par aucun texte de loi. Au contraire, l'article 203 semble la rejeter; car il se borne à énoncer que les parents doivent nourrir, élever et entretenir leurs enfants ; et il n'aurait pas manqué d'ajouter qu'ils doivent les faire instruire si telle avait été la pensée du législateur. C'est une puérilité que de torturer la loi pour lui donner un sens prétendu libéral, lorsqu'elle est évidemment restrictive.

Aux termes de l'article 204, les enfants n'ont pas d'action contre leurs père et mère pour un établissement par mariage ou autrement.

CHAPITRE SIXIÈME

DES DROITS ET DES DEVOIRS RESPECTIFS DES ÉPOUX

Articles 212 à 226.

Quels sont les devoirs communs aux deux époux ?

Les devoirs communs aux deux époux sont la fidélité, le secours et l'assistance.

La *fidélité* consiste dans l'obligation qui est imposée aux deux époux de ne pas commettre d'adultère.

Le *secours* consiste dans l'obligation qui est imposée à l'époux qui a de la fortune et des ressources de faire participer son conjoint à son aisance.

L'*assistance* consiste dans l'obligation qui est imposée aux deux époux de se donner réciproquement des soins personnels et dévoués. (Art. 212.)

Comment ces diverses obligations sont-elles sanctionnées?

Les devoirs de fidélité et d'assistance sont sanctionnés par les dispositions qui autorisent à demander la séparation de corps, soit pour cause d'adultère, soit pour cause d'injure grave. — Toutefois, il faut remarquer que l'adultère du mari n'est une cause de séparation qu'autant qu'il a entretenu une concubine dans la maison conjugale.

Quant au devoir qui est imposé aux époux de se donner mutuellement des secours, il est sanctionné, soit par la disposition de l'article 1448, qui oblige la femme à supporter toutes les charges du mariage lorsqu'il ne reste rien au mari, soit par la disposition de l'article 213, qui impose à celui-ci l'obligation de protéger sa femme.

Quels sont les devoirs particuliers à chaque époux ?

Les devoirs particuliers à chaque époux sont :

1° Pour le *mari*, de protéger sa femme, de la recevoir chez lui, et de lui fournir, selon ses facultés, tout ce qui est nécessaire à la vie;

2° Pour la *femme*, d'obéir à son mari, d'habiter avec lui, et de le suivre partout où il lui plaît de résider. (Art 213, 214.)

La femme peut-elle être contrainte par la force publique à habiter avec son mari ?

Quelques auteurs admettent l'affirmative. — Toute obligation, disent-ils, doit nécessairement être munie d'une sanction, sous peine de n'avoir aucun effet. Pour les obligations ordinaires, la sanction consiste à pouvoir exiger des dommages-intérêts dans le cas où le débiteur ne s'exécute pas volontairement. Mais, comme le mari ne peut pas exiger que sa femme lui fournisse une indemnité pécuniaire en réparation du préjudice qu'elle lui a causé en quittant le domicile conjugal, il faut bien lui accorder le droit de recourir à la force publique pour la contraindre à accomplir son obligation. (Marcadé. Valette.)

Cette solution, à notre avis, doit être rejetée. — D'abord, il est admis en principe que les obligations ne doivent pas s'exécuter par une contrainte sur la personne, et le Code n'indique pas qu'il y ait lieu ici de déroger à la règle. — En second lieu, il n'est pas exact de dire que l'obligation de la vie commune se trouve dénuée de sanction. Elle est très-bien garantie par l'action en séparation de corps, qui embrasse tous les cas d'injure grave, et qui, par suite, appartient évidemment au mari dans le cas où la femme refuse d'habiter avec lui. — Ajoutons enfin que l'emploi de la contrainte matérielle serait une sanction bien insuffisante; car, en supposant que le mari ait réintégré violemment sa femme au domicile conjugal, comment pourrait-il l'y maintenir, sans être obligé de la séquestrer ou de recourir à chaque instant à la force publique; ce qui deviendrait à la fois ridicule et odieux.

L'obligation où se trouve la femme d'habiter avec son mari peut-elle cesser?

L'obligation où se trouve la femme d'habiter avec son mari peut cesser, mais seulement dans deux cas :

1° Lorsque le mari ne lui offre pas, suivant ses facultés, un logement décent et convenable;

2° Lorsqu'il ne réside nulle part et qu'il y aurait danger à le suivre dans sa vie errante.

Quels sont les droits des époux?

Le mariage n'établit pas seulement des droits et des devoirs de famille, il modifie encore la condition des époux dans leurs rapports avec les tiers, notamment en rendant la femme incapable de faire des actes de disposition.

Quelle est la raison de l'incapacité de la femme mariée?

L'incapacité de la femme mariée tient à plusieurs motifs. — Le plus important est tiré de l'intérêt même de la famille, qui exige que les affaires communes soient administrées par une volonté unique. — On ajoute que le devoir d'obéissance de la femme envers son mari n'aurait pas toute son efficacité si elle conservait pour sa fortune une indépendance qu'elle n'a plus pour sa personne.

Les époux peuvent-ils convenir en se mariant que la femme conservera toute sa capacité?

Non; l'incapacité de la femme mariée étant d'ordre public, il n'est pas permis aux époux d'y déroger par leurs conventions matrimoniales. — Sans doute, ils peuvent stipuler que la femme aura l'administration de sa fortune, mais c'est à cela que se borne l'effet du contrat, et il est impuissant à la relever de son incapacité en ce qui touche aux actes de disposition en général.

Quels sont les effets de l'incapacité de la femme mariée?

A raison de son incapacité, la femme mariée ne peut pas :

1° Introduire une demande en justice ou y défendre sans l'autorisation de son mari, à moins qu'elle ne soit poursuivie à raison d'un crime ou d'un délit. — Dans ce dernier cas, on a dû faire passer le droit sacré de la défense avant toute autre considération;

2° Donner, aliéner, hypothéquer, acquérir à titre gratuit ou onéreux, sans le concours du mari dans l'acte ou son consentement par écrit;

3° Contracter des obligations qui se réfèrent à la disposition de ses biens, et même à une simple administration quand elle ne s'est pas réservé le pouvoir d'administrer. (Art. 215, 216, 217.)

Quels sont les actes que la femme mariée peut faire sans l'autorisation de son mari ?

La femme mariée peut, sans l'autorisation de son mari :

1° Faire certains actes de disposition qui lui ont été exceptionnellement réservés, et qui consistent, par exemple : — 1° à consentir au mariage de ses enfants; — 2° à accepter en leur nom les donations qui leur sont offertes; — 3° à révoquer celles qu'elle a faites à son mari pendant le mariage; — 4° à faire son testament.

2° S'acquitter des obligations qui proviennent d'un dommage qu'elle a causé à autrui, volontairement ou par imprudence.

3° Faire des actes conservatoires, par exemple, interrompre une prescription, pourvu que ces actes ne l'entraînent pas à ester en justice.

4° Enfin, si son contrat de mariage l'y autorise, faire tous les actes d'administration concernant sa fortune : tels que passer des baux de moins de neuf ans, toucher ses revenus et en faire emploi. (Art. 148, 226, 935, 1096.)

La femme mariée peut-elle être relevée de son incapacité ?

Oui ; la femme mariée peut être relevée de son incapacité en obtenant pour l'acte qu'elle veut accomplir, ou pour le procès qu'elle veut engager, l'autorisation de son mari, ou, à son défaut, celle de justice.

L'autorisation doit toujours être donnée d'une manière spéciale, de façon à ne pouvoir servir que pour un acte spécial; à moins qu'elle ne soit donnée pour permettre à la femme de faire le commerce ou d'administrer ses biens. — Autrement, elle aurait pour effet de lui restituer sa capacité d'une manière générale; ce qui serait contraire à la loi. (Art. 220, 223.)

A quel moment le mari donne-t-il son autorisation ?

L'autorisation du mari peut être tacite ou expresse. — Elle est *tacite*, lorsqu'il concourt à l'acte. — Elle est *expresse*, lorsqu'il formule son consentement verbalement ou par écrit.

Dans ce dernier cas, l'autorisation sera donnée, soit avant l'acte auquel elle se réfère, soit au moment même où il s'accomplit. Si elle n'était donnée qu'après son accomplissement, elle n'aurait d'effet que par rapport au mari : il serait obligé à raison de son engagement ; mais la femme ne le serait pas, car l'acte qu'elle a passé aurait eu lieu sans autorisation. (Art. 217.)

Comment le mari autorise-t-il la femme à plaider ?

Il faut distinguer :

Si la femme est demanderesse, si c'est elle qui intente le procès, le mari lui donne son autorisation de la même manière que s'il s'agissait d'un acte à accomplir ; c'est-à-dire qu'il l'autorise, soit verbalement ou par écrit, soit en concourant au procès. — Si la femme est défenderesse, si c'est contre elle que le procès s'engage, il donne son autorisation sur l'assignation qu'il reçoit de la partie adverse.

On admet généralement que l'autorisation de plaider comprend le droit de suivre l'affaire en appel, s'il y a lieu. Si le mari n'entendait l'accorder que pour le premier degré de juridiction, il devrait l'exprimer.—Par contre, l'autorisation de plaider ne comprend pas le recours en cassation, parce qu'il est un moyen de recours extraordinaire.

Le mari est-il tenu à raison des obligations contractées par sa femme avec son autorisation ?

Oui ; le mari est tenu à raison des obligations qui ont été contractées par sa femme avec son autorisation, de la même manière qu'il le serait s'il avait agi pour son propre compte. — Il en est différemment, lorsque la femme ne s'est obligée qu'avec l'autorisation de justice : les engagements qu'elle contracte n'obligent alors qu'elle-même.

Dans quel cas la femme a-t-elle à demander l'autorisation de justice ?

La femme peut demander l'autorisation de justice, pour suppléer celle de son mari, dans les trois cas suivants :

1° Lorsque le mari lui a refusé injustement son autorisation ;

2° Lorsqu'il est mineur, interdit ou absent ;

3° Lorsqu'il subit une condamnation afflictive ou infamante. (Art. 218, 221, 222, 224.)

L'autorisation de justice peut-elle toujours suppléer celle du mari ?

En principe, l'autorisation de justice peut toujours suppléer celle du mari. — Mais, par exception, la loi décide que l'autorisation du mari est indispensable :

1° Lorsque la femme veut exercer un commerce séparé ;

2° Lorsqu'elle veut aliéner un immeuble dotal en vue de l'établissement de ses enfants;

3° Lorsqu'elle veut remplir les fonctions d'exécuteur testamentaire. (C. com. art. 4. — C. civil, art. 1556, 1029.)

Quelle est la procédure à suivre pour obtenir l'autorisation de justice?

Si le mari est présent, la femme doit lui faire une sommation d'avoir à l'autoriser, et, sur son refus, adresser une requête au président du tribunal du lieu de son domicile. — Celui-ci rendra une ordonnance, portant permission de citer le mari à jour indiqué à la chambre du conseil, pour déduire les motifs de son refus.— Le mari entendu, le tribunal statuera sur l'autorisation.

Si le mari est absent ou incapable, ou s'il est frappé d'une condamnation afflictive ou infamante, la femme adressera également une requête au président du tribunal. — Puis, les juges statueront sur l'autorisation, après avoir entendu le rapport fait par l'un d'entre eux. (Art. 219, 221, 222.)

Qui peut invoquer la nullité des actes faits par la femme non autorisée?

Les actes faits par la femme non autorisée ne sont pas absolument dénués d'existence : la nullité qui les frappe est seulement une nullité relative, car elle provient uniquement d'un défaut de capacité.— En conséquence, elle ne peut être invoquée que par le mari dont l'autorité a été méconnue, ou par la femme et ses héritiers; en outre, elle doit être invoquée par eux dans le délai de dix ans. Ce délai court : pour le mari, du jour où il a eu connaissance de l'acte ; et, pour la femme, à partir de la dissolution du mariage.

Quant à la partie qui a contracté avec la femme, elle ne peut plus, comme elle le pouvait dans notre ancien droit, se prévaloir de la nullité. (Art. 225.)

La femme commerçante n'a-t-elle pas une situation exceptionnelle?

Oui ; la femme commerçante jouit d'une situation exceptionnelle, en ce que l'autorisation qu'elle obtient de son mari est générale, au lieu de s'appliquer, comme cela se fait ordinairement, à un acte individuellement déterminé.— En conséquence, elle peut valablement contracter tous les engagements qui concernent son commerce, tels que les ventes et achats de marchandises, les souscriptions et endossements de billets et de lettres de change, et même aliéner et hypothéquer ses immeubles, à moins qu'ils ne soient dotaux.— Toutefois, elle ne peut pas plaider, même pour les affaires qui concernent son négoce, sans une autorisation spéciale de son mari ou de justice. Et, en outre, elle reste incapable, pour tous les actes de disposition qui ne se rapportent pas à ses affaires commerciales.

La femme qui fait le commerce pour le compte de son mari a-t-elle la même capacité?

Non ; la femme commerçante ne devient capable que lorsqu'elle fait le commerce pour son propre compte.— Si elle ne fait que détailler les marchandises du commerce de son mari, elle est considérée comme son mandataire, et par conséquent ce n'est pas elle, mais son mari qui supporte la responsabilité des obligations qu'elle a contractées en cette qualité. (Art. 220.)

La femme qui fait le commerce pour son propre compte oblige-t-elle son mari, pour les actes commerciaux qu'elle contracte?

Il faut distinguer :

Si la femme commerçante est mariée sous le régime de la communauté ou sous le régime sans communauté, le mari est responsable des engagements qu'elle a contractés pour son négoce.— En effet, sous ces deux régimes, la loi lui accorde la jouissance de tous les revenus et de tous les bénéfices qui proviennent de sa femme; et il est bien juste qu'il participe aux charges.

Mais si la femme commerçante est mariée sous le régime dotal ou sous le régime de séparation de biens, le mari n'est pas responsable des engagements qu'elle a contractés pour son négoce, parce que, sous ces deux régimes, elle a seule la disposition de ses revenus et le profit des gains qu'elle réalise.

Pourquoi l'autorisation de justice n'est-elle pas admise à suppléer celle du mari, en matière de commerce ?

La raison en est que le tribunal, qui peut apprécier l'utilité d'un acte déterminé, ne pourrait pas juger aussi facilement des avantages et des inconvénients qu'il y a pour la femme à embrasser la profession commerciale, qui la soustrait en partie à l'autorité maritale, et qui l'expose à compromettre non-seulement sa fortune, mais encore l'honneur et la considération de sa famille.

Au reste, bien que la loi ne mentionne aucune exception à la règle que l'autorisation de justice ne saurait suppléer celle du mari en matière commerciale, il nous paraît difficile de ne pas en admettre quelques-unes. — Ainsi, la justice ne pourrait guère refuser sa protection à la femme si elle n'avait pas d'autres ressources que son négoce pour élever ses enfants, et si le mari lui refusait injustement son autorisation, ou s'il se trouvait dans l'impossibilité de la donner, par suite de son état de minorité ou d'interdiction.

CHAPITRE SEPTIÈME

DE LA DISSOLUTION DU MARIAGE

Article 227.

Comment le mariage est-il dissous ?

Sous l'empire du Code le mariage était dissous :

1° Par la mort naturelle ;

3° Par le divorce ;

3° Par la mort civile.

Depuis l'abolition du divorce et de la mort civile, il n'est plus dissous que par la mort naturelle. (Art. 227.)

CHAPITRE HUITIÈME

DES SECONDS MARIAGES

Article 228.

Les époux peuvent-ils se remarier aussitôt après la dissolution de leur mariage ?

Il faut distinguer :

Le mari qui devient veuf peut se remarier aussitôt après la dissolution de son mariage.— Mais la femme qui devient veuve ne peut contracter une nouvelle union que dix mois après la mort de son premier mari. Ces dix mois constituent pour elle un empêchement prohibitif. (Art. 228.)

Quelle est la raison de cette prohibition ?

La raison de cette prohibition est qu'on a voulu empêcher une confusion de part. — Si la femme avait pu se remarier aussitôt après la mort de son mari, on n'aurait pas su à qui attribuer la paternité de l'enfant qui serait né dans les premiers temps de son nouveau mariage, car la présomption *pater is est* pourrait s'appliquer également au premier et au second mari. — Mais ce n'est pas là la seule raison de cette prohibition, car on aurait pu autoriser la veuve à se remarier avant l'expiration des dix mois lorsqu'elle a accouché, et la loi ne l'a pas fait. On a pensé, sans doute, qu'il serait peu convenable pour elle de s'engager avec trop de hâte dans les liens d'une nouvelle union. Que l'on veuille bien nous permettre de faire observer que c'était là, ou jamais, le cas d'autoriser le chef de l'État à accorder des dispenses.

LIVRE I, TITRE VI.

Du divorce.

Le divorce a été pour la première fois introduit dans notre législation par la loi du 28 septembre 1792. Le Code l'admit, en le soumettant à des conditions assez rigoureuses. Mais il ne tarda pas à être aboli par la loi du 8 mai 1816.

Cette abolition du divorce a été vivement critiquée par certains auteurs : pour nous, nous n'hésitons pas à l'approuver. L'histoire nous enseigne, en effet, que la faculté de divorcer a toujours été dirigée contre la femme; qu'elle n'a guère été profitable qu'aux hommes sans foi et aux femmes sans pudeur. D'autre part, nous ne voyons guère ce que la société, la famille, les mœurs publiques, gagneraient à substituer au mariage une sorte de concubinage légal, résoluble à la volonté des parties et subordonné à l'essai.

Quoi qu'il en soit, en même temps que le divorce, les auteurs du Code avaient admis la séparation de corps, qui fait seulement cesser la cohabitation des époux. On voulait donner aux catholiques la faculté d'échapper à une vie commune insupportable, sans briser le lien indissoluble de l'union conjugale.

Le titre du divorce contient cinq chapitres. Mais il n'y en a plus qu'un seul qui soit encore applicable dans son entier. C'est le chapitre V, intitulé *de la séparation de corps.*

Nous rappellerons, en outre, certaines dispositions des autres chapitres qui se réfèrent également au divorce et à la séparation de corps.

CHAPITRE CINQUIEME

DE LA SÉPARATION DE CORPS

Articles 306 à 311.

Qu'est-ce que la séparation de corps?

La séparation de corps consiste dans la faculté accordée par la justice à chaque époux d'avoir un domicile distinct et séparé.

Elle diffère du divorce en ce qu'elle laisse subsister l'union conjugale, avec tous les devoirs qui l'accompagnent, sauf ceux qui tiennent à la cohabitation; tandis que le divorce dissout le mariage et produit l'anéantissement de tous les devoirs qui y sont attachés.

Quelles sont les causes de séparation de corps?

Les causes de séparation de corps, qui étaient également des causes de divorce, sont :

1° L'adultère;

2° Les excès, sévices ou injures graves ;

3° La condamnation de l'un des époux à une peine infamante.

On entend par *excès*, les violences qui mettent la vie de la personne en danger ; par *sévices*, les mauvais traitements, souvent répétés, qui, sans mettre la vie en danger, rendent, par leur continuité, la vie commune insupportable ; par *injures graves*, les actes ou les propos qui portent une grave atteinte à l'honneur ou à la considération. Au reste, les tribunaux ont une pleine liberté d'appréciation à cet égard.

Pour le divorce, on admettait encore une quatrième cause, qui était le consentement mutuel des époux, lorsqu'il avait été manifesté et renouvelé plusieurs fois de la manière prescrite par la loi. — Cette cause de divorce n'a pas été étendue à la séparation de corps : si les deux époux veulent se séparer, ils n'ont pas besoin de recourir à une instance judiciaire ; rien ne les empêche de le faire amiablement. (Art. 229, 230, 231, 232, 236, 306.)

L'adultère est-il, dans tous les cas, une cause de séparation de corps?

Il faut distinguer :

L'adultère de la femme est, dans tous les cas, une cause de séparation de corps, en quelque lieu et de quelque manière qu'il soit commis.

Mais l'adultère du mari n'est, au contraire, une cause de séparation de corps qu'autant qu'il a entretenu une concubine dans la maison conjugale, c'est-à-dire dans la maison qui est destinée à son habitation et à celle de sa femme. — Lorsqu'il a eu lieu hors de la maison commune, il n'est répréhensible qu'aux yeux de la morale, à moins qu'il ne soit accompagné de circonstances qui lui donnent un caractère injurieux pour l'épouse délaissée. Mais alors ce serait l'injure ressentie, et non pas l'adultère, qui deviendrait une cause de séparation. (Art. 230.)

En outre, l'adultère de la femme n'est-il pas puni plus sévèrement que celui du mari?

Oui; l'adultère de la femme est puni plus sévèrement que celui du mari, car il a des conséquences plus graves, puisqu'il introduit dans la famille des enfants étrangers.

La femme convaincue d'adultère est punie d'un emprisonnement de trois mois à deux ans; tandis que le mari qui a entretenu une concubine dans la maison conjugale est seulement passible d'une amende de cent à deux mille francs. (C. p., art. 339. — C. civil, art. 298.)

Le ministère public peut-il poursuivre d'office l'adultère de la femme?

Non. Il y a, ici, une dérogation remarquable au droit commun, qui investit le ministère public d'un pouvoir souverain pour la répression des délits. En cas d'adultère de la femme, il ne peut agir que sur la plainte du mari.

A la suite de la condamnation correctionnelle encourue par la femme pour cause d'adultère, le mari peut faire prononcer la séparation de corps par les tribunaux civils. — La loi lui accorde même la faculté d'agir d'une façon plus expéditive : il peut intenter immédiatement l'action en séparation devant les tribunaux civils, sans avoir fait condamner préalablement sa femme par la juridiction correctionnelle. Dans ce cas, par exception aux règles habituelles de la procédure, le juge qui prononcera la séparation de corps pourra en même temps condamner la femme à un emprisonnement.

En outre, l'article 309 autorise le mari à arrêter l'effet de la condamnation, en consentant à reprendre sa femme.

En résumé, la répression de l'adultère de la femme donne lieu à trois exceptions : — 1° Le ministère public ne peut agir que sur la plainte du mari ; — 2° les tribunaux, jugeant au civil sur la question de séparation, peuvent prononcer une condamnation correctionnelle ; — 3° le mari a le droit d'arrêter l'effet de la condamnation en consentant à reprendre sa femme. (Art. 308, 309.)

Quelles sont les fins de non-recevoir qui peuvent être opposées à une demande en séparation de corps?

On appelle *fin de non-recevoir* un moyen de défense qui consiste à opposer à l'action une circonstance de nature à l'empêcher de produire son effet. — Les fins de non-recevoir qu'on peut opposer à une demande en séparation de corps sont :

1° La réconciliation des époux, survenue, soit depuis les faits qui ont donné lieu à la demande en séparation, soit depuis la demande elle-même ;

2° La réciprocité des torts, dans certains cas ;

3° L'abandon fait par la femme demanderesse du domicile provisoire qui lui a été assigné pendant le procès ;

4° La mort de l'un des époux. (Art. 272, 274.)

La réconciliation produit-elle son effet lorsqu'il est survenu de nouvelles causes de séparation de corps ?

Non ; la réconciliation cesse de produire son effet lorsqu'il est survenu de nouveaux faits depuis qu'elle a eu lieu, et que ces faits sont eux-mêmes de nature à motiver une demande en séparation. Dans ce cas, les faits antérieurs reparaissent, comme s'ils n'avaient jamais été pardonnés.

Au reste, il ne suffirait pas d'invoquer un rapprochement passager et accidentel entre les époux. Pour que la réconciliation ait son effet, pour qu'on puisse l'opposer comme une fin de non-recevoir à la demande en séparation, il faut qu'elle soit pleine et entière, et qu'elle établisse avec certitude la renonciation de l'époux outragé à son action. Or, un rapprochement passager et accidentel n'irait pas jusque-là.

L'ancienneté de l'outrage est-elle une fin de non-recevoir ?

Non ; l'ancienneté de l'outrage ne constitue pas une fin de non-recevoir à la demande en séparation de corps qui serait formée. — Effectivement, ou bien l'outrage qui remonte à plusieurs années a été effacé par la réconciliation, ou bien il s'est perpétué. Dans ce dernier cas, le temps, bien loin de l'affaiblir, n'a fait qu'en augmenter la gravité. (Art. 273.)

Dans quels cas la réciprocité des torts est-elle une fin de non-recevoir ?

Si la réciprocité consiste dans des excès, sévices ou injures graves dont chacun des époux est également en droit de se plaindre, on ne peut pas l'opposer comme une fin de non-recevoir à la demande en séparation qui serait formée par l'un d'eux. — Effectivement, la réciprocité des torts ne fait ici qu'augmenter les inconvénients de la vie commune.

La même solution est applicable lorsque les deux époux se sont rendus coupables d'adultère. — Il est vrai que l'article 336 du Code pénal retire au mari le droit de demander la condamnation de sa femme à un emprisonnement pour cause d'adultère, lorsqu'il a lui-même entretenu une concubine dans la maison conjugale; mais le droit de demander l'application d'une peine est bien distinct de celui de former une action civile en séparation.

Par contre, lorsque les deux époux ont été également condamnés à des peines afflictives ou infamantes, la réciprocité des torts constituera évidemment une fin de non-recevoir à la demande en séparation. — Effectivement, la réciprocité des condamnations encourues empêche que l'un des époux puisse regarder la vie commune comme insupportable, à raison de la déchéance morale de son conjoint.

Comment l'abandon du domicile provisoire assigné à la femme demanderesse est-il une fin de non-recevoir ?

Aux termes de l'article 269, le mari était autorisé à faire déclarer non recevable la demande en divorce portée par la femme, lorsque celle-ci avait abandonné le domicile provisoire qui lui avait été assigné par le juge pour toute la durée de l'instance. Cette disposition est évidemment restée applicable à la séparation de corps. — Mais il faut remarquer que la non-recevabilité de l'action ne résulte pas nécessairement de l'abandon du domicile. La loi dit seulement que la demande *pourra* être déclarée non recevable ; ce qui laisse aux juges un plein pouvoir d'appréciation.

Pourquoi la mort de l'un des époux est-elle une fin de non-recevoir ?

La séparation de corps fait perdre à celui des époux contre lequel elle a été prononcée les avantages qu'il s'était réservés par son contrat de mariage. Elle n'est donc pas indifférente aux intérêts pécuniaires des époux. Malgré cela, on n'admet pas, et avec raison, qu'elle puisse se continuer contre les héritiers de l'époux défendeur; car son but essentiel est la cessation de la cohabitation, et ce n'est qu'accessoirement qu'elle touche à des intérêts pécuniaires.

Comment se forme la demande en séparation de corps ?

La demande en séparation de corps se forme au moyen d'une requête adressée au président du tribunal civil du lieu où se trouve le domicile des parties. — A la suite de cette requête, les deux époux sont invités à comparaître, seuls à seuls, devant lui, afin de se réconcilier, s'il est possible.

Si la réconciliation n'a pas eu lieu, la demande est portée devant le tribunal civil, pour y être jugée en la forme ordinaire. — Un premier jugement autorise la femme à se retirer provisoirement du domicile commun. Un second jugement lui alloue, s'il est nécessaire, une pension alimentaire. — Si elle est commune en biens, elle peut dès ce moment faire apposer les scellés sur les meubles de la communauté. En outre, toute obligation contractée par le mari, toute aliénation faite par lui sur des biens de communauté, peut-être annulée, comme faite en fraude de ses droits.

Ensuite le tribunal décide s'il y a lieu d'ordonner une enquête relativement aux faits qui ont été articulés dans la requête ; puis il rend un jugement définitif, après avoir entendu le ministère public en ses conclusions.

Comme la séparation de corps ne peut pas résulter du consentement mutuel des époux, on ne recevra pas dans l'enquête leurs aveux ou leurs témoignages. Mais on entendra leurs parents, à l'exception de leurs ascendants, et leurs domestiques.

Pendant l'instance, le tribunal confiera la garde des enfants au mari, à moins qu'il n'y ait des inconvénients graves.

Si les faits allégués sont de nature à motiver des poursuites criminelles, l'instance en séparation restera suspendue jusqu'à l'arrêt de la Cour d'assises. (Art. 234, 235, 251, 267, 268, 271, 307.)

Quels sont les effets de la séparation de corps ?

Les effets de la séparation de corps consistent :

1° A faire cesser pour le mari l'obligation de recevoir sa femme, et pour celle-ci l'obligation de suivre son mari. — Quant aux enfants mineurs, la garde en est ordinairement confiée à l'époux qui a gagné le procès. — Mais les deux époux conservent le droit de veiller à leur entretien et à leur éducation, et ils restent tenus d'y contribuer en proportion de leurs facultés.

2° A donner lieu au désaveu du mari, relativement aux enfants qui ont été conçus depuis que la femme a été autorisée à habiter un domicile séparé.

3° A entraîner la séparation de biens, à la suite de laquelle la femme pourra administrer ses biens et jouir de ses revenus.

4° A faire perdre à l'époux contre lequel elle est prononcée tous les avantages qu'il s'était réservés par son contrat de mariage, ainsi que toutes les libéralités qui lui avaient été faites par son conjoint pendant le mariage. — Si la séparation était prononcée pour torts réciproques, chacun des époux perdrait de son côté les avantages qui lui ont été accordés. Au reste, malgré la séparation, les époux peuvent se devoir une pension alimentaire. (Art. 299, 300, 301, 302, 303, 311.)

La séparation de corps peut-elle cesser?

Oui; la séparation de corps peut cesser par le consentement réciproque des époux. — Mais, suivant l'article 1451, la communauté ne pourra être rétablie que par un acte passé devant notaire, lequel devra être rendu public, comme la séparation de biens elle-même, afin de faire connaître aux tiers le rétablissement de l'incapacité de la femme par rapport à l'administration de ses biens.

Avant la loi du 2 mai 1816, lorsque la séparation, prononcée pour toute autre cause que l'adultère de la femme, avait duré trois ans, l'époux contre lequel elle avait été prononcée pouvait obtenir le divorce si son conjoint ne consentait pas à la faire immédiatement cesser. (Art. 310.)

LIVRE I, TITRE VII

De la paternité et de la filiation.

On entend par *filiation* le lien qui unit les enfants à leurs père et mère. L'expression de *paternité* exprime la même idée, mais en considérant ce lien par rapport aux parents :

Notre titre comprend trois chapitres qui traitent :

CHAP. I. — De la filiation des enfants légitimes.
CHAP. II. — Des preuves de la filiation légitime.
CHAP. III. — Des enfants naturels.

CHAPITRE PREMIER

DE LA FILIATION DES ENFANTS LÉGITIMES

Articles 312 à 318.

N'y a-t-il pas plusieurs sortes de filiations ?

Oui ; la filiation peut être légitime, légitimée, naturelle, adultérine, incestueuse ou adoptive.

Elle est *légitime*, lorsque l'enfant est né de deux personnes qui étaient unies par le mariage.

Elle est *légitimée*, lorsqu'il est né de deux personnes qui n'étaient pas mariées au moment de sa conception, mais qui se sont mariées plus tard.

Elle est *naturelle*, lorsqu'il est né de deux personnes qui ne se sont jamais mariées ensemble.

Elle est *adultérine*, lorsqu'il est né de deux personnes qui étaient mariées, ou dont l'une au moins était mariée avec une autre personne.

Enfin, elle est *adoptive*, lorsqu'il n'existe qu'une parenté civile entre l'enfant et ses père et mère.

Quels sont les enfants qui peuvent prétendre à la qualité d'enfants légitimes ?

Peuvent prétendre à la qualité d'enfants légitimes :

1° Les enfants qui ont été conçus et qui sont nés pendant le mariage.

2° Les enfants qui sont nés pendant le mariage, mais qui ont été conçus avant qu'il ait été contracté. — Seulement, la légitimité ne leur est accordée que par faveur, et sous la condition que le mari y consente.

3° Les enfants qui ont été conçus pendant le mariage, mais qui sont nés après sa dissolution.

Que doit prouver l'enfant qui veut établir sa filiation légitime ?

L'enfant qui veut établir sa filiation légitime doit prouver les quatre faits suivants : 1° que sa prétendue mère a été mariée; 2° qu'elle a accouché; 3° qu'il est l'enfant dont elle a accouché; 4° qu'il est issu des œuvres du mari.

Le premier fait à prouver, c'est le mariage de la mère. — En effet, comme on admet pour la filiation légitime l'emploi de certaines preuves qu'on n'admet pas aussi facilement pour la filiation naturelle, il importe de savoir de suite quelle est la nature de la filiation recherchée par l'enfant.

Le mariage de sa mère une fois établi, l'enfant se rattachera à elle en prouvant qu'elle a accouché et qu'il est l'enfant dont elle a accouché. — Nous verrons dans le chapitre suivant comment il fera la preuve de ces faits. Pour nous conformer à l'ordre suivi par le Code, supposons-les établis, et voyons ce qu'il reste à faire à l'enfant pour démontrer qu'il est issu des œuvres du mari.

Comment l'enfant prouvera-t-il qu'il est issu des œuvres du mari ?

Après avoir établi que telle femme est ou a été mariée et que cette femme est sa mère, l'enfant prouvera qu'il est issu des œuvres du mari en démontrant : 1° qu'il a été conçu pendant le mariage; 2° que le mari est l'auteur de la conception.

Comment lui sera-t-il possible de faire cette double preuve ? Comment pourra-t-il démontrer que la conception doit se placer à telle époque déterminée, et qu'elle est l'œuvre de telle personne désignée. Si la maternité se manifeste avec certitude, ne sait-on pas que la paternité est, au contraire, enveloppée d'un mystère impénétrable? La loi a prévu cette difficulté : elle vient au secours de l'enfant, en lui fournissant, à défaut de preuves directes et sensibles, deux présomptions qui en tiennent lieu. Au moyen de la première, il peut déterminer l'époque de la conception; au moyen de la seconde, il peut démontrer quel en est l'auteur.

Comment la loi détermine-t-elle l'époque de la conception?

D'après une observation constante des médecins, la durée de la grossesse est de 180 jours au moins et de 300 jours au plus. En conséquence, la conception est réputée avoir lieu dans l'intervalle de 120 jours, qui existe entre la plus longue et la plus courte gestation.

L'enfant veut-il connaître l'époque de sa conception, il n'a qu'à prendre le moment de sa naissance, puis à remonter en arrière jusqu'à 180 jours. C'est alors que commence la période légale de conception : elle se continue, en remontant toujours en arrière, jusqu'à ce qu'on arrive au trois centième jour avant la naissance. Elle se termine alors après avoir duré pendant l'intervalle de 120 jours, compris entre les 180 et les 300 jours qui ont précédé la naissance. Durant cet intervalle, l'enfant a dû être conçu à un moment ou à un autre.

Une fois la période de conception établie, il est facile à l'enfant de prouver que la conception a eu lieu pendant le mariage. Pour cela, il lui suffit de représenter l'acte de célébration du mariage et de le placer en regard de son acte de naissance. Au moyen de la comparaison de ces deux pièces, il établira : 1° qu'il est né tel jour, et, par suite, qu'il a été conçu durant telle période de temps ; 2° qu'à un moment quelconque de cette période le mariage existait.

Cela fait, l'enfant aura recours à la seconde présomption, afin d'établir quel est l'auteur de sa conception. (Art. 312.)

Comment la loi détermine-t-elle l'auteur de la conception?

Pour déterminer quel est l'auteur de la conception, la loi a pris un fait probable, et elle lui a attribué toute la force probante d'une preuve directe. — Ainsi, elle s'est fondée sur ce fait que les époux ont ordinairement des rapports de cohabitation et que la femme, sauf le cas exceptionnel d'adultère, n'a des rapports de cette nature qu'avec son mari, pour en conclure que l'enfant qui a été conçu pendant le mariage a pour père le mari. C'est ce qu'exprime la fameuse maxime : *pater is est quem nuptiæ demonstrant.*

Comme on le voit, cette présomption repose sur deux données probables : 1° la cohabitation des époux ; 2° la fidélité de la femme. — Après avoir démontré qu'il a été conçu à telle époque, l'enfant n'a qu'à l'invoquer pour établir sa filiation légitime par rapport au mari de sa mère. (Art. 312.)

Quelles sont les conséquences qui résultent du concours de ces deux présomptions?

Le concours de ces deux présomptions produit les conséquences suivantes :

1° Si le mariage existe depuis plus de 180 jours, l'enfant qui survient est réputé conçu et né durant le mariagè, et il a pour père le mari.

2° S'il n'y a pas encore 180 jours que le mariage existe, l'enfant qui survient est réputé conçu avant le mariage. — Mais, comme il est né pendant le mariage, la loi, par faveur, veut bien le considérer comme légitime et né des œuvres du mari, pourvu que celui-ci ne soulève pas de réclamations.

3° Enfin, si le mariage a cessé d'exister, mais qu'il ne se soit pas écoulé plus de 300 jours depuis sa dissolution, l'enfant qui survient est réputé conçu dans le mariage, et, par suite, il a pour père le mari.

Voyons maintenant dans quelles circonstances et de quelle manière on peut attaquer l'état des enfants prétendus légitimes, comment, en d'autres termes, on peut contester l'état des personnes.

Quelles sont les actions au moyen desquelles on peut contester l'état des personnes?

Les actions au moyen desquelles on peut contester l'état des personnes portent le nom générique d'actions *en contestation d'état*.

Ces actions sont de trois sortes : il y a l'action en désaveu, l'action en contestation de légitimité et l'action en contestation d'état proprement dite.

L'action en *désaveu* est celle par laquelle le mari agit lui-même pour repousser la paternité d'un enfant qui est né durant le mariage, en prouvant que la présomption *is est pater* se trouve inapplicable à son égard, par suite d'une circonstance exceptionnelle.

L'action en *contestation de légitimité* est celle par laquelle les personnes intéressées, autres que le mari, attaquent la légitimité de l'enfant qui est né après le mariage, en prouvant qu'il n'a été ni conçu ni enfanté pendant le mariage.

L'action en *contestation d'état proprement dite* est celle par laquelle les personnes intéressées contestent, soit l'accouchement de la mère, soit l'identité de l'enfant.

Les deux premières actions supposent établis l'accouchement de la mère et l'identité de l'enfant : elles ont rapport à la présomption *pater is est*. — Dans la première, on reconnaît que l'enfant est placé dans les conditions où elle s'applique ordinairement, mais on veut la faire tomber, en raison d'une circonstance particulière; dans la seconde, on soutient que l'enfant n'est pas dans les conditions voulues pour l'invoquer. — Quant à la troisième action, nous nous en occuperons seulement dans le chapitre suivant, car elle sert à contester la filiation du côté de la mère, que nous supposons ici établie.

Pour quel motif est-il permis au mari d'intenter l'action en désaveu ?

En supposant établis la filiation du côté de la mère et le mariage de celle-ci, la présomption de paternité du mari repose, comme nous l'avons observé, sur deux faits très-probables, savoir : la cohabitation des époux et la fidélité de la femme.

Or, cette présomption tombe, ou perd tout au moins une grande partie de sa force, lorsque le mari prouve qu'il n'a pas, en fait, cohabité avec sa femme, ou que celle-ci ne lui a pas gardé la fidélité promise.

Toutefois comme il importe extrêmement à l'ordre public et à l'intérêt général de la société que l'organisation de la famille ait un caractère de fixité, le législateur n'a pas autorisé d'une manière générale l'exercice de l'action en désaveu. — Au contraire, il a limité rigoureusement les cas où le mari pourrait en faire emploi et les moyens de preuve qu'il est autorisé à fournir.

Quels sont les cas de l'action en désaveu ?

L'action en désaveu peut avoir lieu dans les quatre cas suivants :

1° Lorsqu'il a existé entre les époux une impossibilité physique de cohabitation pendant l'époque légale de la conception, par suite de l'éloignement où ils se sont trouvés l'un de l'autre, ou de l'impuissance accidentelle du mari.

2° Lorsque la femme a commis un adultère et a caché à son mari la naissance de l'enfant.

3° Lorsque l'enfant a été conçu pendant l'instance en séparation de corps, ou après la séparation prononcée.

4° Lorsque l'enfant est né avant qu'il se soit écoulé plus de 180 jours depuis la célébration du mariage. (Art. 312, 313, 314.)

Que doit prouver le mari dans le premier cas de l'action en désaveu ?

Dans le premier cas de l'action en désaveu, le mari doit prouver qu'il y a eu impossibilité physique de cohabitation, à cause de l'éloignement qui l'a tenu séparé de sa femme pendant toute la durée de la période légale de conception, ou de l'impuissance accidentelle qui lui est survenue depuis le mariage et qui l'a empêché d'avoir des rapports avec elle pendant toute cette période.

Le Code ne détermine pas quelles sont les conditions qui doivent faire considérer l'éloignement comme suffisant, ni quelle doit être la nature de l'impuissance. Ce sera aux juges à apprécier si ces deux faits ont eu assez de gravité pour rendre impossible toute cohabitation entre les époux à un moment quelconque de la période légale de conception. — Mais il importe de remarquer que le mari n'est pas autorisé à invoquer son impuissance naturelle, dont la preuve serait à la fois scandaleuse et incertaine; ni même son impuissance accidentelle si elle avait déjà existé avant le mariage, parce que, dans ce cas, il est en faute d'avoir contracté mariage, malgré les motifs qui devaient l'en éloigner. (Art. 312.)

Que doit prouver le mari dans le second cas de l'action en désaveu ?

Dans le second cas de l'action en désaveu, le mari doit établir l'impossibilité morale de la cohabitation, et, pour cela, il doit faire deux séries de preuves bien distinctes.

En premier lieu, il prouvera deux faits, qui n'ont, aux yeux de la loi, aucune force probante l'un sans l'autre, savoir : que la femme s'est rendue coupable d'adultère, et qu'elle lui a caché la naissance de l'enfant. — Le seul fait de l'adultère serait un élément de preuve insuffisant, car l'enfant pourrait néanmoins avoir été conçu des œuvres du mari. Le fait du recel, sans la circonstance de l'adultère, n'aurait également qu'une portée insuffisante. Ainsi, il est nécessaire de prouver le concours de ces deux faits.

Mais ce n'est pas tout : aux yeux du législateur, le concours de l'adultère de la femme et du recel de l'enfant ne suffit à établir la non-paternité du mari. Il affaiblit la présomption *pater is est*, mais il ne le détruit pas entièrement. Seulement, le mari est alors admis à la combattre par toutes sortes de moyens ; ce qu'il n'aurait pas pu faire si ces deux faits ne venaient pas à l'appui de sa réclamation.—A cet effet, il pourra invoquer, soit la mésintelligence notoire dans laquelle il vivait avec son épouse, soit la mauvaise conduite de celle-ci, soit les infirmités qui l'ont éloigné d'elle, soit toute autre circonstance tendant à établir une impossibilité morale de cohabitation. (Art. 313.)

Que doit prouver le mari dans le troisième cas de l'action en désaveu ?

Dans le troisième cas de l'action en désaveu, le mari doit établir l'improbabilité de la cohabitation, en prouvant que l'enfant a été conçu pendant l'instance en séparation de corps, après que la femme a été autorisée à habiter un domicile séparé, ou bien qu'il a été conçu après que la séparation a été prononcée et pendant qu'elle durait encore.

Pour faire cette preuve, il aura recours à la présomption relative à la période de conception : il démontrera que pendant toute la durée de cette période il était légalement séparée de sa femme. Si celle-ci prétend avoir eu néanmoins des rapports de cohabitation avec lui pendant cette période , elle sera tenue d'en fournir la preuve.

Ce cas de désaveu n'existait pas dans le Code : il a été introduit par la loi du 15 septembre 1850.

Que doit prouver le mari dans le quatrième cas de l'action en désaveu ?

A la différence des cas précédents de désaveu, qui s'appliquent aux enfants qui ont été conçus et qui sont nés durant le mariage, le quatrième cas de désaveu se réfère aux enfants qui ont été conçus avant le mariage et qui sont seulement nés depuis sa formation.

Dans cette hypothèse, le mari n'a qu'une chose à prouver, savoir : que la conception de l'enfant est antérieure au mariage.

Pour faire cette preuve, il établira que le mariage n'existe que depuis moins de 180 jours, ce qui fera remonter la conception au temps qui l'a précédé. — Cette preuve faite, il lui suffira de déclarer qu'il entend répudier la paternité; car si les enfants qui ont été conçus avant le mariage peuvent être considérés comme légitimes, ce n'est que par faveur, et seulement si le mari ne les désavoue pas.

Mais, dans ce cas de désaveu, celui-ci perd de plusieurs manières le droit de former son action. (Art. 314.)

De quelle manière le mari perd-t-il le droit de désavouer l'enfant conçu avant le mariage ?

Le mari perd le droit de désavouer l'enfant conçu avant le mariage :

1° Lorsqu'il a connu avant le mariage la grossesse de la femme. — Effectivement, s'il consent néanmoins à se marier avec elle, on présume qu'il reconnaît l'enfant comme étant né de ses œuvres, et qu'il veut le légitimer.

2° Lorsqu'il a signé l'acte de naissance de l'enfant, ou que cet acte contient la mention qu'il a présenté l'enfant, mais qu'il ne sait pas signer. — Effectivement, son intervention dans l'acte implique une reconnaissance tacite de paternité.

3° Lorsque l'enfant a été déclaré par les médecins non viable. — Effectivement, le père n'a plus alors aucun intérêt à le désavouer.

On voit dans quelles limites restreintes le mari peut désavouer les enfants qui sont survenus pendant le mariage. — Examinons maintenant dans quels cas et sous quelles conditions les intéressés, autres que le mari, peuvent contester l'état des enfants qui sont nés après sa dissolution. (Art. 314.)

Dans quel cas peut-on contester l'état des enfants qui sont nés après la dissolution du mariage ?

On peut contester l'état des enfants qui sont nés après la dissolution du mariage, lorsque leur naissance a eu lieu plus de 300 jours après la mort du mari. — L'enfant qui se trouve dans ce cas, ayant été conçu et étant né en dehors du mariage, ne peut pas invoquer la présomption *is est pater quem nuptiæ demonstrant*. Il n'est donc pas nécessaire de former contre lui un désaveu. — Toutefois, comme la loi, par une faveur spéciale, veut bien le regarder comme légitime tant que cela ne nuit à personne, il faut que ceux qui ont intérêt à lui contester cette qualité fassent leur réclamation. Ils la feront au moyen de l'action en contestation de légitimité : pour triompher, il leur suffira de prouver, par la comparaison de l'acte de décès du mari et de l'acte de naissance de l'enfant, que celui-ci est né plus de 300 jours après la dissolution du mariage. (Art. 315.)

Les tribunaux sont-ils tenus de prononcer l'illégitimité de

l'enfant qui est né plus de trois cents jours après la mort du mari ?

A cet égard il y a deux opinions.

Suivant quelques auteurs, il faut accorder aux juges un certain pouvoir d'appréciation, car l'article 315 se borne à exprimer que la légitimité de l'enfant *pourra* être contestée ; ce qui donne à entendre que les tribunaux auront la faculté de la maintenir, nonobstant la tardiveté de sa naissance, lorsqu'on pourra démontrer que l'accouchement a été retardé par des circonstances extraordinaires. (Bugnet.)

Mais on répond avec raison : — 1° Que ces expressions de l'article 315 « la légitimité de l'enfant *pourra* être contestée, » ne s'appliquent pas aux juges, mais aux parents de l'enfant, qui peuvent, à leur gré, soulever la contestation ou laisser l'enfant en possession de sa qualité. — 2° Que la loi ayant établi un délai fixe après lequel la conception est réputée avoir eu lieu postérieurement au mariage, on ne peut invoquer aucun motif valable pour sortir de ce délai. — On en conclut que les tribunaux sont obligés de prononcer, dans tous les cas, l'illégitimité de l'enfant, dès qu'il est prouvé que sa naissance a eu lieu plus de 300 jours après la dissolution du mariage. (Marcadé. Valette.)

Par qui les actions en contestation de légitimité et en désaveu peuvent-elles être exercées ?

L'action en contestation de légitimité peut être exercée par toutes les personnes intéressées, c'est-à-dire par les héritiers du mari, par ceux de la mère, et même par l'enfant. — Toutefois celui-ci n'a intérêt à la former que dans des cas extrêmement rares, par exemple, pour repousser une demande en pension alimentaire formée par un ascendant.

L'action en désaveu ne peut être exercée, au contraire, que par le mari seul, tant qu'il vit, ou par ses héritiers lorsqu'il est mort étant encore dans les délais pour la former. — L'expression d'*héritiers* s'entend ici non-seulement des héritiers légitimes, mais encore des légataires universels et à titre universel et des successeurs irréguliers du mari. Mais il existe entre le mari et ses héritiers une grande différence : le premier, en exerçant l'action, a surtout un intérêt moral à défendre ; il tend à rejeter de sa famille un enfant qui lui est étranger. Les héritiers, eux, ont en vue un intérêt purement pécuniaire ; ils veulent empêcher l'enfant de recueillir, à leur détriment, toute la succession de son père. Il en résulte qu'ils ne peuvent plus intenter l'action en désaveu lorsqu'ils ont renoncé à l'hérédité. (Art. 315, 316, 317.)

Dans quel délai les actions en contestation de légitimité et en désaveu doivent-elles être exercées?

L'action en contestation de légitimité peut être exercée à toute époque; seulement, comme l'enfant finirait par acquérir par prescription la succession dont il s'est emparé, les intéressés feront bien de ne pas attendre trop longtemps pour la former.

L'action en désaveu, au contraire, ne peut être exercée que pendant un délai très-limité. — Si c'est le mari qui agit, il doit former sa demande dans le mois de la naissance de l'enfant, s'il se trouvait sur les lieux lors de la naissance; et dans les deux mois de son retour ou de la découverte de la fraude, s'il était absent lors de la naissance, ou si elle lui a été cachée. — Lorsque ce sont les héritiers du mari qui agissent, ils doivent former leur demande dans le délai de deux mois, à compter du moment où l'enfant a manifesté par des actes ses prétentions à la légitimité; par exemple, en prenant possession des biens de son prétendu père. — Au reste, ils peuvent prendre les devants et ne pas attendre pour agir que l'enfant ait manifesté ses prétentions par des actes. (Art. 316, 317.)

La loi ne fournit-elle pas un moyen de prolonger le délai de l'action en désaveu?

Oui; en considération de la brièveté du délai accordé pour l'action en désaveu, la loi permet au mari ou à ses héritiers de le prolonger d'un mois, pourvu qu'avant son expiration, le dernier jour par exemple, ils déclarent, dans un acte extrajudiciaire, qu'ils désavouent l'enfant.— Ils ont, à partir de cet acte, un nouveau délai d'un mois pour rassembler leurs preuves.

On entend par acte *extrajudiciaire,* tout acte passé en dehors d'une instance ; par exemple, celui qui a été fait devant un notaire. (Art. 318.)

Contre qui sont intentées les actions en contestation de légitimité et en désaveu ?

L'action en contestation de légitimité est intentée contre l'enfant lui-même, et, s'il est mineur, contre son tuteur ordinaire.

L'action en désaveu est également intentée contre l'enfant, s'il est majeur. Dans le cas contraire, la loi veut qu'elle soit dirigée contre un tuteur *ad hoc*, nommé spécialement pour cette affaire, à l'exclusion du tuteur ordinaire s'il y en a un.—Le tuteur *ad hoc* sera choisi par le tribunal, et non point par le conseil de famille; car ce conseil, étant composé de parents qui sont intéressés à faire prononcer le désaveu, n'offrirait pas des garanties suffisantes.

Bien que la mère ne soit pas partie dans l'instance, on doit l'y appeler, afin qu'elle puisse fournir des renseignements utiles.

Les actions en contestation de légitimité et en désaveu doivent être portées devant les tribunaux de première instance, qui ne prononceront qu'après avoir entendu le ministère public en ses conclusions.— Les parties pourront se pourvoir en appel. (Art. 318.)

CHAPITRE DEUXIEME

DES PREUVES DE LA FILIATION DES ENFANTS LÉGITIMES

Articles 319 à 330.

Que doit prouver l'enfant qui veut établir sa filiation légitime ?

Nous avons supposé dans le chapitre précédent que l'enfant avait établi sa filiation légitime par rapport à sa mère ; et nous avons montré comment il pouvait alors se rattacher à son père, en invoquant certaines présomptions. — Nous devons maintenant retourner en arrière, et expliquer quels sont les faits qu'il doit prouver pour établir sa filiation légitime par rapport à sa mère, et de quelle manière il pourra les prouver.

Pour établir sa filiation légitime par rapport à sa mère, l'enfant doit prouver : 1° Que celle-ci a été mariée ; 2° Qu'elle a accouché ; 3° Qu'il est l'enfant dont elle a accouché.

Nous savons déjà qu'il pourra établir le mariage de sa prétendue mère par la représentation de l'acte de célébration. — Reste à examiner comment il prouvera les deux autres faits.

De quelle manière l'enfant prouvera-t-il l'accouchement de sa mère et son identité avec la personne dont elle a accouché?

Il prouvera l'accouchement de sa prétendue mère et son identité avec l'enfant dont elle a accouché, et il établira, par là, sa filiation vis-à-vis d'elle, de trois manières, savoir :

1° Par l'acte de naissance.

2° Par la possession d'état.

3° Par la preuve testimoniale. (Art. 319, 320, 323.)

Quelle est la force probante de l'acte de naissance ?

Aux termes de l'article 319, l'acte de naissance inscrit sur les registres de l'état civil prouve la filiation légitime. Mais cette règle ne doit être acceptée que sous certaines réserves.

En effet, la filiation maternelle résulte de deux faits, l'accouchement de la mère et l'identité de l'enfant.— Or, l'acte de naissance ne prouve pas l'identité de l'enfant, par la raison que les actes de l'état civil étant délivrés à quiconque en fait la demande, le premier venu peut se procurer et s'appliquer un acte de naissance qui n'est pas le sien. — En second lieu, il ne prouve pas l'accouchement de la mère d'une manière absolue et inattaquable, car l'officier de l'état civil qui l'a dressé n'affirme pas qu'il s'est passé sous ses yeux, mais seulement qu'on le lui a déclaré. (Art. 319.)

Les irrégularités de l'acte de naissance en détruisent-elles la force probante, par rapport à l'accouchement ?

Non, les irrégularités qui seraient contenues dans l'acte de naissance n'en détruisent pas la force probante par rapport à l'accouchement de la mère, pourvu qu'elles portent sur des circonstances étrangères à ce fait. —Ainsi, l'acte conserverait toute sa force probante à cet égard, si le nom du père n'y était pas mentionné, ou si la mère y était dénommée sous son nom de fille, au lieu d'y être indiquée sous son nom de femme, pourvu qu'elle y fût désignée assez clairement pour qu'on ne pût pas s'y méprendre. Seulement, on serait alors obligé d'établir par d'autres moyens de preuve les faits omis ou portés d'une manière inexacte sur l'acte de naissance.

C'est ce qui résulte clairement de l'article 323, suivant lequel l'enfant n'est obligé d'avoir recours à la preuve testimoniale que dans deux cas : 1° Lorsqu'il n'existe pas d'acte de naissance ; 2° Lorsqu'il a été inscrit sous de faux noms, ou comme né de père et mère inconnus. Ainsi, quelles que soient les irrégularités ou les omissions qui s'y trouveraient contenues, l'acte de naissance peut servir à établir l'accouchement, pourvu qu'il mentionne exactement le nom de la personne accouchée.

Comment l'enfant peut-il établir son identité ?

Après avoir prouvé l'accouchement de sa mère, au moyen de

l'acte de naissance, l'enfant établira ensuite son identité, si elle est contestée, ce qui arrivera bien rarement d'ailleurs, par toute espèce de moyens, soit par des écrits, soit par témoins, soit même par de simples présomptions ; car la loi n'établit aucune restriction à cet égard.

Qu'est-ce que la possession d'état?

La possession d'état est un ensemble de faits qui établissent implicitement la reconnaissance de la filiation de l'enfant par la famille à laquelle il prétend appartenir.

Les faits qui constituent la possession d'état sont au nombre de trois. On les désigne par ces expressions : *nomen*, *tractatus*, *fama*.

Nomen, c'est-à-dire le fait que l'enfant a toujours porté le nom de celui qu'il désigne comme son père.

Tractatus, c'est-à-dire le fait qu'il a toujours été traité par ses prétendus père et mère comme leur enfant, qu'ils l'ont élevé et entretenu comme tel.

Fama, c'est-à-dire le fait qu'il a toujours été considéré comme leur enfant dans la société et dans la famille. (Art. 321.)

Quelle est la force probante de la possession d'état?

En règle générale, la chose ou la qualité qui sont en la possession d'une personne sont présumées appartenir à cette personne.

Par application de cette règle, l'enfant qui a la possession d'état d'enfant légitime est présumé, jusqu'à preuve contraire, avoir droit à cette qualité. C'est ce qu'exprime l'article 320, suivant lequel la possession d'état suffit, à défaut d'acte de naissance, pour établir la filiation légitime.

Sur ce point, il convient d'observer : 1° Que la preuve qui résulte de l'acte de naissance est préférée par le Code, comme étant plus régulière et plus sûre, à celle qui résulte de la possession d'état, puisqu'il n'autorise l'emploi de celle-ci qu'à défaut de la première ; 2° mais que, d'un autre côté, la preuve qui résulte de la possession d'état est plus étendue que celle qui résulte de la preuve testimoniale, car elle s'applique non-seulement à l'accouchement de la mère mais encore à l'identité de l'enfant. (Art. 320.)

Quelles qualités doit avoir la possession d'état pour servir de preuve?

Pour servir de preuve en matière de filiation légitime, la possession d'état doit avoir trois qualités, il faut :

1° Qu'elle soit *certaine*, c'est-à-dire qu'elle soit bien démontrée;

qu'il n'y ait pas de doute sur son existence.— On peut d'ailleurs prouver qu'elle existe par toutes sortes de moyens, soit par titres, soit par témoins.

2° Qu'elle soit *constante*, c'est-à-dire qu'elle ait été suivie sans interruptions et sans lacunes ; qu'elle ait commencé à la naissance de l'enfant et qu'elle se soit continuée depuis, d'une manière certaine.

3° Qu'elle ait existé simultanément, *tant à l'égard du père qu'à l'égard de la mère*, c'est-à-dire que l'enfant ait été traité par les deux époux comme un enfant légitime : autrement, il ne pourrait pas dire qu'il a été en possession de cette qualité dans sa famille et dans la société. (Art. 321.)

La preuve qui résulte de la possession d'état est-elle invincible?

Non ; l'acte de naissance qui n'est point corroboré par une possession d'état conforme, et la possession d'état qui ne s'appuie pas sur l'acte de naissance peuvent également être combattus par la preuve contraire. — Mais il en est différemment, lorsque ces deux moyens de preuve viennent à se rencontrer et qu'ils concourent en même temps à établir la filiation légitime. Appuyés l'un sur l'autre, ils forment une preuve invincible, à laquelle on ne peut rien opposer. En d'autres termes, lorsqu'un enfant est désigné tout à la fois par son acte de naissance et par la possession d'état comme enfant légitime, nul n'est admis à prouver le contraire. Sans doute, il est possible, à la rigueur, que ces deux preuves se rencontrent pour établir un fait inexact, mais cela arrivera bien rarement. (Art. 322.)

Qu'est-ce que la preuve testimoniale?

La preuve testimoniale est celle qui résulte de la déclaration des témoins, faite sous serment et en présence de la justice.

La preuve testimoniale offre moins de garanties que les autres modes de preuve, surtout quand les intérêts à débattre sont importants, parce qu'il est toujours possible de suborner de faux témoins. — Aussi la loi ne l'admet-elle en général que difficilement, et exige-t-elle, dans certains cas, qu'elle soit précédée d'un commencement de preuve par écrit.

Comment établit-on la filiation légitime par la preuve testimoniale ?

Il faut distinguer :

Lorsque les registres de l'état civil n'ont pas existé ou qu'ils ont été perdus, la filiation légitime peut être établie par la preuve testimoniale, conformément à l'article 46, sans aucune condition préalable. — Mais il est bon de remarquer que son emploi est, dans ce cas, justifié par un fait qui doit être préalablement établi, savoir, la non-existence où la perte fortuite des registres.

Dans toute autre hypothèse, la preuve testimoniale n'est admise, pour établir la filiation légitime, qu'autant qu'il existe déjà un commencement de preuve par écrit, ou des indices graves et dès lors constants qui rendent vraisemblable la prétention de l'enfant. (Art. 323.)

Qu'entend-on par commencement de preuve par écrit?

On entend, par commencement de preuve par écrit, tout écrit qui est de nature à établir une présomption favorable à la filiation réclamée, pourvu qu'il émane d'une personne engagée dans la contestation contradictoirement avec l'enfant, ou qui, si elle était vivante. aurait un intérêt contraire au sien. — Sans cela, il aurait été à craindre que l'attestation écrite ne soit donnée par complaisance, et l'on ne pourrait lui attribuer aucune importance.

Les registres et papiers domestiques, les actes publics ou sous seing privé, les simples lettres même peuvent servir de commencement de preuve par écrit, lorsqu'ils émanent d'une personne intéressée à contester la filiation légitime de l'enfant. (Art. 324.)

Qu'entend-on par indices graves?

On entend par indices graves ceux qui résultent, soit des objets trouvés sur la personne de l'enfant au moment de sa naissance, soit de la ressemblance qu'il a avec sa prétendue mère, soit de tous autres faits qui sont de nature à rendre vraisemblable la filiation réclamée, et dont les juges auront à apprécier la gravité.

La loi exige que les faits allégués par l'enfant soient *constants*, c'est-à-dire qu'ils soient certains et qu'on ne puisse pas en mettre en doute l'existence. — Autrement, on tournerait dans un cercle vicieux, puisqu'il faudrait employer la preuve testimoniale pour établir des faits sans lesquels elle n'est pas admissible.

Quel est l'effet de la filiation établie par rapport à la mère, au moyen de la preuve testimoniale?

Il faut distinguer :

Lorsque l'enfant n'a mis en cause que sa mère ou les héritiers de celle-ci, le jugement qu'il obtient n'a d'effet que par rapport à elle; car il est de règle que les jugements ne nuisent ou ne profitent qu'à ceux qui ont été engagés dans le procès. — En conséquence, s'il veut plus tard établir sa filiation par rapport à son père, il devra reprendre la preuve de tous les faits qu'il avait déjà produits dans la première instance, et notamment la preuve de l'accouchement de sa mère et de son identité avec l'enfant dont elle a accouché. — Ce n'est qu'après avoir recommencé la preuve de sa filiation légitime par rapport à la mère, qu'il pourra invoquer la présomption *pater is est* afin de se rattacher à son père.

Au contraire, lorsque l'enfant a mis en cause sa mère et son père, le jugement qu'il obtient produit son effet par rapport aux deux époux : pour l'un comme pour l'autre, il établit l'accouchement de la mère et son identité avec l'enfant dont elle est accouchée; et alors pour démontrer sa filiation par rapport au père, il n'a plus qu'à invoquer la règle *pater is est quem nuptiæ demonstrant*.

Ici se présente une question assez délicate. — Suivant l'article 325, lorsque la maternité a été établie par la preuve testimoniale, le mari est autorisé à user de tous les moyens de droit commun pour démontrer qu'il n'est pas le père de l'enfant. — La raison de cette dérogation aux dispositions qui restreignent l'exercice de l'action en désaveu est que l'enfant qui n'a établi la maternité qu'au moyen de la preuve testimoniale ne l'a pas démontrée d'une manière aussi certaine, aussi énergique et aussi régulière que s'il s'était servi de l'acte de naissance ou de la possession d'état. Il en résulte que la présomption *pater is est* repose sur une base moins assurée, et qu'il est bien plus facile alors de la faire tomber.

Quels sont les tribunaux compétents pour prononcer sur les réclamations d'état?

Les tribunaux compétents pour prononcer sur les réclamations d'état sont les tribunaux civils. — Ils ne doivent statuer qu'après avoir entendu le ministère public en ses conclusions.

Si la réclamation d'état avait lieu à l'occasion d'un crime ou d'un délit, l'action civile serait jugée avant l'action pénale, contrairement à ce qui a lieu habituellement, où l'instance criminelle précède le procès civil. — La raison de cette dérogation est qu'en matière de filiation la preuve testimoniale n'est admise au civil que sous la condition d'un commencement de preuve par écrit; tandis qu'on l'emploie sans aucune condition préalable dans l'instruction criminelle. Or, si l'on commençait par celle-ci, la question serait tranchée par de simples témoignages qui ne s'appuieraient point sur un commencement de preuve fourni préalablement, et l'on sortirait ainsi des prescriptions de la loi. (Art. 326, 327.)

Quelle est la durée de l'action en réclamation d'état?

En général, les droits et actions se prescrivent par trente ans. Mais il en est différemment pour les actions relatives aux questions d'état, dans le cas où elles sont exercées par l'enfant dont l'état est débattu. Comme celui-ci est censé agir en vue d'un intérêt moral plutôt que d'un intérêt pécuniaire, on lui laisse un temps illimité pour faire valoir ses droits.

Mais on n'est pas aussi large lorsque la réclamation d'état est passée aux mains des héritiers de l'enfant, qui, eux, sont censés agir plutôt en vue d'un intérêt pécuniaire que d'un intérêt moral, et on ne les autorise à exercer l'action que pendant un certain délai. — Ainsi, ils ne peuvent plus agir :

1° Lorsque l'enfant est mort sans avoir exercé l'action, pourvu qu'il eût atteint sa majorité depuis cinq ans au moins;

2° Lorsque, après avoir d'abord intenté l'action, il avait ensuite renoncé à la continuer, soit en se désistant expressément, soit en laissant passer trois années sans poursuites, à compter du dernier acte de procédure;

3° Lorsqu'il avait renoncé expressément aux droits pécuniaires qui pouvaient résulter de sa qualité d'enfant. (Art. 328, 329, 330.)

CHAPITRE TROISIÈME

DES ENFANTS NATURELS

Articles 331 à 342.

Conformément à l'ordre du Code, nous traiterons dans ce chapitre : 1° de la légitimation; 2° de la reconnaissance des enfants naturels.

SECTION I

DE LA LÉGITIMATION DES ENFANTS NATURELS

Qu'est-ce que la légitimation ?

La légitimation est un acte par lequel un enfant qui n'est pas issu du mariage acquiert cependant tous les droits d'un enfant légitime.

Quels enfants peut-on légitimer ?

Il y a deux classes d'enfants naturels : les enfants naturels simples, et les enfants naturels adultérins ou incestueux. — Les premiers ont seuls le bénéfice de la légitimation. Quant aux enfants adultérins ou incestueux, ils ne peuvent être ni légitimés, ni reconnus, et le seul droit que la loi leur reconnaisse à l'encontre de leurs parents est celui de pouvoir exiger qu'ils leur fournissent une pension alimentaire, ou qu'ils leur fassent apprendre un état. (Art. 331.)

Comment s'opère la légitimation ?

La légitimation s'opère de plein droit et sans aucune formalité, par le mariage des père et mère de l'enfant. Mais il faut : 1° Que le mariage soit valable, ou qu'il ait été contracté de bonne foi par l'un des deux époux ; — 2° que l'enfant ait été reconnu, soit avant le mariage, soit au moment même de sa célébration.

L'article 331 exclut absolument toute reconnaissance postérieure à la célébration du mariage. — C'est avec raison : car si les époux avaient eu la possibilité de légitimer un enfant pendant le mariage, il leur aurait été trop facile d'introduire des enfants étrangers dans leur famille, au moyen d'une reconnaissance mensongère. (Art. 331.)

Quels sont les effets de la légitimation ?

La légitimation procure à l'enfant tous les droits d'un enfant légitime. Toutefois ses droits ne prennent naissance qu'à partir du mariage de ses père et mère, tandis que ceux des enfants légitimes s'ouvrent dès le moment où ils ont été conçus.

La légitimation peut avoir lieu même en faveur des enfants décédés qui ont laissé des descendants ; et, dans ce cas, elle profite à ces descendants. (Art. 332, 333.)

Les enfants incestueux peuvent-ils être légitimés par le ma-

riage de leurs père et mère, lorsque ceux-ci ont obtenu des dispenses?

Non ; les enfants incestueux ne peuvent pas être légitimés par le mariage subséquent de leurs père et mère, lorsque ceux-ci l'ont contracté au moyen d'une dispense. — Effectivement, en énonçant que ces sortes d'enfants ne peuvent pas être légitimés par le mariage subséquent des père et mère, l'article 331 suppose évidemment que ceux-ci ont obtenu des dispenses, puisque sans cela le mariage ne serait pas possible.

Malgré cette disposition formelle, la jurisprudence s'est montrée favorable à la légitimation des enfants incestueux. — Mais c'est là une pratique abusive et dangereuse : les juges ne doivent jamais, sous prétexte d'équité ou de convenance, éluder les dispositions de la loi. (Cass. 22 juin 1867.)

SECTION II

DE LA RECONNAISSANCE DES ENFANTS NATURELS

Comment se prouve la filiation naturelle ?

Ainsi que nous l'avons vu dans le chapitre précédent, la filiation *légitime* se prouve de trois manières : 1° par l'acte de naissance; 2° par témoins; 3° par la possession d'état.

Quant à la filiation *naturelle*, la loi admet expressément deux modes de preuves : 1° l'acte de reconnaissance; 2° la preuve par témoins. — En d'autres termes, la filiation naturelle peut s'établir, soit par une reconnaissance *volontaire* émanée des père et mère, soit par une reconnaissance *forcée* résultant d'un jugement prononcé sur la demande de l'enfant.

Parmi les modes de preuves de la filiation naturelle la loi ne mentionne pas la possession d'état. — Nous aurons à examiner plus loin si elle y est applicable. (Art. 334, 341.)

Comment a lieu la reconnaissance volontaire?

La filiation naturelle ne se prouve pas, comme la filiation légitime, par l'acte de naissance. — Destiné uniquement à constater l'identité des enfants naturels, cet acte ne suffirait pas par lui-même à établir leur filiation.

Pour suppléer à son insuffisance, la loi a institué un mode spécial de preuve, la reconnaissance volontaire, qui peut être contenue dans l'acte de naissance, ou avoir lieu postérieurement et par un acte séparé. — Lorsqu'elle a lieu dans l'acte de naissance, il faut qu'elle soit expresse, et qu'elle émane directement des parents ou de leurs mandataires, munis d'une procuration spéciale et authentique. (Art. 334.)

Dans quelle forme la reconnaissance volontaire doit-elle être faite, lorsqu'elle est postérieure à l'acte de naissance?

La reconnaissance volontaire, faite postérieurement à la naissance, ne peut avoir lieu que par acte authentique : l'authenticité de l'acte est une garantie que le père ou la mère qui reconnaît l'enfant comme issu de ses œuvres exprime une volonté réfléchie, et qu'il n'a pas été entraîné à le faire par captation ou par surprise.

Au reste, la loi se borne à exiger que l'acte de reconnaissance soit authentique, sans le limiter à telle ou telle forme. — Ainsi, la reconnaissance pourra se faire, soit devant un notaire, soit devant un juge de paix assisté de son greffier, soit en présence d'un tribunal. Elle peut également avoir lieu dans un testament public. (Art. 334.)

Par qui la reconnaissance peut-elle être faite?

La reconnaissance peut être faite par les père et mère ou par l'un d'eux seulement, soit personnellement, soit par un mandataire ayant une procuration spéciale et authentique. — Il n'est pas nécessaire que celui qui la fait soit capable de contracter.

Aux termes de l'article 336, la reconnaissance du père, faite sans l'indication et l'aveu de la mère, ne produit son effet qu'à l'égard du père. — Cette disposition paraît si évidente, qu'on ne comprend guère pour quel motif le législateur a jugé à propos de la formuler. Pour l'expliquer, on a recours à l'historique de sa rédaction.

Suivant le projet du Code, la reconnaissance du père n'était admise à produire son effet qu'autant qu'elle était confirmée par l'aveu de la mère, qui devait connaître mieux que personne les faits relatifs à la conception de l'enfant. Mais ce système ne fut pas admis, par la raison qu'il aurait été dangereux d'abandonner complètement l'état de l'enfant à la discrétion de sa mère. On y substitua la règle que la reconnaissance ne produit son effet que pour le parent qui reconnaît. Et, alors, afin de bien constater l'adoption de la nouvelle règle et d'éviter tous les malentendus qui auraient pu survenir sur ce point, les rédacteurs du Code ajoutèrent dans le corps de la disposition ces mots inutiles *sans l'indication et l'aveu de la mère.* — Il aurait été plus exact de dire simplement : la reconnaissance du père, n'ayant d'effet qu'à son égard, n'a pas besoin d'être confirmée par l'indication et l'aveu de la mère. (Valette. Marcadé.)

A quel moment les enfants naturels peuvent-ils être reconnus?

A cet égard, la loi ne fixe aucun délai. — On doit en conclure qu'ils peuvent être reconnus à toute époque, même lorsqu'ils ne sont encore que conçus, ou lorsqu'ils sont décédés en laissant une postérité légitime.

Quant à la question de savoir s'ils peuvent être reconnus après leur mort lorsqu'ils sont décédés sans laisser de postérité légitime, les auteurs ne sont pas d'accord. — Cependant on admet généralement l'affirmative : effectivement, la loi n'ayant pas fixé de délai pour faire la reconnaissance, il est rationnel d'en conclure que les parents ont le droit de reconnaître l'enfant à toute époque, même après son décès. Sans doute, il arrivera quelquefois qu'ils le reconnaîtront dans une pensée de lucre, afin d'obtenir sa succession. Mais on peut aussi leur supposer d'autres motifs, et admettre, par exemple, qu'ils avaient été empêchés de reconnaître l'enfant pendant sa vie, par respect pour certaines convenances et pour éviter des troubles dans leur famille.

Aux termes de l'article 337, un époux peut reconnaître, pendant le mariage, un enfant naturel qu'il aurait eu précédemment d'une autre personne que son conjoint.

Mais, afin d'atténuer, autant que possible, les troubles auxquels cette reconnaissance donnerait lieu au sein de l'union conjugale, le législateur a décidé qu'elle ne pourrait nuire ni au conjoint, ni aux enfants légitimes issus du mariage. — En conséquence, l'enfant naturel, reconnu pendant le mariage, ne pourra se prévaloir de ses droits qu'à l'encontre des ascendants et des collatéraux de l'époux qui l'a reconnu. (Art. 337.)

La reconnaissance volontaire d'un enfant naturel peut-elle être contestée?

Oui; la reconnaissance volontaire qui a été faite d'un enfant naturel peut être contestée par toutes les personnes qui y ont intérêt, c'est-à-dire par celles qui l'ont déjà reconnu ou par leurs héritiers; par celles qui veulent le reconnaître, et par l'enfant lui-même.

La contestation peut d'ailleurs être soulevée de diverses manières. — Ainsi, elle portera, soit sur la régularité de l'acte, soit sur la sincérité des déclarations qui y sont contenues, soit sur la validité du consentement qui y a été donné.

Si elle a lieu entre deux personnes qui ont reconnu le même enfant naturel, le tribunal déclarera que la paternité appartient à celle qui réunit en sa faveur les plus grandes présomptions de vérité; si les présomptions sont égales, on prendra en considération l'intérêt de l'enfant. (Art. 339.)

A défaut de reconnaissance volontaire, l'enfant peut-il établir sa filiation par d'autres moyens ?

Oui; à défaut de reconnaissance volontaire, l'enfant peut établir judiciairement sa filiation naturelle, au moyen d'une reconnaissance forcée.

Mais la reconnaissance forcée qui résulte d'un jugement n'est admise en principe que par rapport à la mère : du côté du père, la reconnaissance ne peut être que volontaire. — C'est ce qu'on exprime par cette fameuse maxime que la recherche de la paternité est interdite. (Art. 340, 341.)

Pourquoi a-t-on interdit la recherche de la paternité ?

La raison qui a fait interdire la recherche de la paternité est que la conception, par laquelle l'enfant se rattache à son père, est un fait invisible et mystérieux, dénué de signes qui le fassent reconnaître, et dont par conséquent il ne serait pas possible de fournir des preuves directes, comme cela a lieu pour l'accouchement. Comme on ne peut pas, lorsqu'il s'agit de filiation naturelle, suppléer l'absence de preuve directe de la conception, au moyen de la présomption *pater is est quem nuptiæ demonstrant*, le législateur a dû interdire une recherche qui ne pouvait pas établir avec certitude la paternité.

Néanmoins, ces considérations ne nous paraissent pas suffisantes pour justifier complétement l'interdiction de la recherche de la paternité. A défaut de preuve directe, et pour ainsi dire matérielle, on devait recourir à des preuves morales, telles que les écrits émanés du prétendu père, la séduction, le fait d'une cohabitation publique et continue, une ressemblance frappante ; de pareilles inductions auraient été suffisantes pour servir tout au moins de commencement de preuve ou d'indices graves, et ils auraient été de nature à autoriser l'emploi de la preuve testimoniale. — C'est ce qui avait lieu dans notre ancienne législation, et c'est ce qui existe encore dans plusieurs législations modernes. On aurait ainsi évité de donner le spectacle affligeant et profondément immoral d'une législation oublieuse des droits sacrés de l'enfant, inhabile à protéger la femme et complice de la turpitude du père. Les législateurs du Code ont craint le scandale; mais quel scandale y avait-il à redouter davantage que celui qui résulte de l'impuissance de la loi à protéger les intérêts moraux de la société.

Par exception, la recherche de la paternité n'est-elle pas admise dans un cas?

Oui; aux termes de l'article 340, la recherche de la paternité est admise dans le cas d'enlèvement de la femme, lorsque l'époque de l'enlèvement coïncide avec celle de la conception. — Les juges peuvent alors, sur la demande des parties intéressées, déclarer que le ravisseur est le père de l'enfant.

Au cas d'enlèvement prévu par le Code, on ajoute par analogie le détournement et le viol. La preuve de ces trois faits aura lieu par toute espèce de moyens, par titres, par témoins et même par de simples présomptions. (Art. 340.)

Que doit prouver l'enfant qui veut établir la maternité ?

L'enfant qui veut établir la maternité doit prouver : 1° que sa prétendue mère est accouchée; 2° qu'il est l'enfant dont elle est accouchée. — Il fera cette double preuve par témoins.

Mais ici, comme pour la filiation légitime, la preuve testimoniale n'est admise que sous certaines conditions préalables, qui rendent vraisemblable la prétention de l'enfant. — Et, même, la loi s'est montrée plus rigoureuse pour l'établissement de la filiation naturelle; car elle n'y autorise l'emploi de la preuve testimoniale que dans le cas où il existe déjà un commencement de preuve par écrit, tandis qu'elle l'admet, en outre, lorsqu'il y a des indices graves, lorsqu'il s'agit d'établir la filiation légitime. (Art. 341.)

Quelle est la durée de la recherche de la maternité ?

La loi a gardé le silence à cet égard. — On en conclut généralement qu'il faut assigner à cette action la même durée qu'à la recherche de la maternité légitime. Or, celle-ci est imprescriptible pour l'enfant; et elle est transmissible à ses héritiers, si celui-ci n'y a pas renoncé expressément ou tacitement.

Toutes les personnes intéressées à combattre la prétention de l'enfant, et qui auraient pu s'opposer à une reconnaissance volontaire, ont le droit d'intervenir dans le procès.

L'action est portée devant les tribunaux de première instance, qui sont compétents pour toutes les réclamations d'état, de quelque nature qu'elles soient. Le ministère public doit y être entendu en ses conclusions. Les parties peuvent former un recours en appel.

Les enfants adultérins ou incestueux peuvent-ils intenter une action en recherche de la filiation naturelle ?

Non ; les enfants adultérins ou incestueux ne peuvent pas être volontairement reconnus par leurs parents : à plus forte raison, n'ont-ils pas le droit de poursuivre judiciairement leur reconnaissance.

Mais alors comment ont-ils d'une manière certaine cette qualité d'adultérins ou d'incestueux ? — On répond qu'elle résulte, pour les adultérins, des jugements en désaveu, qui, en reconnaissant la non-paternité du mari à l'égard de l'enfant de sa femme, établissent implicitement que sa naissance est adultérine. — Quant aux enfants incestueux, leur filiation résulte implicitement des jugements qui ont prononcé la nullité du prétendu mariage de leurs père et mère, pour cause de parenté ou d'alliance au degré prohibé. (Art. 335, 342.)

Quels sont les effets de la reconnaissance ?

Les principaux effets de la reconnaissance, soit volontaire, soit forcée, consistent :

1° A établir un lien de parenté entre l'enfant et celui qui l'a reconnu, sans qu'il y ait néanmoins aucune parenté entre lui et les parents de son père et de sa mère ;

2° A permettre à l'enfant de porter le nom de son père, ou celui de sa mère, s'il n'a été reconnu que par celle-ci ;

3° A faire naître entre l'enfant et ses père et mère des obligations d'aliments et des droits de succession. — Ces droits de succession sont d'ailleurs moins étendus que ceux des enfants légitimes. (Art. 338.)

Peut-on établir la filiation naturelle, au moyen de la possession d'état ?

La loi qui reconnaît expressément la possession d'état parmi les modes de preuve de la *filiation légitime*, ne la mentionne pas parmi celles qui doivent être employées pour la *filiation naturelle*. — Faut-il interpréter son silence dans le sens d'une exclusion ? Tel est le point à examiner.

Suivant un premier système, le Code admet tacitement la possession d'état parmi les modes de preuve qui sont destinés à établir la filiation naturelle. — S'il ne l'a pas mentionné expressément, c'est parce qu'il s'en est référé aux règles qu'il avait précédemment établies pour la filiation légitime, et qu'il s'est borné à indiquer les points de différence entre ces deux sortes de filiation. Ainsi, il mentionne la reconnaissance, parce que ce mode de preuve est spécial à la filiation naturelle; il mentionne également la preuve testimoniale, parce qu'on ne peut pas l'employer aussi facilement pour la filiation naturelle que pour la filiation légitime; au contraire, il passe sous silence la possession d'état, parce qu'elle s'applique de la même façon dans l'une et dans l'autre filiation. — D'ailleurs, le Code admet expressément la reconnaissance volontaire parmi les modes de preuve de la filiation naturelle. Or, la possession d'état équivaut, de la part de la mère, à une reconnaissance volontaire, d'autant plus énergique qu'elle s'est continuée durant plusieurs années, et qu'elle s'est manifestée par des soins donnés à l'enfant et par des rapports publics avec lui. Et il sera d'autant plus facile de l'établir, qu'elle ne peut exister qu'à la condition d'avoir été publique, certaine et constante. (Valette. Demolombe.)

Mais on répond : 1° que les dispositions relatives à la filiation naturelle forment un ensemble complet, et qu'elles ne se rattachent en aucune manière aux dispositions qui concernent la filiation légitime. Ces deux sortes de filiations sont même traitées à part sous deux chapitres différents, et il ne paraît guère que le législateur ait eu l'intention de s'en référer pour la seconde aux règles qu'il avait déjà établies pour la première. Et comment aurait-il pu s'en référer sur ce point aux règles qu'il avait déjà établies, puisqu'elles ne pouvaient pas être les mêmes, par la raison que la possession d'état, qui doit exister simultanément par rapport au père et à la mère pour servir de preuve en matière de filiation légitime, ne peut exister que par rapport à la mère, lorsqu'il s'agit de filiation naturelle, où la recherche de la paternité est interdite. Il y avait donc, sous ce rapport, une différence importante à signaler, et le Code l'aurait signalée s'il avait voulu recourir à la preuve qui résulte de la possession d'état pour établir la filiation naturelle. — En second lieu, il n'est pas exact de dire, comme on le fait, que la possession d'état équivaut à une reconnaissance volontaire. Elle n'y équivaut pas : d'abord, parce que la reconnaissance doit être expresse et même avoir lieu par acte authentique; ensuite parce qu'elle se prouve par la seule production du titre qui la constate, tandis que la possession d'état a besoin d'être établie par témoins. D'ailleurs, établir la possession d'état par témoins, afin de pouvoir établir ensuite la filiation naturelle par la possession d'état, ce serait prouver cette filiation par un moyen de preuve que la loi ne consent à admettre, à défaut de l'acte de naissance, que si elle est précédée d'un commencement de preuve par écrit. On contreviendrait ainsi, indirectement, aux dispositions de la loi. (Marcadé.)

LIVRE I, TITRE VIII

De l'adoption et de la tutelle officieuse.

Nous nous sommes occupé, dans le titre précédent, de la filiation légitime ou naturelle.—Il nous reste à examiner maintenant la filiation adoptive.

L'adoption, qui était très-fréquente chez les Romains, n'avait pas cependant été admise dans notre ancienne jurisprudence. — Elle fut introduite pour la première fois en France par une loi du 18 janvier 1792. Le Code en admit le principe et en régla l'application.

Le titre de l'adoption comprend deux chapitres, savoir :

CHAP. I. — De l'adoption.

CHAP. II. — De la tutelle officieuse.

CHAPITRE PREMIER

DE L'ADOPTION

Articles 343 à 360.

Conformément à l'ordre du Code, nous traiterons successivement dans ce chapitre : 1° De l'adoption et de ses effets; 2° des formes de l'adoption.

SECTION I

DE L'ADOPTION ET DE SES EFFETS

Qu'est-ce que l'adoption?

L'adoption est un acte judiciaire qui établit entre deux personnes des rapports civils de paternité et de filiation.

Il y a trois sortes d'adoption, savoir :

1° L'adoption ordinaire;

2° L'adoption rémunératoire, introduite en faveur de celui qui a sauvé la vie de l'adoptant;

3° L'adoption testamentaire, introduite en faveur du tuteur officieux.

Au reste, ces trois sortes d'adoption produisent les mêmes effets et ne diffèrent entre elles que par les conditions qui leur sont imposées.

Quelles sont les conditions requises pour l'adoption ordinaire ?

De la part de l'adoptant, il y a six conditions requises. Il faut :

1° Qu'il soit âgé de plus de cinquante ans;

2° Qu'il n'ait ni enfants, ni descendants légitimes;

3° Qu'il ait au moins quinze ans de plus que l'adopté;

4° Qu'il ait, s'il se trouve marié, le consentement de son conjoint;

5° Qu'il ait donné à l'adopté, durant sa minorité, des soins et des secours pendant six ans au moins;

6° Qu'il jouisse d'une bonne réputation.

En outre, *de la part de l'adopté*, il y a trois conditions requises. Il faut :

1° Qu'il soit majeur;

2° Qu'il n'ait encore été adopté par personne, si ce n'est par le conjoint de l'adoptant;

3° Qu'il ait le consentement de ses père et mère, s'il n'a pas vingt-cinq ans accomplis; ou qu'il ait demandé leur conseil, s'il a dépassé cet âge. (Art. 343, 344, 345, 346, 355.)

Quelles sont les conditions requises pour l'adoption rémunératoire ?

De la part de l'adoptant, il y a quatre conditions requises. Il faut :

1° Qu'il soit majeur, et qu'il soit plus âgé que l'adopté;

2° Qu'il n'ait ni enfants, ni descendants légitimes;

3° Qu'il ait, s'il se trouve marié, le consentement de son conjoint;

4° Qu'il jouisse d'une bonne réputation.

De la part de l'adopté, il y a, comme précédemment, trois conditions requises. Il faut :

1° Qu'il soit majeur;

2° Qu'il n'ait encore été adopté par personne, si ce n'est par le conjoint de l'adoptant;

3° Qu'il ait le consentement de ses père et mère, s'il n'a pas vingt-cinq ans accomplis; ou qu'il ait demandé leur conseil, s'il a dépassé cet âge. (Art. 345, 355.)

Toute personne peut-elle adopter ?

Oui ; toute personne peut adopter, pourvu qu'elle ait la jouissance et l'exercice de ses droit civils. — Réciproquement, toute personne qui a la jouissance et l'exercice de ses droits civils peut être adoptée.

Les enfants naturels reconnus peuvent-ils être adoptés par leurs père et mère ?

Le Code ne s'est pas expliqué à cet égard; mais on admet généralement l'affirmative. — Effectivement, le principe est que toute personne majeure peut être adoptée, et il n'y a aucune raison sérieuse pour y faire exception à l'encontre des enfants naturels. On soutiendrait vainement que les rapports de paternité et de filiation, que l'adoption a pour but de faire naître, existent déjà entre eux et les parents qui les ont reconnus, et que dès lors celle-ci ne leur offre aucun avantage. Pour répondre à cette objection, il suffit d'observer que l'adoption est de nature à rendre plus étroit le lien qui unit les enfants naturels aux parents qui les ont reconnus, et qu'ainsi elle servira à leur procurer une filiation plus avantageuse que celle qu'ils ont déjà. (Valette.)

Quels sont les effets de l'adoption ordinaire ou rémunératoire ?

L'adoption, soit ordinaire, soit remunératoire, produit les mêmes effets. Elle établit entre l'adoptant et l'adopté une parenté civile, qui a pour conséquence :

1° De permettre à l'adopté de joindre à son nom celui de l'adoptant;

2° De faire naître entre l'adoptant et l'adopté l'obligation réciproque de se fournir des aliments ;

3° De conférer à l'adopté, sur la succession de l'adoptant, les droits d'un enfant légitime, lors même que celui-ci aurait eu, depuis l'adoption, des enfants ayant cette qualité. — Toutefois, l'adoption ne confère à l'adopté aucun droit de succession sur les biens des parents de l'adoptant; car elle ne peut avoir d'effets qu'entre les parties contractantes.

En outre, l'adoption fait naître divers empêchements au mariage, que nous avons signalés. (Art. 347, 348, 349, 350.)

L'adopté conserve-t-il dans sa famille naturelle ses droits d'enfant légitime ?

Oui; l'adopté conserve dans sa famille naturelle, c'est-à-dire dans la famille à laquelle il est uni par les liens du sang, tous ses droits d'enfant légitime. — Par contre, il continue à être tenu envers ses père et mère de la dette alimentaire, dans les cas déterminés par la loi, et de tous ses devoirs en général. Ainsi, il ne peut pas se marier sans obtenir leur consentement, ou sans requérir leur conseil. (Art. 348.)

L'adoptant succède-t-il à l'adopté ?

Non ; en principe, l'adoptant ne succède pas à l'adopté, bien que celui-ci soit appelé à venir à sa succession. L'adopté, qui n'a pas de descendants, transmet ses biens à ses père et mère naturels. — Toutefois, l'adoptant peut, dans ce cas, reprendre les biens qu'il lui avait donnés, pourvu qu'ils se retrouvent encore dans sa succession, en nature ou en équivalents. Il peut même les reprendre, non-seulement dans la succession de l'adopté, mais encore dans celle de ses descendants, lorsque ceux-ci sont décédés, sans laisser eux-mêmes de postérité légitime.

A défaut de l'adoptant, ses héritiers ont également le droit de reprendre les biens donnés dans la succession de l'adopté mort sans postérité légitime ; mais ce n'est que dans la succession de l'adopté seulement qu'ils peuvent reprendre les biens donnés par leur père : ils n'ont pas, comme l'adoptant, le droit de les revendiquer dans la succession des descendants de l'adopté. (Art. 351, 352.)

SECTION II

DES FORMES DE L'ADOPTION

Quelles sont les formes de l'adoption ordinaire ou rémunératoire ?

Les formes de l'adoption ordinaire ou rémunératoire sont les mêmes ; elles consistent :

1° Dans une *déclaration* faite par l'adoptant et l'adopté, en présence du juge de paix du domicile de l'adoptant, pour constater leur consentement ;

2° Dans un *jugement* du tribunal civil, prononçant l'homologation de cette déclaration ;

3° Dans un *arrêt* de la cour d'appel, confirmant le jugement rendu en première instance ;

4° Dans l'*inscription* du contrat d'adoption sur les registres de l'état civil. — Cette inscription doit être faite dans les trois mois de l'arrêt. (Art. 353, 354, 355, 357, 359.)

Quel est l'effet de la déclaration d'adoption, faite en présence du juge de paix?

Cette déclaration a pour effet de lier respectivement les parties l'une envers l'autre. — Elle constitue la formalité la plus essentielle de l'adoption, à tel point que si l'une des parties venait à décéder, il serait possible à l'autre de compléter l'adoption, en accomplissant seule les formalités relatives au jugement, à l'arrêt et à l'inscription sur les registres. (Art. 360.)

Les jugements ou arrêts relatifs à l'adoption sont-ils rendus dans la forme ordinaire?

Non. — D'abord, afin d'éviter qu'ils ne nuisent, en cas de refus, à la bonne réputation de l'adoptant, la loi décide qu'ils n'énonceront pas de motifs, contrairement aux règles ordinaires. — De plus, elle veut qu'ils ne soient pas prononcés publiquement à l'audience, si ce n'est lorsqu'il s'agit d'un arrêt qui admet l'adoption. — Dans ce cas, l'arrêt est rendu public, afin d'avertir les tiers des relations nouvelles que l'adoption a fait naître entre l'adoptant et l'adopté.

Observons que le jugement rendu par le tribunal sur l'adoption peut, dans tous les cas, être infirmé par la décision de la cour. S'il a prononcé l'adoption, celle-ci peut la rejeter; et, réciproquement, s'il l'a rejetée, la cour peut l'admettre. (Art. 356, 357, 358.)

Quel est l'effet de l'inscription de l'adoption sur les registres de l'état civil?

L'inscription de l'adoption sur les registres de l'état civil a pour effet de rendre irrévocable pour les parties le lien qui s'est formé entre elles; en sorte qu'elles ne peuvent plus l'anéantir, même par leur consentement réciproque. — Mais les tiers pourraient, en établissant que la religion des magistrats a été surprise, par exemple, parce qu'ils ont été trompés par la production de pièces fausses, faire annuler le contrat d'adoption.

CHAPITRE DEUXIÈME

DE LA TUTELLE OFFICIEUSE

Articles 361 à 370.

Qu'est-ce que la tutelle officieuse?

La tutelle officieuse est un acte par lequel une personne s'engage à fournir gratuitement à un mineur la nourriture et l'éducation, à administrer ses biens et à l'adopter plus tard, ou, à défaut, à lui fournir des moyens d'existence.

Quelles sont les conditions requises pour la tutelle officieuse?

De la part du tuteur, il y a quatre conditions requises. Il doit :

1° Être âgé de plus de cinquante ans ;

2° N'avoir aucun descendant légitime;

3° Avoir, s'il est marié, le consentement de son conjoint ;

4° Être capable de gérer une tutelle.

De la part du pupille, il y a deux conditions requises. Il doit :

1° Être âgé de moins de quinze ans ;

2° Avoir le consentement de ses père et mère. (Art. 361, 362, 364.)

Comment se forme la tutelle officieuse?

La tutelle officieuse se forme au moyen d'un procès-verbal dressé par le juge de paix du domicile de l'enfant, et destiné à constater le consentement de celui qui veut être tuteur et des personnes qui ont autorité sur l'enfant.

Ses principaux effets sont :

1° De conférer au tuteur officieux la garde du pupille et l'administration de ses biens, à charge d'en rendre compte;

2° De lui imposer l'obligation de nourrir et élever le pupille, à ses frais, et de le mettre en état de gagner sa vie ;

3° De donner au pupille qui a atteint l'âge de majorité, et qui ne se trouve point en état de gagner sa vie, une action pour obliger son tuteur à l'adopter ou à lui venir en aide ;

4° D'autoriser le tuteur à adopter son pupille, dans la forme ordinaire, ou même par un simple acte testamentaire, pourvu qu'il ait exercé la tutelle pendant cinq ans au moins, et qu'il ne laisse pas en mourant des enfants légitimes.

Dans le cas où le tuteur officieux mourrait sans avoir adopté le pupille, il sera fourni à celui-ci, durant sa minorité, des moyens de subsister.

La tutelle officieuse a lieu très-rarement. (Art. 363, 364, 365, 366, 367, 368, 369, 370.)

LIVRE I, TITRE IX

De la puissance paternelle.

Après le mariage et la filiation, l'enchaînement naturel des faits, aussi bien que l'ordre du Code, nous amène à traiter de la puissance paternelle.

A Rome, l'autorité paternelle constituait, au profit du père et des ascendants paternels, une sorte de domaine sur la personne et sur les biens des enfants. Dans notre législation, cette autorité est très-adoucie : elle existe dans l'intérêt de l'enfant, comme dans l'intérêt du père; et elle peut être exercée par la mère à défaut du père.

Notre titre n'a pas de divisions : il comprend les articles 371 à 387.

I

Qu'est-ce que la puissance paternelle?

La puissance paternelle consiste dans l'autorité que la loi accorde aux père et mère sur la personne et sur les biens de leurs enfants.

Cette autorité prend sa source dans le droit naturel; notre droit civil la confirme et la règle. L'émancipation et la majorité de l'enfant la diminuent, mais ne la font pas cesser complétement; car, ainsi que le dit l'article 371, « l'enfant, à tout âge, doit honneur et respect à ses père et mère. » (Art. 371, 372.)

A qui appartient l'exercice de la puissance paternelle?

Pendant le mariage, l'exercice de la puissance paternelle appartient au père seul, à moins qu'il ne se trouve dans l'impossibilité d'en faire usage. — A défaut du père, elle appartient à la mère. — A défaut des père et mère, elle passe aux ascendants, et, si l'enfant est mineur, au conseil de famille et au tuteur.

La puissance paternelle touche à l'organisation de la famille et de la société. En conséquence, la personne qui en est investie par la loi ne peut pas y renoncer. (Art. 373.)

Quels sont les principaux attributs de la puissance paternelle?

Les principaux attributs de la puissance paternelle sont :

1° Le droit d'éducation ;

2° Le droit de correction;

3° Le droit d'usufruit légal et d'administration.

En quoi consiste le droit d'éducation?

Le droit d'éducation consiste dans le pouvoir qui appartient au père de diriger l'éducation de ses enfants, soit en les élevant dans sa maison, soit en les faisant élever, à ses frais, par des étrangers. — Ce pouvoir est très-étendu, et on ne peut lui assigner d'autres limites que celles que commandent l'ordre public et les bonnes mœurs. Ainsi, la justice n'aurait à intervenir que si l'enfant était gravement maltraité, ou s'il était élevé d'une façon dangereuse pour la société, en recevant des excitations au vol, à la débauche ou à quelque autre délit.

Le droit d'éducation a pour conséquence l'obligation imposée à l'enfant de ne pas quitter la maison paternelle sans autorisation.—Mais la loi du 21 mars 1832, sur le recrutement militaire, a apporté une grave exception à cette règle, en disposant que le mineur âgé de vingt ans révolus serait admis à prendre du service militaire sans le consentement de ses parents. (Art. 374.)

En quoi consiste le droit de correction?

Le droit de correction consiste dans la faculté qui appartient aux père et mère de faire emprisonner leur enfant pendant un certain temps.

A défaut du père, ce droit n'est pas exercé avec la même étendue par la mère ou par les autres ascendants. (Art. 375.)

Comment le père exerce-t-il le droit de correction?

Le père exerce le droit de correction de deux manières : par voie de réquisition ou par voie d'autorité.

Il l'exerce par voie de *réquisition*, en s'adressant au président du tribunal civil de l'arrondissement pour lui demander la délivrance d'un ordre d'arrestation, que celui-ci est libre d'accorder ou de refuser, et qui ne peut pas excéder six mois.

Il l'exerce par voie d'*autorité*, en faisant détenir son enfant pendant un mois au plus, en vertu d'un ordre d'arrestation délivré par le président du tribunal, mais que celui-ci, dans ce cas, n'a pas le droit de lui refuser.

Ainsi, lorsque le père exerce son droit de correction par voie de réquisition, il est obligé de demander l'arrestation de son enfant; tandis que lorsqu'il agit par voie d'autorité, sa décision est souveraine, et le président du tribunal n'intervient que pour faire ouvrir les portes de la prison, qui ne s'ouvriraient pas sans un ordre de l'autorité judiciaire. — Aussi ne lui est-il pas toujours permis d'agir par cette voie. (Art. 376, 377.)

Dans quels cas n'est-il pas permis au père d'agir par voie d'autorité?

Le père ne peut pas agir par voie d'autorité, et, par suite, il ne peut faire incarcérer son enfant qu'avec le consentement du président du tribunal, dans les trois cas suivants :

1° Lorsqu'il s'est remarié;

2° Lorsque l'enfant est entré dans sa seizième année;

3° Lorsqu'il a un état ou des biens qui lui appartiennent personnellement.

Au surplus, le père est toujours maître d'abréger la détention par lui ordonnée ou requise, sauf à la demander une seconde fois si l'enfant tombe dans de nouveaux écarts. (Art. 377, 379, 380, 382.)

Comment la mère exerce-t-elle le droit de correction?

Lorsque le père est décédé, ou qu'il se trouve dans l'impossibilité de manifester sa volonté, la mère exerce, à sa place, le droit de correction; mais elle ne peut l'exercer que par voie de réquisition, et avec le concours des deux plus proches parents paternels de l'enfant. — S'il n'y a point de parents paternels, on les remplace par deux alliés, et même par deux amis du père, conformément à la règle établie par l'article 409 pour la composition du conseil de famille.

Le mère survivante, qui se remarie, perd entièrement le droit de correction. (Art. 381.)

L'enfant a-t-il quelque voie de recours contre son arrestation?

Oui; l'enfant détenu a une voie de recours contre son arrestation, mais la loi ne la lui accorde expressément que dans deux cas : 1° lorsqu'il a un état; 2° lorsqu'il a des biens personnels.

Toutefois, la plupart des auteurs décident, avec raison, qu'il faut lui accorder également un recours lorsqu'il est entré dans sa seizième année. —Effectivement, dans ce cas, comme dans les deux précédents, l'emprisonnement n'a pu avoir lieu que par voie de réquisition, c'est-à-dire par la volonté du juge. Or, il est admis en principe qu'on peut former appel des décisions qui émanent d'un tribunal ou d'un juge, à moins qu'on ne se trouve dans un cas où la loi a formellement décidé le contraire. Et, comme elle ne l'a pas fait ici, il est rationnel d'en conclure que l'appel pourra avoir lieu.

Quoi qu'il en soit, l'enfant n'a aucun recours à exercer lorsque sa détention a eu lieu par voie d'autorité, parce qu'alors elle émane, non de l'autorité judiciaire, mais de la puissance paternelle.

Dans les cas où le recours lui est ouvert, l'enfant l'exerce en adressant un mémoire au procureur général près la Cour d'appel du ressort. — Celui-ci, après avoir pris des renseignements auprès du procureur de la république près le tribunal de première instance, fait un rapport au président de la Cour, qui pourra, suivant les circonstances, révoquer ou modifier l'ordre d'arrestation. (Art. 382.)

L'arrestation de l'enfant est-elle rendue publique ?

Non ; la loi exige, au contraire, que l'arrestation soit tenue secrète. — Ainsi, elle décide qu'il n'y aura aucune écriture, ni formalité judiciaire, si ce n'est l'ordre d'arrestation, qui du reste ne portera pas l'énoncé des motifs, et la soumission que souscrira le père de payer tous les frais et de fournir des aliments convenables.

Le Code ne détermine pas le lieu où l'enfant subira sa détention. — Autant que possible, le président du tribunal le fera incarcérer dans une maison spéciale de correction, de préférence à une prison publique. (Art. 378.)

En quoi consiste le droit d'usufruit légal des père et mère sur les biens de leurs enfants ?

L'usufruit légal des père et mère consiste dans la faculté que la loi leur accorde d'administrer les biens personnels que pourraient avoir leurs enfants, et d'en percevoir les revenus sans avoir à rendre compte.

Un mineur peut avoir des biens personnels, soit par legs, soit par donation, du vivant même de ses père et mère. La loi appelle ces derniers à en jouir, jusqu'à ce que l'enfant ait atteint l'âge de dix-huit ans, ou qu'il ait été émancipé. Au reste, cette jouissance n'appartient qu'aux père et mère légitimes. — Le père la possède pendant le mariage : après sa dissolution, elle passe à la mère survivante. (Art. 384.)

N'y a-t-il pas certains biens qui sont exempts de l'usufruit légal des père et mère ?

Oui ; l'usufruit légal des père et mère ne s'étend pas :

1° Sur les biens que les enfants ont acquis par leur travail ou par leur industrie ;

2° Sur les biens qui leur ont été donnés ou légués, à la condition que les père et mère n'en auront pas la jouissance ;

3° Sur les biens que les enfants auraient recueillis dans une succession dont leurs parents ont été écartés, par suite d'un jugement qui les a déclarés indignes. (Art. 387, 730.)

Quelles sont les obligations dont les père et mère sont tenus à raison de leur usufruit?

A raison de leur usufruit légal, les père et mère sont tenus :

1° De supporter toutes les charges qui incombent aux usufruitiers ordinaires, et notamment d'entretenir les biens dont ils ont la jouissance ;

2° D'acquitter les frais funéraires et de dernière maladie des personnes qui ont laissé des biens à leurs enfants ;

3° De fournir à ceux-ci la nourriture, l'entretien et l'éducation, en raison des biens qui leur appartiennent;

4° De payer les arrérages ou intérêts des capitaux dont ils ont la jouissance. (Art. 385.)

Pourquoi le Code mentionne-t-il expressément ce payement des arrérages ou intérêts?

En principe, les intérêts des sommes qui ont été constituées en usufruit doivent être payés par l'usufruitier. C'est là une des charges ordinaires de l'usufruit. Et, comme le Code énonce d'une manière générale que les père et mère sont tenus de toutes les charges ordinaires de l'usufruit, on ne s'explique pas très-bien qu'il mentionne d'une manière spéciale le payement des arrérages ou intérêts des capitaux dont ils ont l'usufruit. Pour donner un sens à cette disposition, il faut supposer qu'elle se réfère à des intérêts ou arrérages qu'un usufruitier ordinaire n'aurait pas à supporter. Mais alors quels seront-ils ? — Ce seront, sans aucun doute, ceux qui étaient déjà dus au moment de l'ouverture de l'usufruit. On comprend alors la pensée de la loi : elle veut que l'usufruitier légal acquitte, non seulement les intérêts courants, mais encore l'arriéré des intérêts échus et non payés, afin que l'enfant ait à recueillir des biens dégrevés de toutes les anciennes charges. (Demolombe, Aubry et Rau.)

Comment s'éteint l'usufruit légal des père et mère?

L'usufruit légal des père et mère s'éteint :

1° Par le second mariage de la mère usufruitière ;

2° Par la condamnation du père ou de la mère usufruitiers, pour excitation des enfants à la débauche ;

3° Par le défaut d'inventaire de la part du survivant des deux époux ;

4° Par la renonciation de l'usufruitier, ainsi que par l'abus qu'il ferait de sa jouissance ;

5° Par la mort de l'enfant, ou par celle du survivant des père et mère ;

6° Enfin, par l'émancipation de l'enfant, ou par l'accomplissement de sa dix-huitième année. (Art. 386, 618, 1442 C. civ. — 335. C. P.)

Les père et mère naturels ont-ils la puissance paternelle ?

Oui ; les père et mère naturels ont la puissance paternelle, et ils peuvent exercer sur leurs enfants, lorsqu'ils les ont reconnus, les droits d'éducation et de correction. — Mais la loi leur refuse le droit d'usufruit légal sur leurs biens personnels.

Les droits d'éducation et de correction seront exercés par le père, et, s'il n'a pas reconnu les enfants ou s'il est décédé, par la mère. (Art. 383.)

LIVRE I, TITRE X

De la minorité, de la tutelle et de l'émancipation.

Nous avons vu quels sont les droits qui appartiennent aux personnes. — Il nous reste à examiner maintenant de quelle manière les personnes incapables peuvent jouir de leurs droits, tout en étant privés de la faculté de les exercer.

L'incapacité naît de trois causes : du mariage, de la minorité et de l'interdiction. — Nous connaissons déjà celle qui concerne les femmes mariées: nous nous occuperons des deux autres dans ce titre, ainsi que dans le titre suivant.

Le titre de la minorité est ainsi divisé :

CHAP. I. — De la minorité.
CHAP. II. — De la tutelle.
CHAP. III. — De l'émancipation.

CHAPITRE PREMIER

DE LA MINORITÉ

Article 388.

Qu'est-ce que la minorité ?

La minorité est l'état dans lequel se trouve l'individu de l'un ou de l'autre sexe, qui n'a point encore l'âge de vingt-un ans accomplis.

On appelle *majeur* celui qui a plus de vingt-un ans accomplis. (Art. 388.)

Les mineurs ne sont-ils pas toujours dans un état de dépendance ?

Oui ; les mineurs sont constamment placés sous la dépendance d'une personne chargée de les protéger et d'exercer leurs droits; car ils seraient incapables, à cause de la faiblesse de leur âge, de se gouverner eux-mêmes, et d'administrer leurs biens. — Ainsi, ils se trouvent placés :

Sous la puissance de leur père, pendant leur mariage;
Sous la puissance d'un tuteur, après la dissolution du mariage;
Sous la puissance d'un curateur, après leur émancipation.

CHAPITRE DEUXIÈME

DE LA TUTELLE

Articles 389 à 475.

Notre chapitre comprend neuf sections, qui traitent : 1° De la tutelle des père et mère. — 2° De la tutelle déférée par le père ou la mère. — 3° De la tutelle des ascendants. — 4° de la tutelle déférée par le conseil de famille. — 5° Du subrogé tuteur. — 6° De causes de dispense de la tutelle. — 7° Des incapacités, des exclusions et destitutions de la tutelle. — 8° De l'administration du tuteur. — 9° Des comptes de la tutelle.

SECTION I

DE LA TUTELLE DES PÈRE ET MÈRE

Qu'est-ce que la tutelle ?

La tutelle est une charge gratuite et privée, qui a pour objet la protection des incapables et l'administration de leurs biens.

La tutelle s'ouvre aussitôt que le mariage a été dissous par la mort de l'un des époux. — Elle appartient de plein droit au survivant des père et mère.

Tant que le mariage subsiste, il n'y a pas lieu à la tutelle. — Si les enfants mineurs ont des biens personnels, le père les administre; s'il est interdit ou absent, la mère le remplace dans son administration légale. Mais alors le père ou la mère gèrent le patrimoine de leurs enfants, en qualité d'administrateurs, et non point en qualité de tuteurs. (Art. 390.)

Quelles différences y a-t-il entre les pouvoirs du père qui administre les biens personnels de ses enfants et ceux d'un tuteur ?

Le Code n'a pas délimité les pouvoirs du père qui administre les biens personnels de ses enfants. Mais on les détermine assez facilement en les comparant avec ceux d'un tuteur.

Le tuteur peut faire seul certains actes d'administration; il a besoin pour d'autres actes plus compliqués de l'autorisation du conseil de famille, et enfin il ne peut faire aucun acte de disposition, tels qu'emprunts, aliénations, constitutions d'hypothèques, sans l'autorisation du tribunal. — Le père qui administre durant le mariage les biens personnels de ses enfants peut évidemment accomplir tous les actes d'administration qui s'y réfèrent, puisque la loi lui donne la qualité d'administrateur. De plus, il peut également accomplir seul tous les actes pour lesquels le tuteur a besoin de l'autorisation du conseil de famille, puisqu'on ne l'a pas placé sous la surveillance d'un conseil. Par contre, il ne peut pas, de même que le tuteur, faire aucun acte de disposition sans l'autorisation du tribunal, parce que ces actes dépassent les pouvoirs d'un administrateur et ne peuvent être accomplis que par la personne qui gère ses propres biens.

En résumé, les pouvoirs du père qui administre pendant le mariage les biens personnels de ses enfants sont plus étendus que ceux d'un tuteur sous les trois rapports suivants : 1° il n'est pas placé sous la surveillance d'un conseil de famille; 2° il n'a pas à subir le contrôle d'un subrogé tuteur; 3° il n'y a pas d'hypothèque légale établie sur ses biens. (Art. 389.)

Pourquoi le décès de la mère donne-t-il ouverture à la tutelle ?

Au premier abord, on ne s'explique pas très-bien pourquoi le père, qui, pendant le mariage, administre les biens personnels de ses enfants, sans avoir à subir la surveillance d'un conseil de famille, ne conserverait pas les mêmes pouvoirs après le décès de la mère, au lieu de les échanger contre les pouvoirs plus restreints d'un tuteur. — On peut en donner plusieurs raisons. La première est que, ordinairement, les enfants n'acquièrent des biens personnels que lorsqu'ils ont perdu leur père ou leur mère. La seconde est que, pendant le mariage, la mère veillera sur les intérêts des enfants, qu'elle pourra exercer une certaine surveillance sur l'administration du père, lui donner de sages avis et le prémunir contre les entraînements qu'il serait exposé à subir. Enfin, il faut ajouter que les biens du mari étant déjà frappés d'une hypothèque légale pendant le mariage, on ne pouvait guère, sans porter une grave atteinte à son crédit, les grever, en outre, de l'hypothèque légale qui existe sur les biens des tuteurs.

A quel moment s'ouvre la tutelle des enfants naturels ?

Le Code garde le silence à cet égard. — Mais on décide généralement qu'elle doit s'ouvrir aussitôt que les enfants naturels ont des biens personnels. Effectivement, il devient alors nécessaire de pourvoir à la gestion de leurs biens ; et, comme il ne peut pas être question d'administration légale au profit des père et mère non mariés, on est bien forcé de recourir à la tutelle.

La tutelle sera déférée par le conseil de famille, et ce conseil sera composé d'amis, car les enfants naturels n'ont pas de parents.

Quels sont les divers ordres de tutelle ?

Il y a quatre ordres de tutelles, qui sont déférés de la manière suivante :

1° La tutelle du survivant des père et mère ;

2° La tutelle testamentaire;

3° La tutelle des ascendants;

4° La tutelle déférée par le conseil de famille.

Les pouvoirs de la mère survivante sont-ils les mêmes que ceux du père survivant?

Non; les pouvoirs de la mère survivante diffèrent sous trois rapports de ceux du père survivant. Ainsi :

1° La mère n'est pas tenue d'accepter la tutelle, elle doit seulement en remplir les devoirs jusqu'à ce qu'elle ait fait nommer un tuteur ; au lieu que le père survivant est forcé d'accepter la tutelle, s'il n'a aucune cause de dispense à faire valoir.

2° Le père peut nommer à la mère survivante et tutrice un conseil spécial, c'est-à-dire un administrateur prudent qui la dirigera, et sans l'avis duquel elle ne pourra faire aucun acte de tutelle, ou tout au moins certains actes déterminés.

3° La mère survivante, qui se remarie, cesse, par ce seul fait, d'être tutrice de plein droit. Toutefois, elle peut encore être maintenue dans ses fonctions de tutrice ; mais alors c'est en vertu d'une détermination du conseil de famille, et non plus par le seul effet de la loi. Au contraire, le père survivant, qui se remarie, continue à rester de plein droit tuteur de ses enfants, sans avoir besoin d'être maintenu dans ses fonctions par le conseil de famille. (Art. 391, 394, 395.)

Comment a lieu la nomination du conseil que le mari peut donner à la mère survivante ?

La nomination de ce conseil peut avoir lieu de deux manières :

1° par testament; 2° par une déclaration faite, soit en présence du juge de paix assisté de son greffier, soit devant un notaire.

L'administrateur qui est imposé à la mère en qualité de conseil ne fait pas lui-même les actes d'administration, parce que le droit de les faire est un attribut de la tutelle. — Il se borne à assister la tutrice dans l'accomplissement des actes pour lesquels il a été nommé. Sous ce rapport, il est responsable de ses fautes, et notamment de son défaut de vigilance.

Tout acte fait par la mère tutrice seule, dans les cas où elle aurait dû être assistée par son conseil, est annulable dans l'intérêt du mineur. (Art. 392.)

Lorsque la mère survivante s'est remariée, quelle est la responsabilité du nouveau mari relativement à la tutelle?

Il faut distinguer trois hypothèses :

Ou bien le conseil de famille, ayant été prévenu à l'avance du nouveau mariage, n'a pas jugé à propos de conserver la tutelle à la mère survivante. Alors celle-ci est déchargée des suites de la tutelle, et son nouveau mari est à l'abri de toute responsabilité.

Ou bien le conseil de famille, ayant été également prévenu du nouveau mariage, a néanmoins conservé la tutelle à la mère survivante. — Alors son nouveau mari est nommé co-tuteur; mais il ne devient solidairement responsable avec elle que pour la gestion postérieure au mariage.

Ou bien le conseil de famille n'a pas été prévenu du nouveau mariage. — Dans ce cas, la mère survivante est déchue de plein droit de la tutelle, et son nouveau mari devient solidairement responsable de la gestion antérieure au mariage et de celle qu'elle aurait indûment conservée depuis la célébration du mariage. (Art. 395, 396.)

Dans quel cas nomme-t-on un curateur au ventre?

On nomme un curateur au ventre lorsque la mère survivante est enceinte au moment du décès du mari, et qu'il n'existe pas d'autres enfants déjà pourvus d'un tuteur et d'un subrogé tuteur.

Le curateur au ventre est nommé par le conseil de famille, et choisi parmi les parents du mari. Ses fonctions consistent à administrer les biens laissés par le mari, et à empêcher, soit une *supposition*, soit une *suppression* de part.

Effectivement, la femme peut avoir intérêt, suivant les cas, tantôt à faire croire faussement qu'elle est accouchée, et à produire comme sien un enfant étranger, afin d'obtenir, par là, la jouissance légale des biens laissés par le mari ; tantôt, au contraire, à faire disparaître l'enfant, afin de conserver sans réduction les libéralités qui lui ont été faites par son époux. Dans le premier cas, il y aurait supposition, et, dans le second, suppression de part.

A la naissance de l'enfant, la mère en devient tutrice, et le curateur est de plein droit son subrogé tuteur. Si l'enfant ne naît pas viable, le curateur rend compte de sa gestion aux héritiers du mari. (Art. 393.)

SECTION II

DE LA TUTELLE DÉFÉRÉE PAR LE PÈRE OU LA MÈRE

Qui peut nommer un tuteur testamentaire ?

Le droit de nommer un tuteur testamentaire n'appartient qu'au dernier mourant des père et mère.

Cette nomination peut avoir lieu, soit par testament, soit par une déclaration faite devant le juge de paix ou devant un notaire. Dans tous les cas, on l'appelle *testamentaire*, parce qu'elle ne produit son effet qu'après le décès du parent qui a nommé le tuteur.

La tutelle testamentaire peut être déférée à terme, soit pour commencer à telle époque, *ex die*, soit pour finir à tel autre, *ad diem*. Elle peut aussi être déférée sous condition, soit suspensive, soit résolutoire. (Art. 397, 398.)

La mère survivante, qui s'est remariée, peut-elle nommer un tuteur testamentaire ?

Il faut distinguer.

Si la mère survivante et remariée n'a pas été maintenue en tutelle par le conseil de famille, elle est déchue du droit de nommer un tuteur testamentaire.

Si, au contraire, elle y a été maintenue, elle peut nommer un tuteur testamentaire : seulement, la nomination qu'elle a faite a besoin d'être confirmée par le conseil de famille.

Au reste, quelle que soit à cet égard la décision du conseil, la nomination d'un tuteur par la mère survivante a toujours un effet, celui d'écarter de la tutelle les ascendants du pupille, qui, sans cela, y seraient appelés par la loi. On présume que la mère a nommé un tuteur testamentaire afin de les empêcher de venir à la tutelle, et qu'elle avait pour cela des motifs graves. (Art. 399, 400.)

Le père ou la mère, qui se sont fait excuser de la tutelle, peuvent-ils nommer un tuteur testamentaire?

On admet généralement la négative : effectivement, puisque la mère qui s'est remariée et qui n'a pas été maintenue en tutelle ne peut pas nommer un tuteur testamentaire, il est rationnel d'en conclure que le droit de faire cette nomination n'existe en général au profit du survivant des père et mère que sous la condition d'avoir exercé lui-même les fonctions de tuteur.

Le tuteur nommé par le survivant des père et mère est-il obligé d'accepter la tutelle?

En principe, le tuteur nommé par le survivant des père et mère est obligé d'accepter la tutelle. — Toutefois, il peut s'en faire dispenser lorsqu'il existe, dans la distance de quatre myriamètres, des parents ou alliés du mineur qui sont capables de la gérer. (Art. 401, 432.)

SECTION III

DE LA TUTELLE DES ASCENDANTS

Quand y a-t-il lieu à la tutelle des ascendants?

Il y a lieu à la tutelle légitime des ascendants sous la double condition suivante. Il faut : 1° que le survivant des père et mère soit décédé, car, s'il est excusé ou destitué, on le remplace par un tuteur nommé par le conseil de famille; 2° que le survivant des père et mère n'ait pas nommé un tuteur testamentaire, car s'il y avait un tuteur testamentaire nommé, les ascendants seraient écartés, lors même que celui-ci serait excusé ou destitué de la tutelle. (Art. 402.)

Dans quel ordre la tutelle des ascendants est-elle déférée?

La tutelle des ascendants est déférée par la loi au plus proche ascendant mâle.

S'il y a dans les deux lignes des ascendants au même degré, on donne la préférence à l'ascendant paternel. Si, à défaut d'aïeuls paternels et maternels, la concurrence se trouvait établie entre deux bisaïeuls de la ligne paternelle, on donnerait la préférence à celui des deux qui serait l'aïeul paternel du père du mineur. — Si la même concurrence se trouvait établie entre deux bisaïeuls, de la ligne maternelle, le conseil de famille aurait à choisir l'un des deux. (Art. 402, 403, 404.)

SECTION IV

DE LA TUTELLE DÉFÉRÉE PAR LE CONSEIL DE FAMILLE

Quand y a-t-il lieu à la tutelle dative?

Il y a lieu à la tutelle *dative*, c'est-à-dire à la tutelle déférée par le conseil de famille, lorsqu'il n'y a ni survivant des père et mère, ni tuteur testamentaire, ni ascendant; ou bien lorsque le tuteur légitime ou testamentaire a été excusé ou destitué, ou qu'il est décédé. (Art. 405.)

Qu'est-ce que le conseil de famille?

Le conseil de famille est une assemblée délibérante, ayant un pouvoir de direction et de contrôle sur le tuteur et le subrogé tuteur. — Il se compose :

1° Du juge de paix du canton où se trouvait le domicile des père et mère du pupille. — Le juge de paix préside le conseil de famille, et y a voix délibérative, et même voix prépondérante dans le cas où les avis sont partagés.

2° De six parents ou alliés, pris dans la commune ou dans la distance de deux myriamètres, moitié du côté paternel et moitié du côté maternel, en suivant l'ordre de proximité dans chaque ligne. — A proximité égale, le parent est préféré à l'allié, et le parent plus âgé au parent moins âgé. (Art. 407, 416.)

Le nombre de six parents n'est-il jamais dépassé?

Il ne peut être dépassé que dans un cas, c'est lorsqu'il existe des frères germains, des maris des sœurs germaines, des ascendants et des ascendantes veuves, en nombre supérieur à six. — Ces parents ou alliés ont le droit de siéger au conseil de famille, *en quelque nombre* qu'ils soient.

Les frères germains du mineur sont ses frères de père et de mère. — Les maris des sœurs germaines sont les beaux-frères du mineur, mariés à une sœur germaine. — Les ascendants dont il est ici question sont ceux qui ont été excusés de la tutelle, mais qui sont néanmoins appelés à faire partie du conseil de famille. — Quant aux ascendantes veuves du pupille, ce sont ses aïeules paternelles ou maternelles. — Le Code les désigne sous le nom de *veuves d'ascendants;* mais cette expression est mal choisie et elle prête à une double entente, car on pourrait l'appliquer à la seconde femme d'un ascendant du mineur, laquelle demeure étrangère aux enfants et petits enfants du premier lit, et n'est pas appelée à faire partie de leur conseil de famille. (Art. 408.)

Que doit-on faire, lorsqu'il ne se trouve pas sur les lieux six parents ou alliés du mineur?

Lorsqu'il ne se trouve pas sur les lieux, ou dans la distance de deux myriamètres, six parents ou alliés du mineur, le juge de paix a le droit d'appeler, à son choix, pour compléter le conseil de famille, soit des parents ou alliés domiciliés à de plus grandes distances, soit des amis des père et mère du mineur, habitant dans la commune. Au surplus, lors même qu'il y a des parents ou alliés en nombre suffisant sur les lieux, il peut appeler d'autres parents ou alliés plus proches en degrés ou de mêmes degrés que les parents ou alliés présents; de manière toutefois que cela s'opère en retranchant quelques uns de ces derniers, et sans excéder le nombre de six parents ou alliés.

Comme on le voit, le Code laisse une grande latitude au juge de paix. (Art. 409. 410.)

Par qui le conseil de famille est-il convoqué ?

Le conseil de famille est convoqué par le juge de paix, soit à la réquisition qui lui en est faite par certaines personnes, soit d'office.

Le tuteur, les parents du mineur, ses créanciers, et tous ceux qui y ont intérêt, peuvent requérir la convocation du conseil de famille. Le juge de paix est tenu d'obtempérer à leur réquisition. (Art. 406.)

Où se réunit le conseil de famille ?

Le conseil de famille doit être convoqué au lieu où la tutelle s'est ouverte, c'est-à-dire au lieu du domicile du père du pupille. Les séances se tiennent chez le juge de paix, à moins qu'il ne désigne lui-même un autre local. — La présence de cinq membres au moins est nécessaire pour la validité des délibérations du conseil. (Art. 415.)

Comment se font les convocations ?

Dans la pratique, les convocations se font par lettres missives ou verbalement : mais, régulièrement, elles devraient avoir lieu par citation d'huissier donnée au moins à trois jours francs, avec augmentation à raison des distances.

Les parents, alliés ou amis convoqués régulièrement au moyen d'une citation, sont tenus de se rendre en personne au conseil ou de s'y faire représenter par un mandataire spécial, sous peine d'une amende de cinquante francs, qui sera prononcée sans appel par le juge de paix.

Un seul fondé de pouvoir ne peut représenter qu'une personne.

En cas d'absence d'un membre, comme en tout autre cas où l'intérêt du mineur semblera l'exiger, le juge de paix pourra ajourner l'asssemblée ou la proroger. — *Ajourner* l'assemblée, c'est la renvoyer sans indication d'une autre réunion ; la *proroger* c'est la renvoyer en fixant un autre jour pour la réunion. Dans ce dernier cas, le jour de la prochaine assemblée ayant été indiqué à l'avance, il n'est pas nécessaire de faire de nouvelles convocations. (Art. 411, 412, 413, 414.)

Comment les délibérations sont-elles prises ?

Les délibérations sont prises à la majorité des voix. — Le Code ne dit pas si c'est à la majorité relative ou à la majorité absolue ; mais on admet généralement qu'il s'agit de la majorité absolue ; car il est rationnel qu'une décision du conseil de famille exprime l'avis du plus grand nombre de ses membres.

La majorité est *relative*, lorsqu'une opinion réunit plus de voix que les autres opinions prises isolément, mais qu'elle en réunit moins que celles-ci prises ensemble. —Elle est *absolue*, lorsqu'une opinion a plus de voix à elle seule que toutes les autres ensemble. — Lorsque deux opinions réunissent un nombre égal de voix, celle qui est adoptée par le juge de paix l'emporte, car il a voix prépondérante. — Lorsqu'il s'est formé plus de deux opinions, et qu'aucune d'elle n'a obtenu la majorité absolue, il est procédé à un vote nouveau, et si le vote ne départage pas les voix, on en réfère au tribunal.

Lorsque les délibérations du conseil de famille n'ont pas été prises à l'unanimité, l'avis de chacun des membres doit être constaté sur le procès-verbal. — Le tuteur, le subrogé tuteur, ainsi que les membres du conseil, peuvent former appel devant le tribunal contre la délibération. (C. civil 416. — C. pr. 883.)

Quelles sont les principales attributions du conseil de famille ?

Les principales attributions du conseil de famille consistent :

1° A nommer un curateur au ventre, lorsque la femme est enceinte au moment du décès de son mari ;

2° A nommer un tuteur, lorsqu'il n'y a pas de tuteur légal ou testamentaire;

3° A nommer un subrogé tuteur ;

4° A prononcer sur les causes de dispense, d'incapacité, d'exclusion ou de destitution de tutelle, sauf appel devant le tribunal;

5° A prononcer, quand il y a lieu, l'émancipation du pupille et à lui nommer un curateur ;

6° A contrôler, ainsi qu'on le verra plus loin, la gestion du tuteur, en lui accordant ou en lui refusant l'autorisation dont il a a besoin pour certains actes.

Qu'est-ce que le tuteur?

On appelle tuteur la personne qui a la garde du mineur, et qui est chargée d'administrer ses biens sous la surveillance du subrogé tuteur et l'autorité du conseil de famille.

A quel moment le tuteur entre-t-il en fonctions?

Il faut distinguer:

Lorsque le tuteur est un tuteur légal ou testamentaire, il entre en fonctions à partir du jour où il a eu connaissance du décès ou du testament qui l'investit de la tutelle.

Lorsque c'est un tuteur datif, il entre en fonctions à partir du jour de sa nomination, si elle a eu lieu en sa présence ; sinon à partir du jour ou elle lui a été notifiée.

Cette notification doit avoir lieu dans les trois jours de la délibération du conseil de famille, avec augmentation du délai à raison des distances.

En général, on ne peut nommer qu'un seul tuteur. — Toutefois, si le mineur domicilié en France avait des biens dans les colonies, ou, réciproquement, si le mineur domicilié dans les colonies avait des biens en France, l'administration des biens éloignés serait donnée à un pro-tuteur. Dans ce cas, le tuteur et le protuteur seraient indépendants, et non responsables l'un envers l'autre pour leur gestion respective. (Art. 417, 418.)

La tutelle est-elle transmissible aux héritiers du tuteur?

Non; la tutelle est une charge personnelle qui ne passe point aux héritiers du tuteur. Seulement, ceux-ci sont responsables de la gestion de leur auteur; et, s'ils sont majeurs, ils doivent la continuer jusqu'à la nomination d'un nouveau tuteur.

Nous verrons plus loin, dans les huitième et neuvième sections, quels sont les droits et les devoirs du tuteur. (Art. 419.)

SECTION V

DU SUBROGÉ TUTEUR

Qu'est-ce que le subrogé tuteur?

Le subrogé tuteur est un surveillant nommé par le conseil de famille pour contrôler les actes du tuteur, et pour le remplacer lorsque ses intérêts sont en opposition avec ceux du pupille.

En outre, le subrogé tuteur est chargé spécialement de provoquer, quand il y a lieu, la destitution du tuteur; ou de requérir, en cas de vacance de la tutelle, la nomination d'un nouveau tuteur. (Art. 420, 424.)

A quel moment le subrogé tuteur est-il nommé?

Il faut distinguer :

Dans les cas où la tutelle est déférée par le conseil de famille, celui-ci procède à la nomination du subrogé tuteur, immédiatement après celle du tuteur.

Lorsque le tuteur est légitime ou testamentaire, c'est au tuteur à requérir la nomination du subrogé tuteur, et il doit le faire avant que de s'immiscer dans la tutelle. — S'il commence sa gestion avant d'avoir provoqué la nomination du subrogé tuteur, le conseil de famille pourra lui retirer la tutelle.

Dans tous les cas, le tuteur doit s'abstenir de voter dans la délibération du conseil de famille qui a pour objet la nomination du subrogé tuteur. (Art. 421, 422, 423.)

Qui peut-on nommer subrogé tuteur?

On peut nommer subrogé tuteur, soit un parent, soit un étranger. — Mais si l'on nomme un parent, il devra être pris dans la ligne différente de celle à laquelle appartient le tuteur, à moins que celui-ci ne soit un frère germain du pupille. Dans ce cas, les deux frères peuvent remplir, l'un les fonctions de tuteur, et l'autre celles de subrogé tuteur de leur frère mineur. (Art. 423.)

Comment cessent les fonctions du subrogé tuteur?

Les fonctions du subrogé tuteur cessent en même temps que la tutelle, par la mort, l'émancipation, ou la majorité du pupille.

En outre, les causes d'excuse, d'incapacité, d'exclusion ou de destitution de tuteur sont applicables au subrogé tuteur. — Seulement, il importe d'observer que le subrogé tuteur peut provoquer la destitution du tuteur; mais qu'à l'inverse celui-ci n'a pas le droit de requérir la destitution du subrogé tuteur, chargé de surveiller ses actes et de controler sa gestion. (Art. 425, 426.)

SECTION VI

DES CAUSES QUI DISPENSENT DE LA TUTELLE

La tutelle est-elle obligatoire?

Oui; la tutelle est obligatoire : la personne à qui elle est déférée ne peut pas la refuser, à moins qu'elle n'ait à alléguer une cause de dispense prévue par la loi. — D'un autre côté, comme la tutelle est une charge qui impose des devoirs, il faut pour en remplir les fonctions présenter certaines garanties.

Il résulte de là qu'il y a des causes de dispense, d'incapacité, d'exclusion ou de destitution de tutelle.

Quelles sont les causes de dispense de la tutelle ?

Les causes de dispense de la tutelle sont :

1° Le fait d'être étranger à la famille, lorsque, dans le rayon de quatre myriamètres, il y a des parents ou alliés en état de gérer la tutelle.

2° Certaines fonctions publiques. — Telles sont celles de conseillers à la Cour de cassation et à la Cour des comptes, et, en général, toutes les fonctions publiques qui doivent être exercées dans un département autre que celui où s'ouvre la tutelle.

3° Le service militaire, ainsi que l'envoi en mission hors du territoire.

4° L'âge de soixante-cinq ans accomplis.

5° Les infirmités.

6° Le nombre des tutelles. — Toute personne déjà chargée de deux tutelles est dispensée d'en accepter une troisième.

7° Le nombre des enfants. — Ceux qui ont cinq enfants légitimes, actuellement existants ou morts au service militaire, sont dispensés de toute tutelle autre que celle de leurs enfants. — Au surplus, la survenance d'enfants pendant la tutelle n'autorise pas à l'abdiquer. (Art. 427, 428, 429, 432, 433, 434, 435, 436, 437.)

Toutes ces causes de dispense produisent-elles les mêmes effets ?

Non; les unes, telles que l'âge et les infirmités, permettent, non-seulement de se faire dispenser de la tutelle avant qu'on en ait été investi, mais encore de s'en faire décharger après l'avoir exercée.—Les autres, au contraire, permettent seulement de se faire dispenser de la tutelle lorsqu'elle vient à être déférée, mais non pas d'en obtenir la décharge lorsqu'on a commencé à l'exercer. (Art. 430, 431.)

A qui le tuteur doit-il proposer ses excuses?

Le tuteur doit proposer ses excuses au conseil de famille. — Il est tenu de les déclarer immédiatement, s'il assistait à la délibération dans laquelle on lui a déféré la tutelle; et dans le délai de trois jours, à partir du moment où il a connu sa nomination, s'il n'a pas assisté à cette délibération.

Si ses excuses sont rejetées, il pourra se pourvoir devant les tribunaux pour les faire admettre; mais il sera, pendant le litige, tenu d'administrer provisoirement. — S'il succombe dans son appel, les frais du procès resteront à sa charge. (Art. 438, 439, 440, 441.)

SECTION VII

DE L'INCAPACITÉ, DES EXCLUSIONS ET DESTITUTIONS DE TUTELLE

Quelles différences y a-t-il entre les causes d'incapacité, d'exclusion et de destitution de tutelle?

Les causes d'*incapacité* sont celles qui résultent de l'inhabileté à gérer la tutelle; les causes d'*exclusion* et de *destitution* sont celles qui résultent de l'indignité à la gérer.

Quelles sont les causes d'incapacité de la tutelle?

Les causes d'incapacité de la tutelle sont :

1° La minorité;

2° L'interdiction;

3° Le sexe féminin;

4° La rivalité d'intérêts résultant d'un procès grave avec le mineur. (Art. 442.)

La minorité et le sexe féminin sont-ils toujours des causes d'incapacité de la tutelle?

Non; la loi admet des exceptions à ces deux causes d'incapacité. Ainsi, la mère est de plein droit tutrice de son enfant, et, en outre, les ascendantes, autres que la mère, peuvent être nommées tutrices soit par le survivant des père et mère, soit par le conseil de famille.—D'autre part, le survivant des père et mère légitimes est appelé à gérer la tutelle de ses enfants, lors même qu'il est mineur. Dans ce cas, il agit sous la surveillance du conseil de famille de ses enfants, et non pas sous la surveillance de son propre conseil.

Quelles sont les causes d'exclusion ou de destitution de la tutelle?

Les causes d'exclusion ou de destitution de la tutelle sont :

1° La condamnation à une peine afflictive ou infamante;

2° L'interdiction légale;

3° L'inconduite notoire;

4° L'incapacité ou l'infidélité attestées par une gestion précédente.

Au reste, les causes d'exclusion ou de destitution de la tutelle ne produisent pas toutes le même effet. — Ainsi, la condamnation à une peine afflictive ou infamante, de même que l'interdiction légale, produisent de plein droit l'exclusion ou la destitution de la tutelle. — Au contraire, l'inconduite notoire du tuteur et l'infidélité dont il s'est rendu coupable dans une gestion précédente peuvent donner lieu à des débats, et elles doivent être l'objet d'une appréciation faite par le conseil de famille. (Art. 443, 444.)

Comment les exclusions ou les destitutions de la tutelle sont-elles prononcées?

Les exclusions ou les destitutions de la tutelle sont prononcées par le conseil de famille. — Les délibérations qui y sont relatives doivent être motivées, et elles ne peuvent être prises qu'après que le tuteur aura été appelé ou entendu.

Le tuteur, exclu ou destitué par le conseil de famille, a le droit de former appel devant le tribunal civil. — La cause est instruite et jugée comme affaire urgente.

La personne qui a été exclue ou destituée d'une tutelle ne peut être membre d'un conseil de famille. (Art. 445, 446, 447, 448, 449.)

SECTION VIII

DE L'ADMINISTRATION DU TUTEUR

Quels sont les pouvoirs du tuteur sur la personne du pupille?

Les fonctions du tuteur concernent tout à la fois la personne du pupille et l'administration de sa fortune.

En principe, le tuteur a sur son pupille le droit d'éducation et de correction. Mais ce droit est plus ou moins étendu, suivant que la tutelle est exercée par le survivant des père et mère, ou qu'elle est exercée par une autre personne.

Dans le premier cas, les attributs de la puissance paternelle complètent l'autorité du tuteur qui possède alors, d'une manière absolue, les droits de correction, d'éducation, de jouissance légale, d'émancipation, de consentement au mariage.

Dans le second cas, les pouvoirs du tuteur sur la personne de l'enfant sont moins étendus. Ainsi, il ne peut provoquer la réclusion du pupille qu'avec l'autorisation du conseil de famille; on peut lui retirer la garde de l'enfant; la somme annuelle qu'il pourra dépenser pour ses besoins est fixée par le conseil de famille; enfin la surveillance et la direction de l'enfant lui sont enlevées, lorsqu'il existe un survivant des père et mère, qui s'est fait excuser de la tutelle. (Art. 450, 468.)

Quels sont les pouvoirs du tuteur sur les biens du pupille?

Aux termes de l'article 450, le tuteur représente le pupille *dans tous les actes civils;* ce qui signifie que le tuteur agit au nom et pour le compte du pupille dans tous les actes qui le concernent. Ces actes sont considérés comme faits par le pupille lui-même, qui profitera ou souffrira de toutes les obligations actives ou passives qui en découlent.

Toutefois, il existe certains actes dans lesquels la présence du pupille est nécessaire, comme elle l'était autrefois, à Rome, dans les actes solennels, où l'impubère devait prononcer lui-même les paroles consacrées : tels sont : le contrat de mariage et le testament.

Voyons maintenant quels sont les droits et les obligations du tuteur, soit au moment de son entrée en fonctions, soit pendant le cours de la tutelle.

Quelles sont les obligations du tuteur au moment de son entrée en fonctions?

Au moment de son entrée en fonctions, le tuteur doit :

1° Requérir de suite la convocation du conseil de famille, pour faire nommer un subrogé tuteur.

2° Requérir, dans les dix jours qui suivent, le moment où il a connu sa nomination, la levée des scellés, s'ils ont été apposés; et faire procéder immédiatement à l'inventaire des biens du mineur, en présence du subrogé tuteur.

3° Faire vendre, dans le mois qui suit la clôture de l'inventaire, tous les meubles que le conseil de famille ne l'aurait pas autorisé à conserver en nature. — Cette vente aura lieu, en présence du subrogé tuteur, aux enchères publiques et après des affiches et des publications préalables. Elle ne comprendra que les meubles *corporels*, qui sont sujets à dépérissement. Quant aux meubles *incorporels*, comme les créances, les rentes, les actions et obligations industrielles, ils sont gardés, parce qu'ils constituent un placement productif.

4° Faire déterminer par le conseil de famille la somme à laquelle pourra s'élever la dépense annuelle du pupille. — Toutefois, le père et la mère qui exercent les fonctions de tuteur sont dispensés de cette formalité.

5° Faire emploi, dans les six mois, de l'excédant des revenus sur la dépense annuelle, sous peine d'en devoir lui-même les intérêts. — Au reste, il peut faire les placements qu'il estime les meilleurs. (Art. 421, 451, 452, 454, 455, 456.)

En quoi consiste l'apposition des scellés ?

L'apposition des scellés consiste à appliquer, avec de la cire, des bandes de papier sur les serrures des portes, armoires et autres meubles, de manière que l'on ne puisse ouvrir sans les briser. Le juge de paix, qui les met, appose son sceau sur la cire qui retient les deux extrémités des bandes.

L'apposition des scellés est généralement faite après le décès de toute personne, pour empêcher la soustraction des valeurs mobilières. Le bris des scellés entraîne une condamnation pénale contre la personne qui s'en est rendue coupable.

En quoi consiste l'inventaire?

L'inventaire consiste dans l'énumération et l'estimation de tous les objets et de toutes les valeurs mobilières de la succession. Il est rédigé par un notaire, en présence du juge de paix, du subrogé tuteur et de plusieurs témoins. — Il sert à faire connaître la valeur des biens qui sont confiés à l'administration du tuteur, et dont celui-ci devra rendre compte à la fin de sa gestion.

Ordinairement, l'inventaire est précédé de l'apposition des scellés. Toutefois, lorsqu'il s'agit d'un tuteur légitime, qui est présent, on peut y procéder de suite, sans apposer préalablement les scellés.

Afin d'empêcher que le tuteur, qui aurait eu une créance contre le père ou la mère du pupille et qui en aurait été payé, ne puisse en réclamer une seconde fois le payement, en faisant disparaître la quittance qu'il en avait donnée, la loi oblige le notaire qui procède à l'inventaire à l'interpeller et à le sommer de déclarer, sur-le-champ, s'il lui était dû quelque chose par le défunt. Puis, il mentionne sa réponse dans l'inventaire. Si le tuteur ne déclare pas des créances contre la succession du défunt, il n'est plus admis à faire valoir, plus tard, aucun droit antérieur à l'ouverture de la tutelle. (Art. 451.)

Certains tuteurs ne sont-ils pas autorisés à conserver les meubles corporels du mineur ?

Oui ; l'article 453 autorise le survivant des père et mère, qui a la jouissance légale des biens du mineur, à conserver les meubles, à la condition de les faire estimer par expert, afin d'établir la base de la restitution qu'il devra en faire à la majorité de l'enfant. — En cas de perte accidentelle des meubles, les père et mère n'ont aucune indemnité à payer ; mais ils sont responsables des pertes et des détériorations survenues par leur faute. (Art. 453.)

Quels sont les pouvoirs du tuteur sur les biens du pupille pendant le cours de la tutelle ?

Les pouvoirs du tuteur sur les biens du pupille, pendant le cours de la tutelle, sont des pouvoirs de simple administration. — Afin de les faire connaître d'une manière plus précise, on divise ordinairement en cinq classes les actes de la tutelle, savoir :

1° Ceux que le tuteur peut faire seul ;

2° Ceux qu'il ne peut faire qu'avec l'autorisation du conseil de famille ;

3° Ceux qu'il ne peut faire qu'avec l'autorisation du conseil de famille et l'homologation du tribunal ;

4° Ceux qu'il ne peut faire qu'avec l'autorisation du conseil de famille, l'homologation du tribunal, et l'avis de trois jurisconsultes ;

5° Ceux qu'il ne peut jamais faire.

Quels sont les actes que le tuteur peut faire seul?

En la qualité d'administrateur, que lui confère l'article 450, le tuteur peut faire seul tous les actes qui se réfèrent à l'administration des biens du pupille, et qui ont pour objet de les conserver et de les faire fructifier. Ainsi, il peut, sans avoir besoin d'aucune autorisation :

1° Percevoir les fruits et revenus des biens ;

2° Faire des baux dont la durée n'excède pas neuf ans, et les renouveler avant leur expiration;

3° Recevoir les capitaux mobiliers qui sont dus au pupille et en donner quittance ;

4° Faire vendre, par un agent de change, et au cours du jour, les rentes sur l'État et les actions de la banque de France appartenant au mineur, lorsque leur revenu annuel n'excède pas 50 francs;

5° Poursuivre les débiteurs du pupille, faire tous actes interruptifs de prescription, intenter toutes actions mobilières et défendre aux actions immobilières, et notamment aux demandes en partage dirigées contre le mineur. (Art. 450, 465.)

Quels sont les actes que le tuteur ne peut faire qu'avec l'autorisation du conseil de famille?

Le tuteur a besoin de l'autorisation du conseil de famille, mais elle lui suffit :

1° Pour accepter ou refuser une succession échue au mineur ;

2° Pour accepter ou refuser une donation qui lui est offerte;

3° Pour intenter une action immobilière ;

4° Pour acquiescer à une action immobilière dirigée contre le mineur; c'est-à-dire pour la reconnaître bien fondée et abandonner la défense;

5° Pour provoquer un partage des biens indivis entre le mineur et les tiers. — Ce partage devra être fait en justice et précédé d'une expertise, autrement il ne serait considéré que comme provisionnel.

6° Pour aliéner des rentes sur l'État ou des actions de la Banque de France, lorsqu'elles dépassent 50 francs de revenu. (Art. 461, 463, 464, 465, 466. — Loi de 1806.)

Pourquoi le tuteur a-t-il besoin de l'autorisation du conseil de famille pour accepter une succession échue au mineur?

En principe, l'héritier auquel une succession est déférée peut choisir entre l'un de ces trois partis : 1° accepter la succession purement et simplement, et devenir ainsi responsable de toutes les dettes héréditaires; 2° l'accepter sous bénéfice d'inventaire, et, par là, devenir encore responsable des dettes héréditaires, mais seulement jusqu'à concurrence de la valeur des biens qui lui échoient; 3° la refuser, et se soustraire, par là, à toutes les dettes héréditaires.

Mais lorsque la succession est échue à un mineur, le tuteur ne peut prendre que deux partis : ou l'accepter sous bénéfice d'inventaire, ou la refuser. En outre, il ne peut prendre l'un de ces deux partis qu'avec l'autorisation du conseil de famille ; car, l'acceptation bénéficiaire elle-même peut être préjudiciable au mineur. — Effectivement, comme tout héritier qui accepte une succession est tenu de faire le rapport des libéralités qu'il a reçues du défunt, il sera quelquefois plus avantageux au mineur de conserver les libéralités en renonçant à la succession, plutôt que d'en être privé en l'acceptant.

La renonciation que ferait le tuteur à une succession échue au pupille est-elle définitive ?

Non ; la renonciation que ferait le tuteur à une succession échue au pupille n'est pas absolument définitive. — Tant que la succession n'a pas été appréhendée par des héritiers d'un degré subséquent, le tuteur peut la reprendre, en vertu d'une nouvelle délibération du conseil de famille. Après sa majorité, le mineur le peut également. Mais ils doivent l'un et l'autre respecter les actes que le curateur nommé à la succession vacante a pu valablement accomplir. (Art. 462.)

Pourquoi le tuteur a-t-il besoin de l'autorisation du conseil de famille pour accepter une donation offerte au pupille ?

Le tuteur doit obtenir l'autorisation du conseil de famille pour accepter une donation faite au mineur, parce que, dans certains cas, la donation serait de nature à porter atteinte à l'honneur et à la considération de la famille ; par exemple, si elle était offerte par une personne d'une réputation équivoque.

Toutefois, les père et mère du mineur, et, même du vivant des père et mère, les autres ascendants peuvent accepter une donation faite au mineur, sans avoir à obtenir l'autorisation d'un conseil de famille, parce qu'ils sont, mieux que personne, en état d'apprécier l'opportunité et la convenance d'une acceptation.

Quels sont les actes que le tuteur ne peut faire qu'avec l'autorisation du conseil de famille et l'homologation du tribunal ?

On appelle *homologation* l'approbation donnée par le tribunal à une décision du conseil de famille. — Ces deux garanties, l'autorisation du conseil et l'approbation du tribunal, sont nécessaires pour les actes qui seraient de nature à compromettre le patrimoine du mineur. Ainsi, la loi les exige :

1° Pour emprunter;

2° Pour aliéner les immeubles du mineur;

3° Pour les hypothéquer.

Au reste, les autorisations pour emprunter et pour aliéner ou hypothéquer les immeubles du mineur, ne doivent pas être accordées facilement par le conseil de famille. La loi exige qu'il ne les accorde que pour cause de nécessité ou d'avantage évident En donnant son autorisation, le conseil de famille indiquera les immeubles qui doivent être vendus de préférence, ainsi que les conditions de la vente.

L'aliénation aura lieu aux enchères publiques et sera reçue par un juge ou par un notaire, à ce commis. Elle sera annoncée à l'avance par des affiches, qui seront apposées, trois dimanches de suite, aux lieux accoutumés dans le canton.

Les mêmes formalités devront être observées dans le cas où la licitation des biens du mineur aurait été ordonnée par le tribunal, sur la provocation d'un co-propriétaire indivis. — Seulement, il n'y aura pas besoin de l'autorisation du conseil de famille et de l'homologation du tribunal pour cette licitation. (Art. 457, 458, 459, 460.)

Quels sont les actes que le tuteur ne peut faire qu'avec l'autorisation du conseil de famille, l'homologation du tribunal et l'avis de trois jurisconsultes?

Il n'y a qu'un acte pour lequel ces trois garanties soient simultanément exigées, c'est la transaction.

La *transaction* est un contrat par lequel les parties terminent une contestation née ou à naître, au moyen de sacrifices réciproques.

La transaction présente une certaine analogie avec l'acquiescement. Toutefois, il existe une notable différence entre ces deux actes. — Ainsi, la transaction suppose une réciprocité de sacrifices de la part des deux parties; tandis que dans l'acquiescement la personne poursuivie fait seule abandon de ses prétentions au profit du demandeur.

A la différence de la transaction, l'acquiescement peut être consenti par le tuteur, après une simple autorisation du conseil de famille. — Effectivement, il ne peut avoir lieu que dans les cas où il est de toute évidence que les prétentions du demandeur sont fondées; tandis que, dans la transaction, les prétentions de chaque partie sont également douteuses, puisqu'elles consentent réciproquement à en rabattre quelque chose. (Art. 467.)

Quels sont les actes que le tuteur ne peut jamais faire?

Les actes que le tuteur ne peut jamais faire sont ceux qui mettraient ses intérêts en opposition avec ceux du pupille, ou qui seraient de nature à nuire à ce dernier. Ainsi, il ne peut pas:

1° Accepter purement et simplement une succession échue au mineur.

2° Disposer de ses biens par donation.

3° S'en rendre acquéreur, amiablement, ou aux enchères publiques. — Toutefois, on admet qu'il peut s'en rendre adjudicataire, s'il est co-propriétaire avec le mineur des biens vendus.

4° Se rendre cessionnaire, à titre onéreux, de droits ou créances existant contre le pupille.

5° Faire un compromis pour le mineur. — On appelle *compromis* l'acte par lequel les parties remettent à un tiers la décision d'un différend. En consentant un compromis pour le mineur, le tuteur lui ferait perdre les avantages de la protection que le ministère public est tenu de lui fournir dans toutes les contestations judiciaires qui l'intéressent. (Art. 450 461.)

SECTION IX

DES COMPTES DE LA TUTELLE

Le tuteur n'est-il pas responsable de sa gestion?

Oui; le tuteur est responsable de sa gestion, et il doit en rendre compte, lors de la cessation de ses fonctions.

Le compte doit être rendu: 1° au mineur lui-même, lorsque la tutelle a cessé par l'effet de sa majorité; 2° au curateur, lorsqu'elle a cessé par l'effet de l'émancipation du pupille; 3° au nouveau tuteur, lorsqu'elle a cessé par le décès du tuteur, par sa décharge ou par sa destitution. (Art. 469.)

Le tuteur n'a-t-il à fournir que son compte de tutelle?

Non; les tuteurs, autres que le père ou la mère, peuvent, en outre, être tenus, même durant la tutelle, de remettre au subrogé tuteur des états de situation de leur gestion, aux époques fixées par le conseil de famille, sans néanmoins pouvoir être astreints à en fournir plus d'un chaque année.

Ces états de situation seront rédigés et remis, sans frais, sur papier non timbré, et sans aucune formalité de justice. (Art. 470.)

En quoi consiste le compte de tutelle?

Le compte de tutelle consiste en un tableau des recettes et des dépenses. — L'excédant de la recette sur la dépense, ou de la dépense sur la recette, se nomme *reliquat*.

Lorsqu'il y a un reliquat de *recettes*, le tuteur en est débiteur vis-à-vis du pupille, et les intérêts courent de *plein droit* au profit de ce dernier, à partir de la clôture du compte. — Lorsqu'il y a, au contraire, un reliquat de *dépenses*, le pupille en est débiteur vis-à-vis du tuteur, et les intérêts ne courent au profit de celui-ci, *qu'à partir de la sommation* qu'il lui a faite de payer.

Il y a dans ces deux cas une dérogation à la règle que les sommes dues ne produisent d'intérêts *qu'à partir de la demande en justice*. — La raison en est qu'il serait regrettable de voir l'ex-mineur exercer des poursuites contre son ancien tuteur, ou être poursuivi par lui au lendemain de sa majorité. Et comme on peut facilement supposer que l'état de dépendance dans lequel le pupille s'est trouvé vis-à-vis du tuteur, et les habitudes de respect et de déférence qu'il a conservées pour lui, ne l'empêchent de le poursuivre, la loi le dispense d'exercer aucun acte de poursuite contre lui; et elle décide que les intérêts du reliquat de recettes existant en sa faveur courront de plein droit, sans qu'il ait même besoin d'adresser une simple sommation au tuteur. (Art. 474.)

Comment le compte de tutelle est-il rendu?

Le compte de tutelle peut être rendu, soit amiablement, soit judiciairement, suivant que les partis se trouvent ou non d'accord. — Lorsque le compte de tutelle est rendu amiablement, il peut être constaté par acte sous seing privé ou par acte authentique. Les frais en sont à la charge du mineur; mais le tuteur doit en faire l'avance. (Art. 471, 473.)

Le mineur peut-il dispenser son tuteur de la reddition des comptes?

Non; le mineur ne peut pas dispenser son tuteur de la reddition des comptes. — Bien plus, il ne peut même pas donner décharge du compte qui lui a été présenté, lorsqu'il ne s'est pas écoulé plus de dix jours depuis sa présentation.

Ces prohibitions ont pour but de prémunir l'ex-mineur contre les entraînements d'une générosité irréfléchie, qui le porterait, à se départir de ses droits en faveur d'une personne dont il a longtemps subi l'influence. (Art. 472.)

Quelle est la durée des actions du mineur contre son tuteur?

Aux termes de l'article 475, toute action du mineur contre son tuteur, relativement aux faits de la tutelle, se prescrit par dix ans, à compter de la majorité. — Il y a ici une dérogation à la règle que les actions en général se prescrivent par trente ans. Elle s'explique par la raison que le tuteur remplit gratuitement une charge très-lourde, et qu'il importe de ne pas l'aggraver en le laissant trop longtemps sous le coup d'une poursuite.

Au surplus, notre article n'est applicable qu'aux faits de la tutelle. — En conséquence, toute action qui n'aurait pas pour objet l'examen des actes du tuteur, mais qui se référerait au compte de tutelle, soit pour le payement du reliquat, soit pour la rectification d'une erreur, ne serait prescriptible que par trente ans. (Art. 475.)

CHAPITRE TROISIÈME

DE L'ÉMANCIPATION

Articles 476 à 487.

Qu'est-ce que l'émancipation ?

L'émancipation est un acte par lequel le mineur devient capable de gouverner sa personne et d'administrer ses biens. — C'est, comme on le voit, un état intermédiaire entre la minorité et la majorité.

Comment a lieu l'émancipation ?

L'émancipation peut avoir lieu tacitement ou expressément.

Elle a lieu *tacitement*, par le mariage du mineur. — Le mariage opère de plein droit, sans aucune formalité, l'émancipation des époux mineurs ; car celui qui est reconnu capable de remplir les devoirs qui en découlent doit évidemment être capable de se gouverner lui-même.

Elle a lieu *expressément* : 1° Lorsque le père ou la mère sont vivants, au moyen d'une déclaration faite par le père, ou, à son défaut, par la mère, en présence du juge de paix ; 2° lorsqu'ils sont décédés, par une délibération du conseil de famille, suivie de la déclaration, prononcée dans le même acte, par le juge de paix, comme président du conseil de famille, *que le mineur est émancipé*. (Art. 476, 477, 478.)

A quel âge l'enfant peut-il être émancipé?

Il faut distinguer :

1° Lorsque le père ou la mère sont vivants, l'enfant peut être émancipé à l'âge de quinze ans révolus. — Lorsqu'ils sont décédés, il ne peut être émancipé qu'à l'âge de dix huit ans révolus.

La raison de cette différence est que le père ou la mère sont mieux que personne en état d'apprécier le degré de capacité de leur enfant, et qu'ils pourront, d'ailleurs, après l'avoir émancipé, conserver encore sur lui une influence salutaire, et lui faire entendre au besoin de sages conseils.

Afin que la négligence du tuteur ne devienne pas une cause de retard de l'émancipation, le Code autorise tous les parents du mineur, jusqu'au degré de cousin germain, à requérir du juge de paix la convocation du conseil de famille pour délibérer à ce sujet ; et il oblige celui-ci à déférer à cette réquisition. (Art. 477, 478, 479.)

Quels sont les effets de l'émancipation?

Les effets de l'émancipation consistent à faire acquérir au mineur l'usufruit de ses biens personnels, ainsi qu'à lui permettre de gouverner sa personne et d'administrer son patrimoine. — Sous ce dernier rapport, ses pouvoirs sont limités par l'autorité du conseil de famille et par l'assistance d'un curateur.

Comment a lieu la nomination du curateur?

A l'exception du mari, qui est de plein droit curateur de sa femme, et des père et mère, qui sont de plein droit curateurs de l'enfant qu'ils ont émancipé, la curatelle est déférée par le conseil de famille. — Si le mari est lui-même un mineur émancipé, et qu'on lui ait, en cette qualité, donné un curateur, celui-ci ne devra s'occuper que des affaires du mari : le conseil de famille nommera, pour chaque affaire relative à la femme, un curateur spécial, qui sera chargé d'assister le mari.

Le mineur émancipé doit recevoir son compte de tutelle en présence de son curateur. — Si l'ex-tuteur était lui-même appelé à remplir les fonctions de curateur, le conseil de famille élirait un curateur spécial pour la reddition du compte de tutelle. (Art. 480.)

Quelles différences y a-t-il entre les fonctions du curateur et celles du tuteur?

La principale différence entre les fonctions du curateur et celles du tuteur est celle-ci : le curateur surveille l'administration de l'émancipé, et il l'assiste dans les actes les plus importants qui en dépendent; mais il ne gouverne pas sa personne, et il ne le représente pas dans les actes civils. — Le tuteur, au contraire, est donné à la personne et aux biens du pupille; il le représente dans les actes civils, il agit pour lui et en son nom.

Au reste, les causes de dispense, d'exclusion ou de destitution de la tutelle s'appliquent également aux curateurs.

Quels sont les pouvoirs de l'émancipé?

Les pouvoirs de l'émancipé se bornent à la simple administration de ses biens; ils sont même moins étendus que ceux d'un administrateur ordinaire. — Au reste, pour les déterminer avec plus de précision, on divise ordinairement les actes de la curatelle en cinq classes, savoir :

1° Ceux que l'émancipé peut faire seul;

2° Ceux qu'il ne peut faire qu'avec l'assistance de son curateur;

3° Ceux qu'il ne peut faire qu'avec l'assistance de son curateur et l'autorisation du conseil de famille;

4° Ceux qu'il ne peut faire qu'avec l'assistance de son curateur, l'autorisation du conseil de famille et l'homologation du tribunal;

5° Ceux qu'il ne peut jamais faire.

Quels sont les actes que l'émancipé peut faire seul?

Les actes que l'émancipé peut faire seul, sans avoir besoin de l'assistance de son curateur, consistent :

1° A passer des baux n'excédant pas neuf ans;

2° A percevoir ses revenus, en donner quittance, intenter les actions qui y sont relatives. (Art. 481.)

Quels sont les actes que l'émancipé ne peut faire qu'avec l'assistance de son curateur?

L'émancipé a besoin de l'assistance de son curateur, mais elle lui suffit :

1° Pour recevoir son compte de tutelle;

2° Pour intenter les actions relatives aux immeubles ou aux capitaux mobiliers, ainsi que pour y défendre;

3° Pour recevoir un capital mobilier et en donner décharge;

4° Pour aliéner des rentes sur l'Etat, lorsqu'elles ne dépassent pas 50 francs de revenu;

5° Pour accepter une donation. (Art. 480, 482, 935.)

Quels sont les actes que l'émancipé ne peut faire qu'avec l'assistance de son curateur et l'autorisation du conseil de famille ?

Tant qu'il ne s'agit que des actes d'administration, l'émancipé peut les faire, soit seul, soit avec l'assistance de son curateur, suivant leur importance. Mais la loi devient plus rigoureuse à mesure que les actes ont plus de gravité. — Ainsi, elle exige, en outre, l'autorisation du conseil de famille :

1° Pour accepter ou refuser une succession;

2° Pour aliéner des rentes sur l'État, lorsqu'elles dépassent 50 francs de revenu;

3° Pour acquiescer à une demande immobilière. (Art. 484.)

Quels sont les actes que l'émancipé ne peut faire qu'avec l'assistance de son curateur, l'autorisation du conseil de famille et l'homologation du tribunal ?

La loi exige que l'émancipé soit assisté de son curateur et qu'il ait, en outre, une autorisation du conseil de famille, homologuée par le tribunal :

1° Pour aliéner ses immeubles;

2° Pour les hypothéquer;

3° Pour emprunter;

4° Pour transiger. (Art. 483, 484.)

Quels sont les actes que l'émancipé ne peut jamais faire?

Les actes que l'émancipé ne peut jamais faire sont ceux qui ne peuvent que lui être nuisibles. Ainsi, il lui est absolument interdit :

1° De disposer de ses biens à titre gratuit ;

2° De faire un compromis.

Les tribunaux n'ont-ils pas la faculté de réduire certains engagements que l'émancipé a contractés?

Oui; aux termes de l'article 484, les engagements que l'émancipé a contractés, par voie d'achat ou autrement, peuvent être réduits, lorsqu'ils sont jugés excessifs. A cet égard, les tribunaux prendront en considération la fortune du mineur, la bonne ou la mauvaise foi des personnes qui ont contracté avec lui, l'utilité ou l'inutilité des dépenses qu'il a faites.

Notons que les engagements dont il s'agit ici sont des engagements pour lesquels l'émancipé avait une pleine et entière capacité. Autrement, les juges n'auraient pas à les réduire comme excessifs, mais à les annuler.

La réduction des engagements excessifs fait-elle perdre à l'émancipé le bénéfice de l'émancipation?

Il faut distinguer :

La réduction des engagements excessifs n'enlève pas *de plein droit* à l'émancipé le bénéfice de l'émancipation; mais elle peut le lui faire perdre, si les père et mère, et, à leur défaut, le conseil de famille le demandent. — Au reste, l'émancipation ne peut jamais être retirée lorsqu'elle a eu lieu par le mariage de l'émancipé.

Pour retirer l'émancipation, on doit suivre les mêmes formes que celles qui ont eu lieu pour la conférer.

Le mineur dont l'émancipation a été révoquée retombe aussitôt en tutelle ou en puissance paternelle; et il ne peut plus en être affranchi par une nouvelle émancipation.

Observons, en terminant, que le mineur émancipé qui fait un commerce est réputé majeur pour les faits relatifs à son commerce. (Art. 486, 487, 489.)

LIVRE I, TITRE XI

De la majorité, de l'interdiction et du conseil judiciaire.

Après les femmes mariées et les mineurs, viennent les interdits, qui forment la troisième classe d'incapables.

De même que les mineurs, qui peuvent être, soit en état de minorité, soit en état d'émancipation, les majeurs peuvent encourir deux degrés d'incapacité, savoir : l'interdiction, c'est-à-dire la privation complète de l'exercice de tous leurs droits ; et la demi-interdiction, c'est-à-dire la privation de l'exercice de certains droits.

Le titre de l'interdiction est ainsi divisé :

Chap. I. — De la majorité.

Chap. II. — De l'interdiction.

Chap. III. — De la demi-interdiction ou du conseil judiciaire.

CHAPITRE PREMIER

DE LA MAJORITÉ

Article 488.

Qu'est-ce que la majorité ?

On appelle *majorité* l'époque où les personnes sont, en général, capables d'exercer leurs droits civils.

Cette époque est fixée par la loi à l'âge de vingt et un ans accomplis. — A cet âge, on est capable de tous les actes de la vie civile ; sauf les exceptions relatives au mariage et celles que font naître l'interdiction ou la nomination d'un conseil juciciaire. (Art. 488.)

Comment se calcule la majorité ?

Suivant quelques auteurs, la majorité devrait se calculer de jour à jour, comme pour la prescription. — Mais on admet généralement qu'il faut la calculer d'heure à heure, *de momento ad momentum* ; autrement, on ne s'expliquerait pas pourquoi l'article 57 exige que la mention du jour et de l'heure soit portée sur l'acte de naissance. (Valette.)

CHAPITRE DEUXIEME

DE L'INTERDICTION

Articles 489 à 512.

Qu'est-ce que l'interdiction ?

L'interdiction est l'état d'un majeur qui est déclaré par jugement ou par la loi incapable d'exercer ses droits civils. Il y a, en effet, deux sortes d'interdiction : l'une, qui est appelée interdiction *judiciaire*, parce qu'elle est prononcée par jugement; l'autre, qui est appelée interdiction *légale*, parce qu'elle est attachée par la loi aux condamnations afflictives et infamantes. — Nous avons déjà mentionné celle-ci dans le chapitre intitulé *De la privation des droits civils*, et nous nous occuperons ici exclusivement de l'interdiction judiciaire.

Quelles sont les causes d'interdiction judiciaire ?

Les causes d'interdiction judiciaire sont :

1° L'*imbécillité*, c'est-à-dire une faiblesse d'esprit qui rend un homme incapable de concevoir nettement une idée.

2° La *démence*, c'est-à-dire un dérangement d'esprit qui rend les idées incohérentes.

3° La *fureur*, c'est-à-dire la démence accompagnée de violence.

L'interdiction ne peut être prononcée que lorsque l'état d'imbécillité, de démence ou de fureur s'est révélé par des actes *habituels*. Quelques faits isolés ne suffiraient pas pour y donner lieu. Mais, à l'inverse, quelques intervalles de lucidité n'empêcheraient pas de la prononcer. (Art. 489.)

Qui peut-on interdire ?

En général, on n'interdit guère que les majeurs. — Toutefois, on peut interdire un mineur, principalement lorsqu'il est sur le point d'atteindre sa majorité, afin qu'il n'ait pas un moment de capacité légale, pendant lequel il puisse faire des actes qui lui seraient préjudiciables. C'est ce qui resulte des articles 174 et 175, aux termes desquels les collatéraux ou le tuteur qui forment opposition au mariage d'un mineur, à raison de son état de démence, doivent provoquer son interdiction.

Qui peut former une demande en interdiction ?

Peuvent former une demande en interdiction :

1° Les parents du malade, à quelque degré qu'ils se trouvent;

2° Son conjoint;

3° Le procureur de la république.

Toutefois, en ce qui concerne le procureur de la république, une distinction est nécessaire. Dans les cas d'imbécillité ou de démence, il ne peut provoquer l'interdiction que si l'aliéné n'a ni conjoint, ni parents. Dans les cas de fureur, il a, au contraire, le droit et le devoir de provoquer l'interdiction, lors même que l'aliéné a des parents, si ceux-ci négligent de le faire; car il agit alors dans un intérêt de sécurité publique. (Art. 490, 491.)

Quelle est la procédure à suivre pour obtenir l'interdiction?

Pour obtenir l'interdiction judiciaire, il faut porter la demande devant le tribunal de première instance du domicile de l'aliéné. — Cette demande est rédigée en la forme d'une requête au président du tribunal, dans laquelle les faits d'imbécillité, de démence ou de fureur sont articulés par écrit.

Le président nomme un juge rapporteur, et communique la demande au ministère public. — Ensuite, le tribunal prononce un premier jugement, dans lequel il rejette la demande ou la déclare admissible. Dans ce dernier cas, il ordonne que le conseil de famille se réunisse et donne son avis sur l'état de l'aliéné.

Le conseil de famille est composé, comme pour la tutelle d'un mineur, de six parents ou alliés pris dans les deux lignes : les enfants de l'aliéné et son conjoint en font partie. Toutefois, les parents qui ont provoqué l'interdiction en sont exclus, à l'exception des enfants et du conjoint de l'aliéné, qui entrent dans le conseil de famille, lors même qu'ils ont formé la demande en interdiction, mais qui n'y ont alors que voix consultative.

Après avoir reçu l'avis du conseil de famille, le tribunal interroge le malade dans la chambre du conseil, ou, s'il est dans l'impossibilité de s'y rendre, le fait interroger dans sa demeure par un de ses membres.

Après ce premier interrogatoire, le tribunal pourra commettre un administrateur provisoire pour prendre soin de la personne et des biens du malade, s'il y avait lieu de surseoir à l'interdiction.

Le jugement sur l'interdiction sera rendu en audience publique. En cas d'appel, la cour pourra, si elle le juge nécessaire, interroger de nouveau le malade.

Afin d'avertir les tiers qui pourraient avoir à traiter avec l'interdit, les arrêts ou jugements emportant interdiction seront affichés dans l'auditoire du tribunal et dans les études des notaires de l'arrondissement. (Art. 492, 493, 494, 495, 496, 497, 498, 500, 501.)

Le tribunal est-il dans l'alternative rigoureuse de rejeter ou d'admettre la demande en interdiction?

Non; la loi autorise le tribunal saisi d'une demande en interdiction à prendre un parti intermédiaire entre le rejet ou l'adoption pure et simple de la demande. — S'il juge que les facultés mentales du malade sont ébranlées, sans être cependant trop gravement atteintes, il peut prononcer seulement la demi-interdiction, c'est-à-dire nommer un administrateur, appelé conseil judiciaire, sans l'assistance duquel le malade ne pourra pas faire certains actes importants, tout en conservant sa capacité pour les autres actes. (Art. 499.)

Quels sont les effets de l'interdiction?

Le jugement d'interdiction a pour effet de rendre l'interdit incapable de gouverner sa personne et d'administrer ses biens; par suite, il donne lieu à l'ouverture de la tutelle.

L'incapacité commence au jour du jugement. A partir de ce moment, tous les actes passés par l'interdit seront *nuls de droit,* c'est-à-dire que le seul fait de l'interdiction suffira pour les faire annuler, sans qu'on ait besoin d'examiner s'ils sont préjudiciables, ou non, à l'interdit, ou s'ils ont été contractés, ou non, dans un moment de folie. — Au reste, cette nullité ne pourra être invoquée que par l'interdit ou ses héritiers, et seulement pendant dix ans, à partir de la cessation de l'interdiction. C'est là, à notre avis, une inconséquence; car l'interdiction empêche le consentement donné par l'interdit d'avoir aucune valeur légale, et l'absence de consentement entraîne la nullité radicale des contrats.

Bien que l'incapacité de l'interdit commence au jour du jugement, on ne lui donne un tuteur que lorsque la cour a confirmé le jugement, ou que les délais pour former appel sont expirés. Dans l'intervalle, ses biens sont gérés par un administrateur provisoire. (Art. 502, 505, 1304.)

Les actes faits par l'interdit, avant son interdiction, sont-ils également nuls de droit?

Non; les actes faits par l'interdit, avant son interdiction, ne sont pas nuls de droit : il ne suffirait pas d'alléguer que l'interdiction a été prononcée postérieurement pour les faire annuler. — Les juges ne pourront en prononcer l'annulation que si l'interdit, ou ses héritiers, prouvent que la folie existait à l'époque où ils ont été passés et qu'elle était habituelle et notoirement connue. Et, même, dans le cas de folie, les tiers pourraient encore faire maintenir le contrat, en établissant que, malgré son état habituel de folie, le malade se trouvait dans un intervalle lucide au moment même où il a contracté. (Art. 503.)

Les actes faits par une personne décédée peuvent-ils être attaqués par ses héritiers pour cause de démence ?

En principe, les actes faits par une personne qui est décédée ne peuvent pas être attaqués. — Mais la loi admet une exception à cette règle dans deux cas : 1° lorsque la personne décédée a été interdite avant son décès, ou qu'on a au moins formé contre elle une demande en interdiction ; 2° lorsque l'acte même qui est attaqué porte des traces de démence.

Au reste, les auteurs sont généralement d'accord pour décider que cette règle rigoureuse ne s'applique qu'aux actes à titre onéreux, dont l'annulation porterait une trop grave atteinte à la sécurité des contrats. — Quant aux actes à titre gratuit, l'article 901 exprime formellement qu'il faut être sain d'esprit pour pouvoir les accomplir ; et il faut en conclure qu'ils peuvent être attaqués après la mort du donateur, lors même que celui-ci n'a pas été interdit, ou que l'acte ne porte pas des traces de démence. Il suffit de prouver que le donateur était en état de folie, au moment du contrat. (Art. 504.)

Par qui est déférée la tutelle des interdits ?

La tutelle des interdits est toujours déférée par le conseil de famille, sauf un seul cas, celui où l'interdiction est prononcée contre une femme mariée. Son mari en devient alors tuteur de plein droit.

La femme de l'interdit peut également être tutrice de son mari ; mais elle ne l'est pas de plein droit : il faut qu'elle soit nommée par le conseil de famille, qui, en la nommant, réglera la forme et les conditions de son administration. — Dans le cas où elle serait lésée par la décision du conseil, elle pourra former appel devant le tribunal. (Art. 506, 507.)

Quels sont les pouvoirs du tuteur de l'interdit ?

De même que le tuteur qui est donné aux mineurs, le tuteur de l'interdit exerce ses fonctions sous l'autorité d'un conseil de famille et sous la surveillance d'un subrogé tuteur. Ses droits et ses devoirs sont également les mêmes, sauf deux différences à observer : 1° il peut, après dix ans, se faire décharger de la tutelle, s'il n'est ni l'époux, ni l'ascendant, ni le descendant de l'interdit; 2° il doit employer les revenus de l'interdit à adoucir son sort et à accélérer sa guérison, plutôt que de chercher à les capitaliser à son profit. — Selon le caractère de la maladie de l'interdit et l'état de sa fortune, le conseil de famille pourra décider qu'il sera traité dans son domicile, ou qu'il sera traité dans une maison de santé, et même dans un hospice.

Notons que le tuteur ne peut pas disposer des biens de l'interdit pour l'établissement de ses enfants; ni même, en cas de mariage, arrêter leurs conventions matrimoniales, sans l'autorisation du conseil de famille et l'homologation du tribunal. (Art. 508, 509, 510, 511.)

Quelles différences y a-t-il entre l'incapacité du mineur et celle de l'interdit judiciaire?

Entre l'incapacité du mineur et celle de l'interdit, il y a les différences suivantes : L'incapacité des mineurs est de droit commun; elle s'applique à tous les mineurs, et elle résulte uniquement de la loi. En outre, les mineurs peuvent se marier, être tuteurs de leurs enfants, faire un testament, lorsqu'ils ont seize ans accomplis. — L'incapacité des interdits est, au contraire, exceptionnelle, et elle résulte uniquement d'une décision judiciaire. De plus, les interdits ne peuvent ni se marier, ni être tuteurs, ni faire un testament.

Comment cesse l'interdiction judiciaire?

L'interdiction judiciaire cesse avec les causes qui l'ont déterminée : néanmoins, l'interdit ne pourra reprendre l'exercice de ses droits qu'après avoir obtenu un jugement en mainlevée d'interdiction, qui sera rendu suivant les formes prescrites pour parvenir à l'interdiction. — Ainsi, le tribunal consultera d'abord le conseil de famille et interrogera le malade, avant de statuer sur la mainlevée. (Art. 512.)

Quelles différences y a-t-il entre l'interdiction judiciaire et l'interdiction légale?

L'interdiction *judiciaire* est établie dans l'intérêt de l'interdit, afin de l'empêcher de se nuire à lui-même. L'interdiction *légale*, au contraire, est une mesure dirigée contre le coupable, pour l'empêcher de trouver dans la disposition de ses biens un adoucissement à sa peine, ainsi que des moyens pour faciliter son évasion. — De là naissent les différences suivantes :

1° La nullité des actes faits par l'interdit judiciaire ne peut être invoquée que par lui ou par ses héritiers. — Au contraire, la nullité des actes faits par l'interdit légal peut être invoquée par toutes les personnes intéressées.

2° L'interdit judiciaire ne peut ni se marier, ni faire son testament, parce que ces actes pourraient lui être préjudiciables. — Au contraire, l'interdit légal peut valablement contracter mariage et faire son testament, parce que de tels actes ne sont pas de nature à favoriser son évasion.

Quel est l'état des aliénés qui n'ont pas été interdits ?

L'état des aliénés qui n'ont pas été interdits est aujourd'hui reglé par la loi du 30 juin 1838, dont nous signalerons les dispositions suivantes :

1° En cas de danger imminent, attesté par le certificat d'un médecin ou par la notoriété publique, les aliénés peuvent être enfermés dans une maison de santé ;

2° Les aliénés peuvent demander la nullité des actes qu'ils ont consenti depuis leur entrée dans la maison de santé, mais seulement pendant dix ans, à dater du jour où ils ont reçu signification de leur obligation ;

3° Pendant leur séjour dans la maison de santé et tant qu'ils ne sont pas interdits, leurs biens sont gérés, soit par la commission administrative de l'établissement si c'est un établissement public, soit par un administrateur nommé par le tribunal, si c'est une maison privée.

CHAPITRE TROISIÈME

DU CONSEIL JUDICIAIRE

Articles 513 à 515.

Qu'est-ce qu'un conseil judiciaire ?

On appelle *conseil judiciaire* la personne nommée par le tribunal pour assister certains majeurs dans certains actes de la vie civile.

Les personnes pourvues d'un conseil judiciaire sont placées dans un état intermédiaire entre la capacité parfaite et l'interdiction absolue : on appelle cet état la *demi-interdiction*.

Quels sont les actes que les demi-interdits ne peuvent pas accomplir ?

Les demi-interdits ne peuvent ni plaider, ni transiger, ni emprunter, ni recevoir un capital mobilier et en donner décharge, ni aliéner, ni consentir des hypothèques sans l'assistance de leur conseil. Si, en fait, ils ont consenti un de ces actes sans avoir été assistés, ils ont le droit de le faire annuler. — Au reste, l'assistance du curateur suffit à les relever de leur incapacité : dans aucun cas, ils n'ont besoin, soit de l'autorisation d'un conseil de famille, soit de l'homologation du tribunal.

Sauf les actes que nous avons indiqués, les demi-interdits peuvent consentir seuls toute espèce d'engagements. (Art. 513.)

Quelles sont les causes de demi-interdiction ?

Les causes de demi-interdiction sont les mêmes que celles de l'interdiction : mais il faut alors supposer qu'elles existent à un moindre degré. — Ainsi, on donne un conseil judiciaire, soit aux prodigues, soit aux individus qui se trouvent en état d'imbécillité, de démence ou de fureur, lorsque cet état n'est pas assez grave pour les faire interdire. — On appelle *prodigues* les personnes qui font des dépenses inutiles et excessives.

Le conseil judiciaire assiste les demi-interdits dans les actes les plus importants; mais il ne les représente pas, et ceux-ci agissent eux-mêmes pour leur compte.

Quelles sont les personnes qui peuvent former une demande en nomination d'un conseil judiciaire ?

La demande en nomination d'un conseil judiciaire peut être formée par toutes les personnes qui ont qualité pour demander l'interdiction, c'est-à-dire par les parents du prodigue, par son conjoint et par le procureur de la république.

Elle est instruite et jugée comme la demande en interdiction. Le ministère public doit être entendu en ses conclusions; car les questions relatives à l'état et à la capacité des personnes intéressent l'ordre public et la société, qu'il a pour mission de représenter. (Art. 514, 515.)

Quelles différences y a-t-il entre l'état des demi-interdits et celui des émancipés ?

Entre les demi-interdits et les émancipés il y a deux différences principales. — 1° Les demi-interdits peuvent accomplir seuls tous les actes en général, à l'exception de ceux pour lesquels la loi exige expressément qu'ils soient assistés d'un conseil. Au contraire, les émancipés sont incapables d'accomplir seuls aucun acte en général, sauf ceux qu'on leur a permis de faire par exception. — Les premiers peuvent prendre toute espèce d'engagements avec l'assistance de leur curateur. Les seconds, au contraire, sont obligés de recourir non-seulement à l'assistance d'un curateur, mais encore, dans certains cas, à l'autorisation du conseil de famille et à l'homologation du tribunal.

LIVRE DEUXIÈME

DES BIENS ET DES DIFFÉRENTES MODIFICATIONS DE LA PROPRIÉTÉ

Nous avons examiné, dans le premier livre, les règles qui régissent l'état et la capacité des personnes. — Nous nous occuperons maintenant de celles qui concernent les biens.

Conformément à l'ordre suivi par le Code, nous traiterons dans le second livre.

Titre I. — De la distinction des biens.
Titre II. — De la propriété.
Titre III. — De l'usufruit, de l'usage et de l'habitation.
Titre IV. — Des servitudes ou services fonciers.

LIVRE II, TITRE I

De la distinction des biens.

On peut avoir sur les biens, soit un droit de propriété, soit un droit d'usage et d'usufruit, soit un droit de servitude. — Mais, avant d'examiner ces différents droits, nous devons nous occuper des distinctions que la loi a établies entre les biens. En conséquence, nous traiterons dans ce titre :

Chap. I. — Des immeubles.
Chap. II. — Des meubles.
Chap. III. — Des biens dans leurs rapports avec ceux qui les possèdent.

CHAPITRE PREMIER

DES IMMEUBLES

Articles 516 à 526.

Qu'entend-on par biens ?

Dans le sens juridique, on entend par *biens* les choses utiles à l'homme, et qui sont susceptibles d'appartenir à une personne à l'exclusion de toute autre. Tels sont, le sol, les bâtiments, les animaux, etc. — Quant aux choses utiles, qui ne sont point susceptibles d'une appropriation particulière, telles que l'air, la lumière, l'eau, le feu, ce ne sont pas des biens proprement dits, mais des choses. — Au reste, le Code emploie assez souvent l'expression de choses, pour désigner les biens : c'est ainsi notamment qu'il appelle *droits réels*, droits sur une chose, les droits qu'on peut avoir directement sur un bien.

Comment se divisent les biens ?

Les biens se divisent naturellement en corporels et incorporels.

Les biens *corporels* sont ceux qui ont une existence matérielle, qu'on peut voir ou toucher; les biens *incorporels* sont ceux qui, n'ayant pas de corps, ne peuvent être reconnus par les sens et se conçoivent seulement par l'intelligence : tels sont les créances, les rentes, et tous les droits en général. — Toutefois, le droit de propriété a été, par exception, rangé parmi les biens corporels, parce qu'il se confond en quelque sorte avec la chose sur laquelle il porte. Ainsi l'on dit : « *cette chose est à moi*, » pour exprimer qu'on a sur elle un droit direct et complet.

L'article 516 indique une autre division des biens en meubles et immeubles. Les biens *meubles* sont ceux qui n'ont pas de situation fixe et qui peuvent être transportés d'un lieu à un autre. Les biens *immeubles* sont ceux qui ne peuvent pas être déplacés.

La distinction entre les meubles et les immeubles est-elle bien importante ?

Oui ; cette distinction est importante sous plusieurs rapports, et notamment sous les rapports suivants :

1° L'aliénation des meubles est plus facile à accomplir que celle des immeubles. — La première peut être faite par un simple administrateur; tandis que pour aliéner des immeubles, il faut en être propriétaire ou y être autorisé par la justice;

2° L'acquisition des meubles est également plus facile que celle des immeubles. — Ainsi, on acquiert les premiers par le seul fait de la possession de bonne foi, tandis qu'il faut avoir possédé les immeubles pendant un certain laps de temps pour les acquérir par prescription.

3° La saisie et la vente forcée des meubles sont moins longues et moins coûteuses que la saisie et la vente forcée des immeubles.

4° Les meubles ne peuvent pas être hypothéqués, tandis que les immeubles peuvent l'être;

5° L'action en revendication des meubles est portée devant le tribunal du domicile du défendeur ; tandis que l'action en revendication des immeubles doit avoir lieu devant le tribunal de la situation de l'immeuble.

En combien de classes divise-t-on les immeubles ?

Le Code divise les immeubles en trois classes, savoir :

1° Les immeubles par nature;

2° Les immeubles par destination ;

3° Les immeubles par l'objet auquel ils s'appliquent. (Art. 517.)

Quels sont les immeubles par nature ?

On appelle immeubles *par nature* les choses qui ne peuvent supporter aucun déplacement sans être détruites, ou qui se trouvent immobilisées par leur adhérence au sol. — Sont immeubles par nature :

1° Les fonds de terre et les bâtiments;

2° Les moulins à vent ou à eau, fixes sur piliers et faisant partie du bâtiment;

3° Les récoltes pendantes par branches ou par racines;

4° Les bois taillis ou de futaies qui n'ont pas été mis en coupes;

5° Les tuyaux servant à la conduite des eaux dans une maison ou autre héritage. (Art. 518, 519, 520, 521.)

Pourquoi les fonds de terre et les bâtiments sont-ils immeubles par nature ?

Les fonds de terre sont évidemment des immeubles par nature. Quant aux bâtiments, bien que les matériaux dont ils se composent aient été mobiliers à l'origine, ils sont cependant immeubles par nature, parce qu'ils ne peuvent être transportés d'une place dans une autre sans être détruits. — Mais on n'est pas d'accord sur le sens et l'étendue qu'il convient de donner à cette expression de *bâtiment*.

Suivant les uns, elle doit comprendre non-seulement la construction principale, avec tous les accessoires qui en font partie intégrante et sans lesquels la construction serait incomplète et inachevée, comme les escaliers d'une maison, les fenêtres, les portes avec leurs serrures, mais encore les accessoires qui n'y ont été ajoutés qu'en vue d'une destination spéciale ou d'une utilité particulière, pourvu qu'ils se trouvent unis au bâtiment de façon à ne pouvoir en être séparés sans fracture ou détérioration. — Ainsi, les forges enfoncées en terre et scellés au mur, les cuves et les chaudières établies dans une manufacture, feraient partie du bâtiment, au même titre que les gros murs, les escaliers, les portes et fenêtres. D'où cette conséquence que le propriétaire du bâtiment peut les revendiquer, sauf à fournir une indemnité au locataire qui les a attachés au bâtiment. (Marcadé.)

Mais on donne généralement une portée plus restreinte à l'expression de *bâtiments*, On l'applique, il est vrai, à certains accessoires de la construction, mais seulement à ceux qui sont nécessaires à toute construction en général, indépendamment de toute destination spéciale, de toute vue particulière d'utilité ou d'agrément. Tels sont les escaliers, les portes, les fenêtres, les serrures, sans lesquels la maison serait inhabitable. — Quant aux autres accessoires qui y ont été ajoutés, soit dans un but d'exploitation, comme les cuves et chaudières établies dans une usine, soit dans un but de commodité ou d'agrément, comme les glaces qui sont encastrées dans le mur, on ne doit pas les comprendre parmi les parties essentielles du bâtiment, considéré d'une manière générale. Sans doute, ils peuvent en augmenter l'utilité ou l'agrément, ou même être nécessaires pour le rendre propre à une destination spéciale. Mais là n'est pas la question : il s'agit de savoir s'ils sont indispensables à son achèvement, s'ils rentrent dans les éléments essentiels de toute construction de bâtiment. S'ils n'y rentrent point, ce ne sont pas des parties intégrantes du bâtiment, et, par suite, on ne doit pas les compter au nombre des immeubles par nature.

Quant à la question de savoir si ces accessoires sont devenus des immeubles par *destination*, à raison de leur adhérence à la construction, nous l'examinerons plus loin. — Nous nous bornons pour le moment à observer qu'on ne peut les considérer comme tels que s'ils ont été joints à la construction par le propriétaire lui-même. (Valette.)

Pourquoi a-t-on mentionné les moulins à vent ou à eau, fixes sur piliers, parmi les immeubles par nature?

Les moulins à vent ou à eau, fixes sur piliers ou faisant partie d'un bâtiment, sont évidemment des immeubles par nature, puisqu'ils adhèrent au sol et qu'il n'est pas possible de les déplacer sans les détruire. En les désignant d'une façon spéciale, le Code a voulu exclure les moulins sur bateau, qui sont meubles, comme le bateau lui-même.

Les récoltes pendantes par branches et par racines sont-elles toujours des immeubles par nature?

En principe, les récoltes pendantes par branches ou par racines sont des immeubles, à cause de leur adhérence au sol. — Cependant, le Code de procédure permet exceptionnellement aux créanciers de saisir, comme meubles, les récoltes encore sur pied, dans les six semaines qui précèdent l'époque ordinaire de leur maturité. —Cette saisie, appelée *saisie-brandon*, a le double avantage d'éviter au débiteur les frais considérables qu'entraînerait une saisie immobilière, et de permettre au créancier d'agir avec plus de célérité.

Pourquoi a-t-on mentionné les bois taillis ou de futaies, non mis en coupe, parmi les immeubles par nature?

En désignant parmi les immeubles par nature les bois taillis ou les futaies qui n'ont pas encore été mis en coupe, le Code a voulu abroger certaines coutumes de notre ancien droit, d'après lesquelles on rangeait les coupes au nombre des choses mobilières dès que le moment de les faire était arrivé, lors même qu'en réalité elles n'avaient pas été faites.

Les bois *taillis* sont ceux qui sont coupés tous les quarante ans au moins; les bois de *futaies* sont ceux qui sont coupés tous les soixante ans au moins. On appelle bois de *hautes futaies* ceux que l'on ne coupe qu'à des périodes plus longues.

Les tuyaux, servant à la conduite des eaux dans une maison, sont-ils rangés par le Code au nombre des immeubles par nature?

Non; l'article 523 range les tuyaux, servant à la conduite des eaux au nombre des immeubles par destination, et non pas parmi les immeubles par nature. — Mais on admet généralement que cette classification est inexacte et qu'on doit les considérer comme des immeubles par nature; car ils font partie intégrante de la maison ou de l'héritage auquel ils adhèrent. (Valette.)

Quels sont les immeubles par destination ?

On appelle immeubles par destination les meubles, qui, sans faire partie intégrante et constitutive d'un fonds, y ont été attachés, à perpétuelle demeure, par le propriétaire, soit intellectuellement, soit matériellement.

De là deux classes d'immeubles par destination :

1° Les objets mobiliers qui ont été attachés à un fonds *par un lien intellectuel*, c'est-à-dire par la volonté du propriétaire qui en a disposé pour servir, à perpétuité, à l'exploitation du fonds. — Tels sont : les animaux attachés à la culture, les ustensiles aratoires, les semences données aux fermiers ou aux colons partiaires, les pigeons des colombiers, les lapins des garennes, les ruches à miel, les poissons des étangs, les pressoirs, chaudières, alambics, cuves et tonnes, les ustensiles nécessaires à l'exploitation des forges, les pailles et engrais, et généralement tous les effets mobiliers que le propriétaire a attachés au fonds à *perpétuelle demeure*.

2° Les objets mobiliers qui, sans faire partie intégrante du bâtiment, y ont été attachés *par un lien matériel, et à perpétuelle demeure*, par le propriétaire. Il en est ainsi lorsqu'il les a fait sceller dans un mur, ou lorsqu'il les a disposés de manière à ne pouvoir être séparés de la construction sans fracture ou détérioration. — Le Code assimile à ces immeubles par destination les glaces, les tableaux et autres ornements, lorsqu'ils sont attachés sur parquet faisant corps avec la boiserie, et les statues lorsqu'elles sont placées dans une niche pratiquée exprès pour les recevoir. Art. 522, 524, 525.)

Les animaux livrés au fermier pour la culture deviennent-ils immeubles par destination, même lorsqu'ils n'ont été livrés qu'après estimation ?

Oui; les animaux que le propriétaire d'un fonds a livrés au fermier pour le service et l'exploitation de ce fonds, en stipulant qu'ils y demeureraient attachés, deviennent immeubles par destination, *qu'ils aient été ou non estimés*. — Il est vrai qu'en général les meubles qui sont livrés avec estimation de leur valeur sont censés, par là, devenir la propriété de celui qui les reçoit; mais cette règle ne reçoit pas d'application ici. Effectivement, l'estimation qui est faite par le propriétaire des animaux livrés au fermier n'en transfère pas la propriété à celui-ci, elle ne lui donne pas le droit d'en disposer ou de les faire servir à l'exploitation d'un autre fonds que celui auquel ils demeurent attachés par la volonté du propriétaire. (Art. 422.)

Quels sont les immeubles par l'objet auquel ils s'appliquent?

Les immeubles par l'objet auquel ils s'appliquent sont les droits qui ont en vue des objets immobiliers. — Tels sont :

1° L'usufruit des choses immobilières;

2° Les servitudes ou services fonciers;

3° Les actions réelles immobilières, c'est-à-dire celles par lesquelles on revendique la propriété d'un immeuble qui se trouve être possédé par un tiers. (Art. 526.)

Les actions personnelles qui ont des immeubles pour objet sont-elles des droits immobiliers?

Oui; les actions personnelles qui ont des immeubles pour objet doivent être rangées parmi les droits immobiliers. Il est vrai que le Code ne les mentionne pas parmi ces droits; mais c'est parce qu'elles sont employées assez rarement, tandis que les actions réelles immobilières qu'il se borne à mentionner sont très-fréquentes.

La raison de cet état de choses tient à l'introduction du principe que la propriété des corps certains, c'est-à-dire des choses individuellement déterminées, est transférée à l'acheteur par le seul effet du contrat. Il en résulte que les acheteurs d'un immeuble, étant en même temps créanciers et propriétaires de l'immeuble dû, exercent l'action réelle pour le revendiquer, comme leur appartenant, plutôt qu'une action personnelle qui obligerait le vendeur à le leur transférer. — En définitive, on n'a guère intérêt à exercer cette dernière action que dans deux hypothèses : 1° lorsque l'immeuble qui est dû n'existe pas encore, par exemple, lorsqu'on agit contre un tiers qui s'est obligé à construire une maison; 2° lorsque l'objet immobilier existe, mais qu'il n'est pas individuellement déterminé, par exemple, lorsqu'on réclame 100 mètres de terrain à prendre sur un domaine qui en contient davantage. Dans ces deux cas, le créancier ne peut agir en effet que par l'action personnelle immobilière, parce qu'il n'est pas propriétaire des choses qui lui sont dues.

Suivant les décrets du 16 janvier et du 1er mars 1808, les particuliers peuvent convertir en droits immobiliers les rentes sur l'État, les actions de la Banque de France et celles des canaux d'Orléans et du Loing, au moyen d'une déclaration faite par le propriétaire et inscrite sur le registre des transferts.

CHAPITRE DEUXIÈME

DES MEUBLES

Articles 527 à 536.

En combien de classes divise-t-on les meubles?

Le Code divise les meubles en deux classes, savoir :

1° Les meubles par leur nature;

2° Les meubles par la détermination de la loi, ou, ce qui est la même chose, par l'objet auquel ils s'appliquent.

Ainsi, la loi, qui reconnaît trois classes d'immeubles, ne distingue que deux espèces de meubles. Effectivement, il ne saurait y avoir de meubles par destination; car, lorsque deux objets, l'un mobilier et l'autre immobilier, sont unis ensemble de manière à former une même chose, cette chose est évidemment un immeuble, et non pas un meuble. (Art. 527.)

Quels sont les meubles par nature?

Sont meubles par nature les corps qui peuvent se transporter d'un lieu à un autre, soit qu'ils se meuvent eux-mêmes, comme les animaux, soit qu'ils puissent être déplacés par une force étrangère, comme les choses inanimées.

Le Code mentionne expressément, parmi les meubles par nature, les bateaux, bacs, navires, moulins et bains sur bateaux, et généralement toutes usines, non fixées par des piliers et ne faisant point partie de la maison.

Les matériaux provenant de la démolition d'un édifice, ceux assemblés pour en construire un nouveau, sont également des meubles par nature, jusqu'à ce qu'ils soient employés par l'ouvrier dans une construction. (Art. 528, 531, 532.)

Quels sont les meubles par détermination de la loi?

Les meubles par détermination de la loi, ou par l'objet auquel ils s'appliquent, sont les droits relatifs à des choses mobilières. Tels sont :

1° L'usufruit des meubles;

2° Les obligations et actions qui ont pour objet des sommes exigibles ou des effets mobiliers;

3° Les actions ou intérêts dans les compagnies de finance, de commerce ou d'industrie, encore que des immeubles dépendant de ces entreprises appartiennent aux compagnies;

4° Les rentes perpétuelles ou viagères, soit sur l'État, soit sur des particuliers. (Art. 529, 630.)

Qu'entend-on en disant que les obligations et actions ayant pour objet des sommes exigibles sont des droits mobiliers ?

L'*obligation* est un lien de droit, par lequel une personne est astreinte envers une autre à donner, à faire ou à ne pas faire quelque chose. — La personne qui est obligée à donner ou à faire se nomme *débiteur*, et celle qui a le droit d'exiger qu'on lui donne, ou qu'on fasse pour elle quelque chose, *créancier*. On appelle *action* le moyen légal par lequel le créancier contraint le débiteur à exécuter son engagement, en le poursuivant devant les tribunaux. — Ainsi entendues, les obligations et actions devaient évidemment être rangées par la loi au nombre des meubles, lorsqu'elles ont pour objet des choses mobilières, et notamment des sommes d'argent.

Quant à l'expression de sommes *exigibles*, le Code l'emploie ici pour désigner les dettes d'argent, qui doivent être remboursées tôt ou tard en capital, par opposition aux *rentes*, dont le capital n'est pas remboursable.

Qu'entend-on en disant que les actions ou intérêts dans les sociétés sont des droits mobiliers, bien que ces sociétés possèdent des immeubles ?

Dans la langue juridique, le mot *action* a deux sens. Ordinairement, il exprime le droit qui appartient au créancier de contraindre le débiteur à le payer, et c'est ainsi que nous l'avons entendu tout à l'heure. Mais on l'emploie maintenant dans un sens très-différent, pour exprimer le droit qu'ont des associés de participer aux bénéfices de la société tant qu'elle subsiste, et de retirer une part du fonds social lorsqu'elle est dissoute.

Le mot *intérêt* exprime ici la même idée. Ceux qui ont une action et ceux qui ont un intérêt dans une société sont également des associés; seulement, ils sont placés dans des conditions un peu différentes.

On distingue, en effet, plusieurs sortes de sociétés, notamment la société *en nom collectif* et la société *anonyme*. — Dans la première, chaque associé est tenu solidairement sur tous ses biens des engagements sociaux; dans la seconde, chaque associé n'est responsable des engagements de cette nature que jusqu'à concurrence de son apport.

Les associés qui sont tenus sur tous leurs biens des engagements sociaux ont un *intérêt* dans la société; ceux qui ne sont responsables des engagements sociaux que jusqu'à concurrence de leur mise y ont une *action*.

Cela posé, nous disons que les actions et intérêts qui appartiennent aux associés dans les compagnies de finance, de commerce ou d'industrie, constituent des droits mobiliers, alors même que le fonds social ne comprendrait que des immeubles. Effectivement, ces actions ou intérêts ne confèrent pas aux associés le droit d'exiger une part des immeubles qui dépendent de l'entreprise, mais seulement de retirer une portion des bénéfices en argent qui ont été réalisés par la société. Le fonds social appartient à la société, considérée comme un être juridique, et, tant qu'elle subsiste, les associés n'y ont pas plus de droits que des héritiers n'en auraient à une succession qui n'est pas encore ouverte. Ce n'est que lorsque la société est dissoute que les associés acquièrent un droit actuel sur le fonds social : ils peuvent alors en demander le partage, et leur droit devient immobilier, s'ils ont à partager des immeubles.

Qu'entend-on par rentes ?

On entend par rentes le droit qui appartient à une personne d'exiger d'une autre personne des prestations périodiques, en argent ou en nature. — Ces prestations se nomment arrérages; dans les créances ordinaires, on les appelle *revenus*.

Ainsi la rente est une créance; mais c'est une créance d'une nature particulière, qui diffère des créances ordinaires : — 1° en ce que le débiteur n'est tenu qu'à fournir des arrérages, sans qu'on puisse lui réclamer le capital; — 2° en ce qu'il a, à l'inverse, la faculté d'éteindre son obligation, de se racheter, en remboursant le capital, si la rente est perpétuelle.

La rente provient, soit d'une libéralité, soit d'un contrat à titre onéreux. Dans ce dernier cas, elle a lieu par l'abandon que fait le créancier d'un capital mobilier ou immobilier, à la condition de recevoir des arrérages qui en représentent la valeur. Le contrat qui intervient alors est une vente et non pas un prêt ; et cela est bien plus avantageux pour le débiteur, qui serait obligé de restituer tôt ou tard le capital, s'il l'avait emprunté, tandis qu'il peut le conserver à perpétuité, lorsqu'il l'a reçu en propriété. (Art. 530.)

Comment se divisent les rentes ?

Les rentes sont perpétuelles ou viagères. — Elles sont *perpétuelles*, lorsque le créancier peut exiger des arrérages périodiques pendant un temps indéfini, qui n'a aucune limite. Elles sont *viagères*, lorsqu'il ne peut exiger des arrérages que pendant la vie d'une personne désignée. — Les rentes, soit perpétuelles, soit viagères, sont également inexigibles, en ce sens que le créancier ne peut pas, dans les unes comme dans les autres, exiger le remboursement du capital. Mais il n'y a que les rentes perpétuelles qui soient rachetables.

Dans notre ancienne législation, on faisait une autre distinction et l'on divisait encore les rentes en rentes foncières et en rentes constituées. — La rente *foncière* s'établissait par l'aliénation d'un immeuble, moyennant une redevance périodique en argent ou en nature, qui devait être fournie, soit par l'acquéreur de l'immeuble s'il le conservait en sa possession, soit par toute autre personne qui venait à l'avoir entre ses mains. Ainsi, la redevance à fournir en compensation de l'aliénation n'était pas une charge personnelle, qui incombait spécialement à l'acquéreur de l'immeuble aliéné, à l'exclusion de toute autre personne ; elle était une charge réelle, établie sur l'immeuble lui-même, et qui pouvait être exigée de toute personne qui en avait la détention, par le seul fait de sa détention. Il en résultait : 1° que le détenteur pouvait se soustraire au payement de la redevance par un *déguerpissement*, c'est-à-dire qu'il pouvait échapper aux poursuites en abandonnant le fonds grevé ; 2° qu'à défaut de payement de la redevance, le créancier pouvait reprendre le fonds, et le revendiquer comme s'il n'avait pas cessé de lui appartenir. — Par suite, la rente foncière était rangée parmi les droits immobiliers.

La rente *constituée* s'établissait à titre onéreux par l'aliénation d'un capital mobilier, c'est-à-dire par l'aliénation d'une somme d'argent, moyennant une redevance qui devait être fournie par l'acquéreur. Il en résultait : 1° que celui-ci était personnellement tenu de fournir la redevance, et qu'on ne pouvait en réclamer le payement qu'à lui seul ou à ses héritiers; 2° qu'à défaut du payement de la redevance, le créancier pouvait exiger la restitution du capital de la rente. Or, comme ce capital consistait en une somme d'argent, le droit du créancier était un droit purement mobilier.

Pourquoi les rentes foncières sont-elles rangées maintenant parmi les droits mobiliers ?

Dans notre ancienne législation, la rente foncière était, comme on l'a vu, un droit immobilier, parce qu'elle conférait au créancier le droit de reprendre la propriété de l'immeuble aliéné, en cas de non-payement de la redevance.

Mais, depuis le Code, la rente foncière ne confère plus au créancier le droit de reprendre l'immeuble aliéné, lorsque la redevance périodique qui lui est due ne lui est pas fournie; elle lui confère seulement le droit d'exiger, dans ce cas, la valeur en argent de cet immeuble. Ainsi, le débiteur de la rente est personnellement obligé à fournir la redevance, et en cas de non-payement de celle-ci, à faire la restitution d'une somme égale à la valeur de l'immeuble aliéné. Sans doute, l'aliénateur a bien, comme tout vendeur, un privilége sur l'immeuble aliéné; mais ce privilége n'est qu'un accessoire de sa créance, il n'en change pas la nature, et surtout il ne lui confère pas le droit de reprendre l'immeuble, mais seulement de le faire vendre pour se faire payer sur le prix, par préférence aux autres créanciers. En conséquence, le créancier d'une rente foncière ne peut réclamer que des valeurs mobilières : ou la redevance, ou, à son défaut, une somme égale à la valeur de l'immeuble aliéné. Il en résulte que son droit est devenu, comme celui du créancier de la rente constituée, un droit purement personnel et mobilier.

Quelles différences y a-t-il encore aujourd'hui entre les rentes foncières et les rentes constituées ?

Bien que ces deux sortes de rentes aient maintenant le même caractère et qu'elles confèrent également des droits personnels et mobiliers, il existe encore entre elles certaines différences dont voici les principales :

1° Les rentes foncières s'établissent par l'aliénation d'un immeuble. — Les rentes constituées s'établissent par l'aliénation d'un capital mobilier.

2° Dans les rentes foncières, les parties peuvent fixer comme elles l'entendent le taux du rachat. — Dans les rentes constituées, il doit être fixé de manière à ce que le montant des arrérages dus par le débiteur de la rente n'excède pas le taux légal de l'intérêt. Ainsi, lorsque la redevance à fournir est de mille francs par an, les parties ne peuvent pas convenir que la rente sera rachetable moyennant la restitution d'une somme inférieure à vingt mille francs, parce qu'alors le capital de la rente produirait plus de cinq pour cent.

3° Dans les rentes foncières, les parties peuvent convenir que la rente ne sera pas rachetable pendant trente ans. — Dans les rentes constituées, elles peuvent également convenir qu'elle ne sera pas rachetable, mais seulement pendant dix ans.

Quelles sont les diverses significations du mot meuble ?

Le mot *meuble* a plusieurs significations, qui sont déterminées par les articles 533, 534 et 535 du Code. Mais il ne faut pas faire une application trop rigoureuse de ces articles, car le législateur lui même y a dérogé en plusieurs circonstances. Quoi qu'il en soit, ils établissent les distinctions suivantes :

Le mot *meuble*, employé seul, sans autre addition ni désignation, ne comprend pas l'argent comptant, les créances, les pierreries, les livres, les médailles, les instruments des sciences, des arts et métiers, le linge de corps, les chevaux, équipages, armes, les denrées et les objets de commerce.

Les mots *meubles meublants* ne comprennent que les meubles destinés à l'usage et à l'ornement des appartements. — Les tableaux et les statues qui font partie des meubles d'un appartement y sont aussi compris, mais non les collections de tableaux. Il en est de même des porcelaines : celles seulement qui font partie de la décoration d'un appartement sont comprises sous la dénomination de *meubles meublants*.

L'expression *biens meubles*, celle de *mobilier* ou *d'effets mobiliers*, comprennent généralement tout ce qui est censé meuble d'après les règles ci-dessus établie (Art. 533, 534, 535.)

Que comprend la vente ou le don d'une maison meublée ?

La vente ou le don d'une maison *meublée* ne comprend que les meubles meublants, c'est-à-dire ceux qui sont destinés à l'usage ou à l'ornement des appartements.

La vente ou le don d'une maison, *avec tout ce qui s'y trouve*, comprend tous les biens meubles qui sont dans la maison, excepté l'argent comptant, et les obligations et actions dont les titres y sont déposés. (Art. 535 536.)

CHAPITRE TROISIEME

DES BIENS DANS LEURS RAPPORTS AVEC CEUX QUI LES POSSSÈDENT

Articles 537 à 543.

A qui les biens peuvent-ils appartenir ?

Les biens appartiennent, soit à des particuliers, soit à des personnes morales.

Les personnes morales n'existent qu'en vertu d'une loi qui leur confère les avantages de la personnalité. — Si, en fait, une collection d'individus avait acquis un bien, ce bien appartiendrait par indivis à chacun des acquéreurs, et non pas à la collection elle-même.

Il y a deux classes de personnes morales : 1° les personnes morales *publiques*, qui se rattachent à l'organisation politique, et et qui ont été établies par des lois spéciales ; 2° les personnes morales *privées*, qui se réfèrent aux intétêts des particuliers et qui existent en vertu des dispositions générales de la loi (Art. 537.)

Quelles sont les personnes morales reconnues par des lois spéciales, ou par des dispositions générales ?

Les personnes morales reconnues par des lois spéciales sont :

1° L'État ;

2° Les départements ;

3° Les communes ;

4° Les établissements d'utilité publique, tels que les hospices, les universités, les établissements ecclésiastiques et les communautés religieuses autorisées.

Les personnes morales reconnues par des dispositions générales sont les sociétés de commerce.

Ces deux classes de personnes morales sont également capables d'avoir un patrimoine; mais on leur applique des règles différentes.

Comment les biens sont-ils régis ?

Lorsqu'ils appartiennent à des particuliers, les biens sont régis par les dispositions du Code civil, qui leur permet d'en disposer comme ils l'entendent, à la seule condition de respecter les lois et règlements qui déterminent les limites du droit de propriété.

Lorsqu'ils appartiennent à des personnes morales privées, comme les sociétés de commerce, les biens sont régis par les dispositions du Code de commerce. — Les personnes morales privées peuvent également en disposer comme bon leur semble.

Lorsqu'ils appartiennent à des personnes morales publiques, les biens sont régis par des lois spéciales, dérivant du droit administratif, ainsi que par certaines règles du Code civil dont nous allons nous occuper ici. (Art. 537.)

Quels sont les biens de l'État?

Les biens de l'État se subdivisent en trois classes, savoir : 1° Les biens du domaine public ; 2° les biens du domaine privé ; 3° les biens de la liste civile.

1° Le *domaine public de l'État* comprend tous les biens qui sont affectés à l'usage commun des citoyens, ou à la défense de la nation. Tels sont : Les chemins, les routes et les rues à la charge de l'État, les fleuves et rivières navigables ou flottables, les rivages de la mer, les havres, les ports, les rades, les portes, murs, fossés, remparts, des places de guerre et des forteresses.

Les biens du domaine public sont inaliénables et imprescriptibles tant qu'ils n'ont pas changé de destination ; et ils ne peuvent en changer qu'en vertu d'une loi.

2° Le *domaine privé de l'État* comprend des biens qui appartiennent à l'État, sans être affectés à l'usage commun des citoyens, ou à la défense de la nation. Tels sont : les lais et les relais de la mer, les biens vacants et sans maîtres, ceux des personnes qui décèdent sans laisser d'héritiers, les terrains et fortifications des anciennes places de guerre, qui ont changé de destination.

Le Code range, il est vrai, ces divers biens au nombre de ceux qui composent le domaine public ; mais c'est à tort, et l'on doit décider qu'ils font partie du domaine privé, parce qu'ils sont aliénables et prescriptibles, tandis que les biens du domaine public sont, comme on l'a vu, inaliénables et imprescriptibles.

3° La *liste civile* comprend les biens qui sont affectés spécialement à l'usage du chef de l'État. — Sous le gouvernement impérial, la liste civile se composait d'une dotation annuelle de vingt cinq millions, ainsi que de la jouissance des palais impériaux et de leur dépendance. — Sous le gouvernement actuel, le Chef de l'État perçoit un traitement fixe de six cent cinquante mille francs par an. (Art. 538, 539, 540, 541.)

Quels sont les biens des départements, des communes et des établissements publics?

De même que l'État, les départements et les communes ont des biens du domaine public qui sont inaliénables et imprescriptibles, et des biens du domaine privé; — Parmi les premiers, on peut citer : pour les départements, les routes *départementales;* et pour les communes, les chemins *vicinaux*.

Quant aux établissements publics, tels que les hospices, les universités et les congrégations religieuses, ils n'ont que des biens privés, aliénables et prescriptibles, comme ceux des simples particuliers. (Art. 542.)

Quels sont les droits qu'on peut avoir sur les biens?

On peut avoir sur les biens, soit un droit d'usufruit, soit un droit de servitude, soit un droit de gage, de privilége ou d'hypothèque. (Art. 543.)

LIVRE II, TITRE II

De la propriété.

Notre titre est loin d'embrasser tout ce qui a rapport à la propriété. Il se borne à la définir, à énoncer d'une manière générale qu'elle est limitée par des lois et règlements, et que, sauf le cas d'expropriation, elle est inviolable. Puis, il passe immédiatement au droit d'accession, qui en dérive.

Le titre de la propriété comprend un paragraphe, qui contient les articles 544, 545 et 546; plus, deux chapitres. Ainsi, nous traiterons :

§ I. — De la propriété.

CHAP. I. — Du droit d'accession sur ce qui est produit par la chose.

CHAP. II. — Du droit d'accession sur ce qui s'unit et s'incorpore à la chose.

§ I. — *De la propriété.*

Quel est le fondement du droit de propriété?

L'homme ne peut se suffire à lui-même : c'est la nature extérieure qui lui donne des vêtements et un abri contre les injures de l'air, des armes pour se défendre des animaux, des aliments pour entretenir sa vie. Dès lors, c'est un devoir pour lui de conquérir la matière, de s'en servir et de la façonner, de l'utiliser enfin, et de réaliser ainsi la grande loi du travail.

Mais ce travail serait inutile si chaque homme n'avait le droit d'en conserver les fruits. Si d'autres pouvaient lui enlever ce qu'il a péniblement acquis, que deviendrait le but de ces efforts? Comment pourvoirait-il à l'entretien de son existence, à sa conservation et à celle des siens? Pour que la loi morale soit remplie, il faut donc que chacun ait un droit exclusif sur les choses qu'il a conquises par ses sueurs, droit que tous seront tenus de respecter, droit perpétuel, qu'il pourra seul abdiquer ou transmettre suivant ses affections et suivant ses devoirs.

Ainsi, la propriété est de droit naturel. Elle dérive du devoir même, de cette grande loi morale, qui, suivant l'expression de Cicéron, *est innée dans notre âme.* (Attale Rambaud. Thèse de licence, — Paris, 29 janvier 1864.)

Quels sont les caractères du droit de propriété ?

Aux termes de l'article 544, la propriété est le droit de jouir et disposer des choses de la manière la plus absolue, pourvu qu'on n'en fasse pas un usage prohibé par les lois ou par les règlements. — Mais cette définition de la propriété serait incomplète si aux droits de jouir et de disposer on n'ajoutait pas le droit d'user, que le législateur confond avec le droit de jouir, parce qu'il y est ordinairement réuni, mais qui cependant peut exister séparément.

« Droit d'user, droit de jouir, droit de disposer, tels sont, dit M. Pellat, les droits élémentaires dont la réunion forme le droit de propriété.

User, c'est se servir de la chose, l'employer à un usage qui puisse se renouveler.

Jouir, c'est percevoir les fruits, c'est-à-dire les produits matériels de cette chose.

Disposer, c'est faire de la chose un usage définitif, qui ne se renouvellera plus, au moins pour la même personne, savoir : la transformer, la consommer, la détruire, la transmettre à un autre. »

Ces trois éléments peuvent être séparés. Ainsi, les droits d'user et de jouir peuvent appartenir à l'un, tandis que l'autre a le droit de disposer. On appelle alors le droit du premier *usufruit*, parce qu'il a l'usage et les fruits, et le droit du second *nue propriété*, parce qu'en cet état la propriété est dépouillée de ses principaux attributs. Le droit d'usage enfin peut se trouver séparé du droit de jouir ; en sorte que la propriété peut être démembrée entre trois personnes.

Mais, ordinairement, les divers attributs de la propriété se trouvent réunis et placés entre les mêmes mains. Alors la propriété existe pleine et entière et le propriétaire a sur la chose un pouvoir absolu. Il a le droit d'en retirer tout le profit dont elle est susceptible et de l'employer à tous les usages, même les plus mauvais, du moins en principe.

Toutefois, ce pouvoir du propriétaire est soumis à certaines restrictions établies par les lois ou par des règlements. (Art. 544.)

Quelles sont les restrictions imposées au droit de propriété ?

Les restrictions imposées au droit de propriété dérivent, soit des lois civiles, soit des lois et règlements administratifs.

Celles qui dérivent du droit civil comprennent les servitudes naturelles et légales, édictées dans le Code par les articles 640 à 686. Mais il faut observer qu'elles règlent l'exercice du droit de propriété, plutôt qu'elles ne le restreignent.

Celles qui dérivent du droit administratif ont un caractère plus marqué d'assujettissement. C'est d'abord le droit d'expropriation, pour cause d'utilité publique; puis, certaines servitudes qui ont pour objet, soit l'intérêt de la défense de l'Etat, soit l'intérêt de la voirie, soit l'exécution des travaux publics.

En quoi consiste le droit d'expropriation pour cause d'utilité publique?

En principe, nul ne peut être contraint de céder sa propriété. Mais on admet une exception dans le cas où l'utilité publique le demande, à la condition d'indemniser préalablement le propriétaire exproprié.

Les règles de l'expropriation, pour cause d'utilité publique, ont été établies par la loi du 3 mai 1841. — D'après cette loi, les travaux sont décrétés, suivant leur importance, par le chef de l'Etat ou par le préfet : le tribunal civil prononce l'expropriation, et un jury spécial, composé de propriétaires, fixe le montant de l'indemnité.

La propriété d'une chose, soit mobilière, soit immobilière, donne droit sur tout ce qu'elle produit et sur ce qui s'y unit accessoirement, soit naturellement, soit artificiellement. — Ce droit s'appelle *droit d'accession*. (Art. 545, 546.)

CHAPITRE PREMIER

DU DROIT D'ACCESSION SUR CE QUI EST PRODUIT PAR LA CHOSE

Articles 547 à 550.

Qu'est-ce que l'accession?

L'accession est un effet du droit de propriété qui fait attribuer au propriétaire de la chose principale les choses accessoires qui s'y incorporent.

Aux termes de l'article 547, le propriétaire acquiert par accession les fruits de sa chose. Mais cette proposition manque d'exactitude. — D'abord, le propriétaire n'acquiert pas seulement les fruits, mais tous les produits de sa chose. — En second lieu, il n'acquiert pas les produits de sa chose par accession, mais par un simple développement du droit de propriété. — L'accession n'est un véritable moyen d'acquérir les fruits que pour les tiers qui possèdent de bonne foi la chose d'autrui, et non pas pour le propriétaire lui-même, qui, étant maître de la chose, a, par cela même, droit à chacune de ses parties. (Art. 547.)

Quelles différences y a-t-il entre les fruits et les produits d'une chose ?

Les fruits diffèrent des produits comme l'espèce du genre. On appelle *produits* tout ce que l'on peut tirer de la chose ou gagner à son occasion; et on donne le nom particulier de *fruits* à certains produits que la chose est destinée à fournir périodiquement.

Ainsi, les arbres d'une forêt *qui n'ont pas été mis en coupes réglées,* les pierres d'une carrière *non ouverte*, sont des produits et non pas des fruits, parce qu'ils ne doivent pas être fournis périodiquement. — Au contraire, les bois qui ont été *mis en coupes réglées*, les pierres qui sont extraites des carrières *exploitées* sont considérées comme des fruits, parce qu'ils se renouvellent d'une manière périodique et régulière, parce qu'ils sont un revenu de la chose.

Les fruits se divisent en fruits naturels, fruits industriels et fruits civils.—Nous nous bornons à indiquer ici cette distinction, sur laquelle nous nous arrêterons davantage dans le titre *De l'usufruit*.

A quelle condition le propriétaire d'une chose en acquiert-il les fruits ?

Aux termes de l'article 548, les fruits produits par la chose n'appartiennent au propriétaire qu'à la charge de rembourser les frais des labours, travaux et semences faits par des tiers. — C'est là une application du principe que l'on ne doit pas s'enrichir aux dépens d'autrui.

Au surplus, la règle que les fruits de la chose appartiennent au propriétaire souffre exception dans le cas où la chose est possédée de bonne foi par un tiers. (Art. 548, 549.)

Qu'est-ce que la possession ?

La possession est le fait d'avoir à sa disposition une chose appartenant à autrui et de la détenir comme sienne.

Elle comprend ainsi deux éléments, savoir : 1° la détention physique de la chose; 2° la volonté de se l'approprier. Lorsqu'on n'a pas cette volonté, on n'est pas vraiment possesseur; on est seulement détenteur.

« Posséder une chose, dit M. Pellat, c'est avoir cette chose en sa puissance : voilà le sens vulgaire du mot. Ce n'est point encore là le sens précis de ce terme en jurisprudence.

« Il faut distinguer la détention de la possession. Avoir une chose en son pouvoir peut n'être encore que la détenir, il faut l'avoir en son pouvoir, *comme sienne*, pour la posséder.

« Je *possède* une chose quand je l'ai à ma disposition comme mienne, que j'en sois ou non propriétaire, quand même je saurais qu'un autre est propriétaire, si je ne veux pas le reconnaître pour tel.

« Je *détiens* seulement cette chose, si je n'ai pas la prétention de me conduire comme propriétaire, si je reconnais un autre comme maître. »

Ordinairement, la possession se trouve jointe à la propriété, c'est-à-dire que la personne qui possède une chose est ordinairement celle-là même qui en est propriétaire. Elle n'a pas alors d'effets qui lui soient propres. Mais elle peut exister séparément, et elle a, dans ce cas, des effets importants.

Quels sont les effets de la possession?

Les effets de la possession consistent :

1° A faire présumer que le possesseur est propriétaire de la chose qu'il possède;

2° A donner au possesseur les actions possessoires, au moyen desquelles il peut défendre sa possession ou se faire réintégrer dans celle qu'il a perdue;

3° A lui faire acquérir par prescription la propriété de la chose possédée;

4° A lui faire acquérir les fruits de la chose qu'il possède, s'il la possède sous certaines conditions.

A quelles conditions le possesseur d'une chose en acquiert-il les fruits?

Pour acquérir les fruits de la chose possédée, le possesseur doit réunir deux conditions. Il faut : 1° qu'il ait bonne foi; 2° que sa bonne foi s'appuie sur un titre translatif de propriété.

La bonne foi consiste dans la croyance qu'a le possesseur qu'il est réellement propriétaire. Mais cette croyance ne mériterait pas d'être prise en considération si elle n'avait pas un motif raisonnable et plausible : c'est pour cela que la loi exige qu'elle repose sur un titre translatif de propriété.

On entend ici par titre translatif tout acte qui aurait transféré la propriété au possesseur s'il était émané du véritable propriétaire. — Ainsi, la vente, l'échange, la donation, le testament, sont translatifs de propriété; au contraire, le louage, le dépôt, le mandat, ne transfèrent jamais la propriété. (Art. 549, 550.)

Le possesseur de bonne foi peut-il acquérir les fruits, lorsque son titre est irrégulier?

Oui; le possesseur de bonne foi acquiert les fruits, lors même que son titre est irrégulier. En effet, l'article 550 se borne à exiger que le possesseur *ait ignoré* les vices de son titre. Il en serait différemment s'il s'agissait, non de l'acquisition des fruits produits par la chose, mais de l'acquisition de la chose elle-même, au moyen de la prescription de dix à vingt ans. — Dans ce cas, le titre est exigé comme condition spéciale et différente de la bonne foi, tandis que pour l'acquisition des fruits il n'est pas exigé *per se principaliter;* c'est un simple élément de la bonne foi.

A quel moment la bonne foi du possesseur doit-elle exister?

Lorsqu'il s'agit de l'acquisition de la chose par la prescription de dix à vingt ans, il suffit que la bonne foi ait existé au commencement de la possession. — Mais il en est différemment lorsqu'il s'agit de l'acquisition des fruits : il faut alors que la bonne foi du possesseur existe au moment même où il les perçoit. En conséquence, si elle vient à cesser, le possesseur ne peut plus acquérir les fruits; et le propriétaire a le droit de lui réclamer ceux qu'il a perçus depuis cette époque et même ceux qu'il a négligé de percevoir. (Art. 549, 2269.)

Comment se prouve la bonne foi?

Aux termes de l'article 2268, la bonne foi est toujours présumée, et c'est à celui qui allègue la mauvaise foi de son adversaire à la prouver. Quoiqu'il soit placé sous la rubrique de la prescription, cet article est un principe général, et tout le monde est d'accord pour l'appliquer à l'acquisition des fruits par le possesseur.

Toutefois, il convient d'observer que la bonne foi du possesseur n'est présumée qu'autant que celui-ci a d'abord prouvé qu'il possède en vertu d'un titre translatif de propriété.

Pour quels motifs la loi fait-elle l'attribution des fruits au possesseur de bonne foi ?

D'après le texte des Institutes, on attribuait les fruits au possesseur de bonne foi, à cause des soins qu'il avait donnés à la chose et des déboursés qu'il avait dû faire pour son entretien et sa conservation. Mais on convient généralement que ce n'est pas là le seul, ni le principal motif de cette acquisition des fruits par le possesseur.

La véritable cause de cette faveur paraît être un motif d'humanité.

On a considéré que les fruits sont faits pour être dépensés et que le possesseur les emploierait *lautius vivendo;* que, par suite, si le propriétaire avait le droit de revendiquer les fruits perçus depuis plusieurs années peut-être, le possesseur subirait une perte considérable, qu'il risquerait même de se trouver ruiné. — Il faut ajouter que le possesseur a ordinairement fourni le prix de la chose, et qu'il n'a aucune faute à se reprocher, tandis que le propriétaire, qui a laissé posséder sa chose par un tiers, est presque toujours coupable de négligence.

Comment le possesseur de bonne foi acquiert-il les fruits?

Tant que les fruits sont attachés au sol, ils appartiennent au propriétaire. Il faut donc un fait qui, par la volonté de la loi, en transfère la propriété au possesseur. Ce fait consiste dans la perception. — Ainsi, le possesseur de bonne foi acquiert les fruits par la perception.

S'il s'agit de fruits naturels ou industriels, la perception est censée faite par le seul fait qu'ils sont séparés du sol. Il n'est pas nécessaire qu'ils aient été recueillis ni engrangés. Cette disposition était admise en droit romain et dans notre ancienne jurisprudence, et le Code l'a reproduite.

Quant aux fruits civils, on admet généralement qu'ils s'acquièrent jour par jour; car l'article 586 ne laisse pas supposer qu'ils puissent, dans aucun cas, s'acquérir par une perception réelle.

Comment cesse la bonne foi du possesseur?

Aux termes de l'article 550, le possesseur cesse d'être de bonne foi du jour où les vices du titre lui sont connus.

Il n'est donc pas besoin d'une demande en justice pour faire cesser la bonne foi : elle cessera dès que le possesseur connaîtra, d'une manière quelconque, que la chose appartient à autrui. — Au reste, la demande en justice la fera également cesser, ou du moins elle fera naître un doute suffisant pour empêcher l'acquisition des fruits.

Le possesseur, qui a cessé d'être de bonne foi, est tenu de restituer les fruits avec la chose au propriétaire qui la revendique. Il est dès ce moment assimilé au possesseur de mauvaise foi.

Quelle est la position du possesseur de mauvaise foi ?

En s'emparant de la chose d'autrui, le possesseur de mauvaise foi s'est rendu coupable d'un délit ou d'un quasi-délit. En conséquence, il est tenu de réparer le dommage qui résulte de son fait.

D'abord, il doit restituer la chose dans l'état où elle se trouvait avant sa possession. — En second lieu, il doit restituer tout ce qu'il a pu tirer de la chose. Et, non-seulement il doit restituer les fruits qu'il a perçus, mais aussi ceux qu'il aurait pu percevoir, et qu'il n'a pas perçus par négligence.

CHAPITRE DEUXIEME

DU DROIT D'ACCESSION SUR CE QUI S'UNIT ET S'INCORPORE A LA CHOSE

Articles 551 à 577.

Aux termes de l'article 551, tout ce qui s'unit et s'incorpore à la chose appartient au propriétaire par accession. — Conformément à l'ordre du Code, nous examinerons les effets de l'accession : 1° relativement aux choses immobilières ; 2° relativement aux choses mobilières.

SECTION I

DE L'ACCESSION RELATIVEMENT AUX CHOSES IMMOBILIÈRES

De quelle manière les choses immobilières peuvent-elles s'unir et s'incorporer ?

Les choses mobilières peuvent s'unir et s'incorporer de deux manières : 1° industriellement, c'est-à-dire par le fait de l'homme ; 2° naturellement, c'est-à-dire sans aucun fait de l'homme.

L'accession *industrielle* a rapport aux constructions, plantations et autres ouvrages analogues.

L'accession *naturelle* a rapport aux alluvions, aux îles qui se forment dans un fleuve, aux lits des rivières, et aux animaux sauvages.

Quel est le principe fondamental en matière d'accession industrielle?

Le principe fondamental en matière d'accession industrielle des choses immobilières est celui-ci: la proprieté du sol emporte celle du dessus et celle du dessous.

Toutefois, la loi du 21 avril 1810 a introduit une grave exception à ce principe, relativement aux mines. — Depuis cette loi, les mines d'or, d'argent, de fer, de plomb, etc., appartiennent à l'État, qui en concède l'exploitation. La concession est faite par le chef de l'État, sur l'avis du conseil d'État, soit au profit du propriétaire du sol, soit au profit d'une autre personne offrant plus de garanties pour une bonne exploitation, à charge de fournir une indemnité au propriétaire du sol. La mine concédée est alors considérée comme une propriété distincte de celle du sol. (Art. 552.)

A qui appartiennent les constructions ou autres ouvrages élevés sur un terrain?

Par suite de la règle que la propriété du sol emporte celle du dessus et celle du dessous, toutes les constructions plantations ou autres ouvrages élevés sur un terrain ou dans l'intérieur, appartiennent au propriétaire du terrain, et sont présumés faits par lui, à ses frais, et avec ses matériaux.

Toutefois, il peut arriver: 1° qu'un propriétaire ait bâti sur son terrain, avec les matériaux d'autrui; 2° qu'un tiers ait bâti sur le terrain d'autrui, avec ses propres matériaux. Dans ces deux hypothèses, la construction appartient au propriétaire du terrain; mais c'est à charge de fournir une indemnité plus ou moins élevée, suivant les distinctions que nous allons établir. (Art. 553.)

Quelle est l'indemnité due par le propriétaire qui a bâti sur son terrain, avec les matériaux d'autrui?

Lorsqu'un propriétaire a bâti sur son terrain avec les matériaux d'autrui, il acquiert ces matériaux par accession. En conséquence, leur ancien maître ne peut pas les revendiquer, puisqu'ils n'existent plus à l'état de matériaux à cause de leur incorporation au sol, ni demander que la construction soit détruite, afin de pouvoir les revendiquer lorsqu'ils auront été ramenés à leur état primitif. — Mais il a le droit d'exiger le payement de leur valeur, et, s'il y a lieu, en outre, des dommages-intérêts, qui seront plus ou moins élevés suivant que le propriétaire du terrain a été ou non de bonne foi.

Si le bâtiment venait à être démoli par la suite, l'ancien maître des matériaux pourrait-il les revendiquer? Quelques auteurs admettent l'affirmative : car, disent-ils, rien ne s'oppose à la revendication, lorsque les matériaux ont été ramenés à leur état primitif. — Mais cette solution est généralement repoussée. En effet, l'acquisition qui s'opère au moyen de l'accession n'est subordonnée par la loi à aucune condition résolutoire : d'où il suit qu'elle est définitive, et qu'il n'y a plus à y revenir une fois qu'elle a eu lieu. (Art. 554.)

Quelle est l'indemnité due à celui qui a bâti sur le terrain d'autrui, avec ses propres matériaux ?

Lorsqu'un tiers a bâti sur le terrain d'autrui avec ses propres matériaux, le propriétaire du terrain acquiert la construction par accession. Mais sera-t-il obligé de la garder et d'en payer la valeur? Et, s'il y est obligé, quel sera le montant de l'indemnité à fournir? — Pour résoudre ces difficultés le Code fait une distinction.

Si le constructeur a été de bonne foi, c'est-à-dire s'il a cru bâtir sur son propre terrain, le propriétaire du terrain est obligé de garder la construction, en payant, à son choix, ou le montant des déboursés faits par le constructeur, ou une somme égale à la plus-value dont le fonds s'est trouvé augmenté.

Si le constructeur a été de mauvaise foi, c'est-à-dire s'il n'a pas ignoré que le terrain sur lequel il bâtissait appartenait à autrui, le propriétaire du terrain est libre de garder la construction ou de contraindre le constructeur à la supprimer. — S'il veut la garder, il devra rembourser à celui-ci le prix de la main-d'œuvre et des matériaux, sans avoir égard à la plus-value. — S'il préfère la faire démolir, il aura, au contraire, le droit d'exiger lui-même une indemnité, à raison du dommage qu'elle lui a occasionné.

On voit, par là, combien la position du propriétaire du terrain est préférable, lorsque le constructeur a été de mauvaise foi. Sans doute, il ne peut garder la construction qu'à la condition de rembourser à celui-ci tous ses déboursés, lors même qu'ils n'ont pas procuré au fonds une augmentation de valeur proportionnelle. Mais il n'est pas obligé de la garder; et, s'il la fait démolir, non-seulement il n'a rien à payer au constructeur, mais il peut exiger de lui une indemnité, à raison du dommage qu'elle lui a occasionné. Il en résulte qu'il sera le maître d'imposer à celui-ci ses conditions, et qu'il lui sera facile de se faire céder la construction moyennant une faible indemnité.

Tout ce que nous venons de dire, relativement aux constructions, est également applicable aux plantations et autres ouvrages de même nature. (Art. 555.)

Que faut-il décider lorsque le propriétaire du terrain ne peut pas fournir l'indemnité ?

Lorsque le propriétaire du terrain ne peut pas fournir au constructeur de bonne foi l'indemnité qu'il lui doit, on admet généralement que les juges pourront l'autoriser à payer, à la place, une rente annuelle, représentant la valeur de l'indemnité. — Cette solution était admise dans notre ancienne jurisprudence, et le Code ne l'ayant pas rejetée, il est d'autant plus rationnel de la maintenir qu'elle est absolument conforme à l'équité.

Quel est le principe fondamental en matière d'accession naturelle ?

Le principe fondamental en matière d'accession naturelle est celui-ci : les propriétaires des fonds riverains acquièrent par accession, sans avoir à fournir aucune indemnité, les alluvions qui s'unissent et s'incorporent à leurs fonds.

Il y a deux sortes d'alluvions : les lais et les relais.

On entend par *lais* l'accroissement insensible que reçoit une rive par les molécules que la rivière y dépose. — On entend par *relais* la portion du lit que les eaux laissent à sec en se retirant d'une rive pour se porter sur l'autre rive.

L'alluvion n'a pas lieu à l'égard des lacs et étangs; le propriétaire conserve toujours le terrain que l'eau couvre, quand elle est à la hauteur de la décharge de l'étang, encore que le volume d'eau vienne à diminuer. — Réciproquement, le propriétaire de l'étang n'acquiert aucun droit sur les terres riveraines que son eau vient à couvrir dans les crues extraordinaires. (Art. 556, 557, 558.)

Le propriétaire riverain acquiert-il la partie d'un champ qui a été entraînée par les eaux vers son propre fonds?

Non; le propriétaire riverain n'acquiert pas la portion considérable et reconnaissable de terrain qui a été détachée d'un fonds et portée par les eaux vers son héritage, comme il acquiert les molécules qui l'accroissent insensiblement. — Le maître de la partie enlevée peut la réclamer pendant un an au moins, à partir du moment où elle a été séparée de son fonds. (Art. 559.)

A qui appartiennent les îles qui se forment dans un fleuve ou dans une rivière ?

Les îles qui se forment dans un fleuve ou dans une rivière appartiennent à l'État, si le fleuve ou la rivière sont navigables ou flottables. — Dans le cas contraire, elles appartiennent aux riverains de la manière suivante : l'île s'est-elle formée d'un seul côté, il n'y a que les propriétaires riverains de ce côté qui puissent la revendiquer ; s'est-elle formée des deux côtés, les propriétaires des deux rives y ont droit à partir de la ligne qu'on suppose tracée au milieu de la rivière.

Il en serait différemment dans le cas où un champ se trouverait entouré par une rivière, car ce champ conserverait alors sa substance et son identité. — En conséquence, si une rivière ou un fleuve, en se formant un bras nouveau, coupe et embrasse le champ d'un propriétaire riverain, et en fait une île, ce propriétaire conserve la propriété de son champ. (Art. 560, 561, 562.)

A qui appartient le lit abandonné par un fleuve ou par une rivière ?

Dans le droit romain, le lit abandonné par un fleuve ou par une rivière, et qui avait été ainsi mis à sec, appartenait aux propriétaires riverains. Dans un but d'équité, le Code a admis une solution différente, et il attribue le lit mis à sec, à titre d'indemnité, aux propriétaires des fonds nouvellement occupés, dans la proportion du terrain qui leur a été enlevé par les eaux.

Aux termes de l'article 564, les pigeons, lapins, poissons et autres animaux appartiennent au propriétaire des colombiers, garennes et étangs où ils viennent s'établir ; car il est désormais impossible de constater leur identité et de savoir à qui ils appartenaient auparavant. — Toutefois, s'ils avaient été attirés par fraude ou artifice dans la propriété d'autrui, leur précédent maître pourrait réclamer une indemnité. (Art. 563, 564.)

SECTION II

DU DROIT D'ACCESSION RELATIVEMENT AUX CHOSES MOBILIÈRES

De quelle manière les choses mobilières peuvent-elles s'unir et s'incorporer ?

Les choses mobilières peuvent s'unir et s'incorporer de trois manières: 1° par l'adjonction; 2° par la spécification; 3° par le mélange.

Au reste, le droit d'accession relativement aux choses mobilières est subordonné aux principes de l'équité naturelle, et les règles qui sont indiquées ici par le Code sont uniquement destinées à servir d'exemples au juge et à guider son appréciation.— Ajoutons que le principe qu'en *fait de meubles, la possession vaut titre* suffira, ordinairement, pour déterminer l'attribution de propriété. L'acquisition par accession n'aura lieu relativement aux choses mobilières que dans le cas où ce principe n'est pas applicable, c'est-à-dire lorsqu'il s'agit de choses volées ou perdues, ou de choses possédées de mauvaise foi. (Art. 565.)

Qu'est-ce que l'adjonction?

L'adjonction est l'union de deux choses, qui, bien que formant un tout, restent cependant distinctes et reconnaissables. — Ainsi, un tableau et son cadre, une bague et son diamant.

Lorsque deux choses ont été unies par adjonction de manière à former un objet unique, cet objet appartient au maître de la chose principale, à charge d'indemnité envers le maître de la chose accessoire. (Art. 666.)

Comment distingue-t-on la chose principale de la chose accessoire?

La chose principale est celle à laquelle l'autre n'a été unie que pour l'usage, l'ornement ou le complément de la première. — Si de deux choses unies pour former un seul tout, l'une ne peut point être regardée comme l'accessoire de l'autre, celle-là est réputée principale qui est la plus considérable en valeur ou en volume.

Quand la chose unie est beaucoup plus précieuse que la chose principale, et quand elle a été employée à l'insu du propriétaire, celui-ci peut demander que la chose unie soit séparée, pour lui être rendue, même quand il pourrait en résulter quelque dégradation de la chose à laquelle elle a été jointe. (Art. 567, 568, 569.)

Qu'est-ce que la spécification?

La spécification est la transformation d'une matière en un objet nouveau. — Ainsi, la spécification a lieu lorsqu'un bloc de marbre est changé en statue.

En principe, l'objet nouveau appartient au maître de la matière première, à la charge par lui de rembourser à l'artisan le prix de la main-d'œuvre. — Toutefois, si la main-d'œuvre était tellement importante qu'elle surpassât de beaucoup la valeur de la matière employée, l'industrie serait alors réputée la partie principale, et l'ouvrier aurait le droit de retenir la chose travaillée, en remboursant le prix de la matière au propriétaire.

Notons que si l'artisan avait lui-même fourni une partie de la matière, l'objet nouveau lui appartiendrait en commun avec la personne qui a fourni l'autre partie, en proportion de la matière qui lui appartenait et du prix de la main-d'œuvre. (Art. 570, 571, 572.)

En était-il de même en droit romain?

A l'origine, les jurisconsultes romains n'étaient pas d'accord. Suivant les Sabiniens, l'objet nouveau devait appartenir au maître de la matière ; suivant les Proculiens, au contraire, il appartenait au spécificateur. — Justinien, adoptant une opinion mixte, décida que l'objet nouveau appartiendrait au maître de la matière s'il pouvait revenir à son état primitif, et que dans le cas contraire il appartiendrait au spécificateur.

Le Code a rejeté cette distinction, et a adopté l'opinion des Sabiniens. Il considère, en général, la forme comme un accessoire de la matière, et il attribue l'objet nouveau au maître de la matière, à moins que, par exception, la main-d'œuvre n'ait beaucoup plus de prix.

Qu'est-ce que le mélange?

Le mélange est l'union de plusieurs matières, qui sont tellement mêlées et confondues qu'il est impossible de les distinguer.

Lorsque les matières qui ont servi à le former sont d'égale valeur, l'objet mélangé appartient en commun à tous ceux qui les ont fournies ; à moins que les matières puissent être séparées, auquel cas on les divisera entre les différents maîtres, s'ils en font la demande.

Si les matières fournies étaient d'inégale valeur, l'objet formé par le mélange appartiendrait au maître de la matière la plus précieuse, à charge par lui de rembourser aux autres la valeur des matières qu'ils ont fournies. (Art. 573, 574, 575.)

Le propriétaire, à l'insu duquel on a employé la matière, n'a-t-il pas un autre recours?

Oui ; dans tous les cas où le propriétaire dont la matière a été employée, à son insu, à former une chose d'une autre espèce, peut réclamer la propriété de cette chose, la loi lui laisse le choix de demander la restitution de sa matière en même nature, quantité, poids, mesure et bonté, ou de s'en faire payer la valeur.

En outre, il peut exiger, s'il y a lieu, des dommages-intérêts, sans préjudice des poursuites que le ministère public aurait à exercer, à raison de vol ou d'abus de confiance, contre ceux qui se sont mis frauduleusement en possession de choses appartenant à autrui.

Notons que, dans tous les cas où l'adjonction, la spécification et le mélange auraient eu lieu en vertu du consentement réciproque des deux parties, les règles contenues dans cette section ne seraient pas applicables. Les droits des contractants seraient alors réglés d'après leur intention manifestée par la convention ou par les circonstances. (Art. 576, 577.)

LIVRE II, TITRE III

De l'usufruit, de l'usage et de l'habitation.

Aux termes de l'article 543, on peut avoir sur les biens, soit un droit de propriété, soit un droit de jouissance, soit un droit de servitude. — Nous avons traité de la *propriété* dans le titre précédent; nous nous occuperons ici de la *jouissance*, et dans le titre suivant, des *servitudes*.

Les droits d'user et de jouir, qui se confondent dans notre législation, peuvent être exercés, soit avec toute l'étendue qu'ils comportent, soit d'une manière restreinte. — Dans le premier cas, ils constituent le droit d'usufruit; dans le second, ils prennent le nom de droits d'usage et d'habitation.

Nous traiterons sous ce titre :

Chap. I. — De l'usufruit.

Chap. II. — De l'usage et de l'habitation

CHAPITRE PREMIER

DE L'USUFRUIT

Articles 578 à 624.

Le chapitre de l'usufruit est divisé par le Code en trois sections, précédées d'un paragraphe, qui contient les articles 578 à 581. — En conséquence, nous traiterons : 1° de la nature du droit d'usufruit; 2° des droits de l'usufruitier; 3° des obligations de l'usufruitier; 4° de l'extinction de l'usufruit.

§ I. — *De la nature du droit d'usufruit.*

Qu'est-ce que l'usufruit ?

Suivant l'article 578, l'usufruit est le droit d'user et de jouir de la chose d'autrui, comme le propriétaire lui-même, mais à la charge d'en conserver la substance.

Cette définition donne lieu à plusieurs observations.

D'abord, l'usufruit est le droit de jouir des choses *dont un autre a la propriété*. — En effet, celui qui est propriétaire d'une chose peut, sans doute, en user et en percevoir les fruits; mais un pareil droit se confond avec la propriété, et ne constitue pas un usufruit.

L'usufruitier doit jouir de la chose *comme le propriétaire lui-même.* — Cela signifie qu'il a le droit de percevoir les fruits de la chose, comme les percevrait le propriétaire. Mais cela ne veut pas dire qu'il ait un pouvoir aussi étendu sur la chose; car il est tenu de rendre des comptes, tandis qu'un propriétaire jouit de sa chose comme il l'entend.

L'usufruitier doit, en outre, *conserver la substance de la chose.*— Dans la langue juridique, on entend par *substance* d'une chose l'ensemble des qualités qui la constituent au point de vue de son utilité. Les expressions du Code signifient que l'usufruitier doit conserver la manière d'être de la chose, qu'il ne peut pas changer sa destination, l'approprier à un autre objet, ou à des services différents que ceux qu'elle procurait au moment de l'entrée en jouissance. (Art. 578.)

Quel est le droit du maître de la chose dont l'usufruitier a la jouissance ?

Le droit du maître de la chose dont l'usufruitier a la jouissance se nomme *nue propriété*, c'est-à-dire propriété dépouillée d'une partie de ses avantages. — Le nu-propriétaire conserve le droit de disposer : en outre, la privation qu'il subit des droits d'user et de jouir est essentiellement temporaire.

Quels sont les caractères du droit d'usufruit ?

L'usufruit est un droit réel et temporaire. — Il est un droit *réel*, car il s'exerce directement et immédiatement sur la chose, en sorte que l'usufruitier ne peut pas exiger que le nu-propriétaire le *fasse* jouir, mais seulement qu'il le *laisse* jouir, qu'il ne mette aucun obstacle à son droit sur la chose. — En outre, l'usufruit est un droit essentiellement *temporaire;* car il s'éteint à la mort de l'usufruitier, et il n'est pas transmissible à ses héritiers.

Cette intransmissibilité de l'usufruit l'a fait ranger parmi les droits qui sont attachés à la personne. C'est pourquoi nos anciens auteurs lui donnaient la dénomination de *servitude personnelle*, par opposition aux servitudes proprement dites, qu'on appellait *servitudes réelles.* — Au reste, la courte durée de l'usufruit s'explique par cette considération que la séparation entre plusieurs mains des divers éléments de la propriété est un obstacle à la circulation des biens et à leur bonne exploitation.

Quelles différences y a-t-il entre l'usufruit et le louage?

Il y a entre l'usufruit et le louage les différences suivantes :

1° L'usufruit est un droit réel; le louage est un droit personnel. — Effectivement, le locataire n'a pas un droit direct sur la chose, et il ne peut en jouir que par l'intermédiaire du propriétaire, qui se trouve personnellement obligé envers lui.

2° L'usufruit s'éteint par la mort de l'usufruitier. — Le louage est transmissible aux héritiers du locataire.

3° L'usufruit peut être établi, soit à titre gratuit, soit à titre onéreux. — Le louage ne s'établit qu'à titre onéreux.

Quelles conséquences faut-il tirer de ce que l'usufruitier a un droit réel?

L'usufruitier ayant un droit réel, c'est-à-dire un droit direct et immédiat sur la chose, il en résulte :

1° Que si un tiers quelconque vient à le troubler dans l'exercice de son droit, il peut de lui-même, et sans avoir besoin de recourir au nu-propriétaire, intenter des actions pour faire cesser le trouble;

2° Que si la chose constituée en usufruit diminue de valeur, il ne peut exiger du nu-propriétaire aucune compensation;

3° Que son droit est mobilier ou immobilier, suivant que la chose constituée en usufruit est un meuble ou un immeuble.

Comment s'établit l'usufruit?

L'usufruit s'établit de deux manières : par la loi, ou par la volonté de l'homme.

Il s'établit *par la loi* dans deux cas : 1° au profit des père et mère sur les biens personnels de leurs enfants âgés de moins de dix-huit ans; 2° au profit du survivant des père et mère, pour le tiers des biens dépendant de la succession de leur enfant, qui ont été dévolus aux parents de la ligne opposée.

Il s'établit *par la volonté de l'homme*, soit à titre gratuit, soit à titre onéreux, par tous les faits qui sont translatifs de propriété, comme le testament, la donation, la vente, l'échange, etc. (Art. 579.)

Quelles sont les modalités dont l'usufruit est susceptible?

L'usufruit peut être pur et simple, à terme ou sous condition.

Il est *pur et simple*, lorsque l'acte qui le constitue ne contient ni terme, ni condition. — Il commence alors de suite, pour finir à la mort de l'usufruitier.

Il est à *terme*, lorsqu'il ne doit commencer qu'à une certaine époque, ou lorsqu'il doit commencer de suite, mais qu'il est destiné à s'éteindre avant la mort de l'usufruitier.

Enfin, il est *sous condition*, lorsqu'il ne doit commencer que si un événement déterminé se réalise; ou lorsqu'il doit commencer de suite, mais qu'il est destiné à s'éteindre dans le cas où l'événement qui a été prévu viendrait à se réaliser. (Art. 580.)

Sur quels biens l'usufruit peut-il être établi ?

L'usufruit peut être établi sur toute espèce de biens, sur des meubles ou sur des immeubles, sur des biens corporels ou sur des créances, sur des objets particuliers ou sur des universalités. — Toutefois, lorsqu'il porte sur des choses qui se consomment par le premier usage, il cesse d'être un usufruit proprement dit, pour devenir un *quasi-usufruit*. (Art. 581.)

SECTION I

DES DROITS DE L'USUFRUITIER

Quels sont les droits de l'usufruitier ?

Aux termes de l'article 582, l'usufruitier a le droit de jouir de toute espèce de fruits, soit naturels, soit industriels, soit civils, que peut produire l'objet dont il a l'usufruit. — Mais notre article est à la fois inexact et incomplet. Il est inexact, car l'usufruitier ne jouit pas des fruits, mais de la chose qui les fournit. Quant aux fruits, il en acquiert la propriété. — De plus, notre article est incomplet, car il ne mentionne pas les *services* ou l'*usage* que l'usufruitier peut retirer de la chose, indépendamment de la jouissance. Ainsi, l'usufruitier d'un troupeau profite non-seulement du croît, du laitage ou de la laine des animaux, mais encore de leur travail.

En résumé, les expressions du Code doivent être entendues en ce sens que l'usufruitier a le droit de se servir de la chose et d'en acquérir tous les fruits.

Comment divise-t-on les fruits de la chose ?

Ainsi que nous l'avons remarqué, tout ce qui provient d'une chose est, *d'une façon générique*, un produit de la chose. Mais on appelle spécialement *produits*, ce qui est pris sur la chose de manière à la détruire partiellement, et *fruits*, ce qui, au contraire, naît et renaît d'elle, à certains intervalles, sans en absorber la valeur. Il en résulte que les produits restent au nu-propriétaire, et que les services et les fruits appartiennent à l'usufruitier.

Il y a trois sortes de fruits : les fruits naturels, les fruits industriels et les fruits civils.

Les fruits *naturels* sont ceux que la chose produit sans aucun fait de l'homme. — Tels sont, par exemple, le croît des animaux, les fruits des arbres, le miel.

Les fruits *industriels* sont ceux que la chose produit avec le secours de l'homme. — Telles sont, par exemple, les récoltes provenant de la culture.

Les fruits *civils* sont ceux que l'on perçoit à l'occasion de la chose. — Tels sont, par exemple, les loyers d'une maison, les intérêts d'un capital, les arrérages d'une rente, les prix des baux à ferme. (Art. 583, 584.)

Comment l'usufruitier acquiert-il les fruits ?

Il faut distinguer :

S'agit-il des fruits naturels ou industriels, l'usufruitier les acquiert par la perception dès qu'ils sont détachés ou séparés du sol, lors même qu'ils ont été détachés par suite d'un cas fortuit ou par le fait d'un tiers. — En effet, l'article 585 n'attribue au propriétaire, lors de la cessation de l'usufruit, que les fruits qui sont encore pendants par branches ou par racines.

S'agit-il des fruits civils, l'usufruitier les acquiert jour par jour, c'est-à-dire proportionnellement à la durée de son usufruit. En d'autres termes, l'usufruitier devient créancier des fruits civils au fur et à mesure qu'ils naissent. — Ainsi, l'usufruit est-il établi sur une maison, l'usufruitier ou ses héritiers pourront exiger, lors de la cessation de l'usufruit, une valeur proportionnelle au nombre de jours écoulés depuis que le loyer actuel a commencé à courir. (Art. 585, 586.)

Pourquoi les prix des baux à ferme sont-ils rangés parmi les fruits civils ?

Dans notre ancien droit, les prix des baux à ferme étaient rangés parmi les fruits industriels, parce qu'on les considérait comme l'équivalent des récoltes perçues par le fermier. En conséquence, l'usufruitier qui avait loué les biens constitués en usufruit n'acquérait de droit au prix du bail qu'à l'époque où les récoltes étaient détachées du fonds. — Mais cet état de choses donnait lieu à de nombreux procès; car, si l'usufruitier venait à mourir dans le cours d'une récolte commencée, il était difficile d'établir exactement quelle était la quotité des fruits perçus au moment de sa mort, et dont la valeur en argent devait revenir à ses héritiers.—Pour couper court à ces difficultés, le Code a décidé que les prix des baux à ferme seraient regardés comme des fruits civils. (Art. 586.)

A qui appartiennent les fruits pendants par branches ou par racines au moment de l'ouverture de l'usufruit?

Aux termes de l'article 585, les fruits pendants par branches ou par racines au moment de l'ouverture de l'usufruit appartiennent à l'usufruitier. Mais cette proposition ne doit pas être prise à la lettre; car le même article annonce le contraire dans son deuxième alinéa, en disant que les fruits pendants par branches et par racines, lors de la cessation de l'usufruit, appartiennent au nu-propriétaire. — Il faut l'entendre en ce sens que l'usufruitier *a le droit de percevoir* les fruits pendants par branches et par racines, au moment de l'ouverture de l'usufruit; ce qui lui en fera acquérir la propriété, bien qu'il n'ait pas contribué aux frais de la récolte.

En compensation de cet avantage, la loi décide que les fruits pendants par branches et par racines, lors de la cessation de l'usufruit, appartiennent au nu-propriétaire, sans que les héritiers de l'usufruitier puissent exiger aucune indemnité à raison des frais de labours et de semences qui ont été faits par celui-ci. Le législateur a préféré laisser à l'usufruitier et au nu-propriétaires des chances égales de gain ou de perte, plutôt que de les obliger à des comptes respectifs dont les frais auraient été souvent hors de proportion avec les intérêts engagés. — Mais cette règle ne s'applique pas aux tiers qui ont fait les travaux de la récolte, ni au colon partiaire qui a cultivé les biens constitués en usufruit, moyennant une part dans la récolte : l'usufruitier ou le nu-propriétaire qui recueillent les fruits doivent toujours les indemniser. (Art. 585.)

Lorsque l'usufruitier est mort, après avoir vendu par avance une récolte, la vente est-elle valable?

A cet égard, les auteurs ne sont pas d'accord.

Suivant les uns, la vente est valable, et le propriétaire est tenu de la respecter et de laisser l'acheteur percevoir la récolte. — En effet, l'usufruitier, ainsi qu'on le verra plus loin, peut consentir des baux de neuf ans : or, la vente d'une récolte à venir équivaut à un bail d'une année. (Demante.)

Mais on décide généralement, et c'est avec raison, qu'une pareille vente est nulle, et que l'acheteur n'a pas le droit de faire la récolte. — En effet, la vente de la chose d'autrui est nulle : or, la récolte qui n'a pas encore été perçue appartient au nu-propriétaire, et par conséquent l'usufruitier n'a pas pu la vendre valablement. Quant à l'analogie que l'on cherche à établir entre la faculté de faire des baux et celle de vendre par avance les récoltes, elle n'existe pas en réalité. Effectivement, si l'on permet à l'usufruitier de faire des baux, c'est afin de lui faciliter l'exercice de sa jouissance, qui, sans cela, serait illusoire : or, il n'y avait pas les mêmes motifs pour l'autoriser à disposer par avance des récoltes à venir. (Marcadé.)

L'usufruit peut-il s'établir sur des choses qui se consomment par le premier usage ?

Non ; l'usufruit proprement dit ne peut pas s'établir sur des choses qui se consomment par le premier usage, telles que le vin, le blé, les denrées, puisqu'il ne peut s'exercer sur une chose qu'à la charge d'en conserver la substance. — Toutefois, il existe pour ces sortes de choses un droit analogue à l'usufruit, qu'on appelle le *quasi-usufruit.*

Le quasi-usufruitier devient propriétaire des choses qui lui sont remises ; il a le droit de s'en servir, mais à la charge d'en rendre de pareilles quantité, qualité et valeur, ou leur estimation, à la fin de l'usufruit. (Art. 587.)

Le quasi-usufruitier a-t-il le choix de rendre l'équivalent en nature des choses qu'il a reçues, ou d'en payer l'estimation ?

Suivant quelques auteurs, il faut admettre l'affirmative, et décider que le quasi-usufruitier ou ses représentants peuvent, à leur gré : ou bien restituer des choses de même nature que celles qu'ils ont reçues, en pareilles quantité et qualité ; ou bien en fournir l'estimation, à la fin de l'usufruit. Mais une pareille solution ne paraît guère conforme à l'intention des parties.

Aussi la plupart des auteurs décident, avec raison, que l'article 587 ne donne à l'usufruitier aucune alternative, qu'il ne lui laisse aucun choix, et que les deux solutions qu'il présente s'appliquent à deux hypothèses différentes. — En effet, ou bien les choses constituées en usufruit n'ont pas été estimées au moment de la constitution de l'usufruit, et alors le quasi-usufruitier ou ses représentants doivent les restituer en nature; ou bien elles ont été estimées, et alors ils doivent en payer l'estimation. — Cette solution était adoptée dans le droit romain et dans notre ancienne législation, et il paraît vraisemblable que l'article 587 ne fait que la maintenir. (Valette.)

A quoi reconnaît-on si une chose a été constituée en usufruit ou en quasi-usufruit?

Pour reconnaître si une chose a été constituée en usufruit ou en quasi-usufruit, il faut s'attacher à l'intention des parties. Ainsi, il y aura constitution d'usufruit lorsqu'elles sont convenues que la chose qui fait l'objet du contrat sera restituée identiquement; et il y aura, au contraire, une constitution de quasi-usufruit si elles ont décidé qu'elle sera restituée en équivalents de même nature. — Lorsqu'elles n'ont pas exprimé formellement leur intention, on la présume d'après les circonstances. Ainsi, lorsque la chose qui fait l'objet du contrat ne se consomme pas par le premier usage, on suppose qu'elles ont entendu la constituer en usufruit; et, si elle est, au contraire, de nature à être consommée par le premier usage, on suppose qu'elles ont entendu en faire l'objet d'un quasi-usufruit.

Quelles différences y a-t-il entre les choses fongibles et les choses de consommation?

On appelle *choses fongibles*, celles qui, d'après la volonté des parties, doivent être restituées en équivalents de même nature, qualité et quantité; et *choses de consommation*, celles qui, considérées en elles-mêmes, sont telles qu'on les consomme ordinairement par le premier usage. — Comme les parties conviennent le plus souvent que les choses qui font l'objet du contrat seront restituées en équivalents, lorsque ce sont des choses de consommation, il y a entre ces choses et les choses fongibles une certaine affinité. Cependant, il ne faut pas les confondre; car les parties peuvent décider que la chose fournie sera restituée identiquement, bien que ce soit une chose de consommation : par exemple, elles peuvent décider que l'une d'elles recevra une certaine quantité de blé, de vin, ou de toute autre chose de consommation, à la condition de n'en faire usage que pour la montre de son magasin. — A l'inverse, elles peuvent convenir que la chose sera restituée en équivalents, bien que ce ne soit pas une chose de consommation : par exemple, elles peuvent convenir que l'une d'elles remettra à l'autre un exemplaire de tel livre, à la condition qu'on lui restituera un autre exemplaire du même ouvrage.

Doit-on assimiler aux choses de consommation les choses qui ne font que se détériorer par l'usage?

Non; les choses qui ne font que se détériorer par l'usage, comme le linge, les vêtements, les meubles meublants, ne doivent pas être assimilées aux choses de consommation. Elles font ordinairement l'objet d'un usufruit proprement dit et non point celui d'un quasi-usufruit, et elles doivent, s'il n'y a pas de convention contraire, être restituées identiquement, dans l'état où elles se trouvent lors de la cessation de l'usufruit. — Au reste, l'usufruitier n'est pas responsable de leur détérioration ou de leur perte, lorsqu'elles ont eu lieu sans sa faute. (Art. 589.)

Peut-on établir un usufruit sur des rentes?

Il faut distinguer :

En ce qui concerne les rentes perpétuelles, il n'y a aucun doute qu'on ne puisse y établir un usufruit; car l'usufruitier n'en absorbera pas toute la valeur, et il restera au nu-propriétaire la certitude d'en percevoir les arrérages après la cessation de l'usufruit.

Quant aux rentes viagères, la question est plus délicate, parce qu'elles sont temporaires, et que la constitution d'usufruit ne semble laisser aucun avantage certain et appréciable au nu-propriétaire. — Dans notre ancien droit, quelques auteurs étaient d'avis que l'usufruitier n'aurait à percevoir que les intérêts des arrérages; d'autres lui laissaient tout le profit des arrérages échus pendant la durée de sa jouissance. — C'est à ce dernier parti que s'est arrêté le Code : il décide que les rentes viagères sont susceptibles d'usufruit, et que l'usufruitier n'aura rien à restituer si la rente viagère ne survit pas à son droit d'usufruit. Sans doute, une pareille constitution d'usufruit est de nature à diminuer considérablement les avantages du nu-propriétaire; mais on ne peut pas dire qu'elle lui enlève absolument tous les bénéfices de la nu-propriété. Il lui reste encore la chance de percevoir les arrérages de la rente viagère, si l'usufruitier meurt avant lui.

Ce que nous disons de la rente viagère s'applique également à l'usufruit qui serait établi sur un usufruit. — L'usufruitier peut céder son droit pour un temps, et alors il ne l'aliène pas complétement; car la jouissance qu'il a cédée peut s'éteindre avant son droit d'usufruit. (Art. 588.)

Peut-on établir un usufruit sur des bois?

Oui; on peut établir un usufruit sur des bois. — Le Code distingue d'ailleurs plusieurs espèces de bois, savoir :

1° Les pépinières, destinées à fournir des arbres pour le reboisement des forêts;

2° Les bois taillis et les baliveaux, destinés à être coupés périodiquement;

3° Les bois de futaie, destinés également à être coupés, mais à des périodes plus éloignées;

4° Les bois de haute futaie, qui ne sont pas mis en coupes réglées;

5° Les arbres fruitiers.

L'usufruitier ne peut jouir des pépinières qu'en se conformant aux usages des lieux pour le remplacement des arbres abattus.

Il ne peut jouir des bois taillis, des baliveaux et des bois de futaie qu'en se conformant, pour l'ordre des coupes, à l'aménagement, ou à l'usage constant des anciens propriétaires. — Les coupes lui sont acquises au fur et à mesure qu'elles ont lieu; mais il ne peut réclamer aucune indemnité lorsqu'il a négligé de les faire.

Quant aux arbres fruitiers ou de haute futaie qui ne sont pas mis en coupes réglées, on ne les considère pas comme des fruits, mais comme des dépendances, comme des fractions du fonds. En conséquence, l'usufruitier ne peut s'en servir que pour l'entretien du fonds et de la manière dont s'en servirait un bon père de famille. — Ainsi, il prendra dans les bois non mis en coupes réglées des échalas pour ses vignes, et les arbres nécessaires à la construction des bâtiments; il pourra aussi acquérir les arbres fruitiers qui ont été arrachés ou brisés par accident, mais à la charge de les remplacer par d'autres. (Art. 590, 591, 592, 593, 594.)

Peut-on établir un usufruit sur des mines ou sur des carrières?

Oui; on peut établir un usufruit sur des mines ou sur des carrières, mais c'est à la condition que celles-ci soient déjà en exploitation au moment de l'ouverture de l'usufruit. — Dans le cas contraire, on ne le pourrait pas.

Au reste, les dispositions du Code ont été modifiées en ce qui concerne les mines, par la loi du 27 avril 1810. — Suivant cette loi, la jouissance des mines résulte d'une concession du chef de l'État faite, soit au propriétaire du fonds, soit au profit d'un tiers; et elle constitue une propriété nouvelle, distincte du fonds, laquelle peut être transmise par le concessionnaire. En conséquence, l'usufruit d'une mine ne peut être constitué que par le concessionnaire de la mine.

Le Code décide que le trésor découvert sur le fonds constitué en usufruit appartient au nu-propriétaire. En effet, le trésor n'est pas un fruit. (Art. 598.)

L'usufruit comprend-il les accroissements de la chose?

Il faut distinguer :

En principe, l'usufruit d'un fonds comprend les accroissements qui peuvent en être considérés comme les accessoires, tels que ceux qui résultent de l'alluvion. — Mais on ne doit pas l'étendre aux choses que le nu-propriétaire aurait acquises à l'occasion de son fonds, lorsqu'elles en sont une propriété distincte et indépendante. Ainsi, la plupart des auteurs décident que l'usufruit d'un fonds riverain ne comprend pas l'île qui s'est formée dans le lit de la rivière du côté où est situé le fonds.

Par contre, on admet généralement que si le fonds constitué en usufruit a été envahi par un fleuve ou par une rivière qui a changé de cours, l'usufruitier doit avoir la jouissance du lit abandonné, par la même raison qui en fait attribuer la propriété au maître du fonds envahi. (Art. 596.)

L'usufruitier jouit-il des servitudes attachées au fonds?

Oui; l'usufruitier reçoit la chose avec toutes les qualités et tous les avantages qui y sont attachés; et, d'autre part, avec toutes les charges qui lui sont imposées. En conséquence, il peut user des servitudes actives attachées au fonds : il doit même en user, afin d'empêcher qu'elles ne s'éteignent par le non-usage. — Par contre, l'usufruitier est tenu de supporter les servitudes passives qui grèvent le fonds dont il a la jouissance. (Art. 597.)

L'usufruitier peut-il affermer les biens dont il a l'usufruit?

Oui; l'usufruitier peut affermer les biens dont il a l'usufruit, mais seulement pour une période de neuf ans. — En outre, il a la faculté de renouveler les baux, deux ans avant leur expiration, s'il s'agit de biens urbains, et trois ans avant leur expiration, s'il s'agit de biens ruraux.

Si l'usufruitier a fait un bail pour une période excédant neuf années, ou s'il a renouvelé un bail avant l'époque fixée par la loi, le nu-propriétaire ne doit respecter le bail que pour les années restant à courir pour compléter la durée des neuf ans. — Ainsi, lorsque le bail a été fait pour quinze ans et que l'usufruit vient à cesser après la huitième année, le nu-propriétaire ne doit le subir que pendant une année.

Aux termes de l'article 595, l'usufruitier est formellement autorisé à vendre ou à céder, non pas seulement l'*exercice* de son droit, mais *son droit* d'usufruit lui-même. Cette transmission de l'usufruit n'a rien de contraire à sa nature : seulement, l'usufruitier ne peut le transmettre que dans les conditions où il le possède lui-même. — En conséquence, la durée de l'usufruit qui a été transmis ne dépassera pas celle de la vie de l'aliénateur. (Art. 595.)

Quels sont les actes dont le nu-propriétaire et l'usufruitier doivent s'abstenir ?

Le nu-propriétaire est tenu de laisser jouir l'usufruitier. — S'il trouble sa jouissance d'une manière quelconque, par exemple, en changeant la destination du fonds, il viole son obligation, et, par suite, il devient passible de dommages-intérêts envers lui.

De son côté, l'usufruitier doit s'abstenir de tous les actes qui pourraient détruire, en tout ou en partie, la substance de la chose constituée en usufruit, ou qui en modifieraient la forme ou la destination. — En outre, l'article 599 lui interdit de réclamer, lors de la cessation de l'usufruit, aucune indemnité pour les dépenses d'amélioration qu'il a faites. Il peut seulement enlever les glaces, tableaux et autres ornements qu'il aurait fait placer, à charge de rétablir les lieux dans leur premier état.

Toutefois, quelques auteurs admettent que l'usufruitier a le droit d'exiger une indemnité, à raison des constructions nouvelles qu'il aurait élevées, si le propriétaire veut les garder; car, disent-ils, la loi reconnaît un droit analogue au constructeur de mauvaise foi. — Mais une pareille solution ne paraît guère admissible : d'abord, le droit romain, ainsi que notre ancien droit, décidaient que l'usufruitier ne pourrait réclamer d'indemnité *pour aucune espèce d'ouvrages*, et le Code se serait expliqué s'il avait entendu innover. — En second lieu, on ne peut pas assimiler l'usufruitier à un constructeur de mauvaise foi, car il n'a pas eu, comme celui-ci, la prétention de construire sur son terrain, et les améliorations qu'il a faites ont eu en vue l'augmentation de sa jouissance, et non pas l'augmentation de la chose elle-même. D'où il suit qu'il a dû en retirer tout le profit qu'il en attendait, et qu'ainsi le nu-propriétaire dont le fonds a été embelli ne s'enrichit pas à ses dépens. (Art. 599.)

SECTION II

DES OBLIGATIONS DE L'USUFRUITIER

Quelles sont les obligations de l'usufruitier?

Les obligations de l'usufruitier peuvent se diviser en plusieurs catégories. Nous distinguerons : 1° celles qu'il doit accomplir avant son entrée en jouissance; 2° celles qu'il doit accomplir pendant le cours de sa jouissance; 3° celles qu'il doit accomplir lors de la cessation de son usufruit; 4° enfin, celles qui incombent spécialement aux usufruitiers testamentaires.

Quelles sont les obligations de l'usufruitier avant son entrée en jouissance?

Avant son entrée en jouissance, l'usufruitier doit :

1° Faire dresser, à ses frais, en présence du nu-propriétaire, ou lui dûment appelé, un inventaire des meubles et un état des immeubles ;

2° Fournir caution de jouir en bon père de famille.

L'inventaire des meubles et l'état des immeubles servent à déterminer les restitutions qu'il aura à faire à la fin de son usufruit. — Si l'usufruitier ne faisait pas dresser ces deux actes, il serait réputé avoir reçu les immeubles en bon état. Quant aux meubles qui n'auraient pas été inventoriés, le nu-propriétaire pourrait en établir la consistance par toute espèce de preuves, par témoins, et même par la commune renommée. (Art. 600 601.)

Au reste, on admet généralement que l'usufruitier peut être dispensé de faire inventaire, parce que cette obligation n'a pas été imposée dans un intérêt d'ordre public, mais seulement dans un intérêt privé. Ainsi, un testateur pourra, en léguant la nue propriété à une personne et l'usufruit à une autre personne, dispenser cette dernière de l'inventaire; seulement la dispense n'empêchera pas le nu-propriétaire de pouvoir inventorier, à ses frais, les objets constitués en usufruit. (Art. 600, 601.)

De quelle manière l'usufruitier fournit-il caution?

Habituellement, l'usufruitier donne caution en présentant une personne solvable, qui garantit le payement de tous les dommages-intérêts qui pourraient être dus au nu-propriétaire, lors de la cessation de l'usufruit. — Mais on admet que l'usufruitier qui ne trouve pas une personne solvable pour lui servir de garantie peut la remplacer par un gage, par une hypothèque, ou par la consignation d'une somme jugée suffisante par la justice.

La caution garantit que l'usufruitier jouira en bon père de famille, c'est-à-dire qu'il jouira comme le ferait un administrateur vigilant et attentif.

L'usufruitier qui ne fournit pas caution est-il privé de son droit de jouissance ?

Non ; l'usufruitier qui ne peut fournir ni une caution, ni un gage suffisant, n'est pas dépouillé pour cela de son droit de jouissance, car il serait inique de le punir de sa pauvreté. — Seulement, afin de sauvegarder les droits du propriétaire, la loi lui retire l'*exercice* de sa jouissance en lui en laissant les avantages.

En conséquence, les *immeubles* sont affermés ; ou, si on ne trouve pas à les affermer dans de bonnes conditions, ils sont placés sous séquestre et administrés par un gérant salarié, qui en percevra les fruits pour le compte de l'usufruitier.

Les *sommes* comprises dans l'usufruit sont prêtées à intérêts, ou constituées en rentes sur l'État.

Les *denrées* sont vendues, et le prix qui en provient est placé de la même manière.

Le prix des baux, les intérêts des sommes prêtées, les arrérages des rentes sont attribués, comme fruits civils, à l'usufruitier.

Le nu-propriétaire peut encore exiger que les meubles qui se détériorent par l'usage soient vendus. — Mais les juges ont le pouvoir de laisser à l'usufruitier ceux qui sont nécessaires à son usage personnel, pourvu qu'il prête serment de les représenter à la fin de l'usufruit. Cette promesse est connue sous le nom de *caution juratoire*.

Notons que le simple retard de fournir caution ne suffit pas à faire perdre à l'usufruitier l'exercice de son droit. Ce retard provient de son insolvabilité, et on ne peut pas lui en faire un reproche. (Art. 602, 603, 604.)

L'usufruitier peut-il être dispensé de fournir caution?

Oui ; l'usufruitier est dispensé de fournir caution dans les trois cas suivants :

1° Lorsque son usufruit existe, en vertu de la loi, sur les biens personnels de ses enfants mineurs de dix-huit ans et non émancipés.

2° Lorsqu'il a été formellement dispensé de fournir caution par le titre constitutif de son droit d'usufruit.

3° Lorsqu'ayant lui-même donné ou vendu l'usufruit, en se réservant la nue propriété, il n'a pas fait mention de la caution à fournir. — Effectivement, on doit alors supposer qu'il a voulu s'affranchir de cette charge, et que le donataire ou l'acheteur y ont consenti. (Art. 601.)

Quelles sont les obligations de l'usufruitier pendant le cours de sa jouissance ?

L'usufruitier doit, pendant le cours de sa jouissance :

1° Veiller à la garde et à la conservation des biens constitués en usufruit. En conséquence, il est tenu non-seulement de s'abstenir de tous actes dommageables, mais encore d'avertir le nu-propriétaire des usurpations qui seraient commises sur le fonds.

2° Supporter *toutes les charges annuelles* des fonds grevés d'usufruit, telles que les contributions ordinaires et les autres charges qui s'imputent habituellement sur les revenus. — Quant aux charges extraordinaires, telles que les contributions de guerre, le nu-propriétaire en payera le capital, et l'usufruitier lui en remboursera les intérêts.

3° Faire les réparations locatives et d'entretien, qui s'imputent également sur la jouissance.

4° Payer les frais des procès qui ne regardent que la jouissance, et supporter conjointement avec le nu-propriétaire, mais seulement pour les intérêts, les frais des procès qui concernent la pleine propriété. (Art. 605, 608, 609, 613, 614.)

Quelles sont les diverses sortes de réparations ?

Il y a trois sortes de réparations, savoir :

1° *Les réparations locatives*, qui s'appliquent aux dégradations de minime importance, résultant du fait du détenteur de la chose.

2° *Les réparations* d'*entretien*, qui s'appliquent à des détériorations plus graves, résultant, soit de l'usage de la chose, soit de l'action du temps.

3° *Les grosses réparations*, que la loi énumère et qui sont : les réparations des gros murs et des voûtes, le rétablissement des poutres et des couvertures entières, celui des digues et des murs de soutènement et de clôture, aussi en entier.

Les réparations locatives et d'entretien sont à la charge de l'usufruitier, mais seulement lorsqu'elles sont devenues nécessaires pendant sa jouissance. — Quant à celles qui étaient à faire avant cette époque, il n'est tenu de les entreprendre qu'autant qu'elles sont indispensables à la conservation de l'héritage.

Les grosses réparations, qui s'imputent ordinairement sur les capitaux, ne sont pas supportées par l'usufruitier, à moins qu'elles n'aient été rendues nécessaires par sa négligence à faire à temps les réparations d'entretien. — En principe, elles demeurent à la charge du propriétaire. (Art. 605, 606.)

L'usufruitier peut-il se dispenser de faire les réparations d'entretien en renonçant à sa jouissance?

Il faut distinguer.

L'usufruitier peut, sans contredit, se faire dispenser des réparations *à faire qui seraient à faire dans l'avenir*, en renonçant à son usufruit. Mais on n'est pas d'accord sur le point de savoir s'il peut de même se faire dispenser de celles qui sont déjà nécessaires au moment où il veut renoncer à sa jouissance.

Quelques auteurs admettent l'affirmative; car, disent-ils, l'usufruitier n'est obligé d'entretenir la chose constituée en usufruit qu'en qualité de détenteur, et son obligation doit disparaître dès qu'il a cessé de la détenir. — Mais on décide généralement la négative, et c'est avec raison. Effectivement, par le seul fait de son entrée en jouissance, l'usufruitier a consenti tacitement à supporter les charges de l'usufruit, et dès lors il est, à cet égard, personnellement obligé. Qu'il renonce pour l'avenir à son usufruit, et qu'il échappe ainsi aux obligations dont il pourrait être tenu par la suite, en cette qualité, cela se conçoit : mais sa renonciation ne peut pas le libérer des charges qui existent déjà. (Marcadé.)

Comment faut-il entendre la règle que les grosses réparations demeurent à la charge du propriétaire?

Suivant la plupart des auteurs, cette règle ne signifie pas que le propriétaire est tenu de faire les grosses réparations : elle veut dire simplement que l'usufruitier, qui doit supporter les réparations d'entretien, n'a pas à sa charge les grosses réparations. — Effectivement, comme le propriétaire n'est pas tenu à autre chose qu'à *laisser* jouir l'usufruitier, comme il n'est pas obligé de le *faire* jouir, il serait illogique de l'obliger à faire des réparations quelconques sur son fonds.

L'article 607 confirme cette manière de voir. — Suivant cet article, ni le propriétaire, ni l'usufruitier ne sont tenus de rebâtir ce qui est tombé de vétusté, ou ce qui a été détruit par cas fortuit. Or, notre article ne peut pas s'appliquer aux réparations d'entretien, puisqu'il est certain, au contraire, que l'usufruitier est tenu de les faire ; il se réfère donc nécessairement aux grosses réparations, et c'est ce qu'indique l'expression de *rebâtir* qui y est employée.

En résumé, les réparations locatives et d'entretien sont seules à la charge de l'usufruitier. — Quant aux grosses réparations, ni le propriétaire, ni l'usufruitier ne sont obligés de les faire : à cet égard, chacun d'eux peut agir suivant ses convenances. (Marcadé. Valette.)

Si, en fait, l'usufruitier a exécuté les grosses réparations peut-il exiger une indemnité ?

A cet égard, il y a deux systèmes :

Suivant le premier, il faut admettre la négative. — Effectivement, puisque le propriétaire n'est pas tenu de faire les grosses réparations, il est évident que l'usufruitier ne peut pas, par son fait, mettre à sa charge une pareille obligation. C'est ce qui résulte d'ailleurs de l'article 599, suivant lequel l'usufruitier ne peut rien exiger du propriétaire pour les dépenses d'amélioration qu'il a faites, parce qu'il est présumé n'avoir agi qu'en vue d'augmenter sa jouissance. (Bugnet.)

Mais on répond : — 1° Qu'en faisant les grosses réparations, l'usufruitier ne cherche pas à forcer la main au propriétaire pour lui faire supporter des frais malgré lui, puisqu'il n'agit que sous l'empire de la nécessité et pour empêcher la perte de l'héritage ; — 2° que les grosses réparations étant destinées à sauvegarder l'intérêt commun de l'usufruitier et du propriétaire, on ne doit pas les confondre avec les améliorations ou les constructions nouvelles, qui sont uniquement destinées à augmenter la jouissance de l'usufruitier ; — 3° que dès lors les grosses réparations doivent être rangées parmi les *charges extraordinaires*, qui, suivant l'article 609, sont imputables au propriétaire pour le capital, et à l'usufruitier pour les intérêts.

Cette solution est généralement adoptée. — Il faut en conclure que si l'usufruitier ne peut pas contraindre le propriétaire à faire les grosses réparations, il peut du moins les exécuter lui-même, à ses risques et périls, et aux frais du nu-propriétaire, qui devra lui rembourser le capital de ses déboursés. (Valette. Demolombe.)

Quelle est l'obligation imposée à l'usufruitier d'un troupeau?

L'usufruitier d'un troupeau doit, autant que possible, le maintenir dans l'état où il l'a reçu; et l'article 616 l'oblige à remplacer jusqu'à concurrence du croît les têtes d'animaux qui ont péri.

Mais ici se présente une difficulté. La disposition du Code s'applique-t-elle en même temps au croît passé et au croît à venir; ou n'est-elle applicable qu'au croît passé?

Suivant quelques auteurs, elle regarde à la fois le croît passé et le croît futur, le croît déjà perçu et le croît à percevoir. Il en résulte que les animaux qui naissent doivent être mis en réserve, pour combler les vides qui pourraient survenir par la suite dans le troupeau, et qu'ils n'appartiennent définitivement à l'usufruitier que s'ils excèdent le nombre des animaux qui ont péri au moment de la cessation de l'usufruit. (Valette.)

Mais, à notre avis, la disposition du Code ne concerne que le croît futur, et il en résulte que les animaux qui viennent à naître sont définitivement acquis à l'usufruitier dès le moment de leur naissance, si le troupeau est complet à ce moment-là. — Effectivement, le croît des animaux est un fruit naturel, et il est de règle que les fruits naturels sont acquis définitivement à l'usufruitier dès l'instant de la perception, si elle a été faite régulièrement. Or, la perception a été régulière, s'il n'y avait pas de vides à combler dans le moment où elle a eu lieu. (Marcadé.)

Quelles sont les obligations de l'usufruitier, lors de la cessation de l'usufruit?

L'usufruitier ou ses héritiers doivent, lors de la cessation de l'usufruit :

1° Restituer au propriétaire la chose constituée en usufruit, ou ce qui en reste, si elle a été détériorée ou détruite sans la faute de l'usufruitier. — Ainsi, lorsque le troupeau sur lequel un usufruit a été établi périt entièrement par cas fortuit, l'usufruitier doit rendre compte des cuirs. Il en est de même, lorsque l'usufruit a été constitué sur un seul animal qui a péri.

2° Payer des dommages-intérêts au propriétaire, lorsque la chose constituée en usufruit a été détériorée ou détruite par sa propre faute.

3° Restituer tous les fruits qui auraient été indûment perçus avant l'époque de leur maturité.

A la différence de l'usufruitier proprement dit, le quasi-usufruitier n'est pas libéré par la perte fortuite de la chose. Effectivement, son obligation ne consiste pas à la rendre identiquement, mais à fournir des choses de même espèce, quantité et qualité. Or, les choses dues *in genere* ne sont pas susceptibles de périr, comme celles qui sont individuellement déterminées. (Art. 615, 616.)

Quelles sont les charges spéciales des usufruitiers testamentaires?

Un testateur peut léguer des biens en nue propriété à une personne, et en usufruit à une autre personne. Si la succession est grevée de dettes, les légataires d'usufruit devront y contribuer, dans certains cas, concurremment avec les légataires de la nue propriété. — Voyons dans quels cas, et pour quelle proportion, ils auront à y contribuer.

On distingue trois sortes de légataires, savoir :

1° Les légataires universels, qui sont appelés à recueillir toute la succession ;

2° Les légataires à titre universel, qui sont appelés à en recueillir une quotité, comme la moitié, le quart ;

3° Les légataires particuliers, qui ne sont appelés à recueillir qu'un objet déterminé.

Les légataires universels et à titre universel doivent contribuer aux dettes et charges de la succession, parce qu'ils ont reçu une fraction de son actif et de son passif. — Les légataires particuliers, au contraire, ne contribuent pas au payement des dettes, parce qu'ils ne recueillent qu'un objet déterminé. Sans doute, lorsque cet objet consiste dans un immeuble qui est grevé d'une hypothèque, ils peuvent être poursuivis à raison de la dette hypothécaire ; mais, s'ils la payent, ils sont ensuite remboursés par les successeurs universels. (Art. 611.)

Dans quelle proportion les usufruitiers testamentaires doivent-ils contribuer aux charges héréditaires?

Les légataires universels et à titre universel, qui n'ont reçu les biens qu'en usufruit, supportent les charges de la succession concurremment avec les successeurs universels et à titre universel de la nue propriété. — Les premiers doivent payer les intérêts des dettes afférentes aux biens qu'ils recueillent, puisqu'ils en touchent les revenus; les seconds doivent payer le capital des dettes, puisqu'ils ont la nue propriété des biens. — Supposons, par exemple, qu'un testateur ait légué à *Primus* la nue propriété de ses biens et l'usufruit à *Secundus*, et que la succession soit grevée de dettes jusqu'à concurrence de 1,000 francs. *Primus* payera le capital de la dette, c'est-à-dire la somme de 1,000 francs; mais *Secundus* en fournira l'intérêt tant que durera son usufruit, c'est-à-dire qu'il payera, chaque année, une somme de 50 francs. Maintenant, si le créancier héréditaire exige le payement immédiat de sa créance, l'usufruitier et le nu-propriétaire ont trois partis à prendre. 1° Si l'usufruitier consent à payer la dette, il pourra, à la fin de son usufruit, réclamer au nu-propriétaire la somme payée, mais sans intérêts. 2° Si, au contraire, c'est le nu-propriétaire qui paye la dette, il peut en demander les intérêts à l'usufruitier, tant que dure l'usufruit. 3° Enfin, si le créancier n'est payé ni par l'usufruitier, ni par le nu-propriétaire, il a le droit de faire vendre les biens sujets à l'usufruit, jusqu'à concurrence de la somme nécessaire à l'acquittement de la dette.

On suit les mêmes règles en ce qui concerne l'acquittement des rentes viagères et des pensions alimentaires que le testateur aurait mis à la charge de ses légataires. — Seulement, il n'y aura alors que des arrérages à payer, et ils seront exclusivement fournis par les légataires de l'usufruit, parce qu'ils s'imputent sur la jouissance, et non pas sur le capital. (Art. 610, 612.)

SECTION III

COMMENT L'USUFRUIT PREND FIN

Comment finit l'usufruit?

L'usufruit finit :

1° Par la mort de l'usufruitier.

2° Par l'expiration du temps pour lequel il a été établi. — L'usufruit ne dépasse jamais la vie de l'usufruitier; mais il peut être établi pour une durée plus courte.

3° Par la réunion, sur la même tête, de l'usufruit et de la nue propriété. — C'est ce qu'on appelle la *consolidation*.

4° Par la perte totale de la chose constituée en usufruit. — Si la perte n'était que partielle, l'usufruit continuerait de subsister pour la partie qui reste.

5° Par l'abus de jouissance de l'usufruitier.

6° Par sa renonciation volontaire.

7° Par le non-usage de son droit pendant trente ans.

8° Par la prescription de dix à vingt ans qui se serait accomplie au profit d'un tiers.

9° Par la résolution du droit de la personne qui a constitué l'usufruit. (Art. 617, 618, 622, 623.)

L'usufruit est-il éteint de plein droit par l'abus de jouissance de l'usufruitier ?

Non; l'extinction de l'usufruit par suite de l'abus de jouissance de l'usufruitier n'a pas lieu de plein droit : les tribunaux ont toute latitude pour apprécier la gravité des faits; et ils peuvent, suivant les cas, ou prononcer l'extinction pure et simple de l'usufruit, ou la subordonner au payement d'une indemnité par le propriétaire, ou ordonner que les choses grevées d'usufruit seront placées sous séquestre et administrées par un gérant.

Les créanciers de l'usufruitier ont la faculté d'intervenir dans l'instance, afin d'empêcher que l'usufruit soit déclaré éteint. Ils peuvent, dans ce but, offrir la réparation des dégradations commises, et des garanties pour l'avenir. (Art. 618.)

Que faut-il entendre par la perte totale de la chose grevée d'usufruit ?

Dans le droit romain, l'usufruit était éteint, non-seulement lorsque la chose qui en était grevée était complétement détruite de manière à ce qu'il n'en restât plus aucune trace, mais encore lorsqu'elle avait subi des transformations telles, qu'il était impossible de la faire servir à l'usage auquel elle était destinée, lors de la constitution de l'usufruit.

Le Code semble avoir adopté cette doctrine. Effectivement, il décide que l'usufruit établi sur une maison est détruit lorsque la maison elle-même est détruite, bien que le sol et les matériaux qui faisaient partie de l'usufruit existent encore. (Art. 624.)

L'usufruit peut-il renaître, lorsque la chose est rétablie dans son état primitif ?

On admet généralement la négative. — Il est vrai que l'article 704 fait revivre les servitudes après qu'elles ont été éteintes; mais cela tient à ce qu'elles ont un caractère d'utilité générale que n'a pas l'usufruit. La loi facilite l'établissement et le maintien des servitudes réelles, parce qu'elles servent à l'exploitation et au service des immeubles ; elle voit, au contraire, d'un mauvais œil l'établissement de l'usufruit, qui est plutôt nuisible qu'utile à l'intérêt général.

La vente de la chose grevée d'usufruit éteint-elle le droit de l'usufruitier?

Non; la vente de la chose grevée d'usufruit n'éteint pas le droit de l'usufruitier. Effectivement, lorsque la nue-propriété et l'usufruit sont entre des mains différentes, le nu-propriétaire et l'usufruitier ne peuvent pas disposer de leur droit de manière à se nuire l'un à l'autre. — En conséquence, si l'usufruitier n'est pas intervenu dans la vente, et s'il n'a pas expressément renoncé à son usufruit, l'acheteur n'acquerra que la nue propriété.

Au reste, si l'usufruitier renonçait à son droit, ses créanciers pourraient attaquer la renonciation qu'il aurait faite, en prouvant qu'elle a eu lieu en fraude de leurs droits. (Art. 621, 622.)

Quelle est la durée de l'usufruit qui n'est pas accordé à des particuliers?

L'usufruit qui n'est pas accordé à des particuliers est celui qui a été constitué au profit d'une personne morale, comme un hospice, un établissement religieux autorisé. — Comme les personnes morales ont une existence illimitée, la loi a dû fixer un terme à la durée de leur usufruit: cette durée, qui en droit romain était de cent ans, a été réduite par le Code à trente ans. — Ainsi, l'usufruit établi au profit d'une personne morale ne peut pas durer plus de trente ans; mais, bien entendu, il peut être constitué pour un terme plus court, et, en outre, il doit s'éteindre immédiatement lorsque la personne morale vient à être supprimée avant l'expiration des trente ans. (Art. 619.)

Quelle est la durée de l'usufruit qui a été accordé jusqu'à ce qu'un tiers ait atteint un âge fixe?

Lorsque l'usufruit a été constitué à terme, jusqu'à ce qu'un tiers ait atteint un âge déterminé, il dure jusqu'à l'époque où le tiers aurait atteint l'âge fixé, encore que celui-ci soit mort avant le temps. — Effectivement, ce qui a été pris en considération, ce n'est pas la vie du tiers, mais un certain délai. Bien entendu, si l'usufruitier meurt avant que le tiers ait atteint l'âge fixé, le droit d'usufruit s'éteint.

Lorsque l'usufruit a été constitué sur plusieurs têtes à la fois, il pourra ne s'éteindre qu'au dernier survivant, si cette condition a été établie. La durée de l'usufruit excédera, sans doute, dans ce cas, les limites ordinaires; mais elle ne dépassera pas la vie humaine (Art. 620.)

CHAPITRE DEUXIÈME

DE L'USAGE ET DE L'HABITATION

Articles 625 à 636.

Qu'est-ce que l'usage et l'habitation ?

L'*usage* est le droit de retirer d'une chose tous les services qu'elle peut procurer, et même une part des fruits qu'elle produit, proportionnée aux besoins de l'usager et de sa famille.

L'*habitation* est un droit d'usage, appliqué aux maisons.

Chez les Romains, on avait d'abord admis que l'usager ne pourrait que se servir de la chose, sans en retirer aucun fruit. Mais on finit par lui reconnaître le droit d'exiger les fruits nécessaires à sa consommation quotidienne. — Cette doctrine a prévalu dans notre législation, et l'usage y est devenu une sorte d'usufruit restreint aux besoins de l'usager et de sa famille. (Art. 630, 632, 633.)

Quelles sont les personnes comprises dans la famille de l'usager ?

On comprend généralement dans la famille de l'usager :

1° Son conjoint, lors même qu'il ne s'est marié que depuis la constitution de son droit d'usage.

2° Toutes les personnes qui habitaient avec lui au moment de la constitution de l'usage.

3° Les enfants qui sont nés depuis la constitution de l'usage.

4° Les domestiques employés, soit par le chef de famille, soit par les personnes qui habitaient avec lui au moment de la constitution de l'usage.

L'étendue du droit d'usage est ordinairement réglée par le titre qui l'a établi. — A défaut du titre, les juges la détermineront : dans ce cas, la quantité de fruits qui avait été primitivement fixée pourra être augmentée ou diminuée dans la suite, suivant l'augmentation ou la diminution de la famille de l'usager. (Art. 628, 629, 630, 632.)

Comment s'exerce le droit d'usage ?

Il faut distinguer :

Lorsque les besoins de l'usager et de sa famille n'absorbent qu'une partie des fruits, le propriétaire a la possession du fonds; il le cultive et en perçoit les fruits, à la charge de remettre à l'usager ceux qui lui reviennent.

Au contraire, lorsque les besoins de l'usager et de sa famille absorbent la totalité des fruits, on doit lui laisser la possession du fonds, qu'il cultivera lui-même et dont il percevra les fruits. (Art. 635.)

L'usager peut-il céder ou affermer son droit?

Non; à la différence de l'usufruitier, l'usager ne peut ni vendre, ni donner, ni même louer à bail son droit. L'usage est incessible, parce que les droits de l'usager sont proportionnés à ses besoins. — Par la même raison, il ne peut être ni saisi, ni vendu par les créanciers de l'usager. (Art. 631, 634.)

Quelles sont les obligations de l'usager?

L'usager doit :

1° Fournir caution, et faire dresser un inventaire des meubles et un état des immeubles sujets au droit d'usage.

2° Jouir en bon père de famille, s'il possède le fonds et s'il en a la culture.

3° Contribuer, en proportion de sa jouissance, aux frais de culture, aux réparations et au payement des impôts.

Comme on le voit, l'usager est tenu de toutes les obligations d'un usufruitier, lorsqu'il absorbe les fruits en totalité : mais, même dans ce cas, son droit diffère de celui d'un usufruitier, parce qu'il est incessible et insaisissable. (Art. 626, 627.)

Comment s'établit et s'éteint le droit d'usage?

Aux termes de l'article 625, les droits d'usage et d'habitation s'établissent et se perdent de la même manière que l'usufruit. — Mais cet article est inexact en un point : l'usufruit s'établit par la loi ou par la volonté de l'homme, tandis que l'usage et l'habitation ne s'établissent que par la volonté de l'homme.

Observons ici que toutes les règles que nous avons appliquées à l'usage, relativement à son étendue, à la manière dont il s'exerce, aux obligations qu'il fait naître, sont également applicables à l'habitation. (Art. 625.)

L'usage des bois et forêts est-il réglé de la même manière que tout autre usage?

Il faut distinguer :

Un particulier peut avoir sur un bois ou sur une forêt un droit d'usage établi conformément aux règles que nous venons d'indiquer.

Mais il existe aussi sur les bois et forêts un droit d'usage spécial, auquel fait allusion l'article 636, en disant que l'usage des bois et forêts est réglé par des lois particulières. — Ce droit d'usage, qui est régi par le Code forestier, constitue un droit réel et non pas un droit personnel : il existe ordinairement de commune à commune, et on lui donne le nom d'*affouage* ou de *pacage*, suivant qu'il consiste dans le droit de prendre des bois pour les brûler, ou de faire paître des troupeaux. (Art. 636.)

LIVRE II, TITRE IV

Des servitudes ou services fonciers.

De même que l'usufruit, les servitudes sont des démembrements de la propriété; mais elles en diffèrent sous plusieurs rapports. — Ainsi, on ne peut les établir que sur des immeubles; tandis qu'on peut établir l'usufruit sur des meubles ou sur des immeubles. En outre, elles sont constituées au profit des biens, et, par suite, elles ont un caractère de perpétuité; tandis que l'usufruit est constitué au profit des personnes, ce qui le rend essentiellement temporaire.

Le titre des servitudes comprend les trois chapitres suivants, qui sont précédés d'un paragraphe, contenant les articles 637, 638 et 639. Nous traiterons :

§ 1er. — De la nature des servitudes.

CHAP. Ier. — Des servitudes qui dérivent de la situation des lieux.

CHAP. II. — Des servitudes établies par la loi.

CHAP. III. — Des servitudes établies par le fait de l'homme.

§ 1. — *De la nature des servitudes.*

Qu'est-ce qu'une servitude ?

Une servitude est une charge imposée à un héritage pour l'usage et l'utilité d'un autre héritage, appartenant à un propriétaire différent.

Il résulte de cette définition que l'établissement d'une servitude suppose nécessairement deux immeubles voisins, possédés par deux maîtres différents — Effectivement, s'ils n'étaient pas voisins, on ne concevrait guère que l'un d'eux ait à supporter une charge pour l'usage et l'utilité de l'autre; et, s'ils n'étaient pas possédés par des maîtres différents, on ne pourrait pas considérer comme une servitude les aménagements et les services que le propriétaire aurait établis sur un de ses fonds, en vue d'augmenter l'utilité de l'autre. C'est ce qu'exprime la maxime romaine : *Nemini res sua servit.* (Art. 637.)

Qu'entend-on par héritage ?

On entend ici par *héritage*, un immeuble par nature, c'est-à-dire un fonds de terre ou une maison. On appelle *fonds servant*, l'immeuble qui supporte la servitude, et *fonds dominant*, celui au profit duquel elle existe. — Pour le fonds servant, la servitude est une charge imposée à toute personne qui en est ou qui en deviendra propriétaire; pour le fonds dominant, elle est un droit réel qui profite à toute personne qui en est ou qui en deviendra propriétaire.

Ainsi, une fois que la servitude a été établie, elle continue de subsister, nonobstant toute aliénation qui serait faite des fonds servant et dominant. —Elle dure indéfiniment, tant que les fonds continuent eux-mêmes de subsister et d'appartenir à des maîtres différents, à moins que l'utilité qu'elle était destinée à procurer au fonds dominant ne disparaisse.

Pourquoi la loi déclare-t-elle que la servitude n'établit aucune prééminence d'un fonds sur un autre ?

Dans notre ancien droit, on distinguait deux classes de biens, les biens nobles et les biens roturiers. Les premiers jouissaient de nombreux priviléges, qui dérivaient d'une idée commune, savoir, la prééminence personnelle de ceux qui les possédaient sur les propriétaires des autres fonds. — C'est ainsi que les propriétaires des biens nobles avaient notamment le droit de chasser sur les biens roturiers, qui, à raison de la charge, ne pouvaient pas être clos.

Ces différences furent d'abord supprimées par une loi du 26 septembre 1791, qui établit l'égalité du territoire. — Mais, afin de rassurer plus complétement l'opinion publique contre le retour des droits féodaux, les rédacteurs du Code jugèrent à propos de déclarer formellement que les servitudes étaient établies dans l'intérêt de la propriété foncière en général, et non pas en faveur de certains fonds et au détriment d'autres fonds. Pour la même raison, ils désignèrent également les servitudes sous le nom de *services fonciers.* (Art. 638.)

Quelles différences y a-t-il entre les servitudes et les obligations?

Les servitudes proprement dites, l'usufruit et les obligations font naître des droits bien différents. Effectivement, la servitude est un droit établi sur une chose, au profit d'une autre chose; l'usufruit est un droit établi sur une chose, au profit d'une personne; et, enfin, l'obligation est un droit établi à l'encontre d'une personne, au profit d'une autre personne. Dans l'obligation, le débiteur est personnellement obligé envers le créancier;

dans la servitude, au contraire, le propriétaire du fonds servant n'est en cause qu'en sa qualité de détenteur de ce fonds.

Cette distinction fondamentale produit les conséquences suivantes :

1° Les obligations assujettissent le débiteur, soit à donner, soit à faire, soit à ne pas faire. — Les servitudes n'obligent jamais le propriétaire du fonds servant qu'à souffrir ou à s'abstenir : *servitus, vel in patiendo, vel in non faciendo, consistit.*

2° Les obligations ne s'éteignent que par le payement de la chose due. — Les servitudes sont anéanties par la perte de l'un des deux fonds, ou par l'abandon que le propriétaire du fonds servant fait de son héritage.

3° Les obligations donnent lieu à une action personnelle, qui doit être portée devant le tribunal du domicile du débiteur. — Les servitudes donnent lieu à une action réelle, qui doit être portée devant le tribunal de la situation de l'immeuble grevé.

Combien y a-t-il de classes de servitudes?

Les servitudes se divisent en trois classes, savoir :

1° Les servitudes naturelles, ou servitudes qui dérivent de la situation des lieux ;

2° Les servitudes établies par la loi;

3° Les servitudes établies par le fait de l'homme, c'est-à-dire celles qui résultent d'une convention.

Les deux premières classes de servitude ne présentent guère de différence entre elles, et on aurait pu sans aucun inconvénient les réunir sous la même classification. En effet, elles sont l'une et l'autre établies par la loi en nombre limité, et elles ont également en vue l'utilité générale et l'intérêt de la propriété foncière. Le seul point qui les sépare, c'est que les servitudes naturelles sont sensées provenir de l'ordre naturel des choses, en sorte qu'en les établissant la loi n'a fait pour ainsi dire que confirmer ce qui existait; tandis que les servitudes légales ont été créées d'une façon plus arbitraire, en vue de modifier l'ordre naturel des choses plutôt que de le suivre.

Quoi qu'il en soit, les servitudes naturelles et légales, qui offrent entre elles une si grande ressemblance, diffèrent, au contraire, d'une façon très-prononcée, de la troisième classe de servitudes, c'est-à-dire des servitudes qui s'établissent par le fait de l'homme. — Ainsi, les premières s'appliquent à tous les fonds et elles déterminent d'une manière générale les rapports qui naissent du voisinage; et les secondes, au contraire, dérogent aux règles générales, et elles grèvent certains fonds de charges exceptionnelles.

En réalité, il n'y a que les servitudes établies par le fait de l'homme qui produisent un véritable assujettissement. Quant aux servitudes dites *naturelles* ou *légales*, elles sont la loi commune de la propriété, et elles ne constituent pas de véritables servitudes, mais seulement des limitations de la propriété. De là deux conséquences : 1° Si je vends un fonds sans avertir mon acquéreur des servitudes qui le grèvent, celui-ci ne pourra invoquer l'article 1638, en prétendant qu'il en a ignoré l'existence, qu'autant qu'il s'agira de servitudes proprement dites, dérivant d'une convention privée; 2° quand il s'est écoulé un certain temps pendant lequel a duré un état de choses contraire à celui que la loi désigne sous le nom de servitude *légale*, il n'est pas vrai de dire qu'on ait perdu cette servitude; il faut décider qu'une servitude contraire a été acquise. (Daniel de Folleville, à son cours. Douai.)

On nous permettra de signaler une autre observation, relativement à la servitude imposée au propriétaire d'une source, en faveur du voisin qui a acquis par titre ou par prescription le droit d'en faire usage. — C'est là une servitude résultant du fait de l'homme, et non pas une servitude naturelle, bien que le Code l'ait placée parmi ces dernières. (Art. 639.)

CHAPITRE PREMIER

DES SERVITUDES QUI DÉRIVENT DE LA SITUATION DES LIEUX

Articles 640 à 648.

Quelles sont les servitudes qui dérivent de la situation des lieux?

Les servitudes qui dérivent de la situation des lieux, et qu'on appelle plus communément servitudes naturelles, sont relatives :

1° Aux eaux;

2° Au bornage des fonds contigus;

3° A la clôture.

Quelles sont les servitudes relatives aux eaux?

Il y a plusieurs servitudes relatives aux eaux. Les unes ont été établies par le Code; les autres résultent des lois postérieures.

Les servitudes établies par le Code se réfèrent :

1° Aux eaux qui découlent des fonds supérieurs sur les fonds inférieurs ;

2° Aux eaux qui proviennent des sources ;

3° Aux eaux des rivières qui bordent ou qui traversent un fonds.

Les servitudes établies par des lois postérieures au Code sont celles qui résultent :

1° Des lois du 29 avril 1845 et du 11 juillet 1847, sur les irrigations ;

2° De la la loi du 10 juin 1845, sur le drainage.

En quoi consiste la servitude relative aux eaux qui découlent des fonds supérieurs sur les fonds inférieurs ?

Les fonds inférieurs sont assujettis à recevoir les eaux qui découlent naturellement des fonds plus élevés, comme les eaux pluviales, les eaux de source, les eaux provenant de la fonte des neiges ; mais il faut que la main de l'homme n'y ait point contribué. — En conséquence, le propriétaire du fonds supérieur ne peut pas aggraver par des travaux la servitude du fonds inférieur, par exemple, en traçant des sillons qui fassent affluer les eaux sur un seul point, d'où elles se précipiteraient en masse sur l'immeuble situé au-dessous. De son côté, le propriétaire du fonds inférieur ne peut pas élever de digues, ni faire d'autres ouvrages pour empêcher l'écoulement des eaux. (Art. 640.)

En quoi consiste la servitude relative aux eaux des sources ?

En principe, la source d'eau appartient exclusivement au propriétaire du fonds sur lequel elle se trouve : il peut, à sa volonté, la retenir sur son héritage ou la laisser écouler sur les héritages inférieurs. — Toutefois, le droit exclusif du propriétaire de la source souffre deux exceptions : 1° en faveur des propriétaires des fonds inférieurs ; 2° en faveur des communes voisines. — De là deux sortes de servitudes.

Quelle est la servitude imposée au propriétaire d'une source, en faveur des propriétaires des fonds inférieurs ?

L'écoulement des eaux qui proviennent du fonds supérieur est tantôt nuisible, tantôt avantageux aux fonds inférieurs, selon la nature des eaux. — Il leur est nuisible, quand il s'agit des eaux pluviales ou des eaux qui sont produites par la fonte des neiges : dans ce cas, le fonds inférieur qui reçoit les eaux est grevé, comme on l'a vu tout à l'heure, d'une véritable servitude. — Au contraire, l'écoulement des eaux est avantageux au fonds inférieur quand il s'agit des eaux de source : dans ce cas, la servitude existe au profit du fonds inférieur et elle grève le fonds supérieur d'où les eaux doivent descendre.

Pour que cette dernière servitude existe, il faut que le propriétaire du fonds inférieur ait acquis par titre ou par prescription le droit de recevoir les eaux de la source. — Il l'a acquis par titre, lorsqu'il lui a été conféré au moyen d'un acte translatif de propriété : par exemple, par vente, échange, donation ou testament. Il l'a acquis par prescription, lorsqu'il a, depuis trente ans au moins, la jouissance de la source, et que sa jouissance a été constatée par des ouvrages apparents, destinés à faciliter la chute et le cours de l'eau dans sa propriété. (Art. 641 642.)

Est-il nécessaire que les travaux soient faits sur le fonds supérieur?

A cet égard, il y a deux systèmes.

Suivant le premier, il faut admettre l'affirmative. — En effet, en élevant les ouvrages sur son propre héritage le propriétaire du fonds inférieur n'a pas manifesté suffisamment la prétention de faire un usage constant et régulier des eaux de la source : par suite, l'inaction du propriétaire de cette source n'implique pas la reconnaissance du droit de son voisin, et elle ne peut pas servir de base à une prescription acquisitive de la part de celui-ci. Pour qu'elle fût de nature à produire un pareil effet, il faudrait que les ouvrages destinés à amener la chute de l'eau eussent été faits sur le fonds où se trouve la source. On concevrait alors que le propriétaire de ce fonds ait dû s'y opposer, s'il voulait maintenir intact son droit de propriété sur la source.

Mais, suivant l'opinion la plus générale, il suffit que les travaux aient été faits sur le fonds inférieur, et il faut seulement qu'ils soient apparents. Effectivement, le seul fait de leur exécution suffit pour manifester de la part du propriétaire du fonds servant la prétention de faire un usage constant et régulier de la source.

D'ailleurs, si les travaux étaient élevés sur le fonds supérieur, ce n'est pas seulement l'usage des eaux, c'est une portion du fonds lui-même que celui-ci acquerrait au moyen de la prescription. Au surplus, la question est tranchée par un argument historique, qui ne laisse subsister aucun doute. Lors de la discussion survenue au sein du Tribunat, le projet du Code portait que les travaux devaient être *extérieurs* : or, c'est précisément parce que cette expression aurait pu laisser entendre qu'ils devaient être exécutés sur le fonds voisin qu'on se décida à la remplacer par l'expression d'ouvrages *apparents*.

Quelle est la servitude imposée au propriétaire d'une source en faveur des communes voisines ?

Lorsque l'eau d'une source est nécessaire aux habitants d'une commune, d'un village ou d'un hameau, le propriétaire de la source doit en laisser l'usage aux habitants, à la condition d'en recevoir une indemnité. — Mais ceux-ci sont affranchis de l'obligation de la fournir, s'ils usent de l'eau depuis plus de trente ans.

L'indemnité se calcule sur le préjudice qu'éprouve le propriétaire, et non pas sur le bénéfice que l'usage de l'eau procure à la commune.

Observons que c'est la loi elle-même qui donne aux habitants le droit de faire usage de la source, et qu'ils n'ont pas besoin d'invoquer pour cela un titre ou une prescription. Sans doute la prescription leur procurera un avantage : mais cet avantage consiste à être déchargés de toute indemnité, et non pas à acquérir l'usage de l'eau. (Art. 643.)

En quoi consiste la servitude relative aux cours d'eau qui bordent un héritage ?

Le propriétaire dont le fonds est bordé par une eau courante peut en user à son passage au moyen de rigoles, de tranchées, ou de toute autre manière, pour l'irrigation de son fonds. — Mais cet usage doit être modéré, et il ne lui est pas permis de changer le cours de l'eau, ni d'en retenir plus qu'il ne lui en revient, parce qu'il doit respecter les droits, semblables au sien, des propriétaires de la rive opposée. (Art. 644.)

En quoi consiste la servitude relative aux cours d'eau qui traversent un héritage ?

Le propriétaire, dont le fonds n'est pas seulement bordé mais traversé par un cours d'eau, peut en user à sa volonté et faire serpenter l'eau dans son héritage, afin d'augmenter l'irrigation; mais ce n'est qu'à la condition de lui rendre sa direction primitive à la sortie du fonds.

Les deux servitudes que nous venons de mentionner ne concernent que les rivières qui ne sont ni navigables ni flottables. — Elles ne s'appliquent pas aux eaux des étangs et des canaux creusés par la main de l'homme. (Art. 644.)

Quelles sont les dispositions de la loi de 1845, relative à l'irrigation ?

La loi du 29 avril 1845 autorise tout propriétaire qui a un héritage riverain et d'autres héritages non riverains, séparés par des fonds intermédiaires, à se servir des eaux dont il a le droit de disposer, pour l'irrigation de ces derniers, en les faisant passer, moyennant une juste et préalable indemnité, à travers les fonds intermédiaires. — Sont exceptés de cette servitude : les maisons, cours, jardins, parcs et enclos attenant aux habitations.

Les eaux dont un propriétaire a le droit de disposer sont celles qui bordent ou qui traversent sa propriété, ou encore celles qui lui ont été concédées par le propriétaire d'une source, ou qu'il a obtenue au moyen de puits artésiens.

Quelles sont les dispositions de la loi de 1847, également relative à l'irrigation ?

La loi du 22 juillet 1847 autorise tout propriétaire dont le fond est bordé par une eau courante à appuyer les barrages, et en général tous les ouvrages nécessaires à sa prise d'eau, sur la propriété du riverain opposé, à la charge de lui fournir une juste et préalable indemnité. — Sont exceptés de cette servitude : les bâtiments, cours et jardins attenant aux habitations.

Quelles sont les dispositions de la loi de 1845, relative au drainage ?

On entend par *drainage* le desséchement des terres humides au moyen de conduits souterrains, établis en pierre, en bois, en tuile ou en poteries, et destinés à faire écouler les eaux.

La loi du 10 juin 1854 sur le drainage renferme deux dispositions importantes.

La première autorise tout propriétaire, qui veut assainir son fonds, par l'emploi du drainage ou par tout autre mode de desséchement, à conduire les eaux nuisibles, souterrainement ou à ciel ouvert, à travers les propriétés intermédiaires qui séparent ce fonds d'un cours d'eau ou de toute autre voie d'écoulement, à la charge de fournir aux propriétaires voisins une juste et préalable indemnité.—Sont exceptés de cette servitude : les maisons, cours, jardins, parcs et enclos attenant aux habitations.

La seconde disposition de cette loi autorise les propriétaires des fonds voisins ou traversés à se servir des travaux faits pour assainir leurs propres fonds, à la condition de supporter : 1° une part proportionnelle dans les dépenses faites pour l'établissement des ouvrages dont ils veulent profiter; 2° les dépenses résultant des modifications que l'exercice de cette faculté peut rendre nécessaires; 3° et, pour l'avenir, une part contributive dans l'entretien des travaux devenus communs.

Quels sont les tribunaux compétents pour les contestations relatives à l'usage des eaux?

Aux termes de l'article 645, les tribunaux civils sont compétents pour prononcer sur toute contestation relative à l'usage des cours d'eau et des rivières qui ne sont ni navigables ni flottables. Lorsqu'il existe un règlement sur le cours et l'usage des eaux, ils doivent en tenir compte. — Dans tous les cas, il leur est enjoint de concilier, autant que possible, l'intérêt de l'agriculture avec le respect dû à la propriété.

Les lois de 1845 et de 1847 ont maintenu la compétence des tribunaux civils, en matière d'irrigation. Mais, afin de diminuer les frais et les lenteurs des procès, la loi de 1854 a réservé aux juges de paix la connaissance des difficultés qui s'élèveraient en matière de drainage.

En quoi consiste la servitude de bornage?

La servitude de bornage consiste dans l'obligation qui est imposée aux propriétaires de fonds contigus de contribuer aux frais de bornage. — On entend par *bornage* l'acte par lequel des propriétaires déterminent les limites de leurs fonds, au moyen de grosses pierres plantées en terre et appelées bornes.

D'après la loi du 25 mai 1838, les actions en bornage doivent être portées devant les juges de paix, toutes les fois qu'il n'y a pas contestation sur la propriété ; c'est-à-dire toutes les fois que les parties sont d'accord sur les limites respectives de leurs héritages, mais que l'une d'elles, par négligence ou autrement, refuse de procéder au bornage. — Dans le cas contraire, on aura recours aux tribunaux civils. (Art. 646.)

En quoi consiste la servitude de clôture?

La servitude de clôture, qui existait dans notre ancienne législation, et qui tendait à favoriser l'exercice du droit de chasse des seigneurs, a aujourd'hui disparu de nos lois.

Sous l'empire du Code, tout propriétaire peut clore son héritage, sauf à y laisser un passage s'il est grevé de la servitude de passage. — Seulement le propriétaire, qui veut se clore, perd son droit de parcours et de vaine pâture en proportion du terrain qu'il y soustrait. (Art. 647, 648.)

Qu'entend-on par droit de parcours et de vaine pâture ?

Le droit de *parcours* consiste dans la faculté qui est accordée aux habitants de deux communes voisines de mener paître leurs troupeaux sur le territoire l'une de l'autre, après que les foins et récoltes ont été enlevés.

Le droit de vaine pâture consiste dans le droit qui appartient réciproquement à chaque habitant d'une commune de mener paître ses troupeaux sur les héritages de tous les autres habitants de la commune, après l'enlèvement des récoltes.

CHAPITRE DEUXIÈME

DES SERVITUDES ÉTABLIES PAR LA LOI

Articles 649 à 685.

Conformément à l'ordre du Code, nous diviserons ce chapitre en cinq sections qui sont précédées d'un paragraphe, contenant les articles 649 et 652. Ainsi nous traiterons : 1° des servitudes légales en général ; 2° du mur et du fossé mitoyen ; 3° de la distance et des ouvrages intermédiaires requis pour certaines constructions ; 4° des vues sur la propriété de son voisin ; 5° de l'égout des toits ; 6° du droit de passage.

§ I. — *Des servitudes légales en général.*

Quel est l'objet des servitudes établies par la loi ?

Les servitudes établies par la loi ont tout à la fois pour objet : 1° l'utilité publique ; 2° l'utilité communale ; 3° l'utilité des particuliers.

Nous n'avons pas à nous occuper ici des servitudes qui se rapportent à l'utilité publique et communale : elles sont une dépendance du droit administratif. — Le Code se borne à dire qu'elles concernent le marchepied le long des rivières navigables ou flottables, ainsi que la construction et la réparation des chemins ou autres ouvrages publics ou communaux ; et il renvoie aux lois et règlements particuliers tout ce qui concerne cette espèce de servitude.

On entend par *marchepied* une voie qui se trouve sur un des côtés des rivières navigables ou flottables. Le marchepied est destiné au passage des personnes; il a une largeur de trois mètres trente-trois centimètres.

De l'autre côté des rivières navigables et flottables, il y a une autre voie, appelée *chemin de halage*. Le chemin de halage est destiné aux chevaux qu'on emploie à tirer les bateaux; il a une largeur de huit mètres. (Art. 649, 650.)

La loi n'établit-elle pas différentes obligations entre les propriétaires, indépendamment de toute convention ?

Oui; indépendamment de toute convention, la loi établit entre les propriétaires différentes obligations qui résultent des servitudes auxquelles leurs fonds sont assujettis. — Ces obligations sont relatives en grande partie au mur et au fossé mitoyen, aux ouvrages intermédiaires à établir pour certaines constructions, aux vues sur la propriété du voisin, à l'égout des toits et au droit de passage. — Nous allons nous en occuper dans les sections qui suivent. (Art. 651, 652.)

SECTION I

DU MUR ET DU FOSSÉ MITOYEN

Qu'est-ce que la mitoyenneté ?

La mitoyenneté consiste dans la copropriété d'un mur, ou de toute autre clôture, placé entre deux héritages. — Ainsi, un mur est mitoyen, lorsqu'il appartient à deux voisins. Le mot *mitoyen* composé des pronoms latins, *mihi tibi*, à moi et à toi, indique cette idée de copropriété.

La mitoyenneté se rapproche beaucoup de la communauté, parce qu'elle présente également l'idée d'une chose appartenant à deux personnes; mais elle ne se confond pas complétement avec elle. — La communauté a lieu d'une façon accidentelle et transitoire; elle résulte, soit de l'ouverture d'une succession, soit de la dissolution d'une société; et elle cesse dès que l'un des copropriétaires demande le partage. La mitoyenneté se présente, au contraire, comme un fait normal, destiné à avoir une durée; et elle existe dans un intérêt d'utilité générale.

La mitoyenneté fait naître plusieurs sortes de servitudes, et nous aurons à nous occuper successivement :

1° Du mur mitoyen;
2° De la maison mitoyenne;
3° Du fossé mitoyen;
4° De la haie mitoyenne;
5° De la distance à observer pour les plantations d'arbres qui seraient sur la limite du fonds voisin.

En quoi consiste la servitude de mitoyenneté du mur?

Aux termes de l'article 661, tout propriétaire joignant un mur appartenant à son voisin a le droit d'en acquérir la copropriété, en tout ou en partie, en remboursant au maître du mur moitié de sa valeur et moitié de la valeur du sol sur lequel il est bâti.

Cette faculté que la loi accorde au voisin d'acquérir la mitoyenneté du mur qui joint son héritage est une grave dérogation apportée au principe de l'inviolabilité de la propriété : elle constitue une servitude pour le maître du mur, en ce qu'il se trouve obligé de se dessaisir, au profit d'une autre personne, de son droit exclusif de propriété. — D'ailleurs, cette servitude se justifie par des considérations d'intérêt public et d'utilité générale : les propriétaires voisins sont, en effet, intéressés à éviter la construction des murs inutiles et la perte de terrain qu'ils occasionneraient.

En résumé, la mitoyenneté d'un mur peut résulter de deux causes : 1° de sa construction à frais communs par les propriétaires voisins; 2° de l'acquisition que l'un d'eux a faite de la mitoyenneté, quand l'autre avait construit le mur et le possédait exclusivement. — Il faut établir l'un de ces deux faits pour prouver la mitoyenneté du mur.

Comment se prouve la mitoyenneté ou la non-mitoyenneté d'un mur?

La mitoyenneté ou la non-mitoyenneté d'un mur se prouve par titre, c'est-à-dire par un acte authentique ou sous seing-privé, dressé par les parties intéressées. — Cet acte doit établir que le mur a été construit à frais communs, ou que la mitoyenneté en a été acquise par celui des voisins qui n'a pas contribué à sa construction.

S'il n'existe pas de titre, on a recours à certaines présomptions, établies par le Code pour y suppléer. — Parmi ces présomptions, les unes tendent à démontrer la mitoyenneté, et les autres la non-mitoyenneté. (Art. 653.)

Quelles sont les présomptions de mitoyenneté d'un mur ?

Un mur est présumé mitoyen :

1° *S'il existe entre bâtiments, jusqu'à l'héberge,* c'est-à-dire jusqu'à la hauteur du toit le moins élevé. — Effectivement, jusqu'à ce point, le mur sert aux deux bâtiments : au-dessus de l'héberge, il ne profite, au contraire, qu'au propriétaire du bâtiment le plus élevé, et l'on ne peut guère supposer que le voisin ait voulu contribuer aux frais de la surélévation qui ne lui est d'aucune utilité.

2° *S'il est entre cours et jardins.* — Le mur qui sépare deux cours ou deux jardins étant également utile aux deux voisins, on doit supposer qu'ils ont contribué ensemble aux frais de construction. — Pour le même motif, on admet généralement que la présomption de mitoyenneté existe non-seulement pour le mur qui sépare deux cours ou deux jardins, mais aussi pour celui qui se trouve entre une cour et un jardin, et réciproquement.

3° *S'il est entre enclos, dans les champs.* — Dans les villes et campagnes, le mur qui se trouve entre bâtiments ou entre cours et jardins est présumé mitoyen, lors même que l'une des propriétés ne serait pas close. — Mais, dans les champs, le mur qui sépare deux héritages n'est réputé mitoyen que s'ils sont également clos. Toutefois, on admet, que la présomption de mitoyenneté existe également si les deux propriétés ne sont closes ni l'une ni l'autre ; car, dans ce cas, comme dans le précédent, il n'y a aucune raison pour attribuer la propriété du mur à l'un des voisins plutôt qu'à l'autre. (Art. 653.)

Quelles sont les présomptions de non-mitoyenneté d'un mur ?

Un mur est présumé non-mitoyen :

1° *Lorsque la sommité du mur est droite et à plomb de son parement d'un côté, et qu'elle présente de l'autre un plan incliné.* — Dans ce cas, on présume que le mur appartient exclusivement au propriétaire sur le fonds duquel il s'incline ; car il supporte seul la servitude des eaux pluviales, qui aurait été supportée également par les deux voisins si le mur avait été mitoyen.

2° *Lorsqu'il y a d'un côté du mur seulement des chaperons, filets ou corbeaux.* — Dans ce cas, on présume que le mur appartient exclusivement au propriétaire du côté duquel sont le chaperon, les filets ou les corbeaux ; car, si le mur était mitoyen, il présenterait des deux côtés le même aspect.

On appelle *chaperon*, la couverture du mur, qui peut être en tuiles, en ardoises, en ciment, etc. — On appelle *filets*, la partie du chaperon mise en saillie pour rejeter l'eau en avant du mur. — Les *corbeaux* sont des pierres qui ressortent d'un côté du mur, et qui sont destinés à recevoir des poutres.

Les divers signes de non-mitoyenneté que nous venons d'indiquer l'emportent sur les présomptions de mitoyenneté ; mais elles cèdent, bien entendu, devant un titre contraire. (Art. 654.)

Quelles sont les charges résultant de la mitoyenneté du mur?

Le mur peut être mitoyen, soit en totalité, soit pour une partie seulement, en hauteur ou en largeur. — Quoi qu'il en soit, chacun des propriétaires doit contribuer aux frais d'entretien et de réparation du mur, dans la proportion de ce qui lui appartient en mitoyenneté. Mais, comme ils ne sont tenus de contribuer aux frais d'entretien que *propter rem*, c'est-à-dire à cause de leur droit de copropriété, ils pourront s'en affranchir en faisant abandon de la mitoyenneté. Toutefois, la faculté de se soustraire par l'abandon aux charges de la mitoyenneté cesse : 1° lorsque le mur mitoyen soutient un bâtiment appartenant au propriétaire qui veut renoncer à la mitoyenneté ; 2° lorsque les réparations ont été occasionnées par la faute du voisin qui voudrait les éviter en renonçant à la mitoyenneté. (Art. 655, 656.)

Quels sont les droits qui résultent de la mitoyenneté du mur ?

En principe, les copropriétaires d'un mur mitoyen ont tous les droits qui dérivent de la propriété. Seulement, ils doivent les exercer de manière à ne pas se nuire l'un à l'autre, et, par suite, ils ne peuvent pas faire indistinctement toute espèce de travaux sur le mur mitoyen. — Parmi ces travaux, il faut distinguer :

1° Ceux que chaque propriétaire peut faire, *sans avoir besoin du consentement de l'autre*. — Ils consistent : 1° A faire bâtir contre le mur mitoyen ; 2° à y placer des poutres ou solives dans toute l'épaisseur du mur à 54 millimètres près, sans préjudice du droit qu'a le voisin de faire réduire à l'ébauchoir la poutre jusqu'à la moitié du mur, dans le cas où il voudrait lui-même en placer dans le même lieu ou y adosser une cheminée ; 3° à faire exhausser le mur mitoyen, à la charge de supporter seul les dépenses de l'exhaussement et l'entretien de la partie exhaussée, et de fournir au voisin une indemnité pour la surcharge. Si le mur mitoyen n'est pas en état de supporter l'exhaussement, celui qui veut l'exhausser doit le faire reconstruire en entier, à ses frais, en prenant l'excédant d'épaisseur sur son terrain.

2° Ceux que l'un des propriétaires ne peut faire *qu'avec le consentement de l'autre*, ou, *sur son refus, d'après un règlement d'experts, qui déterminera les précautions à prendre pour empêcher que le nouvel ouvrage ne soit nuisible aux droits du voisin.* — Ils consistent à pratiquer des enfoncements dans le corps du mur; 2° A y appuyer des ouvrages qui seraient de nature à en compromettre l'existence ou la solidité.

3° Ceux que l'un des propriétaires ne peut faire *qu'avec le consentement de l'autre.* — Ils consistent à pratiquer dans le mur mitoyen des jours ou des vues, en quelque manière que ce soit. Le consentement des deux propriétaires est ici de rigueur ; il ne peut pas être suppléé par un règlement d'experts. (Art. 657, 658, 659, 662.)

Le voisin qui n'a pas contribué à l'exhaussement du mur peut-il acquérir la mitoyenneté de la partie exhaussée ?

Oui; le voisin qui n'a pas voulu contribuer à l'exhaussement peut néanmoins acquérir la mitoyenneté de la partie exhaussée, en payant la moitié de la valeur du sol fourni pour l'excédant d'épaisseur et la moitié de la dépense faite pour l'exhaussement.

Le voisin qui acquiert la mitoyenneté de la *partie exhaussée* d'un mur mitoyen est traité plus rigoureusement que celui qui acquiert la mitoyenneté d'*un mur*, puisqu'il doit fournir la moitié de ce que la construction de la partie exhaussée a coûté; au lieu que ce dernier paye seulement la moitié de la valeur actuelle du mur. Cette différence a pour but d'empêcher qu'un propriétaire ne laisse faire par son voisin l'exhaussement dont il a lui-même besoin, afin d'acquérir ensuite à bas prix la mitoyenneté de l'ouvrage. (Art. 660.)

Dans les villes et dans les faubourgs, la servitude de mitoyenneté n'est-elle pas aggravée ?

Oui. Dans les campagnes, la servitude de mitoyenneté consiste uniquement dans l'obligation imposée par la loi au propriétaire d'un mur qui sépare deux héritages d'en céder la copropriété à son voisin, moyennant une indemnité. — Mais, dans les villes et faubourgs, chaque propriétaire peut, en outre, contraindre son voisin à construire à frais communs un mur destiné à séparer leurs maisons, cours et jardins, et dont la dimension en hauteur est déterminée par la loi. (Art. 663.)

Le propriétaire voisin peut-il se soustraire à cette obligation en faisant abandon de la mitoyenneté ?

Cette question est vivement débattue :

Suivant la jurisprudence, il faut admettre l'affirmative. — Effectivement, il est admis en principe qu'un propriétaire voisin peut toujours faire abandon de la mitoyenneté, afin de se soustraire aux charges qu'elle entraîne. Or, l'article 663, qui établit l'obligation de clôture dans les villes et faubourgs, n'apporte aucune dérogation à cette règle. Conséquemment, si l'un des propriétaires vient à mettre en demeure son voisin pour le forcer à construire un mur mitoyen à frais communs, celui-ci peut se soustraire à cette charge en faisant abandon de la moitié de la bande nécessaire à l'élévation du mur.

Suivant la doctrine, au contraire, l'obligation de se clore que l'article 663 impose aux propriétaires des villes et faubourgs exclut implicitement la faculté d'abandon de mitoyenneté sur le mur à construire ou à réparer. Ainsi, le propriétaire mis en demeure par son voisin d'élever à frais commun un mur mitoyen ne peut pas s'en dispenser, en renonçant à tout droit de mitoyenneté sur le mur à construire et en abandonnant la moitié du terrain nécessaire pour sa construction. — Cette opinion est conforme à nos anciennes coutumes : et, elle semble également en harmonie avec le texte de la loi. (Valette. Demolombe.)

Qu'est-ce qu'une maison mitoyenne ?

Une maison mitoyenne est celle dont les différents étages appartiennent exclusivement à divers propriétaires.

En se distribuant ainsi les différentes parties d'une maison, les héritiers font un véritable partage, qui fait cesser l'indivision, et qui rend chacun d'eux exclusivement propriétaire de l'étage qui est tombé dans son lot. — De semblables partages étaient assez fréquents dans notre ancienne législation : les enfants aimaient mieux se partager la maison paternelle, plutôt que de la voir passer en des mains étrangères; mais ils sont devenus extrêmement rares aujourd'hui.

Dans quelle proportion les divers propriétaires d'une maison mitoyenne doivent-ils contribuer à son entretien ?

Lorsque les titres de propriété ne règlent pas le mode des réparations et reconstructions, elles doivent être faites de la manière suivante : — Les gros murs et le toit sont à la charge de tous les propriétaires, chacun en proportion de la valeur de l'étage qui lui appartient. — Le propriétaire de chaque étage fait le plancher sur lequel il marche. — Le propriétaire du premier étage fait l'escalier qui y conduit; le propriétaire du second étage fait, à partir du premier, l'escalier qui conduit chez lui, et ainsi de suite.

La même règle doit être appliquée au payement de l'impôt et à l'entretien de la porte commune. (Art. 664.)

Les servitudes qui existaient sur un mur ou sur une maison qui a été démolie se continuent-elles sur la construction nouvelle?

Oui; lorsqu'on reconstruit un mur mitoyen ou une maison mitoyenne, les servitudes actives ou passives qui y étaient attachées se continuent à l'égard des nouvelles constructions, sans toutefois qu'elles puissent être aggravées, et pourvu que la reconstruction se fasse avant que les anciennes servitudes se soient éteintes par prescription. (Art. 665.)

Qu'est-ce qu'un fossé mitoyen?

Le fossé mitoyen est celui qui appartient en commun aux propriétaires des héritages entre lesquels il se trouve.

La mitoyenneté d'un fossé peut résulter de deux causes : 1° De sa construction à frais communs par les propriétaires voisins; 2° de l'acquisition que l'un d'eux a faite de la mitoyenneté, quand l'autre avait creusé le fossé et le possédait exclusivement.

On remarquera que la cession de la mitoyenneté d'un fossé n'est pas obligatoire, comme la cession de la mitoyenneté d'un mur. — Effectivement, si l'intérêt public demande à ce que le propriétaire d'un mur qui sépare deux héritages puisse être contraint d'en céder la co-propriété, afin d'éviter les frais qu'entraînerait la construction d'un nouveau mur, il n'en est pas de même par rapport au fossé établi entre deux héritages : on ne peut pas obliger le propriétaire qui le possède exclusivement à faire abandon d'une partie de son droit au profit du voisin, parce que celui-ci peut, à très-peu de frais, établir un nouveau fossé sur ses fonds, s'il veut les clore de cette manière.

Comment se prouve la mitoyenneté ou la non-mitoyenneté d'un fossé?

En principe, la mitoyenneté ou la non-mitoyenneté d'un fossé se prouve par titre, c'est-à-dire par un acte sous seing privé ou authentique, qui constate que le fossé a été creusé à frais communs, ou que la mitoyenneté a été acquise par celui des deux voisins qui n'a pas contribué à le creuser.

S'il n'existe pas de titre, on a recours à des présomptions établies par la loi. (Art. 666.)

Quelles sont, à défaut de preuve, les présomptions de mitoyenneté ou de non-mitoyenneté d'un fossé ?

Un fossé est présumé mitoyen par le seul fait qu'il est placé entre deux héritages. On ne distingue pas ici si les deux fonds sont entourés de fossés, ou s'il n'y en a qu'un seul qui le soit; car un fossé n'a pas seulement pour objet la clôture, mais encore l'écoulement des eaux.

Au contraire, un fossé est présumé non-mitoyen, lorsque la levée ou le rejet de la terre se trouve d'un seul côté du fossé. — Le fossé est alors censé appartenir exclusivement au propriétaire du côté duquel le rejet se trouve.

On entend par *levée*, un amas de pierre placé sur le bord du fossé pour retenir l'eau; et, par *rejet*, un amas de terre provenant du curage.

Les propriétaires mitoyens d'un fossé sont tenus de l'entretenir à frais comuns. Mais, comme cette obligation ne les astreint pas personnellement l'un envers l'autre, et qu'on ne peut la leur opposer qu'à raison de leur qualité de co-propriétaires du fossé, chacun d'eux peut s'y soustraire en abandonnant la mitoyenneté du fossé. (Art. 666, 667, 668, 669.)

Qu'est-ce qu'une haie mitoyenne ?

La haie mitoyenne est celle qui appartient en commun aux propriétaires des héritages entre lesquels elle se trouve.

La mitoyenneté d'une haie peut résulter de deux causes : 1° De sa plantation à frais communs par les propriétaires voisins; 2° de l'acquisition que l'un d'eux a faite de la mitoyenneté, quand l'autre avait planté la haie et la possédait exclusivement.

Au reste, de même que pour le fossé, le propriétaire exclusif de la haie n'est pas obligé d'en céder la mitoyenneté.

Comment se prouve la mitoyenneté ou la non-mitoyenneté d'une haie ?

La mitoyenneté ou la non-mitoyenneté d'une haie se prouve également par titre, c'est à dire par un acte sous seing privé ou authentique qui constate que la haie a été plantée à frais communs, ou que la mitoyenneté a été acquise par celui des deux voisins qui n'a pas contribué à la planter.

S'il n'existe pas de titre, on a recours à des présomptions établies par la loi. (Art. 670.)

Quelles sont, à défaut de titre, les présomptions de mitoyenneté ou de non-mitoyenneté d'une haie?

Une haie est présumée mitoyenne, lorsqu'elle est placée entre deux héritages qui se trouvent clos tous les deux.

Au contraire, la haie est présumée non mitoyenne : 1° Lorsqu'un seul des héritages est en état de clôture : elle est alors censée appartenir exclusivement à celui des voisins dont l'héritage est entièrement clos; 2° lorsqu'un des voisins a possédé exclusivement la haie, et que sa possession est suffisante : elle est alors censée lui appartenir exclusivement.

La possession exclusive de la haie par un des voisins résulte de ce que l'un d'eux en a seul pris soin et a seul profité des fruits ou des feuilles. (Art. 670.)

Quand peut-on dire que la possession de la haie est suffisante?

A cet égard, il y a deux systèmes. Avant tout, il faut savoir que la possession d'une chose établit une présomption de propriété plus ou moins forte, suivant qu'elle est annale ou trentenaire, c'est-à-dire suivant qu'elle existe depuis une année ou depuis trente ans. Dans le premier cas, la présomption peut être combattue et détruite par la preuve contraire : dans le second cas, elle est invincible. Or, suivant la jurisprudence, la possession *suffisante* dont parle le Code est la possession trentenaire; car c'est la seule possession qui puisse établir d'une manière définitive la présomption de non-mitoyenneté. — Mais on répond, avec raison, que cette expression de possession *suffisante* comprend également la possession annale et la possession trentenaire, car il n'y a aucun motif de l'appliquer à l'une plutôt qu'à l'autre. Ainsi l'on décide :

1° Que la haie est présumée mitoyenne, lorsqu'elle a été possédée en commun par les deux voisins;

2° Qu'elle est présumée non mitoyenne, mais seulement jusqu'à preuve contraire, lorsqu'elle a été possédée exclusivement par l'un des voisins pendant un an;

3o Enfin, qu'elle est présumée non mitoyenne, mais cette fois d'une manière définitive, lorsqu'elle a été possédée exclusivement par l'un des voisins pendant trente ans au moins. (Valette.)

Les arbres qui se trouvent placés dans une haie mitoyenne sont-ils également mitoyens ?

Oui; les arbres qui se trouvent placés dans une haie mitoyenne sont mitoyens comme la haie elle-même, et chaque voisin a droit à la moitié de leurs fruits. — Seulement, comme les arbres mitoyens peuvent causer des dommages aux héritages qui les entourent, la loi permet à chaque voisin de les faire abattre; tandis que la haie mitoyenne ne peut être arrachée que de leur consentement mutuel. (Art. 673.)

Le propriétaire d'un terrain peut-il y planter des arbres à quelque distance que ce soit du fonds voisin ?

Non; le propriétaire d'un terrain ne peut y planter des arbres qu'à une certaine distance du fonds voisin, conformément aux règlements ou aux usages locaux. — Cette disposition a pour but d'empêcher que les arbres qui sont plantés sur un fonds ne causent quelque dommage au fonds voisin.

A défaut de règlements et d'usages, les arbres doivent être plantés à la distance de 2 *mètres,* si ce sont des arbres de haute tige, et de 50 *centimètres,* si ce sont des arbres de basse tige. — Comme la loi n'indique pas quels sont les arbres de haute tige, les juges auront à apprécier.

Le voisin peut exiger que les arbres et les haies plantés à une moindre distance soient arrachés; à moins qu'ils n'aient été plantés depuis trente ans au moins. — Dans ce cas, le propriétaire du terrain où ils se trouvent aurait acquis par prescription le droit de les conserver.

Ici se présente une question délicate. Si les arbres qui avaient été plantés depuis plus de trente ans à une distance trop rapprochée du fonds voisin viennent à périr, peut-on en planter d'autres à la même place ?

Quelques auteurs décident l'affirmative; car, disent-ils, le propriétaire des arbres a acquis par prescription le droit d'avoir des plantations d'arbres à proximité du fonds voisin.

Mais la plupart des auteurs admettent, avec raison, la négative. Effectivement, le propriétaire des arbres n'a acquis par prescription que le droit de maintenir les arbres déjà plantés, et non pas celui de faire de nouvelles plantations d'arbres à proximité du fonds voisin. — On objecterait vainement que les servitudes qui étaient attachées aux constructions anciennes se continuent sur les constructions qui les ont remplacées. Cela tient à ce que les servitudes établies sur une construction ont un caractère de perpétuité, que n'ont pas les servitudes relatives aux plantations d'arbres. — En conséquence, lorsque les arbres plantés sur la limite du fonds voisin ont été détruits, on ne peut en planter de nouveaux qu'à la distance prescrite par l'article 671. (Art. 671, 672. Valette.)

Le propriétaire du fonds voisin a-t-il le droit de faire couper les branches des arbres qui avancent sur son héritage?

Oui; quand le propriétaire du fonds voisin ne peut pas faire arracher les arbres plantés à une distance trop rapprochée, à cause de la prescription, il conserve néanmoins le droit d'exiger que les branches qui avancent sur son héritage soient coupées : si ce sont les racines qui avancent sur son héritage, il a le droit de les couper lui-même.

S'il ne fait pas couper les branches qui avancent sur son fonds, il contracte par là même l'obligation d'y laisser passer le propriétaire des arbres qui veut en récolter les fruits. (Art. 672.)

SECTION II

DE LA DISTANCE ET DES OUVRAGES INTERMÉDIAIRES REQUIS POUR CERTAINES CONSTRUCTIONS

Certains ouvrages ne sont-ils pas assujettis à des règlements particuliers?

Oui; certains ouvrages ne peuvent être faits qu'à la condition, soit d'observer la distance prescrite par les règlements et usages, soit d'exécuter les travaux prescrits par les mêmes règlements et usages, pour éviter de nuire au voisin. — A défaut de règlements ou d'usages, on fera déterminer par des experts quelles sont les précautions à prendre pour que les ouvrages ne soient pas nuisibles.

Quels sont les ouvrages qui sont assujettis à des précautions spéciales?

Ces sortes d'ouvrages sont en général déterminés par les règlements ou par l'usage des lieux. — Toutefois, le Code en indique quelques-uns. Ils consistent :

1° A creuser un puits ou une fosse d'aisances près d'un mur mitoyen ou non;

2° A y construire une cheminée ou âtre, forge, four ou fourneau;

3° A y adosser une étable;

4° A établir contre ce mur un magasin de sel ou amas de matières corrosives.

Tous ces ouvrages ne peuvent être faits qu'à la condition d'observer les distances ou de faire les travaux intermédiaires prescrits par les règlements ou par l'usage. (Art. 674.)

Faut-il observer les mêmes précautions lorsqu'on construit ces sortes d'ouvrages près d'un mur qui vous appartient ?

Il faut distinguer.

Si les prescriptions de la loi ont été édictées dans un intérêt d'utilité publique, par exemple, pour prévenir les incendies, elles sont obligatoires, alors même que les ouvrages sont construits près d'un mur qui vous appartient.

Au contraire, lorsque les prescriptions de la loi n'ont eu en vue que l'intérêt particulier, elles ne sont obligatoires que si on construit près du mur d'autrui.

Au surplus, lors même que les dispositions réglementaires relatives aux distances ou aux précautions à prendre ont été observées, le voisin a encore le droit de former une demande en dommages-intérêts, si, en fait, les ouvrages construits lui ont causé un préjudice. Effectivement, l'observation des dispositions prescrites par la loi a uniquement pour effet de permettre l'établissement des ouvrages dangereux, mais elle laisse subsister dans toute sa rigueur la règle que toute personne qui a causé par son fait un préjudice à autrui est tenu de le réparer.

Le propriétaire qui a construit depuis trente ans au moins des ouvrages nuisibles a-t-il le droit de les conserver ?

Oui; le propriétaire qui a construit depuis trente ans au moins des ouvrages nuisibles, sans observer les règlements, a le droit de les conserver en l'état où ils sont; pourvu toutefois qu'ils ne puissent nuire qu'à l'intérêt privé. — S'ils étaient de nature à porter atteinte à la sécurité publique, on pourrait les faire démolir, quel que soit le temps écoulé depuis leur construction.

SECTION III

DES VUES SUR LA PROPRIÉTÉ DE SON VOISIN

Quelles sont les vues qu'on peut avoir sur la propriété de son voisin?

On peut avoir sur la propriété de son voisin, soit des jours, soit des vues proprement dites.

On entend par *jours* les ouverturss fermées avec un verre dormant, c'est-à-dire avec un verre entouré d'un châssis immobile. On entend par *vues* les ouvertures fermées avec des fenêtres ouvrantes. — Ainsi, les *jours* ne font que donner passage à la lumière; tandis que les *vues* permettent encore de regarder chez le voisin.

Les vues proprement dites se subdivisent, à leur tour, en vues obliques et en vues droites.

Les vues *obliques* sont celles qui se trouvent placées de telle manière qu'on est obligé de se tourner à droite ou à gauche pour apercevoir la propriété de son voisin. — Les vues *droites* sont celles qui permettent de la voir de face.

En résumé, la servitude de vues fait naître, suivant les distances, des prohibitions plus ou moins graves. Ces prohibitions consistent tantôt à ne pouvoir établir aucune ouverture quelle qu'elle soit; tantôt à ne pouvoir établir que des jours à verre dormant; tantôt à ne pouvoir établir que des vues obliques. Quant aux vues droites, on ne peut les établir qu'à une certaine distance.

Quelles sont les distances prescrites pour établir, soit des jours, soit des vues droites ou obliques?

A cet égard, il faut observer les distinctions suivantes :

1° Si le mur est mitoyen, les co-propriétaires ne peuvent en modifier l'état que de leur consentement mutuel. — En conséquence, l'un d'eux ne peut pas, de sa propre autorité, y pratiquer aucune ouverture ni fenêtre, pas même des jours à verre dormant.

2° Si le mur, sans être mitoyen, se trouve placé sur la limite de deux héritages, on ne peut y pratiquer que des jours à verre dormant, qui doivent être garnis d'un treillis de fer, à mailles d'un décimètre d'ouverture au plus. — En outre, les jours doivent être établis à la hauteur de 2 mètres 60 c. au-dessus du plancher, s'ils sont au rez-de-chaussée; et à la hauteur de 1 mètre 90 c., s'ils sont pratiqués dans les étages supérieurs.

3° Si le mur est à la distance de 60 centimètres du fonds voisin, on peut y établir des vues ou fenêtres ouvrantes, mais seulement des vues obliques qui ne permettent pas de voir de face.

4° Enfin, si le mur est à la distance de 1 mètre 90 c. du fonds voisin, on peut y établir toute espèce de jours et de vues. (Art. 675, 676, 677, 678, 679.)

Comment calcule-t-on la distance?

Pour les vues *obliques*, la distance se compte depuis le bord de la fenêtre la plus rapprochée jusqu'à la ligne de séparation. — Pour les vues *droites*, elle se compte depuis le parement extérieur du mur où l'ouverture se fait; et, s'il y a des balcons ou d'autres saillies, depuis leur ligne extérieure jusqu'au point où commence l'héritage voisin.

Lorsqu'il existe un mur mitoyen entre le bâtiment où les vues sont établies et l'héritage voisin, on calcule la distance du parement extérieur du bâtiment *jusqu'au milieu* du mur mitoyen. — Effectivement, comme ce mur appartient tout à la fois au propriétaire du bâtiment et au propriétaire de l'héritage voisin, il est rationnel de placer au milieu du mur le point où commence cet héritage. (Art. 680.)

Les distances légales sont-elles toujours obligatoires?

Non; par exception, les distances légales cessent d'être obligatoires :

1° Lorsque le bâtiment éclairé est séparé de l'héritage voisin par un chemin public ou par une rue. — Tout le monde admet que dans ce cas on peut pratiquer des jours ou des vues à quelque distance que ce soit des fonds voisins. Il en était ainsi dans notre ancien droit, et rien ne fait supposer que le Code ait voulu innover.

2° Lorsque le bâtiment éclairé est séparé du fonds voisin par un mur assez élevé pour empêcher qu'on puisse voir celui-ci ou y jeter quelque chose. — Mais il faut remarquer que les distances légales redeviendraient obligatoires si le mur intermédiaire était abattu, même après trente ans; car on ne peut pas acquérir par prescription une vue qu'on n'a pas possédée.

Les distances légales doivent-elles être observées lorsque les jours sont établis sur un simple mur de clôture?

Lorsque les jours ou les vues sont établis *sur un bâtiment*, il est certain que les distances légales doivent toujours être observées, sans qu'il y ait à distinguer si le bâtiment est situé à la ville ou à la campagne; car la loi ne fait pas de distinction. —Mais on s'est demandé si les distances légales étaient également obligatoires lorsque les ouvertures se trouvent établies *dans un simple mur de clôture.*

Suivant un premier système, l'obligation d'observer les distances légales pour les jours ou pour les vues à établir ne concerne pas les simples murs de clôture, puisque le Code ne la mentionne expressément que par rapport aux ouvertures qui éclairent les bâtiments. — Et cela se conçoit facilement : car les fenêtres d'un bâtiment gênent continuellement le propriétaire de l'héritage voisin, au lieu que les jours pratiqués dans un simple mur de clôture servent trop rarement à la vue pour avoir les mêmes inconvénients. (Bonnier.)

Suivant le second système, cette obligation d'observer les distances s'applique aux simples murs de clôture tout aussi bien qu'aux murs de bâtiment, parce que le Code ne fait aucune distinction entre les uns et les autres. Sans doute, il ne mentionne que les ouvertures qui éclairent les bâtiments; mais cela tient uniquement à ce qu'il s'est placé dans les cas les plus ordinaires. D'ailleurs, les jours pratiqués dans un simple mur de clôture sont également susceptibles d'occasionner une gêne considérable au propriétaire de l'héritage voisin, s'il veut s'y tenir une partie de la journée. (Valette. Demolombe.)

La seconde opinion nous paraît préférable.

A qui appartient le droit de faire boucher les jours ou les vues qui n'ont pas été établis à la distance prescrite ?

Le droit de faire boucher les jours ou les vues qui n'ont pas été établis à la distance prescrite appartient à tous les propriétaires voisins qui ont à souffrir de l'inobservation des prescriptions relatives aux distances. — Chaque propriétaire voisin peut exercer séparément son action, alors même que son héritage se trouverait séparé du bâtiment éclairé par des fonds plus rapprochés appartenant à d'autres voisins qui n'ont pas réclamé.

Peut-on acquérir par prescription un droit de vue ?

Oui ; lorsque les jours ou les vues placés à des distances trop rapprochées ont été établis depuis plus de trente ans, le propriétaire du bâtiment éclairé acquiert un droit de vue, qui devient une véritable servitude pour les voisins. Il en résulte : — 1° Que ceux-ci ne peuvent plus l'obliger à faire boucher les jours ou les vues de son bâtiment; — 2° qu'ils ont, suivant une opinion généralement adoptée, perdu le droit d'élever eux-mêmes des constructions intermédiaires qui seraient de nature à intercepter les jours ou les vues.

Effectivement, le propriétaire qui a établi des ouvertures depuis plus de trente ans peut invoquer une double prescription : d'une part, une prescription libératoire, en vertu de laquelle il s'est libéré de la servitude *passive* qui l'obligeait à ne pas établir sur son bâtiment des jours ou des vues à des distances trop rapprochées; d'autre part, une prescription *acquisitive*, en vertu de laquelle il a acquis le droit de conserver les ouvertures établies sur son bâtiment et d'en faire usage, sans que personne puisse nuire à cet usage ou le diminuer, en faisant élever des constructions intermédiaires. (Marcadé. Valette.)

Le voisin qui acquiert la mitoyenneté d'un mur peut-il faire boucher les jours ou les vues qui s'y trouvent?

Il faut distinguer.

Si celui qui possédait exclusivement le mur avant qu'il fût devenu mitoyen y avait pratiqué *des vues*, le voisin qui acquiert la mitoyenneté peut évidemment les faire boucher, si elles n'ont pas été établies depuis plus de trente ans. Effectivement, comme on ne peut pas établir *des vues* dans un mur qui sépare deux héritages, le voisin pourrait faire boucher celles qui ont été pratiquées, alors même que le mur ne serait pas devenu mitoyen.

Quant à savoir s'il a également le droit de faire boucher les *ouvertures à verre dormant* et garnies d'un treillis, qui ont été pratiquées dans le mur alors qu'il n'était pas mitoyen, c'est là une question débattue. — Suivant les uns, il peut les faire boucher, parce qu'un mur mitoyen n'est pas, en général, destiné à recevoir des ouvertures. — Mais on décide généralement qu'il faut lui refuser ce droit. En effet, de ce que le Code a prohibé des ouvertures *à faire* dans un mur mitoyen, il ne s'ensuit pas qu'il ait voulu prohiber également les ouvertures *déjà faites* au moment où le mur est devenu mitoyen.

SECTION IV

DE L'ÉGOUT DES TOITS

En quoi consiste la servitude d'égout?

Comme on l'a vu précédemment, les fonds inférieurs ne sont

obligés de recevoir les eaux qui descendent des fonds supérieurs qu'à la condition que celles-ci en descendent naturellement et sans que la main de l'homme y ait contribué. Par suite, ils ne sont pas obligés de recevoir celles qui proviennent des toits, puisqu'elles sont amenées superficiellement.

En conséquence, le propriétaire qui construit un bâtiment à l'extrémité de son terrain doit établir ses toits de manière à ce que les eaux pluviales s'écoulent sur son terrain ou sur la voie publique, et ne se répandent pas sur le fonds du voisin. (Art. 681.)

Cette obligation constitue-t-elle une véritable servitude?

Non; l'obligation de faire descendre les eaux des toits sur son terrain n'est pas une servitude; car cette obligation ne fait que consacrer la liberté du fonds voisin. — Il y aurait, au contraire, une véritable servitude si le maître du bâtiment avait acquis, soit par titre, soit par prescription, le droit de faire descendre les eaux de son toit sur la propriété voisine.

SECTION V

DU DROIT DE PASSAGE

En quoi consiste la servitude de passage?

La servitude de passage consiste dans le droit qui appartient à tout propriétaire dont le fonds est *enclavé* et n'a pas d'autre issue sur la voie publique, de réclamer un passage sur les fonds de ses voisins, moyennant une indemnité proportionnée au dommage qu'il leur cause.

Comme on le voit, cette servitude a été établie dans un but d'utilité générale, afin que les fonds enclavés ne demeurent pas abandonnés et incultes. (Art. 682.)

De quel côté le passage doit-il être pris?

En principe, le passage doit être pris du côté où le trajet est le plus court du fonds enclavé à la voie publique. Cependant, si le trajet le plus court présentait des obstacles, ou s'il était plus dommageable pour le propriétaire qui le subit, le passage devrait être pris d'un autre côté.

Au surplus, la servitude de passage s'éteint lorsque l'enclave vient à cesser d'une manière quelconque, et que le fonds, qui était d'abord privé de communications, trouve une issue sur la voie publique. — Effectivement, la servitude de passage n'avait été imposée au propriétaire du fonds servant que parce qu'elle était nécessaire. Or, la nécessité qui l'avait fait établir venant à cesser, la servitude elle-même n'a plus de raison d'être. (Art. 683, 684.)

Le droit de passage est-il susceptible de s'éteindre par prescription ?

Non; le droit de passage ne s'éteint pas par prescription : le propriétaire du fonds enclavé peut toujours le réclamer, alors même qu'il aurait laissé écouler plus de trente ans sans exploiter son fonds. — Mais il peut, à l'inverse, se libérer par prescription de l'indemnité dont il est tenu envers le propriétaire du fonds servant, lorsque depuis trente ans au moins il a usé du droit de passage sans rien payer. (Art. 685.)

CHAPITRE TROISIÈME

DES SERVITUDES ÉTABLIES PAR LE FAIT DE L'HOMME

Articles 686 à 710.

Le Code divise ce chapitre en quatre sections qui traitent : 1° Des diverses espèces de servitudes qui peuvent être établies sur les biens. 2° Comment s'établissent les servitudes. 3° Des droits du propriétaire du fonds dominant. 4° Comment s'éteignent les servitudes.

SECTION I

DES DIVERSES ESPÈCES DE SERVITUDES QUI PEUVENT ÊTRE ÉTABLIES SUR LES BIENS

Qu'entend-on par servitudes établies par le fait de l'homme?

On entend par servitudes établies par le fait de l'homme des servitudes qui résultent de la volonté des propriétaires voisins, et non pas des dispositions de la loi. Ces servitudes sont constituées, soit par testament, soit par convention. — Quelques-unes peuvent, en outre, s'établir par prescription, ou par destination du père de famille.

La convention est l'accord de deux personnes, en vue de donner naissance à un droit. Si la convention a pour but de faire naître une obligation de personne à personne, elle prend spécialement le nom de *contrat*. Au contraire, elle reste une *convention proprement dite*, lorsqu'elle tend à établir un droit sur une chose.

Les propriétaires voisins peuvent-ils établir sur leur fonds toute espèce de servitudes?

Oui; les propriétaires voisins peuvent établir sur leur fonds toute espèce de servitudes, pourvu, dit le Code, qu'elles ne soient pas contraires à l'ordre public, et qu'elles ne soient imposées ni à la personne ni en faveur de la personne, mais seulement à un fonds et pour un fonds.

Ces expressions veulent dire que les conventions passées entre propriétaires voisins ne feraient pas naître des servitudes si l'un d'eux s'obligeait personnellement à faire quelque chose en faveur du fonds voisin, ou si, à l'inverse, il se réservait d'exercer sur le fonds voisin certaines prestations. — Dans le premier cas, la convention ferait naître une obligation personnelle; dans le second cas, un droit d'usage ou d'usufruit.

Il faut ajouter qu'on ne pourrait pas établir de pareils droits à perpétuité; car on retomberait alors dans le régime féodal que le Code a voulu proscrire, et où les propriétaires des domaines seigneuriaux pouvaient exercer certaines prestations sur les fonds roturiers, ou exiger des propriétaires de ces fonds des services personnels.—Ainsi, lorsqu'un propriétaire accorde à son voisin le droit de chasser sur son fonds, il n'y a pas dans ce fait de servitude établie, mais un simple droit d'usage, d'une nature spéciale. Et ce droit d'usage ne peut pas être constitué pour une durée plus longue que la vie de bénéficiaire. A plus forte raison, ne pourrait-on pas l'établir *à perpétuité*, au profit de tous les propriétaires successifs d'un fonds voisin. (Art. 686.)

Comment se divisent les servitudes établies par le fait de l'homme?

Les servitudes établies par le fait de l'homme se divisent en trois classes. Elles sont :

1° Urbaines ou rurales;

2° Continues ou discontinues;

3° Apparentes ou non apparentes.

Les servitudes *urbaines* sont celles qui ont été établies pour l'usage des bâtiments; telles sont les servitudes d'égout et de vue. — Les servitudes *rurales* sont celles qui ont été établies pour l'usage des fonds de terre; telle est la servitude de passage.

Les servitudes *continues* sont celles dont l'usage peut être continuel, sans avoir besoin du fait actuel de l'homme; telles sont les servitudes d'égout et de vue. — Les servitudes *discontinues* sont celles qui ont besoin du fait actuel de l'homme pour être exercées; telle est la servitude de puiser de l'eau.

Les servitudes *apparentes* sont celles qui se reconnaissent à des signes extérieurs, tels qu'une porte, une fenêtre. — Les servitudes *non apparentes* sont celles qui ne sont révélées par aucun signe extérieur, comme la servitude de ne pas bâtir.

Sous un autre rapport, on divise encore les servitudes en *positives* ou *négatives*, suivant qu'elles permettent au propriétaire du fonds dominant de faire certains actes sur le fonds servant, ou qu'elles obligent le propriétaire de ce fonds à s'abstenir de certains actes qu'il aurait pu faire suivant le droit commun. (Art. 687, 688, 689.)

Les classifications que nous venons de voir ont-elles toutes la même importance?

Non; il n'y a que la classification des servitudes en servitudes apparentes et non apparentes, continues et discontinues qui ait quelque importance pratique; à cause que les servitudes continues et apparentes peuvent seules, comme nous allons le voir, s'établir par prescription et par destination du père de famille.

Au reste, ces diverses classifications ne s'excluent pas les unes les autres. Ainsi, une servitude peut être en même temps urbaine, continue et apparente.

SECTION II

COMMENT S'ÉTABLISSENT LES SERVITUDES

Comment s'établissent les servitudes?

Les servitudes peuvent s'établir de trois manières : 1° Par titres, c'est-à-dire par une convention ou par un testament; 2° par prescription; 3° par destination du père de famille.

Les servitudes peuvent toutes s'établir par titre. — Par contre, elles ne peuvent s'établir par prescription qu'autant qu'elles sont continues et apparentes, et par destination du père de famille qu'autant qu'elles sont au moins apparentes. (Art. 690, 691, 692.)

Pourquoi n'y a-t-il que les servitudes continues et apparentes qui puissent s'établir par prescription?

Pour acquérir une chose par la prescription, il ne suffit pas de l'avoir possédée pendant un certain temps : il faut, en outre, que la possession ait eu certaines qualités, et notamment qu'elle ait été publique et qu'elle ait porté une atteinte grave au droit du *dominus*. Si la possession réunit ces deux qualités, l'inaction du maître, sa négligence à la faire cesser, impliquent la reconnaissance du droit du possesseur, et ce droit devient inattaquable lorsque la possession a duré un certain temps.

En conséquence de ces principes, on a décidé que la prescription était inapplicable : 1° Aux servitudes non apparentes, parce qu'elles n'ont pas été possédées publiquement; 2° aux servitudes *discontinues*, parce qu'en les exerçant le voisin n'a pas porté une atteinte grave et permanente au droit du propriétaire du fonds servant. S'il les a supportées, c'est par tolérance et non pas parce qu'il reconnaissait à son voisin le droit de les exercer.

Quel est le laps de temps nécessaire pour acquérir des servitudes par prescription ?

Dans notre ancienne législation, on n'était pas d'accord sur le laps de temps qui était nécessaire pour l'acquisition des servitudes par la prescription. Certaines coutumes exigeaient une possession immémoriale, qui était de cent ans; d'autres se contentaient d'une possession temporaire plus ou moins longue. — Pour faire cesser cette divergence, les rédacteurs du Code décidèrent que les servitudes continues et apparentes pourraient s'acquérir par une possession de trente ans. Nous verrons, d'ailleurs, en traitant de la prescription, quelle est la portée de cette règle, et quelles sont les modifications qui doivent y être apportées lorsque le possesseur a bonne foi et juste titre. (Art. 690, 691.)

Qu'entend-on par destination du père de famille ?

On entend par destination du père de famille une certaine disposition au moyen de laquelle le propriétaire de deux fonds a établi un service sur l'un d'eux au profit de l'autre.

Tant que les deux fonds continuent d'appartenir à la même personne, le service établi sur l'un d'eux ne constitue point une servitude; car on ne peut pas établir de servitude sur sa propre chose. Mais il devient tel, dès que les deux fonds ont été séparés pour une cause quelconque et qu'ils appartiennent à des propriétaires différents, pourvu qu'il soit de nature à constituer une servitude continue et apparente.

La séparation des fonds a lieu de plusieurs manières. Ainsi, elle peut résulter d'une vente ou d'une donation, par laquelle le père de famille aurait disposé de l'un des deux fonds, ou même des deux fonds en même temps, au profit de personnes différentes. Souvent aussi elle s'opérera au décès du père de famille par le partage de ses biens et leur attribution aux divers héritiers. (Art. 693.)

Que doit prouver le voisin qui invoque la destination du père de famille?

Le voisin qui invoque la destination du père de famille doit prouver :

1° Que les fonds qui sont actuellement séparés ont appartenu autrefois à la même personne.

2° Que le service qui existe sur l'un d'eux au profit de l'autre a été établi par la personne qui les possédait tous les deux en même temps.

Il pourra faire cette double preuve, soit par titres, soit par témoins, soit même par de simples présomptions. (Art. 693.)

Quelles sont les servitudes qui peuvent s'établir par destination du père de famille?

Suivant l'article 692, il n'y a que les servitudes continues et apparentes qui puissent s'établir par destination du père de famille. Mais l'article 694 décide que les servitudes qui sont simplement apparentes peuvent également s'établir de cette manière.

Plusieurs interprétations ont été proposées pour concilier ces deux articles, — Quelques auteurs ont vu un oubli dans la disposition de l'article 691 qui n'exige pas la continuité. — D'autres ont supposé que l'article 692 devait se référer à l'établissement des servitudes et l'article 694 à leur rétablissement. Si la servitude a été établie sur l'un des fonds au profit de l'autre fonds par une personne qui les possédait tous les deux en même temps, il faut, disent-ils, qu'elle soit tout à la fois continue et apparente. Mais si, au contraire, elle a été établie à une époque où les fonds étaient séparés, il suffit qu'elle soit apparente. Cela suppose que les fonds aujourd'hui séparés ont appartenu un moment à la même personne, mais qu'ils avaient auparavant existé séparément. Dans ce cas, le père de famille qui les a possédés en même temps n'a rien établi, il n'a fait que maintenir un état de choses préexistant, et la servitude n'est pas née, elle n'a pas fait que se continuer après lui. (Marcadé.)

Mais ce système repose sur des distinctions arbitraires dont on n'aperçoit aucune trace dans la loi; et l'on explique généralement la contradiction de nos deux articles d'une manière différente.

En principe, tout acheteur ou héritier qui reçoit une chose est présumé la recevoir avec les charges apparentes qui la grèvent, lorsqu'il n'a pas fait insérer dans l'acte des réserves contraires à ces charges. — Supposons maintenant qu'un père de famille, propriétaire de deux fonds voisins, établisse sur l'un d'eux un service destiné à augmenter l'utilité de l'autre, et qu'il vienne ensuite à décéder : après sa mort, les fonds passent aux mains de deux héritiers différents. De là deux hypothèses :

Ou bien le voisin qui prétend exercer une servitude représente l'acte de partage qui constate la séparation des fonds et établit que cet acte ne contient aucune réserve contraire à la servitude; et alors le silence du titre prouve qu'elle a été maintenue lors de la séparation des fonds, pourvu qu'elle soit simplement apparente. — Effectivement, l'héritier qui a reçu le fonds grevé dans son lot a dû connaître la servitude, puisqu'elle était apparente : et, comme il n'a fait insérer dans l'acte de partage aucune réserve contraire à son maintien, il faut en conclure qu'il a consenti à la supporter. C'est là l'hypothèse prévue par l'article 692.

Ou bien, au contraire, le voisin qui prétend exercer une servitude, n'est pas en mesure de représenter l'acte de partage et d'établir qu'il ne contient aucune réserve contraire à la servitude; et alors on ne peut présumer son maintien que si elle est tout à la fois continue et apparente. — Effectivement, à défaut d'autre fait, il faut que la servitude soit continue pour qu'on puisse présumer qu'elle avait été acceptée tacitement par l'héritier qui a recu dans son lot le fonds grevé; car, autrement, il aurait pu la supporter par simple tolérance. C'est là l'hypothèse prévue par l'article 694.

Ainsi, les articles 692 et 694 ne sont pas inconciliables, parce qu'ils se réfèrent à des hypothèses différentes : le premier, au cas où l'acte de partage est représenté; le second au cas où il ne l'est pas. (Valette).

Le titre constitutif de la servitude peut-il être remplacé ?

Oui; lorsque le titre constitutif de la servitude est perdu ou détruit, le propriétaire du fonds dominant peut le faire remplacer par un autre titre qu'on appelle titre *récognitif*, et qui renferme la reconnaissance de la servitude par le propriétaire du fonds servant.

Quand on établit une servitude, on est censé accorder tout ce qui est nécessaire pour en user. — Ainsi, la servitude de puiser de l'eau à la fontaine d'autrui emporte nécessairement le droit de passage. (Art. 695, 696.)

SECTION III

DES DROITS DU PROPRIÉTAIRE AUQUEL LA SERVITUDE EST DUE

Quels sont les droits du propriétaire du fonds dominant?

Lorsque la servitude a été constituée par un titre, les droits du propriétaire du fonds dominant sont ordinairement réglés par le titre. — Si les clauses du titre ne sont pas assez explicites, ou si la servitude a été établie par prescription ou par destination du père de famille, ils sont déterminés par les règles que nous verrons ci-après.

En principe, le propriétaire du fonds dominant a le droit de faire, même sur le fonds servant, tous les ouvrages nécessaires pour l'exercice et pour la conservation de son droit de servitude. C'est là une conséquence du principe cité plus haut, que celui qui établit une servitude sur son fonds est censé accorder tout ce qui est nécessaire pour en user.

Au reste, les ouvrages que fait le propriétaire du fonds dominant sont à ses frais. (Art. 697, 698.)

Quelles sont les obligations du propriétaire du fonds dominant?

Le propriétaire du fonds dominant ne peut faire ni dans son fonds, ni dans le fonds servant aucun changement qui soit de nature à aggraver la servitude. Il doit en user ainsi qu'il a été réglé par le titre qui a établi la servitude, ou, si elle a été acquise par prescription, dans les limites de sa possession.—Toutefois, on admet généralement qu'il pourrait être autorisé à changer le mode d'exercice de la servitude, si celui qui avait été fixé à l'origine était devenu trop incommode, pourvu que ce changement ne soit pas de nature à causer un préjudice au propriétaire du fonds servant. (Art. 702.)

Quelles sont les obligations du propriétaire du fonds servant?

Le propriétaire du fonds servant ne peut rien faire qui soit de nature à diminuer, ou même à modifier l'usage de la servitude. Ainsi, il ne peut ni changer l'état des lieux, ni transporter l'exercice de la servitude dans un endroit différent de celui où elle a été primitivement assignée. — Toutefois, si cette assignation lui était devenue plus onéreuse, ou si elle l'empêchait de faire à son fonds des réparations avantageuses, il pourrait offrir au propriétaire du fonds dominant un endroit aussi commode pour l'exercice de ses droits, et celui-ci ne pourrait pas le refuser.

Au surplus, le propriétaire du fonds servant peut toujours s'affranchir des charges de la servitude en abandonnant son fonds, alors même qu'il serait chargé par le titre constitutif de la servitude de faire tous les ouvrages nécessaires à son exercice; car il n'est tenu de les faire que *propter rem*, c'est-à-dire à cause du fonds qu'il détient. (Art. 699, 701.)

Que devient la servitude, lorsque le fonds dominant est partagé entre plusieurs propriétaires ?

En principe, lorsque le fonds dominant vient à être partagé entre plusieurs propriétaires, la condition du fonds servant ne doit pas en être aggravée. — Toutefois, elle pourra être exercée d'une manière différente, suivant qu'elle consiste en un fait indivisible ou en un fait divisible.

Si elle consiste *en un fait indivisible*, elle est due en totalité pour chaque lot du fonds partagé. — Par exemple, si elle consiste en un droit de passage, les différents propriétaires des parties divisées du fonds dominant pourront tous en user de la même manière que leur auteur en usait. Mais ils devront passer par le même endroit, afin de ne pas aggraver la condition du fonds assujetti.

Si elle consiste *en un fait divisible*, elle n'est due que partiellement pour chaque lot du fonds partagé. — Par exemple, si elle consiste dans le droit de puiser cent litres d'eau par jour, et que le fonds dominant soit divisé entre quatre héritiers, chacun d'eux ne pourra puiser que vingt-cinq litres d'eau par jour.

Observons que si le fonds servant vient à être partagé, cette division ne peut en rien modifier ni amoindrir les conditions du fonds dominant. (Art. 700.)

SECTION IV

COMMENT S'ÉTEIGNENT LES SERVITUDES

Comment s'éteignent les servitudes ?

Les servitudes s'éteignent :

1° Par l'impossibilité d'en user;

2° Par la confusion;

3° Par le non-usage pendant trente ans;

4° Par la renonciation du propriétaire du fonds dominant ;

5° Par la résolution du droit du constituant, lorsqu'elle a eu lieu pour une cause antérieure à l'établissement de la servitude. (Art. 703, 705, 706.)

L'impossibilité d'en user éteint-elle toujours les servitudes?

Il faut distinguer.

L'impossibilité d'en user éteint les servitudes, lorsqu'il devient *pour toujours* impossible de les exercer. Ainsi, la servitude de passage s'éteint d'une manière définitive, lorsque le fonds servant est exproprié pour cause d'utilité publique.

Mais il en est différemment, lorsque l'impossibilité de les exercer *n'est que momentanée*. Dans ce cas, l'exercice de la servitude est seul interrompu; mais la servitude elle-même continue de subsister, et elle reprend son cours dès que l'obstacle qui la paralysait a cessé d'exister. — Toutefois, il faut remarquer que le défaut d'exercice de la servitude finirait par amener l'extinction de la servitude elle-même par l'effet du *non-usage*, s'il se prolongeait pendant trente ans. (Art. 704.)

Les servitudes qui se sont éteintes par confusion peuvent-elles revivre?

Non; les servitudes qui se sont éteintes par confusion, c'est-à-dire par la réunion dans la même main du fonds dominant et du fonds servant, ne peuvent pas revivre; en sorte que si les fonds venaient à être séparés de nouveau, la servitude ne reparaîtrait pas, ou du moins, si elle reparaissait, ce serait en vertu d'une nouvelle cause. (Art. 705.)

Le non-usage éteint-il toutes les servitudes?

Oui; le non-usage pendant trente ans éteint toute espèce de servitudes. — Le législateur s'est donc montré plus favorable à l'extinction des servitudes qu'à leur acquisition, puisqu'il n'y a que les servitudes continues et apparentes qui puissent s'acquérir par prescription.

Les trente ans de non-usage commencent à courir du jour où le propriétaire du fonds dominant a cessé de jouir de la servitude, lorsqu'il s'agit de servitudes discontinues; et du jour où il a été fait un acte contraire à la servitude, lorsqu'il s'agit de servitudes continues. (Art. 706, 707.)

Le non-usage éteint-il la servitude, alors même qu'il est involontaire?

La loi ne s'est pas expliquée à cet égard. Quelques auteurs décident la négative; car, disent-ils, le non-usage n'est une cause d'extinction de la servitude que s'il est de nature à faire présumer la renonciation volontaire du propriétaire du fonds dominant : or, tel n'est pas le cas lorsqu'il est involontaire. (Marcadé.)

Mais cette opinion est généralement rejetée, et c'est avec raison. — D'abord, la loi ne fait aucune distinction entre le non-usage volontaire et celui qui est forcé. — En outre, l'article 704 établit formellement que l'impossibilité d'user de la servitude est une cause d'extinction. Enfin, il est de règle que la prescription n'est jamais suspendue par des obstacles de fait; car, autrement, elle deviendrait trop souvent illusoire. (Valette.)

Peut-on prescrire le mode d'exercice de la servitude ?

Oui; on peut prescrire le mode d'exercice de la servitude, c'est-à-dire la manière de l'exercer, comme la servitude elle-même. — Ainsi, lorsqu'un propriétaire a le droit de prendre cent litres d'eau par jour à la source du voisin et qu'il n'en a pris que cinquante pendant trente ans, la servitude est en partie détruite par le non-usage, ou plutôt elle ne peut plus être exercée de la même façon.

Quelquefois, il arrive que l'extinction du mode d'exercice de la servitude entraîne, par voie de conséquence, l'extinction de la servitude elle-même. — C'est ce qui aurait lieu si le propriétaire qui a le droit de puiser de l'eau à une source s'était servi pendant trente ans des eaux d'une autre source. Dans ce cas, la servitude serait complétement éteinte; car elle aurait cessé par l'effet du non-usage à l'égard de la première source, et elle ne se serait pas établie par rapport à la seconde, qui, étant une servitude discontinue, ne peut pas être établie par prescription.

Au reste, lorsque le fonds dominant appartient par indivis à plusieurs maîtres, il suffit, pour conserver la servitude, qu'elle soit exercée par l'un d'eux.—Pareillement, si, parmi les propriétaires du fonds dominant, il s'en trouve un contre lequel la prescription n'ait pu courir, par exemple à cause de sa minorité, il aura conservé le droit de tous les autres. (Art. 708, 709, 710.)

FIN DU TOME PREMIER

DÉCRET DU 5 NOVEMBRE 1870

RELATIF A LA PROMULGATION DES LOIS ET DÉCRETS

Le Gouvernement de la Défense nationale,

Considérant qu'il importe de prévenir les difficultés que peut faire naître le mode actuel de promulgation des lois et décrets, et d'établir d'une manière certaine l'époque où les actes législatifs sont obligatoirs....., décrète :

Art. 1er. — Dorénavant, la promulgation des lois et des décrets résultera de leur insertion au *Journal officiel de la république*, lequel, à cet égard, remplacera le *Bulletin des lois*.

Le *Bulletin des lois* continuera à être publié, et l'insertion qui y sera faite des actes non insérés au *Journal officiel* en opérera promulgation.

Art. 2. — Les lois et les décrets seront obligatoires, à Paris, un jour franc après la promulgation, et partout ailleurs dans l'étendue de chaque arrondissement, un jour franc après que le *Journal officiel* qui les contient sera parvenu au chef-lieu de cet arrondissement.

Le Gouvernement, par une disposition spéciale, pourra ordonner l'exécution immédiate d'un décret.

Art. 3. — Les préfets et sous-préfets prendront les mesures nécessaires pour que les actes législatifs soient imprimés et affichés partout où besoin sera.

Art. 4. — Les tribunaux et les autorités administratives et militaires pourront, selon les circonstances, admettre l'exception d'ignorance alléguée par les contrevenants, si la contravention a eu lieu dans le délai de trois jours francs à partir de la promulgation.

Page 46, ligne 12, après ces mots : *ils décidèrent*, lisez : « que les étrangers auraient la jouissance des droits civils, en général; sauf exception pour certains droits, qui ne devaient leur appartenir que s'ils étaient accordés aux Français dans leur pays. »

Page 55, ligne 24, au lieu de ces mots : *la femme du Français qui s'est établie*, lisez : « la femme du Français qui s'est établi. »

Page 119, ligne 33, après ces mots : *lorsque des donations ou successions mobilières*, lisez : « se sont ouvertes pendant l'absence au profit de l'absent; car alors la communauté, représentée par l'époux présent, pourra les recueillir. »

Page 169, ligne 21, au lieu de ces mots : *ce qui est admissible*, lisez : « ce qui est inadmissible. »

Page 181, ligne 29, au lieu de ces mots : *les poursuites*, lisez : « les infractions. »

Page 183, ligne 27, après ces mots : *que les père et mère sont décédés*, ajoutez : « ou, suivant une opinion qui nous paraît exacte, qu'ils se trouvent dans l'impossibilité de manifester leur volonté. »

Page 211, ligne 37, au lieu de ces mots : *ne suffit*, lisez : « ne suffit pas. »

Page 245, ligne 7, au lieu de ces mots : *De causes*, lisez : « Des causes. »

Page 249, ligne 22, au lieu de ces mots : *pour finir à tel autre*, lisez : « pour finir à telle autre époque. »

Page 292, ligne 15, au lieu de ces mots : *la valeur en argent de cet immeuble*, lisez : « le remboursement du capital représentatif de la rente. » — Même page, ligne 26, au lieu de ces mots : *une somme égale à la valeur de l'immeuble aliéné*, lisez : « le remboursement du capital représentatif de la rente. »

TABLE DES MATIÈRES

INTRODUCTION

TITRE PRÉLIMINAIRE

De la publication, des effets et de l'application des lois.

LIVRE PREMIER

DES PERSONNES

TITRE I

De la jouissance et de la privation des droits civils.

TITRE II

Des actes de l'état civil.

TITRE III

Du domicile.

TITRE IV

De l'absence.

TITRE V

Du mariage.

TITRE VI

Du divorce.

TITRE VII

De la paternité et de la filiation.

TITRE VIII

De l'adoption et de la tutelle officieuse.

TITRE IX

De la puissance paternelle.

TITRE X

De la minorité, de la tutelle et de l'émancipation.

TITRE XI

De la majorité, de l'interdiction et du conseil judiciaire.

LIVRE DEUXIÈME

DES BIENS

TITRE I

De la distinction des biens.

TITRE II

De la propriété.

TITRE III

De l'usufruit, de l'usage et de l'habitation.

TITRE IV

Des servitudes.

FIN DE LA TABLE DES MATIÈRES

Paris. — Imp. Viéville et Capiomont, rue des Poitevins, 6.

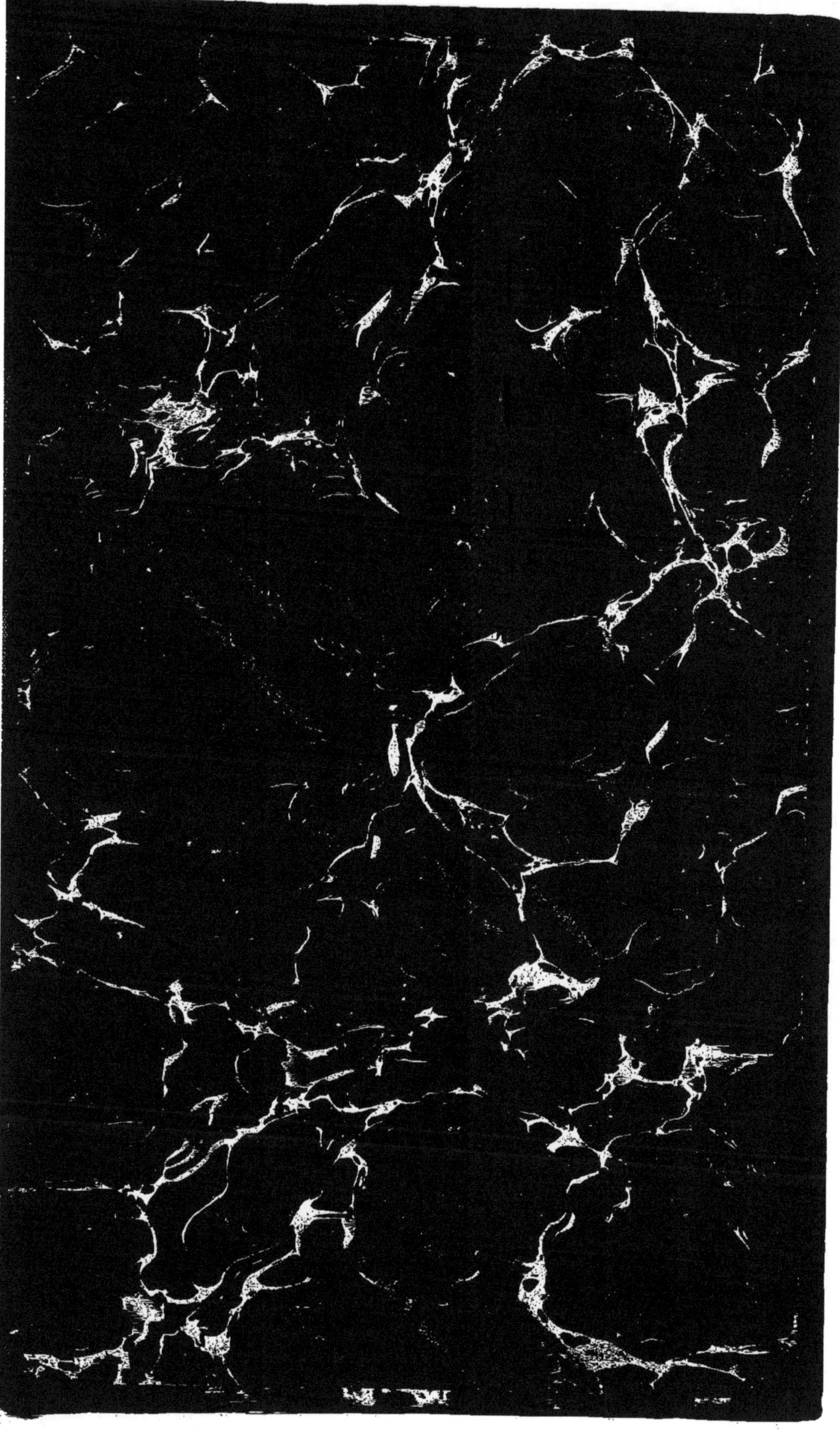

www.ingramcontent.com/pod-product-compliance
Ingram Content Group UK Ltd.
Pitfield, Milton Keynes, MK11 3LW, UK
UKHW012150240726
13966UKWH00001B/235